# SPECIMINA PHILOLOGIAE SLAVICAE

Begründet von
Olexa Horbatsch und Gerd Freidhof
Herausgegeben von
Gerd Freidhof, Peter Kosta, Holger Kuße
und Franz Schindler

Band 136

HANS SCHLEGEL

# Bildung, Bedeutung und Gebrauch des russischen Verbalaspekts

# Teil 1: Theoretische Grundlagen (Lehrbuch)

VERLAG OTTO SAGNER · MÜNCHEN

2002

Verlag Otto Sagner, München 2002.
Abteilung der Firma Kubon und Sagner, München.

ISBN 3-87690-828-0
ISSN 0170-1320

# Vorwort

Unter dem Titel „Bildung, Bedeutung und Gebrauch des russischen Verbalaspekts" stellen wir ein **Lehrbuch** vor, bestimmt für den **Fortgeschrittenenunterricht** an Universitäten, Hochschulen und Gymnasien, für den anspruchsvollen, sprachwissenschaftlich fundierten Selbstunterricht („Autonomes Lernen", besser „autonomes Studium"), sowie für Lehrkräfte an Hochschulen, Sprachschulen, Gymnasien. Der vorliegende **Teil 1** enthält die theoretischen Grundlagen - eine didaktisierte Zusammenfassung der Ergebnisse aus unseren Arbeiten zur Terminativität/Aterminativität des russischen Verbs (SCHLEGEL 1999) und zum aspektualen Bezugsmoment (SCHLEGEL 2001). Im geplanten und in Arbeit befindlichen **Teil 2** werden eine Studienanleitung, kurzgefaßte Orientierungsgrundlagen und Übungen zur Verfügung gestellt, ergänzt durch didaktisch aufbereitete Zusammenstellungen aktional und aspektuell relevanter Gruppierungen von Verballexemen (Aspektpaaren, Aktionsarten, Sondergruppen), durch Muster prototypischer spezieller Aspektbedeutungen sowie durch Terminilisten in Russisch und Deutsch.

In ihrer Grundidee korrespondieren beide Teile mit unseren *Lehrbriefen* für das Fernstudium der Lehrer „Der Gebrauch des russischen Verbalaspekts. Teil 1" (SCHELJAKIN / SCHLEGEL 1970) und dem dazugehörigen Übungsbuch (Teil 2, SCHLEGEL 1972), die als Einführung in den russischen Aspekt gedacht waren und aus denen ein Teil der Illustrationsbeispiele übernommen wurde. Beabsichtigt ist weiterhin eine didaktisierte Kurzfassung, eine „Kurze russische Aspektlehre", nach dem Vorbild der bewährten „Kleinen russischen Sprachlehre" von KIRSCHBAUM / KRETSCHMAR.

Es ist *nicht erforderlich*, das Lehrbuch *linear* abzuarbeiten - vielmehr können je nach Ausbildungsstand und Studienziel unterschiedliche *Schwerpunkte* gesetzt werden. Ausgehend von einem *Aspektminimum* für den elementaren Aspektgebrauch - Wirkungsweise von Redemoment und Bezugsmoment, Grundregeln des Aspektgebrauchs - sollten „radial" (von einem Knotenpunkt aus in alle Richtungen vorstoßend) weitere Dimensionen des russischen Verbalaspekts erschlossen werden - die Aspektbildung, die Allgemeinbedeutungen und die wichtigsten speziellen Bedeutungen der Aspektkategorie sowie ihr Gebrauch, nach Möglichkeit in Gegenüberstellungen. Je nach Bedarf kann danach in relativ geschlossenen „Modulen" der Aspektgebrauch im *Infinitiv*, *Imperativ* und *Konjunktiv* angeeignet werden, ebenso der Zusammenhang von Aspekt und *Sprachhandlungstypen*, die *Aspektstruktur* von russischsprachigen Texten, die Wechselwirkung von Aspektualität und Temporalität / Modalität. Dem fortgeschrittenen Fremdsprachenlerner ist besonders das gründliche Studium der „**Grundmechanismen**" des russischen Aspekts anzuraten, deren Wirken in allen oben genannten Teilbereichen nachgegangen wird - sie stellen den Schlüssel zum Verständnis des russischen Aspekts dar. Die zu empfehlenden Schwerpunkte dieser Arbeit am Aspekt werden durch Inhalt und Aufbau des Übungsbuchs gesteuert, obwohl auch hier Lehrkräften und Lernern genügend Raum bleibt für ein Vorgehen nach eigenen Bedürfnissen und Zielen. Eine gewisse Wichtung erfolgt auch durch die Schriftgröße - im „Kleingedruckten" finden sich spezielle und zusätzliche Informationen, Aufzählungen von Lexemen u.ä.

Mit den beiden Teilen des Lehrwerks „Bildung, Bedeutung und Gebrauch des russischen Verbalaspekts" fügen wir unseren Arbeiten auf dem Gebiet der **Angewandten Aspektologie**, einem Teilgebiet der Angewandten Linguistik (AL), ein weiteres Kapitel hinzu. Dabei sehen wir uns in der *aspektologischen Tradition* vor allem von JU.S. MASLOV, A.V. BONDARKO, M.A. ŠELJAKIN, um nur einige zu nennen, sowie in Gemeinschaft mit Wissenschaftlern wie A.A. ZALIZNJAK, A.D. ŠMELEV, V. LEHMANN, H.R. MEHLIG u.v.a. Mit unseren Bemühungen um die sprachpraktische Umsetzung der sprachwissenschaftlichen Erkenntnisse möchten wir anknüpfen an O.P. RASSUDOVA, I.M. PUL'KINA, E.B. ZACHAVA-NEKRASOVA, L.N. ŠVEDOVA, R. SEROWY u.a.

Für die bewährte Zusammenarbeit bei der Abfassung der vorliegenden Arbeit, für die zahlreichen fruchtbaren Diskussionen und Anregungen, für die Erprobung vieler unserer Ergebnisse in der Lehrpraxis sowie für die akribische Durchsicht des Manuskripts sei an dieser Stelle Herrn PD Dr. Reinhold Serowy herzlichst gedankt, ebenso Herrn Dr. Wladimir Klimonow für die Durchsicht der russischen Textteile auf sprachliche Richtigkeit. Alle noch verbliebenen Mängel gehen natürlich zu Lasten des Verfassers.

Potsdam, im Juli 2002

Hans Schlegel

# Inhaltsverzeichnis

Vorwort 3

Inhaltsverzeichnis 5
Abkürzungsverzeichnis 13
Zeichenerklärung 15
Zur Beachtung (Hinweise zu Betonungszeichen) 16

1 Einführung 15

2 Die Grundmechanismen des russischen Verbalaspekts 21
2.1 Die lexikalische aktionale Kategorisierung von Verben: Zustände - Prozesse/Verläufe - Ereignisse 21
2.2 Terminative/aterminative Verben als Wörterbucheinheiten - paradigmatische T/AT oder Aktionsarten im weiteren Sinne 23
2.3 Terminativer/aterminativer Kontext - syntagmatische T/AT 27
2.4 Redemoment und Tempus, aspektualer Bezugsmoment und Aspekt 29
2.5 Zusammenfassung: Grundmechanismen und Grundbegriffe 32

3 Aspektbildung und Wortbildung 35

3.1 Das Grundmodell der systemhaften russischen Aspektbildung 35

3.2 Merkmale der Aspektzugehörigkeit der russischen Verben 41
Regel 1 41
Regel 2 42
Regel 3 43

3.3 Die Bildung von Aspektpaaren 43
3.3.1 Suffixale („reine") Aspektpaare 44
3.3.2 Präfixale (funktionale, „annähernde") Aspektpaare 48
3.3.3 Suppletive Aspektpaare 53
3.3.4 Doppelaspektige Verben 53

3.4 Defektive (unpaarige) Verben und Aktionsarten 55
3.4.1 Zum Problem der Aktionsarten 56
3.4.2 Imperfektiva tantum 58
3.4.3 Perfektiva tantum 62
3.4.4 Umstritten: Resultative Aktionsarten 68

3.5 Wortbildung und Aspektbildung der Verben der Fortbewegung 72
3.5.1 Die Simplizia und ihre Ableitungen 73
3.5.2 Die Bildung von Aspektpaaren bei den paarigen Verben der Fortbewegung 75
3.5.3 Defektive Verben der Fortbewegung und Aktionsarten 77

3.6 Zu den Bedeutungen und Funktionen der russischen Verbalpräfixe 79
3.6.1 Allgemeinbedeutungen und spezielle Bedeutungen der russischen Verbalpräfixe 80
3.6.2 Lexikalisch-qualifizierende Präfixe 81
    1) Präfixe mit räumlicher Bedeutung im engeren Sinne 81
    2) Präfixe mit räumlicher Bedeutung im weiteren Sinne 83
    3) Präfixe mit übertragen-räumlicher Bedeutung 83
    4) Präfixe mit der dominierenden Funktion des Trägers und Indikators der Terminativität
3.6.3 Adverbiell-modifizierende Präfixe 86
    1) Zeitlich modifizierende Präfixe 86
    2) Zeitlich-quantitative und quantitative Präfixe 87
    3) Quantitativ-qualitative Präfixe 88
3.6.4 „Grammatische" Präfixe 89
3.6.5 Aspektneutrale Präfixe 90

3.7 Aspektrelevante und aspektneutrale Suffixe 91

3.8 Das erweiterte Modell der systemhaften russischen Aspektbildung 93

3.9 Zusammenfassung 95

4 Die Allgemeinbedeutungen der beiden Aspekte 99
4.1 Die Allgemeinbedeutung des vo. Aspekts 99
4.2 Die Allgemeinbedeutung des unvo. Aspekts 102
4.3 Die Bedeutung des Aspekts als Kategorie (kategoriale Bedeutung) 105
4.4 Zum Charakter der Aspektopposition 107
4.5 Das russische Aspekt-Tempus-System (AT-System) 109
4.6 Zusammenfassung 111

5 Spezielle Bedeutungen der Aspekte 113
5.1 Zum Verhältnis von Allgemeinbedeutung und speziellen Bedeutungen 113
5.2 Standard-Aspektbedeutungen 115
5.3 Periphere Aspektbedeutungen 118
5.4 Die Handlungstypen / Typen von aspektualen Situationen der speziellen Aspektbedeutungen 120
    a) Monotemporale - polytemporale Handlungen 120
    b) Isolierte - korrelative Handlungen 121
    c) Konkrete - abstrakte Handlungen 122
    d) Reale - potentielle Handlungen 122
5.5 Zusammenfassung: Das System der speziellen Aspektbedeutungen 123

# 6 Der Gebrauch der Aspekte 125

6.1 Situation und Kontext: Aspektologisches Grundwissen 125

6.2 Isolierte Handlungen:
Konkret-ablaufende und konkret-vollzogene Handlungen 128
6.2.1 Konkret-ablaufende Handlungen -
konkrete Prozeßbedeutung des unvo. Aspekts 128
    a) Prozeßbedeutung im eigentlichen Sinne 129
    b) Bedeutung des anwachsenden Prozesses 130
    c) Konkretisierung der Handlung 130
    d) Konative Bedeutung (Versuch der Handlung) 130
    e) Die Gleichzeitigkeit 131
6.2.2 Konkret-vollzogene Handlungen -
konkret-faktische Bedeutung des vo. Aspekts 131
    a) Die Aoristbedeutung des vo. Aspekts 131
    b) Die Perfektbedeutung des vo. Aspekts 132
    c) Die Futurbedeutung des vo. Aspekts 133
Zusatzinformation: Diagnosefragen 134

6.3 Korrelative Handlungen: Aufeinanderfolge und Gleichzeitigkeit 135
6.3.1 Die Aufeinanderfolge einmaliger Handlungen - Sequenzen (vo. Aspekt) 136
    a) Handlungsketten 137
    b) Handlungspaare 139
6.3.2 Vollständige Gleichzeitigkeit - Parallelitäten (unvo. Aspekt) 141
    a) Gleichzeitigkeit konkret-ablaufender Handlungen 141
    b) Gleichzeitigkeit wiederholter Handlungen 141
    c) Wiederholung aufeinanderfolgender Handlungen 142
Sonderfall Gleichzeitigkeit des Nachzustands von Perfekt-Handlungen 142
6.3.3 Partielle Gleichzeitigkeit - Inzidenzen
(Hintergrund - Einsetzen / Abschluß von Ereignissen) 143

6.4 Polytemporale Handlungen:
Sich wiederholende, andauernde, potentielle Handlungen 145
6.4.1 Sich wiederholende Handlungen 146
6.4.2 Andauernde (durative) Handlungen 148
    a) Die innere Dauer der Handlung 149
    b) Die qualifizierende Dauer 149
    c) Die dynamische ständig-ununterbrochene Dauer 150
    d) Die statische (relationale) Dauer 150
    e) Die explizite (betonte, charakterisierte) Dauer 150
    f) Die begrenzte Dauer 151
6.4.3 Potentiell-aterminative Handlungen 152
    a) Die aterminative potentiell-qualitative Handlung / Bedeutung 153
    b) Die aterminative potentiell-usuelle Handlung / Bedeutung 154

6.5   Abstrakte Handlungen:
      Die abstrakt-konstatierende Handlung und ihre Varianten   155

6.5.1   Die eigentlich abstrakt-konstatierende Handlung („констатация факта")   156
        a)   Semantische Gruppen von Verben   156
        b)   Redesituationen und Kommunikationsabsichten   157
        c)   Vorwissen und Informiertheit der Kommunikationspartner   158
        d)   Situative Aktualisierung und referentieller Status des Prädikats
             und seiner Aktanten   159
        e)   Kontextbedingungen   160
6.5.2   Sonderformen der abstrakt-konstatierenden Handlung / Bedeutung   161
        a)   Die Handlung mit annulliertem Resultat   161
        b)   Die abstrakt-konstatierende Bedeutung bei den indeterminierten Verben
             der Fortbewegung   161
        c)   Die einmalig konkret-konstatierende Bedeutung des unvo. Aspekts   162
        d)   Die neutrale (nichtqualifizierte) Bedeutung des unvo. Aspekts   163
6.5.3   Zusammenfassung: Merkmale der abstrakt-konstatierenden
        Handlung / Bedeutung   164

6.6   **Aspektsynonymie (Aspektkonkurrenz)   165**
6.6.1   Aspektsynonymie und Kontext   166
6.6.2   Aspektsynonymie bei isolierten Handlungen   167
        a)   Die begrenzt-wiederholte Handlung   167
        b)   Die begrenzt-durative (begrenzt-andauernde) Handlung   168
        c)   Die terminativ-potentielle Handlung   170
        d)   Einmalige konkret-konstatierende - konkret-ablaufende -
             konkret-vollzogene Handlungen   171
        e)   Koinzidenz bei Verben des Sprechens   172
        f)   Präsens / Futur bei den paarigen Verben der Fortbewegung   172
6.6.3   Aspektsynonymie bei korrelativen Handlungen   173
        a)   Handlungsfolge mit nicht-wesentlichem Zusammenhang   173
        b)   Wiederholte Handlungsketten und Handlungspaare   174
        c)   Synonymie von unvo. Verb - Modalverb + vo. Verb
             in der Vergangenheit   176
6.6.4   Zusammenfassung   176

6.7   **Indikatoren des Aspekts   178**
6.7.1   Indikatoren des vo. Aspekts   178
        a)   Indikatoren des Beginns (Einsetzens)   178
        b)   Indikatoren des Abschlusses   178
6.7.2   Indikatoren des unvo. Aspekts   179
        a)   Indikatoren eines Prozesses/Verlaufs:   179
        b)   Indikatoren eines *anwachsenden* Prozesses   179
        c)   Indikatoren der Wiederholung   179
        d)   Indikatoren der Dauer und/oder Wiederholung   179
6.7.3   Indikatoren der Aspektsynonymie (Aspektkonkurrenz)   180
        a)   Indikatoren einer begrenzten Dauer (eines Zeitabschnitts)   180
        b)   Indikatoren einer begrenzten Anzahl von Wiederholungen   180

6.8 Spezielle Aspektbedeutungen und Verneinung 181
6.8.1 Die generelle (absolute) Verneinung (unvo. Aspekt) 183
    a) Die verneinte abstrakt-konstatierende Handlung (unvo.) 183
    b) Die verneinte konkret-ablaufende Handlung (unvo.) 184
    c) Verneinte polytemporale Handlungen (unvo.) 184
6.8.2 Die spezielle (partielle, relative) Verneinung (vo. Aspekt / Aspektkonkurrenz) 185
    a) Die verneinte konkret-vollzogene Handlung (vo.) 185
    b) Die verneinte potentiell-terminative Handlung (Aspektkonkurrenz) 186

6.9 Die Neutralisierung des Aspektgegensatzes - historisches Präsens 187


7 Grundregeln des Aspektgebrauchs 191
7.1 Keine Wahl: Präsens - Dauer - Wiederholung → unvo. (Grundregel 1) 191
7.2 Einmalige isolierte Handlungen:
Konkreter Verlauf (unvo.) - konkretes Ereignis / Vollzug (vo.) (Grundregel 2) 192
7.3 Korrelative Handlungen: Gleichzeitigkeit (unvo.) und Aufeinanderfolge (vo.)
(Grundregel 3) 193
7.4 Zusammenfassende Faustregel: Zum BM einmalig und abgeschlossen →
vo. Aspekt 193


8 Algorithmen zum Aspekt 195
8.1 Lehr- und Lernalgorithmus 196
8.2 Linguistischer Analyse-Algorithmus 198
8.3 Aktional-situativer Synthese-Algorithmus 203


9 Aspektgebrauch im Imperativ, Konjunktiv und Infinitiv 208

9.1 Sekundär-deiktische aktionale Mikrosysteme - innere Zeit 208

9.2 Der Aspektgebrauch im Imperativ 210
9.2.1 Sich wiederholende und durative Imperativhandlungen 212
9.2.2 Gleichzeitige und aufeinanderfolgende monotemporale Imperativhandlungen 213
9.2.3 Aufforderungen zur Realisierung von Ereignissen (konkret-vollzogene
Imperativhandlungen) 214
    a) Realisierung in der ferneren Zukunft 214
    b) Realisierung in der nahen Zukunft 215
    c) Der Abschluß einer im Vollzug befindlichen Handlung 215
9.2.4 Aufforderungen zur Realisierung von Prozessen/Verläufen 216
    a) Die zu realisierende Handlung ist bereits im Gange 216
    b) Eine „erwartete" Handlung soll begonnen werden 217
    c) Eine „unerwartete" Handlung soll *unverzüglich* begonnen werden 218
    d) Eine Erlaubnis wird erteilt 219
9.2.5 Abstrakte Imperativhandlungen 219
9.2.6 Der Imperativ mit Verneinung 220
9.2.7 Zusammenfassender Algorithmus 221

9.3 Der Aspektgebrauch im Konjunktiv 223
9.3.1 Der Aspektgebrauch im optativen Konjunktiv 224
    a)     Der optative Konjunktiv in der 2. Person (Aspektregeln des Imperativs) 224
    b)     Der optative Konjunktiv in der 1. und 3. Person (Aspektregeln des Indikativs 225
9.3.2 Der Aspektgebrauch im hypothetischen Konjunktiv 227
    a)     Der unabhängige hypothetische Konjunktiv 227
    b)     Handlungspaare im Konjunktiv 228
    c)     Verneinung des hypothetischen Konjunktivs 229
9.3.3 Zusammenfassender Algorithmus 230

9.4 **Der Aspektgebrauch im Infinitiv 231**
9.4.1 Der abhängige Infinitiv: Die Infinitivfügung als multidimensionale Schnittstelle 233
    a)     Die lexikalisch-grammatische Einheit der Infinitivfügung 233
    b)     Die lexikalische Bedeutung des unterordnenden Worts 233
    c)     Subjektbezogenheit und Objektbezogenheit 234
    d)     Situationsbezogenheit 235
9.4.2 Zum situativ bedingten Aspektgebrauch im abhängigen Infinitiv 236
    a)     Sprachmittel zum Ausdruck modaler Bedeutungen 236
    b)     Einmaligkeit/Nichteinmaligkeit der Infinitivhandlung 238
9.4.3 Verben der Fortbewegung als unterordnende Wörter 239
9.4.4 Der objekt-bezogene abhängige Infinitiv nach kausativen Verben / Zustandswörtern (Aspektregeln des Imperativs) 240
    a)     Sprachmittel 241
    b)     Aspektgebrauch im abhängigen Infinitiv nach Kausativa (Aspektregeln des Imperativs) 241
9.4.5 Zum lexikalisch bedingten Aspektgebrauch im abhängigen Infinitiv 243
9.4.5.1 Infinitivfügungen mit Phasenbedeutung (unvo.) 243
    a)     Der Beginn der Handlung (unvo. Infinitiv) 244
    b)     Das Ende der Handlung (unvo. Infinitiv) 245
    c)     Der Verlauf der Handlung (Parallelität von unvo. unterordnendem Verb und unvo. Infinitiv) 245
9.4.5.2 Infinitivfügungen mit Resultatsbedeutung 246
9.4.5.3 Infinitivfügungen mit einem Perfektivum bzw. Imperfektivum tantum 247
9.4.6 Terminativität des abhängigen Infinitivs als Voraussetzung für Aspektkonkurrenz / Aspektsynonymie 248
    a)     мочь, можно 'können, imstande / in der Lage sein' 249
    b)     мочь, можно 'können, die Möglichkeit haben' 250
    c)     любить, нравиться - Vorliebe, Neigung des Subjekts 251
    d)     Unvo. Verb - Modalwort + vo. Verb 251
    e)     Determinierte vo. Verben mit по- / при- + Aspektkonkurrenz 252
    f)     успевать, удаваться, забывать 252
    g)     Verneinung zielstrebiger Handlungen 252
9.4.7 Verneinung und negative Charakteristik in der Infinitivfügung 253
9.4.7.1 Die generelle (absolute) Verneinung (unvo.) 253
    a)     „nicht brauchen" (unvo. Infinitiv) 253
    b)     „nicht sollen" (unvo. Infinitiv) 253
    c)     „nicht wollen" (unvo. Infinitiv) 255
    d)     „nicht mehr wollen" (unvo. Infinitiv) 255

9.4.7.2 Die spezielle (partielle, relative) Verneinung 256
9.4.8 Zum Aspektgebrauch im unabhängigen Infinitiv 256
- a) Polytemporale (sich wiederholende und andauernde) Handlungen unvo. Aspekt 257
- b) Einmalige, konkrete Handlungen (Ereignisse) - vo. Aspekt 258
- c) Prozeß/Verlauf - unvo. Aspekt 259
- d) Generelles Fehlen der Handlung (absolute Verneinung) 259

9.4.9 Zur Komplexität der Aspektwahl im Infinitiv (Zusammenfassung) 260

10 **Aspekt und Sprachhandlungstypen (SHT)** 262
10.1 Text - Textsorte - Sprachhandlungstyp - Aspekt 262
10.2 Funktional-kommunikative Regeln zum Aspektgebrauch 265
10.2.1 Korrelative informierende Sprachhandlungstypen: BERICHTEN / ERZÄHLEN vs. BESCHREIBEN (Regel 1) 266
10.2.2 Isolierte informierende Sprachhandlungstypen: MITTEILEN - FESTSTELLEN - BEHAUPTEN - VERMUTEN - ergebnisbezogen vs. verlaufsbezogen, positiv vs. negativ (Regel 2) 267
10.2.3 Aktivierende (auffordernde) Sprachhandlungstypen (Regel 3) 268
10.2.4 Obstruierende (hemmende) Sprachhandlungstypen (Regel 4) 269
10.2.5 Garantierende (zusichernde) Sprachhandlungstypen - ERLAUBEN - VERSPRECHEN - DROHEN (Regel 5) 269
10.2.6 Interrogative (fragende) Sprachhandlungstypen (Regel 6) 270
10.3 Zusammenfassung: Aspektrelevante Redeabsichten / Sprachhandlungstypen 272

11 **Zur Aspektstruktur ausgewählter russischsprachiger Texte / Textsorten** 273
11.1 Der narrative Text als Grundlage für die Analyse der Aspektstruktur 273
11.2 Die Elemente der Aspektstruktur narrativer Texte 274
11.2.1 Dynamische Elemente 275
11.2.2 Beschreibende Elemente 276
11.2.3 Abhängige Elemente 278
11.2.4 Isolierte Elemente 279
11.3 Das Zusammenwirken der Komponenten in der Aspektstruktur narrativer Texte 281
11.4 Aspektuale Strukturmuster weiterer Textsorten 282

12 **Aspektualität - Temporalität - Modalität** 287

12.1 **Das funktional-semantische Feld der Aspektualität** 288
- a) Die Erscheinungsformen der Begrenztheit/Nichtbegrenztheit („Feld der Limitativität") 289
- b) Paradigmatische und syntagmatische Ebene 289
- c) Fließende Grenzen zwischen den Ebenen der Aspektualität 290
- d) Komplexe Darstellung des FSF der Aspektualität 291

12.2 Aspektualität und Temporalität - Analogien und Unterschiede 293

12.3 Aspektualität und Modalität

12.3.1 Ebenen und Felder / Mikrofelder der Modalität 298
12.3.2 Modal-aspektuale Beziehungen 300
12.3.3 Subjektive Modalität
12.3.4 Innersyntaktische Modalität
12.3.5 Reguläre Modifikationen der Grundmodalität
12.3.6 Die Modalität als komplexes (funktional-)semantisch-pragmatisches Phänomen 305

**Anhang 307**
A1 Definitionen (Glossar) 309
A2 Übersicht über den Aspektgebrauch 315
A3 Terminologische Übersicht zum Komplex: Handlung - Redemoment - Bezugsmoment 317

**Literaturverzeichnis 319**

# Abkürzungsverzeichnis

| | |
|---|---|
| FSK | (funktional-)semantische Kategorie |
| FSF | funktional-semantisches Feld |
| pf., vo. | perfektiv, vollendet(er Aspekt) |
| ipf., unvo. | imperfektiv, unvollendet(er Aspekt) |
| T/AT | Terminativität/Aterminativität |
| AA | Aktionsarten |
| AK | Aspektkonkurrenz, Aspektsynonymie |
| SHT | Sprachhandlungstyp |

| | |
|---|---|
| DSM | differentielles semantisches Merkmal |
| (DYN) | dynamisch, mit Bewegung verbunden |
| (STAT) | statisch, mit relativer Ruhe verbunden |
| (RICHT+/-) | gerichtete / nichtgerichtete Bewegung |
| (1ENDP+/-) | *ein* Endpunkt der gerichteten Bewegung bzw. *eine* innere Grenze vorhanden / nicht vorhanden |
| (ERR+/-) | zum Bezugsmoment erreicht / nicht erreicht |
| (ZQQBEGR+/-), auch (ZQQ+/-) | zeitliche / quantitative / qualitative Begrenzung vorhanden / nicht vorhanden |

| | |
|---|---|
| H | Handlung |
| RM | Redemoment (Sprechzeit, Äußerungszeit ...) |
| BM | Bezugsmoment (Betrachtzeit, Referenzzeit, -moment ...) |
| tBM | temporaler Bezugsmoment |
| aBM | aspektualer Bezugsmoment |
| pBM | potentieller Bezugsmoment |
| BZR | Bezugszeitraum |
| BO, BG / BP | Bezugsort, Bezugsgegenstand / Bezugsperson |
| S-Perspektive | Subjekt-Perspektive |
| O-Perspektive | Objekt-Perspektive |

| | |
|---|---|
| E | event, event time |
| S | speech, speech time |
| R | reference, reference time, point of reference |
| (nach REICHENBACH) | |

| | |
|---|---|
| C | Chronologie, zeitliches Verhältnis |
| AS | aktionale Situation (= Handlung = Zustand / Verlauf / Ereignis) |
| PJ | Psychisches Jetzt |
| (nach LEHMANN) | |

| | |
|---|---|
| O | Objekt der außersprachlichen Wirklichkeit (obj. Realität) |
| A | (individuelles) Abbild im Bewußtsein |
| A' | verallgemeinertes Abbild = Begriff, Konzept, Bedeutung |
| Z | Zeichenkörper |
| | |
| СВ/НСВ | совершенный вид / несовершенный вид (сов./несов.) |
| Д | действие |
| МР | момент речи |
| МВС | момент видовой соотнесённости, момент видового соотнесения, соотносимый момент |
| | |
| БЭС | Большой энциклопедический словарь |
| RSG 1, 2 ... | Russische Sprache der Gegenwart, Teil 1, 2 ... (Lehrbuch) |

# Zeichenerklärung

| | | |
|---|---|---|
| (!) | Fehlerwarnung (abweichende Form u.ä.) | |
| * | ungrammatische, nicht belegte Form | |
| _писать_ | Unterstreichung einer Verbform im Text: | = unvo. |
| **написать** | Fettdruck einer Verbform im Text: | = vo. |

⟶ Handlung (terminativ)

◯ (unteilbare) Ganzheitlichkeit

────── Dauer (aterminativ)

............... Wiederholung

↓ Momentanhandlung

- - -➤ abstrakt-konstatierende Bedeutung

◯→◯→◯ Handlungskette (Sequenz)

⇉ Block gleichzeitiger Handlungen (Parallelität)

Partielle Gleichzeitigkeit (Inzidenz):

◯⃗│<sub>BM</sub> ⟶ Ereignis - Hintergrund

⟶│◯<sub>BM</sub>⟶ Hintergrund - Ereignis

## Zur Beachtung:

1. **Betonungszeichen** müssen aus drucktechnischen Gründen **hinter dem betonten Vokal** gesetzt werden:
   *писа'ть - пишу' - пи'шешь, прилага'тельное, паде'ж, спи'сок, мужско'й род*
   Sie werden bei fehleranfälligen Wörtern angegeben.

2. Das Betonungszeichen (Akzent) ist nicht zu verwechseln mit dem gleichen Zeichen („Apostroph") nach **Konsonanten**, das in der **Laut- und Phonemumschrift** (phonetische und phonematische Transkription) die **Weichheit (Palatalisierung)** des Konsonanten angibt:
   [l, r, m, n : l', r', m', n']     Umschrift der API
   [л, р, м, н : л', р', м', н']     Umschrift nach AVANESOV

3. In der wissenschaftlichen **Bibliotheksumschrift** (Transliteration) steht das Apostroph für das „**Weichheitszeichen**" ь:
   *Rozental', Pul'kina, Ignat'eva, Mel'ničuk, Šendel's*
   *(Розенталь, Пулькина, Игнатьева, Мельничук, Шендельс)*

# 1 Einführung

Der Verbalaspekt gehört zu denjenigen grammatischen Kategorien der russischen Sprache, die dem nichtslawischen Fremdsprachenlerner die größten Schwierigkeiten bereiten.

Eine fast unübersehbare Anzahl von Aspekttheorien und -interpretationen, erarbeitet von muttersprachlichen und nichtmuttersprachlichen Forschern, bestimmt meist für Muttersprachler, seltener für Fremdsprachenlerner, ist keineswegs dazu angetan, die allgemeine Unsicherheit insbesondere der letzteren zu mildern oder gar zu beseitigen. Dabei kann es nicht darum gehen, einzelne Theorien als richtig oder falsch zu bewerten - vielmehr wird es immer auf ihre *erklärende Kraft* ankommen, auf ihre Fähigkeit, die *sprachliche Praxis* zu erhellen, den einzelnen (unterschiedlichen) Lernertypen gerecht zu werden und ihnen zu helfen, ihre speziellen Ziele zu erreichen.

Der Aspekt ist eine so komplexe Erscheinung, daß er nicht mit einem einzigen Erklärungsansatz erfaßt werden kann. Für seine Vermittlung in der universitären Fremdsprachenausbildung, aber auch in allen anderen institutionalisierten Formen des Fortgeschrittenenunterrichts und im Selbstunterricht bietet sich daher eine **Strategie des multimodalen und multidimensionalen Herangehens**, wie es von U. ESSER/U. NOWAK (1986) vorgeschlagen wird, auch für den Verbalaspekt an.

Ein solches Herangehen sollte einerseits die vielen **Seiten** und **Dimensionen** des Phänomens Aspekt erschließen, vor allem
- das Verhältnis von Handlung, Redemoment und Bezugsmoment als Reflexion von ontologischen Zeitbeziehungen,
- die aktionale Kategorisierung der Verben und ihre paradigmatische und syntagmatische Terminativität/Aterminativität,
- die Wortstruktur in der Einheit von Wortbildung und Aspektbildung,
- die Dialektik von Allgemeinbedeutungen und speziellen Bedeutungen des Aspekts,
- das Verhältnis von Aspekt und Sprachhandlungstypen als Strukturelementen von Textsorten,
- das Verhältnis der Aspektualität zu Temporalität und Modalität,
- das Zusammenwirken von Aspekt und lexikalischen Mitteln der Aspektualität,
- das Zusammenwirken von Aspekt und grammatischen Sprachmitteln in nichteigentlicher Funktion.

Andererseits muß sich die **Art und Weise des didaktisch-methodischen Herangehens** an die Vermittlung des Aspekts und die didaktisch orientierte Aufbereitung des linguistischen Materials an den unterschiedlichen *Lernertypen* und ihren *strategischen Lernzielen* orientieren. Das bedeutet vor allem die Entscheidung für
- ein sprach*praktisches* und/oder sprach*theoretisches* Herangehen,
- eine *rezeptive* und/oder *produktive* Zielstellung,
- logische Ableitung und/oder einfache Rezepte/*Regeln*,
- *verbale* Darstellung und Schemazeichnungen, Algorithmen, Übersichten als Mittel ihrer *Veranschaulichung*,
- *system*linguistisches und *pragma*linguistisches Herangehen,
- *logisches* und/oder *historisches* Herangehen,
- *sachlogische* und/oder *natürliche* Progession u.a.m.

Bei dem geringen sprachpraktischen Ausbildungsvolumen an den Universitäten und Hochschulen unseres Landes liegt ein umfassender theoretischer und praktischer Kurs zur Kategorie des Aspekts außerhalb der Möglichkeiten - es sei denn als fakultative Lehrveranstaltung. Als gangbarer Ausweg erscheint daher ein Lehr- und Lernmittel für Fortgeschrittene, mit dessen Hilfe sich die Studierenden die notwendigen Kenntnisse als basale Komponente der *sprachlichen* und *kommunikativen Kompetenz* erwerben können - und zwar nach den individuellen Bedürfnissen sowohl *linear*, in logischer Abfolge, als auch in relativ autonomen Teilbereichen, "*Modulen*", sowohl mit sprachwissenschaftlicher als auch mit sprachpraktischer Zielstellung.

Die jahrzehntelange Beschäftigung mit dem russischen Verbalaspekt und mit seiner Vermittlung hat uns zu der Erkenntnis geführt, daß es einige wenige **Grundmechanismen** (siehe Kap. 2) sind, die einen Schlüssel für das Verständnis des russischen Aspekt- und Aspektbildungssystems bieten: Durch die *aktionale Kategorisierung* der Verben nach Zustands-, Verlaufs- und Ereignisverben und die sich damit überschneidende *Terminativität/Aterminativität* (T/AT, Grenzbezogenheit/ Nichtgrenzbezogenheit) wird die Aspektwahl des russischen Verbs weitgehend *vorprogrammiert* (semantische Grundlage), ehe diese im terminativen/aterminativen *Kontext* durch die zeitliche Orientierung der von ihnen ausgedrückten aktionalen Situation an *Redemoment* und *Bezugsmoment* endgültig bestimmt wird (grammatische Grundlage).

Aus diesem Grunde stellen wir eine geraffte Darstellung der Grundmechanismen des russischen Aspekts an den Anfang, um die gewonnenen Erkenntnisse dann folgerichtig durch die einzelnen oben genannten Gebiete (Dimensionen) des Aspekts zu führen und mit ihrer Hilfe eine Reihe bisher umstrittener Fragen einer begründeten Lösung zuzuführen, vor allem
- in der *Aspektbildung* in ihrem untrennbaren Zusammenhang mit der Wortbildung (Kap. 3),

# 1 EINFÜHRUNG

- in den *Allgemein*bedeutungen, *speziellen* Bedeutungen und Funktionen beider Aspekte und der daraus abzuleitenden *kategorialen* Bedeutung des Aspekts (Kap. 4-8),
- im Zusammenhang von *Textsorten* bzw. *Sprachhandlungstypen* und Aspekt (Kap. 10), insbesondere in den sekundär-deiktischen aktionalen Mikrosystemen des *Infinitivs, Imperativs* und *Konjunktivs* (Kap. 9),
- in der *Aspektstruktur* russischsprachiger Texte unterschiedlicher Funktionalstile und Textsorten (Kap. 11),
- im Zusammenwirken unterschiedlicher Sprachmittel aller Ebenen im funktional-semantischen Feld der *Aspektualität*,
- im Zusammenwirken der Aspektualität mit den funktional-semantischen Kategorien der *Temporalität* und *Modalität* (Kap.12).

Für die lernerfreundliche Beschreibung einer Fremdsprache kann nicht nur *eine* Form gewählt werden. Die einzelnen Dimensionen der Sprache finden in den verschiedenen linguistischen Schulen und Richtungen eine mehr oder weniger adäquate Berücksichtigung. Es erscheint daher zweckmäßig, die jeweils geeignetsten Errungenschaften verschiedener linguistischer Schulen und Richtungen für eine didaktisch orientierte Sprachbeschreibung zu nutzen.

Abhängig vom Charakter der jeweiligen sprachlichen Erscheinungen basiert unsere linguistische Beschreibung vorwiegend auf der *funktionalen* Grammatik - verstanden als funktional-semantische Sprachbeschreibung im Sinne A.V. BONDARKOS -, aber auch die *strukturell-semantische* Sprachbeschreibung muß relativ breiten Raum einnehmen. Gewisse Anleihen erfolgen bei der strukturellen Linguistik, bei der Pragmalinguistik (funktional-kommunikative Sprachbeschreibung) und der generativen Transformationsgrammatik: Komponentenanalyse nach (differentiellen) semantischen Merkmalen, Nutzung des Zusammenhangs von Aspekt und Sprachhandlungstypen (Kommunikationsverfahren), Verwendung von Kernsätzen und Derivationsbäumen.

Unsere *Terminologie* orientiert sich weitgehend am traditionellen Sprachgebrauch der russischen Linguistik und Aspektologie, insbesondere an Ju.S. MASLOV, A.V. BONDARKO, M.A. ŠELJAKIN, ist aber auch offen für neuere Termini nach H. JACHNOW, P. SCHMIDT, V. LEHMANN, H.R. MEHLIG u.v.a. Da jedoch vielfach gleiche Termini mit unterschiedlichen Inhalten bzw. unterschiedliche Termini mit gleichen Inhalten verbunden werden, fassen wir die Definitionen unserer wichtigsten Grundbegriffe im Anhang noch einmal zusammen (A1), was zugleich ein kurz gefaßtes Resümee unserer Auffassungen darstellt.

Zu den **Vorzügen** und **Innovationen** der vorliegenden Arbeit gehören unserer Auffassung nach

- der Versuch, das oben skizzierte multidimensionale und multimodale Herangehen an den russischen Aspekt und die didaktische Aufbereitung von Grundlagenforschung in einem Lehrbuch zu verbinden,

- der Versuch einer weitgehenden Integration der aktionalen Kategorisierung und Rekategorisierung der Verben in die Aspektlehre,
- die Charakterisierung des aspektualen Bezugsmoments (auch Referenzzeit, Betrachtzeit) als sekundär-deiktischen Koordinatenausgangspunkt mit den daraus folgenden theoretischen Konsequenzen,
- die Verbindung von Systemlinguistik und Pragma- bzw. Kommunikationslinguistik durch die Aufdeckung des Zusammenhangs der Aspektwahl mit Textsorten, Sprachhandlungstypen und Aspektstruktur des Textes,
- die Einbeziehung von Regeln und Algorithmen, die Veranschaulichung komplizierter Zusammenhänge durch Tabellen und Schemazeichnungen,
- die Untersuchung von Zusammenhang und Wechselwirkungen von funktional-semantischen Kategorien und Feldern - von Aspektualität, Temporalität und Modalität,
- die Abstimmung mit einem Übungsbuch zu den sprachpraktisch relevanten Erscheinungen als Folgematerial.

Die für den *praktischen Spracherwerb* relevanten Kenntnisse werden in dem geplanten und in Arbeit befindlichen *Übungsbuch* - dem zweiten Teil der vorliegenden Publikation - in schwerpunktmäßigen Übungskomplexen („Modulen") vertieft, gefestigt und konkretisiert, wobei insbesondere auf Fertigkeitsentwicklung im Aspektgebrauch sowohl im rezeptiven als auch im produktiven Bereich Wert gelegt wird. Jedem Übungskomplex (den Grundmodulen des Aspekt-Minimums ebenso wie den Aufbaumodulen zu seiner Erweiterung) wird eine knapp gefaßte Orientierungsgrundlage in Form von Regeln vorangestellt, um auch eine autonome Verwendung des Übungsbuchs zu ermöglichen, wenngleich eine theoretische Vorbereitung durch das Studium der betreffenden Abschnitte des Lehrbuchs anzustreben ist. Gleichfalls enthalten sind im Übungsbuch didaktisch aufbereitete Zusammenstellungen von aktional und aspektuell relevanten Gruppierungen von Verballexemen, von Illustrationsbeispielen prototypischer spezieller Aspektbedeutungen und -funktionen sowie von aspektologischen Termini in russischer und deutscher Sprache.

Die an Hand des Russischen gewonnenen Erkenntnisse haben zumindest in ihrer Grundtendenz auch Gültigkeit für andere slawische Sprachen. Die russische Sprache stellt somit eine Basissprache (L2) für das Erlernen weiterer slawischer Fremdsprachen (L3) dar, wenn auch in einzelnen Fällen gewisse Modifikationen in Detailfragen erforderlich sind.

## 2 Die Grundmechanismen des russischen Aspektsystems

### 2.1 Die lexikalische aktionale Kategorisierung von Verben: Zustände - Prozesse/Verläufe - Ereignisse

Die Sprache als System jeder konkreten Einzelsprache (langue) stellt in Wortbedeutungen und Begriffen ein großgerastertes Modell der Welt dar. Mit Hilfe der Sprache in Aktion (parole), in Aussagen, sprachlichen Kunstwerken und wissenschaftlichen Theorien, in Mythen und religiösen Legenden schafft sich die Menschheit als Ganzes wie auch jede einzelne Sprachgemeinschaft jeweils ein mehr oder weniger detailliertes naives, künstlerisches, wissenschaftliches, mythologisches und religiöses Bild der Welt.

Im Prinzip heben hierbei Substantive *Gegenstände* (im weitesten Sinne, materielle und ideelle) aus dem Kontinuum der objektiven Realität heraus und bilden sie in ihrer Bedeutung ab, Adjektive deren *Eigenschaften*, Verben wiederum *Prozesse* (im weitesten Sinne), also die Bewegung der Gegenstände in Raum und Zeit, Adverbien dagegen die *Eigenschaften von Eigenschaften und Prozessen* usw. (An diesem Prinzip ändert auch der Umstand nichts, daß in der sprachlichen Entwicklung vielfach Rekategorisierungen stattgefunden haben und ständig noch stattfinden: *lesen* → *das Lesen, laufen* → *der Lauf, schön* → *die Schönheit* usw., ebenso *читать* → *чтение, бегать* → *бег, красивый* → *красота*).

Von besonderem Interesse sind für unser Anliegen die **Verben** (глаголы). In ihren lexikalischen Bedeutungen werden bestimmte Realsituationen - die ständige Bewegung und Veränderung der Welt - *sprachlich abgebildet*, wobei entsprechende *prototypische Situationen* zu unterscheiden sind:
- **Zustände** (states, состояния),
- **Prozesse** oder **Verläufe** (im engeren Sinne; activities, процессы),
- **Ereignisse** (events, события; nach VENDLER: achievements und accomplishments).

Entsprechend dieser grundlegenden Klassifizierung und Kategorisierung von Situationen, die letztlich auf Zeno VENDLER zurückgeht, können auch die Verben in **Zustands-, Verlaufs-** und **Ereignisverben** eingeteilt werden.

Ein **Zustand** (auch eine Beziehung, Relation) ist eine Sachlage, die sich im Verlaufe eines gewissen Zeitabschnitts *gleich* bleibt, in relativer Ruhe verharrt -

sie ist *statisch* [DSM (STAT)], entwickelt sich nicht, Beginn oder Ende sind *nicht sinnlich* (sensomotorisch) *wahrnehmbar*:
иметь 'haben', знать 'wissen', верить 'glauben', надеяться 'hoffen', любить 'lieben', стоить 'kosten', весить 'wiegen' usw.

**Anmerkung:** Ausführlicher zu den differentiellen semantischen Merkmalen, abgekürzt DSM, siehe Abschnitt 2.2 sowie Kapitel 8 *Algorithmen zum Aspekt*. Vgl. auch unten die DSM für Prozesse und Ereignisse.

Ein **Prozeß (Verlauf)** geht *in der Zeit* vor sich, er verkörpert eine *Bewegung*, ist also *dynamisch* [DSM (DYN)], er besteht aus aufeinanderfolgenden, einander ablösenden Phasen innerhalb einer bestimmten Qualität (homogenen Phasen) und verbraucht für seine Aufrechterhaltung Energie:
читать 'lesen', гулять 'spazieren gehen', петь 'singen', разговаривать 'sich unterhalten', ехать '(in einer Richtung) fahren', ездить '(nicht in einer Richtung) fahren', строить 'bauen' usw.

Ein **Ereignis** bewirkt die Ablösung eines Zustandes oder Verlaufs durch einen anderen, einen Wechsel der Situation, den Umschlag von quantitativen Veränderungen in eine neue Qualität [DSM (1ENDP+) oder (ZQQBEGR+)]:
выйти/выходить 'hinausgehen', встать/вставать 'aufstehen', рассказать/рассказывать 'erzählen', очутиться 'sich plötzlich befinden', сверкнуть 'aufblitzen', съездить 'einmal hin und zurück fahren'.

**Anmerkung:** Problematisch ist die Zuordnung der Verben vom Typ стоять, сидеть, лежать, висеть, спать: Intuitiv müssen diese Verben als Zustandsverben eingeordnet werden. Da sie sich jedoch sprachlich verhalten wie Prozeßverben („Bewegung in der Zeit", also dynamisch, Anfang und Ende sinnlich wahrnehmbar), könnten sie auch als „ stative Verläufe" (vgl. LEHMANN 1992b) oder „prozeßhafte Zustände" behandelt werden.

Die von Verben ausgedrückten Sachverhalte („verbale Sachverhalte") werden traditionell **Handlungen** (действие, Pl. -ия) genannt. Da es gewisse logische Schwierigkeiten macht, auch Zustände oder Beziehungen (Relationen) als „Handlungen" zu bezeichnen, benutzen wir gleichberechtigt den synonymen Terminus „**aktionale Situationen**" (nach V. LEHMANN 1992b), von lat. *actio, actionis* 'Bewegung, Tätigkeit, Amtshandlung'. „Aktionale Situationen" bzw. „Handlungen" sind also der *Sammel-* oder *Oberbegriff* für Zustände, Prozesse/Verläufe und Ereignisse.

Die *ursprüngliche* oder *natürliche* aktionale Kategorisierung erfolgt auf der Basis der lexikalischen *Grund*bedeutungen der Verben, d.h. ohne adverbialmodifizierende Auflagerungen vom Typ 'Beginn', 'eine Weile', 'einmal' und dgl. (*Wortsemantik* → lexikalische Kategorisierung). Sie wird im Russischen ergänzt und überlagert durch eine aktionale Kategorisierung auf der Grundlage der grammatischen Aspektkategorie (*Aspektsemantik* → grammatische Kategorisierung): Zustände und Prozesse/Verläufe werden durch den unvo. Aspekt wiedergegeben, der vo. Aspekt ist Ereignissen vorbehalten. *Per Default*, d.h. als Grundeinstellung oder Standardfunktion, die nur durch den Kontext auf höherer Ebene aufgehoben werden kann, muß die lexikalische aktionale Kategorisierung mit der grammatischen übereinstimmen - daher ist der Aspekt weitgehend durch die lexikalische Verbbedeutung vorprogrammiert.

Wir können somit eine erste **Regel** aufstellen, deren Inhalt allerdings erst am Ende dieses 2. Kapitels voll verständlich sein wird:

| **Zustände und Prozesse/Verläufe** | = | **unvo. Aspekt,** |
| **vo. Aspekt** | = | **Ereignisse** |

Das bedeutet: *Zustandsverben* und *Verlaufsverben* sind *per Default* imperfektiv oder unvollendet, perfektive oder vollendete Verben sind immer *Ereignisverben* (nicht umgekehrt! Ereignisverben können auch imperfektiv sein - bei der Wiederholung oder im historischen Präsens!).

Alle aktionalen Situationen oder Handlungen müssen im Rahmen der unmittelbaren Kommunikation und der textuellen Abbildung der Welt durch das Tempus und den Aspekt zeitlich *situiert, lokalisiert, relationiert* werden - *relativ* zum Sprecher/Schreiber (S/S) oder zu anderen Orientierungspunkten in der Zeit als *deiktische* Chronologie, *absolut* zur Linie (Achse) der objektiven Zeit als *kalendarische* Chronologie (siehe Abschnitt 2.4). Dabei ist durch die lexikalische aktionale Kategorisierung bereits eine Vorauswahl getroffen.

## 2.2 Termative/aterminative Verben als Wörterbucheinheiten - paradigmatische T/AT oder Aktionsarten im weiteren Sinne

Die Kategorisierung der aktionalen Situationen als Zustände, Prozesse/Verläufe und Ereignisse wird ergänzt und präzisiert durch die Einteilung der Verben in „Endstationsverben" und „Nicht-Endstationsverben" - d.h. in **terminative** und **aterminative** Verben, von lat. *terminus* 'Grenzstein, Grenze, Ziel' (vgl. auch engl. *terminus* 'Endpunkt, Ziel; Endstation, Kopfbahnhof', am. *terminal*).

**Terminative Verben** (предельные глаголы) haben in der Bedeutung ihrer (isolierten) Wörterbuchform einen *Endpunkt*, eine *innere Grenze* (Telos), mit deren Erreichen sich die Handlung erschöpft, nicht mehr weitergeführt werden kann:

| *hineingehen* | *go in* | *войти/входить* |
| *aufstehen* | *stand up, get up* | *встать/вставать* |
| *durchführen* | *lead pass through* | *провести/проводить* |
| *aufhalten* | *hold up* | *задержать/задерживать* |

Man kann nur so lange 'hineingehen', bis man 'drin' ist, nur so lange 'aufstehen', bis man auf seinen Füßen 'steht' usw.

**Aterminative Verben** (непредельные глаголы) haben dagegen in ihrer *Bedeutung* keinen Endpunkt der Handlung, keine innere Grenze, mit deren Erreichen sie aufhören müßten - sie könnten (theoretisch!) ohne Begrenzung weitergeführt werden:

| gehen | go | идти |
| stehen | stand | стоять |
| führen | lead | вести |
| halten | hold | держать |

Es muß nachdrücklich betont werden: Sowohl die terminativen als auch die aterminativen Verben betrachten wir hier als *isolierte* Wörterbucheinheiten, d.h. auf *paradigmatischer Ebene* (von *Paradigma*, griech. 'Beispiel, Vorbild': Flexionsmodell; Einheiten, die auf vertikaler Ebene austauschbar sind), im Gegensatz zur *syntagmatischen Ebene* (von *Syntagma*, griech. 'Zusammengestelltes'), auf der Folgen von unterschiedlichen Einheiten *im Kontext* auftreten. Entsprechend unterscheiden wir die **paradigmatische T/AT** (Vorhandensein/Fehlen einer Handlungsgrenze in der Bedeutung des isolierten Einzelverbs) und die **syntagmatische T/AT** (Vorhandensein/Fehlen einer Grenze in der Bedeutung des gesamten aspektual relevanten Kontextes, siehe 2.3).

Notabene: Zu den aterminativen Verben / AA wird oft argumentiert, man könne ja nicht ewig stehen, sondern nur so lange, bis man umfällt, und dgl. Es geht hier aber nur darum, daß in der *Bedeutung* der isolierten Wörterbucheinheit (also auf paradigmatischer Ebene) keinerlei Information über eine innere Grenze oder äußere Begrenzung enthalten ist - diese wird erst durch den sprachlichen und/oder situativen Kontext bzw. das Weltwissen eingebracht

**Resultativ-terminative Verben** können durch bestimmte *differentielle semantische Merkmale* (DSM, unterscheidende Bedeutungsmerkmale) identifiziert werden:

1) **Bewegung** = (dynamisch) = (DYN)
2) deren **Richtung** = (gerichtet) = (RICHT+)
3) deren **Endpunkt** = (innere Grenze vorhanden) = (IENDP+)

Nur durch eine Bewegung (DYN) in ganz bestimmter Richtung (RICHT+) kann ein vorgegebenes Endziel, eine innere Grenze (IENDP+) erreicht werden. Erst das Vorhandensein aller dieser Merkmale macht die resultative Terminativität eines gegebenen Verbs aus.

Das jeweilige Endziel, die innere Grenze, kann verschiedene Formen annehmen:

1) **Räumliche Lage** des Subjekts oder Objekts, welche durch eine gerichtete Bewegung erreicht werden soll: приехать приезжать (в город), вылететь вылета'ть (во Францию), пройти проходить (в комнату), отвезти отвозить (гостей на вокзал), встать вставать (со сту'ла) ...

## 2 DIE GRUNDMECHANISMEN DES RUSSISCHEN VERBALASPEKTS

2) **Quantität / Anzahl** des Objekts, auf welches die physische oder geistige Aktivität gerichtet ist: *вы'играть/выи'грывать (матч), перевести/переводить (статью), записать/записывать (адрес), передать/передавать (привет), писать/написать (роман), строить/построить (дом), брать/взять (деньги), собрать/собирать (свои вещи) ...*

3) **Qualitativer Zustand** des Subjekts oder Objekts, der durch die Veränderung erreicht werden soll: *увели'чить/увеличивать, уме'ньшить/уменьша'ть, укороти'ть/укора'чивать, укра'сить/украша'ть, осво'ить/осва'ивать, освободить/освобождать, умнеть/поумнеть, краснеть/покраснеть, стареть/постареть, замёрзнуть/замерза'ть, га'снуть/погаснуть ...*

Die differentiellen semantischen Merkmale der **aterminativen Verben** sind dem gerade entgegengesetzt:

1) **Keine Bewegung** = (statisch)   = (STAT) [auch (DYN-) möglich ]
*знать, иметь, сто'ить* 'kosten', *любить ...*
*быть, стоя'ть* 'stehen', *лежать, висе'ть, жить, спать ...*
(siehe Anmerkung S. 22),
*зави'сеть* 'abhängen', *принадлежа'ть* 'gehören', *содержа'ть* 'enthalten', *состоя'ть* 'bestehen (aus)', *соотве'тствовать* 'entsprechen' („neutrale" Präfixe, siehe Abschnitt 3.6.5)

2) **keine Richtung** der Bewegung angegeben
= (nicht gerichtet) = (DYN)(RICHT-)
*работать, играть, гулять, смотреть, пры'гать, писать, делать ...*
*ходить* '(nicht in einer Richtung) gehen' , *ездить, летать, по'лзать ...*

3) **keine innere Grenze** vorhanden
= (kein Endpunkt) = (DYN)(RICHT+)(1ENDP-)
*ехать* '(in einer Richtung) fahren', *лететь, плыть, вести, падать, мыться, встречаться ...*

Die Merkmale der resultativen Terminativität bilden zusammen mit ihrer jeweiligen Negation eine **Hierarchie von Oppositionen**:
1)   (DYN)       :   (STAT)
2)   (RICHT+)    :   (RICHT- ´
3)   (1ENDP+)    :   (1ENDP-)
Diese Oppositionen können in Form eines **Algorithmus** angeordnet werden und zusammen mit weiteren DSM zur aspektuell-semantischen Analyse der russischen Verben auf paradigmatischer und syntagmatischer Ebene dienen (siehe Abschnitt 8.2).

**Formales Kennzeichen** der **paradigmatischen Terminativität** ist das Vorhandensein eines Präfixes im Russischen wie im Deutschen (*приехать, выработать*; ankommen, ausarbeiten), obwohl hier keineswegs immer volle Deckungsgleichheit besteht, während im Englischen meist ein Adverb (russ.

*послелог* 'Postposition' im Gegensatz zu *предлог* 'Präposition') in dieser Funktion auftritt (*come in, find out*).

Auch hier ist festzustellen, daß durch die paradigmatische T/AT bereits eine Vorauswahl für den Aspekt getroffen wird: Aterminative Verben sind immer ipf. (unvo.), vo. Verben sind immer terminativ. Bei den terminativen Verben muß jedoch unterschieden werden, ob die innere Grenze zu dem Zeitpunkt, von dem wir sprechen (Bezugsmoment, siehe 2.4) bereits erreicht [(ERR+) = vo. Aspekt] oder nicht erreicht ist [(ERR-) = unvo. Aspekt]. Daraus folgen weitere **Regeln**:

**Präfigierte Verben** sind *per Default* **paradigmatisch terminativ**:
*Вы 'работать/выраба'тывать, написать, посидеть*
**Unpräfigierte Verben** sind *per Default* **paradigmatisch aterminativ**:
*работать, писать, сидеть, пры'гать, ехать, ездить, иметь*

**Aterminative Verben** sind immer **unvo.**:
*работать, писать, сидеть, прыгать, ехать, ездить, иметь*
**Vo. Verben** sind immer **terminativ**:
*выработать, записать, перестроить, изучить, собрать*

**Zustände** sind immer **aterminativ** und daher **unvo.**:
*иметь, знать, любить, зави'сеть, принадлежать*
**Terminative Verben** drücken immer **Ereignisse** aus:
*выработать/вырабатывать, написать, собрать/собирать*

Die Einteilung der Verben in (paradigmatisch) terminative und aterminative ist identisch mit ihrer Gruppierung nach **Aktionsarten** (AA) im weiteren Sinne, d.h. ohne Berücksichtigung von Wortbildungsindikatoren (Wortbildungsmorphemen). Solche Gruppen haben den gleichen *Verlauf* und die gleiche *Verteilung* der Handlung *in der Zeit* (siehe ausführlicher dazu Abschnitt 3.4).

Durch die *morphologisch charakterisierten* Aktionsarten (AA im engeren Sinne) findet häufig eine **aktionale Rekategorisierung** („Neueinteilung") statt: Ein *lexikalischer Prozeß* oder *Zustand* kann zum *grammatischen Ereignis* „zusammengestaucht" werden (Prozeß- bzw. Zustandsverb mit ingressiver, delimitativer u.a. Aktionsartbedeutung, siehe *Aktionsarten* im Abschnitt 3.4):

*плакать – заплакать* 'weinen' → 'anfangen zu weinen'
*читать → почитать* 'lesen' → 'eine Weile / ein wenig lesen'
*ездить → съездить* 'fahren' → 'einmal hin und zurück fahren'
*прыгать → прыгнуть* 'springen' → 'einen Sprung machen'

Diese AA im engeren Sinne weisen eine **zeitliche, quantitative oder qualitative äußere Begrenzung** auf - (ZQQBEGR+) oder kurz (ZQQ+), es handelt sich um

## 2 DIE GRUNDMECHANISMEN DES RUSSISCHEN VERBALASPEKTS

„zqq-resultative" Verben. Die enge Auffassung der AA ist für Lehr- und Lernzwecke, für die Aspektvermittlung, besser geeignet als die weite Auffassung. Ein *Ereignis* wiederum kann zum Prozeß/Verlauf „gedehnt" werden (Ereignisverben im unvo. Aspekt, siehe das *Aspektbildungsmodell* im Abschnitt 3.1):

*разработать* → *разрабатывать* 'ausgearbeitet haben' →
'beim Ausarbeiten sein / wiederholt ausarbeiten'

Analog:

*записать* → *записывать* 'notieren'
*осмотреть* → *осматривать* 'besichtigen'
*остановить* → *останавливать* 'anhalten'

Die „gedehnten" *lexikalischen Ereignisse* können so als *grammatische Prozesse* angesehen werden - entweder als prozessuale Teile, als Reihe von homogenen „Mittelphasen" der Ereignisse, oder als die *Wiederholung* von Ereignissen, als Reihe gleichartiger Ereignisse - was ebenfalls eine Art Prozeß darstellt, einen Prozeß höherer Ordnung. Hierzu gehören *per Default* präfixal-suffixale Verben, die mittels sekundärer Imperfektivierung entstanden sind (siehe 3.1; 3.2).

## 2.3 Terminativer/aterminativer Kontext - syntagmatische T/AT

Bisher haben wir die Verben als isolierte Wörterbucheinheiten betrachtet - ohne jeden Kontext, also auf paradigmatischer Ebene, und somit die paradigmatische T/AT bestimmt. Im Satz, noch mehr im Text als der übergeordneten Einheit, kann jedoch eine *Umverteilung* der T/AT, eine *Rekategorisierung* (erneute, andere Einordnung) der aktionalen Situation erfolgen. Die Verben

*писать* 'schreiben' *делать* 'machen'
*строить* 'bauen' *петь* 'singen'

sind *paradigmatisch aterminativ*: (DYN)(RICHT-)(ZQQ-), sie müssen daher *unvo.* sein (Imperfektiva tantum) und können nicht in ein Aspektpaar eingehen, da nur terminative Verben Aspektpaare bilden können (siehe Abschnitt 3.3).
Das Bild ändert sich aber, sobald durch ein (quantitativ aktualisiertes) *Objekt* eine *innere Grenze* angegeben wird:

*писать письмо* / *написать письмо* 'einen Brief schreiben'
*строить дом* / *построить дом* 'ein Haus bauen'
*делать урок* / *сделать урок* 'die Hausaufgabe machen'
*петь песню* / *спеть песню* 'ein Lied singen'

Die Bewegung (DYN) erhält eine Richtung (RICHT+) durch das *Objekt*, das zugleich den Endpunkt, die innere Grenze (IENDP+) darstellt, mit deren Erreichung die Handlung ihr Ende finden muß. Beim unvo. *Verb* (ein *Verlauf/Prozeß!*) ist die im Kontext enthaltene innere Grenze *zum Bezugsmoment* (noch) nicht erreicht

(ERR-), das Präfix des vo. Verbs drückt seine resultative Terminativität aus, die innere Grenze ist zum Bezugsmoment erreicht (ERR+), die Handlung stellt also ein *Ereignis* dar. Da beide Verben nunmehr (syntagmatisch) terminativ sind, das unvo. Verb die gleiche Funktion hat wie das vo. Verb, können sie in dieser Konstellation ein *annäherndes*, ein *funktionales Aspektpaar* bilden.

Damit nähern wir uns einer weiteren **Regel**: In einem *Kontext*, der eine *Grenze* für die Verbalhandlung enthält, können paradigmatisch aterminative Verben *syntagmatisch terminativ* werden - die T/AT wird umverteilt, das Verb wird syntagmatisch *rekategorisiert*. Einen Kontext, der außerhalb des Verbs - extraverbal - eine innere Grenze oder äußere Begrenzung enthält, nennen wir einen **terminativen Kontext**.

Es ist jedoch ebenso der umgekehrte Vorgang möglich: Ein statischer, also **aterminativer Kontext** ist stärker als ein paradigmatisch terminatives Verb:
*выйти/выходить* 'hinausgehen'
(DYN)(RICHT+)(1ENDP+), (ERR+/-)   = resultativ-terminativ, Aspektpaar
(1) *Студенты вышли / выходили на улицу.*
(DYN)(RICHT+)(1ENDP+)(ERR+/-)   = resultativ-terminativ, Aspektpaar
'Die Studenten waren hinausgegangen / gingen gerade auf die Straße hinaus.' (paradigmatische T/AT = syntagmatische T/AT)
(2) *Окна выходили на улицу.* (STAT)(ZQQ-) = aterminativ, aspektdefektiv
'Die Fenster gingen (lagen) zur Straße hinaus.' (Rekategorisierung)
Die Verben sind präfigiert, also *paradigmatisch terminativ*, sie können *potentiell* auf Grund ihrer morphologischen Struktur Aspektpaare bilden. Das wird auch durch einen terminativen Kontext gestützt (1). Aber der *aterminative Kontext* (2) *neutralisiert* die innerverbale Grenze, er bedingt, daß das Verb hier *statische* Bedeutung (STAT) annimmt und somit aterminativ wird, da auch keine zeitliche / quantitative / qualitative Begrenzung vorliegt (ZQQ-). Folglich kann das präfigierte Verb in *diesem* Kontext keinen vo. Aspektpartner mehr haben.

Nach unseren Untersuchungen wird in der überwiegenden Mehrheit aller Fälle die paradigmatische T/AT der Verben durch den Kontext *per Default* bestätigt (75-85 %, je nach Textsorte und Funktionalstil). Bei etwa 15-25 % aller Verben im laufenden Text ist jedoch damit zu rechnen, daß sie durch den terminativen/aterminativen Kontext ihre T/AT wechseln, also **syntagmatisch rekategorisiert** werden. Wir können damit weitere **Regeln** formulieren:

**Terminativer Kontext** (enthält eine *extraverbale Grenze*):
Paradigmatisch aterminative Simplizia → syntagmatisch terminativ
(*Aspektpaare* werden möglich):

| | |
|---|---|
| *делать* | *делать ошибку / сделать ошибку* |
| *петь* | *петь песню / спеть песню* |
| *готовить* | *готовить ужин / приготовить ужин* |

## 2 DIE GRUNDMECHANISMEN DES RUSSISCHEN VERBALASPEKTS

„**Statischer**" **aterminativer Kontext** (*neutralisiert* innerverbale Grenze):
Paradigmatisch terminative präfigierte Verben → syntagmatisch aterminativ (nur noch unvo. Aspekt möglich, Aspektpaar wird aufgelöst):
*закрыть/закрывать   Лес закрывал вид на море.*

## 2.4 Redemoment und Tempus
### aspektualer Bezugsmoment und Aspekt

Wir haben bisher den Bedeutungsinhalt der Wortart *Verb* beschrieben - Zustände, Prozesse/Verläufe und Ereignisse, zusammengefaßt unter dem Sammelbegriff Handlung oder, genauer, **aktionale Situation**. In der unmittelbaren Kommunikation oder im Text muß diese aktionale Situation durch den Sprecher/Schreiber (S/S) *zeitlich eingeordnet, lokalisiert* werden. Dazu hat jede Sprache ein spezielles **Koordinatensystem der subjektiven Orientierung** (BÜHLER) entwickelt, meist als *Deixis* bezeichnet: Koordinatenausgangspunkt (temporaler Orientierungspunkt, Origo, точка отсчёта) ist jeweils das **Ich - Jetzt - Hier** des Sprechers.

Im Deutschen gibt es ein *Tempussystem mit 6 Tempora*, mit denen die zeitlichen Beziehungen der Handlung ausgedrückt werden können: Präsens, Präteritum/Imperfekt und Futur I als „einfache" Tempusformen (Verlaufsstufe), Perfekt, Plusquamperfekt und Futur II als "zusammengesetzte" oder „vollendete" Zeitformen (Vollzugs- oder Vollendungsstufe).

Die russische Sprache kennt dagegen nur drei Tempusformen, mit denen sie die gleichen Leistungen erbringen muß wie die deutsche Sprache mit sechs. Als Orientierungspunkt auf der Zeitachse, auf der Linie der objektiven Zeit, dient der Sprechzeitpunkt oder der **Redemoment (RM)**, d.h. der Zeitpunkt, zu dem gesprochen wird, der Zeitpunkt des Redeaktes, die *Gegenwart des Sprechers*. Die Tempusformen charakterisieren jeweils das zeitliche Verhältnis des Geschehens (der Handlung / aktionalen Situation) zum Redemoment:
Das **Präteritum** drückt die *Vorzeitigkeit* der Handlung H gegenüber dem Redemoment RM aus, das **Präsens** die *Gleichzeitigkeit*, das **Futur** die *Nachzeitigkeit*:

Aus diesen *Allgemeinbedeutungen* der drei russischen Zeitformen leitet sich die Bedeutung der morphologischen Kategorie ab, die *kategoriale Bedeutung*:

> **Das Tempus drückt die zeitliche Beziehung von Handlung H und Redemoment RM aus.**

Der Redemoment dient als ein erster Orientierungspunkt (Ausgangspunkt, точка отсчёта) im Koordinatensystem der Zeit.

Damit ist eine *Groborientierung* in den Zeitstufen gegeben, der in den slawischen Sprachen in der Regel die drei Tempusformen entsprechen. Mit diesen drei Tempusformen kann jedoch die Fülle der zeitlichen Beziehungen nicht abgedeckt werden. Eine weitergehende *Feinorientierung* erfolgt im Deutschen, Englischen, Französischen und weiteren Sprachen von ähnlichem Sprachbau durch zusammengesetzte *Tempusformen*, durch das *Perfekt, Plusquamperfekt, Futur II*, durch ein *Passé simple* u.a. Diese letzteren orientieren sich nicht direkt am Redemoment, sondern an einem weiteren Orientierungspunkt:

| | |
|---|---|
| *ich hatte gearbeitet* | Ich spreche (zum RM) von einem Zeitpunkt in der Vergangenheit, dem die H vorausgeht (Plusquamperfekt) |
| *ich habe gearbeitet* | Ich spreche (zum RM) von einem Zeitpunkt der Gegenwart, dem die H vorausgeht (Perfekt) |
| *ich werde gearbeitet haben* | Ich spreche (zum RM) von einem Zeitpunkt der Zukunft, dem die H vorausgehen wird (Futur II) |

Dieser weitere Orientierungspunkt (точка отсчёта) ist der Zeitpunkt, **von** dem gesprochen wird, ein *Referenzpunkt*, eine *Referenzzeit* (*point time of reference* - nach H. REICHENBACH), der vom Redemoment verschieden ist, aber mit ihm zeitlich zusammenfallen kann. Häufig wird er durch eine andere Handlung verkörpert. Wir nennen diesen Zeitpunkt den **temporalen Bezugsmoment** - „Bezugs-" als Übersetzung von *reference*, „-moment" in Analogie zum *Redemoment*, „temporal", weil auf *Tempusformen* bezogen.

Auch im Russischen muß eine Feinorientierung der Handlung *innerhalb* der drei Zeitstufen erfolgen. Das Russische hat nur drei Tempora, aber ihm steht statt der zusammengesetzten *Tempora* eine weitere grammatische (morphologische) Kategorie zur Verfügung - der **Verbalaspekt**. Innerhalb jeder der drei Zeitstufen wiederholt sich das In-Beziehung-Setzen der Handlung zu einem Orientierungspunkt auf der Zeitlinie. Dieser Koordinatenausgangspunkt ist jedoch nicht der Redemoment, sondern - wie bei den zusammengesetzten Tempora - der Zeitpunkt, **von** dem wir sprechen, in den wir uns gedanklich versetzen, die *Gegenwartssituation der Ereignisse* - kurz, der **Bezugsmoment**. Da er aber auf Aspektformen bezogen ist, werden wir ihn als **aspektualen** Bezugsmoment bezeichnen, sofern eine Unterscheidung vom *temporalen* Bezugsmoment angezeigt scheint. Ein Beispiel im Präteritum soll das belegen:

## 2 DIE GRUNDMECHANISMEN DES RUSSISCHEN VERBALASPEKTS

Zeitlinie

*Когда ученик вошёл в класс,
учитель уже просмотрел / просматривал домашнее задание.*
'Als der (verspätete) Schüler in die Klasse kam (8.05 = BM),
hatte der Lehrer schon die Hausaufgabe durchgesehen /
war der Lehrer dabei, die Hausaufgabe durchzusehen.'

Es muß zwischen dem tatsächlichen, dem **realen Bezugsmoment** und dem **grammatischen Bezugsmoment** unterschieden werden, wie auch zwischen dem realen, tatsächlichen Redemoment, dem Sprechzeitpunkt, und dem grammatischen Redemoment als grammatischem Orientierungspunkt. Der reale Bezugsmoment ist jeweils ein konkreter Zeitpunkt in der objektiven Zeit, der grammatische Bezugsmoment ist seine *verallgemeinerte Widerspiegelung*, seine *Abbildung* in der Sprache, in den grammatischen Aspektbedeutungen. Einmal als Konzeptualisierung („Verbegrifflichung") von unzähligen Realsituationen entstanden, hat sich der grammatische Bezugsmoment im Laufe der Sprachentwicklung in den Allgemeinbedeutungen der Aspekte verselbständigt und objektiviert. Der grammatische Bezugsmoment wird auch dann wirksam, wenn das Bewußtsein der nacherlebten oder vorweggenommenen Gegenwartssituation der Ereignisse abgeschwächt oder geschwunden ist, wenn also kein bestimmter, konkreter - und damit realer - Bezugsmoment ausgemacht werden kann. Das ist vor allem bei den sogenannten „polytemporalen" Handlungen (ŠELJAKIN) der Fall:

*Долгое время он жил в Москве.* (Dauer - durative Bedeutung)
*Каждый день учитель просматривал домашнее задание.* (Wiederholung - iterative Bedeutung)
*Просматривал он когда-нибудь твою работу?* („констатация факта действия" - abstrakt-konstatierende Bedeutung)
(Ausführlicher hierzu unter Kap. 5 *Die speziellen Aspektbedeutungen*)

Das **Aspektsystem** ist gewissermaßen eine **Projektion des Tempussystems** auf jede einzelne Zeitstufe. Jede aktionale Situation (Handlung) trägt innerhalb der Zeitstufe *ihren* Koordinatenausgangspunkt, den aspektualen Bezugsmoment, gleichsam mit sich herum, in einem *sekundär-deiktischen Mikrosystem der inneren Zeit*:

---

Der **perfektive** (vo.) Aspekt drückt die **Vorzeitigkeit** der Handlung H gegenüber dem Bezugsmoment BM aus,
der **imperfektive** (unvo.) Aspekt die **Nichtvorzeitigkeit / Gleichzeitigkeit** von Handlung und Bezugsmoment.

Die Nachzeitigkeit ist im System (in der *langue*) nicht ausgebildet, wenn auch in der Literatur vereinzelt Beispiele aus der Rede (*parole*) in Zusammenhang mit den Adverbialpartizipien angeführt werden.

Als **kategoriale Bedeutung** des Aspekts (Bedeutung der Aspektkategorie) kann somit *vorläufig* abgeleitet werden:

> **Der Aspekt drückt das zeitliche Verhältnis der Handlung H zum Bezugsmoment BM aus.**

Damit haben wir eine Parallele, eine *Analogie zum Tempus* hergestellt, welches das zeitliche Verhältnis der Handlung H zum Redemoment RM ausdrückt.

Der **Redemoment** (момент речи) ist der Zeitpunkt, zu dem wir sprechen, der Sprechzeitpunkt, der Gegenwartsaugenblick des *Sprechers*. Die Handlung wird unmittelbar am Sprecher/Schreiber (S/S) orientiert (Deixis im engeren Sinne), der Redemoment ist daher der *primäre deiktische Orientierungspunkt* (точка отсчёта) in einem Koordinatensystem der subjektiven Orientierung.

Der **Bezugsmoment** (соотносимый момент, момент видовой соотнесённости, момент референции) ist der Zeitpunkt/Zeitraum, von dem wir sprechen, in den wir uns gedanklich versetzen, der im Fokus unserer Aufmerksamkeit steht - der Gegenwartsaugenblick des *Geschehens*, der *Ereignisse* im weitesten Sinne. Die Handlung wird zu diesem *sekundären deiktischen Orientierungspunkt* in Beziehung gesetzt, der nur *mittelbar* vom Sprecher/Schreiber abhängt und vom Redemoment verschieden ist, aber mit ihm zusammenfallen kann (Deixis im weiteren Sinne).

Damit ist das Wesen des Aspekts nicht erschöpft (ausführlicher hierzu im Kapitel 4 *Die Allgemeinbedeutungen der Aspekte*), aber die Analogie „Tempus - Redemoment" und „Aspekt - Bezugsmoment" ist aus *sprachpraktischer* Sicht zunächst der *entscheidende Ansatzpunkt* zum Verständnis des slawischen Aspekts. (Zur Terminologie von *Handlung - Redemoment - Bezugsmoment* bei verschiedenen Autoren siehe Anhang A3.)

## 2.5 Zusammenfassung: Grundmechanismen und Grundbegriffe

Die **grammatische Aspektualität** - das Funktionieren des Aspektsystems der russischen Sprache der Gegenwart - wird über mehrere Zwischenebenen durch die **lexikalische Aspektualität** vorprogrammiert, d.h. durch die lexikalischen Grundbedeutungen der Verballexeme.

Das Funktionieren des russischen Aspekt- und Aspektbildungssystems beruht vor allem auf **zwei Grundmechanismen:**

- **Semantische Grundlage** ist die aktionale Kategorisierung der Handlungen bzw. aktionalen Situationen, die von russischen Verben ausgedrückt werden, nach Zu-

## 2 DIE GRUNDMECHANISMEN DES RUSSISCHEN VERBALASPEKTS

ständen, Prozessen/Verläufen und Ereignissen, einschließlich ihrer Terminativität/ Aterminativität (Grenzbezogenheit/Nichtgrenzbezogenheit, Vorhandensein/Fehlen einer inneren Grenze oder äußeren Begrenzung in Verb und aspektualem Kontext).

- **Grammatische Grundlage** ist die Situierung, Lokalisierung, Relationierung dieser Handlungen bzw. aktionalen Situationen in einem Koordinatensystem der subjektiven Orientierung mit Hilfe zweier *grammatischer* Koordinatenausgangspunkte (точки отсчёта) - ihre Orientierung am *Redemoment* und am *aspektualen Bezugsmoment*.

Die vier grundlegenden Faktoren verschiedener Ebenen, welche die Aspektwahl bestimmen und vorprogrammieren, können in Form einer Pyramide schematisch dargestellt werden:

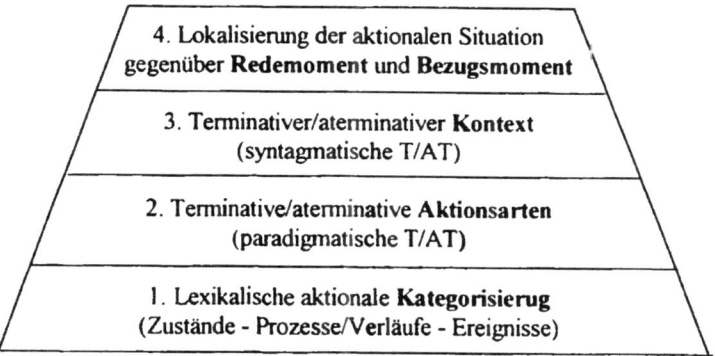

Diese Pyramide der **Aspektualität** stellt das Wirken der **Grundmechanismen** des russischen Aspekt- und Aspektbildungssystems dar, die zu einem bedeutenden Teil eine „verdeckte Grammatik" im Sinne von WHORF und KACNEL'SON bilden und dem naiven, linguistisch weniger kompetenten Muttersprachler nicht bewußt sind. Diese Mechanismen demonstrieren die Verbindung zwischen *Lexik* und *Grammatik* auf dem Gebiet des russischen Verbalaspekts, was sich in folgende **Regel** fassen läßt:

| Aspekt und T/AT stehen in einem unlösbaren Zusammenhang: Die T/AT beinhaltet das **Vorhandensein/Fehlen** des Merkmals der **Handlungsgrenze** in der Semantik des Verbs und/oder seines Kontextes, der **Aspekt** drückt das **Erreichtsein/Nichterreichtsein** dieser Handlungsgrenze zum **Bezugsmoment** aus. Eine Handlungsgrenze haben **Ereignisse**, die Handlungsgrenze fehlt hingegen bei **Zuständen** und **Verläufen** bzw. sie ist zum Bezugsmoment noch nicht erreicht. |
|---|

Diese Grundmechanismen *bestimmen alle weiteren Dimensionen* des Aspekts. Ihre Wirkung kann verfolgt werden durch die Aspekt- und Wortbildung des Verbs, durch die Allgemeinbedeutungen, speziellen Bedeutungen und Funktionen beider Aspekte und deren Funktionieren im Indikativ, Imperativ, Konjunktiv und Infinitiv, durch ihre Wechselwirkung mit funktional-kommunikativen Textsorten und Sprachhandlungstypen, durch die Aspektstruktur russischsprachiger Texte und durch das Zusammenwirken von Aspektualität, Temporalität und Modalität, sie liegen zahlreichen Regeln und Algorithmen zum russischen Verbalaspekt zugrunde. Davon wird in den folgenden Kapiteln dieses Buches die Rede sein.

# 3 Aspektbildung und Wortbildung

Die beste Anleitung zum Gebrauch der Aspekte und zu ihrer Bedeutung bleibt nutzlos, wenn dem Lerner deren Form, deren formaler Ausdruck, unbekannt ist. Er muß wissen, wie der vollendete (perfektive) und der unvollendete (imperfektive) Aspekt aussieht, er muß mit dem Mechanismus der Aspektbildung und seiner Verflechtung mit der Wortbildung vertraut sein. Im folgenden sollen daher einige grundlegende Gesetzmäßigkeiten der russischen Aspektbildung sowie einige gebrauchshäufige „Ausnahmen von der Regel" dargestellt werden.

## 3.1 Das Grundmodell der systemhaften russischen Aspektbildung

Die Kategorie des russischen Verbalaspekts ist eine **grammatische (morphologische) Kategorie**. Alle russischen Verben weisen also die Kategorie des Aspekts auf, ebenso wie die Kategorie des Tempus, der Person, des Numerus und des Modus.

Der **Verbalstamm** (der unveränderliche Teil des Wortes, der nach Abzug aller Endungen und grammatischen Suffixe verbleibt) trägt nicht nur die lexikalische Bedeutung des Verbs (*игра-, выигра-* 'spiel-, gewinn-') und ihre aktionale Kategorisierung (*Zustand, Prozeß/Verlauf* oder *Ereignis*), sondern gleichzeitig die jeweilige *Aspektbedeutung*. Er wird daher auch als der **lexikalisch-grammatische Aspektstamm** bezeichnet.

Die Aspektstämme werden in der Regel mit Hilfe von **Präfixen** und **Suffixen** gebildet, meist durch deverbale Derivation (Ableitung von Verben, siehe *игра'ть* → *вы'играть* → *выи'грывать*), aber auch durch Derivation von Substantiven, Adjektiven und anderen Wortarten (*обе'д* → *обе'дать*, *у'мный* → *умне'ть*, *свой* → *усво'ить*, *три* → *утро'ить* usw., ebenso im Deutschen: 'Mittagessen → zu Mittag essen, klug → klug werden, eigen → sich aneignen, drei → verdreifachen). So ergibt sich häufig eine Ableitungsreihe vom Typ

    Simplex → präfigiertes Verb → präfigiert-suffigiertes Verb
    unvo.      vo.      unvo.

Als eine grundlegende Gesetzmäßigkeit kann festgehalten und als **Regel** formuliert werden:

**Regel:**

> Durch **Präfigierung** (und -ну-₂) werden Verben des vo. Aspekts gebildet (**Perfektivierung**),
> durch **Suffigierung** (außer-ну-₂) werden Verben des unvo. Aspekts gebildet (**Imperfektivierung**).

Diese Gesetzmäßigkeit hat bereits KARCEVSKIJ erkannt:

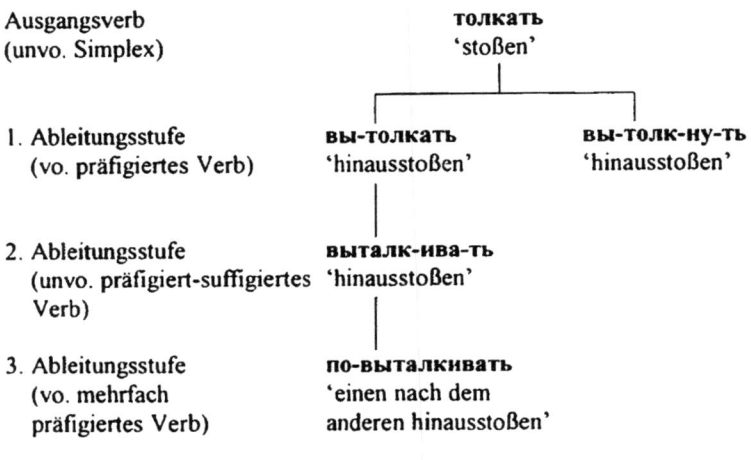

Ausgangsverb (unvo. Simplex) — толкать 'stoßen'

1. Ableitungsstufe (vo. präfigiertes Verb) — вы-толкать 'hinausstoßen' — вы-толк-ну-ть 'hinausstoßen'

2. Ableitungsstufe (unvo. präfigiert-suffigiertes Verb) — выталк-ива-ть 'hinausstoßen'

3. Ableitungsstufe (vo. mehrfach präfigiertes Verb) — по-выталкивать 'einen nach dem anderen hinausstoßen'

(Vgl. KARCEVSKIJ 1927; 1962, 221 russ.)

In didaktischer Vereinfachung und unter Berücksichtigung der Erkenntnisse zur aktionalen Kategorisierung und zur Terminativität/Aterminativität (T/AT) des russischen Verbs kann hieraus ein **Grundmodell** der *systemhaften* russischen Aspekt- und Wortbildung abgeleitet werden, in das sich die überwiegende Mehrheit der russischen Verben einordnen läßt. Oberstes Kriterium für die Einordnung ist ihre *Semantik* (Bedeutung), die meist mit bestimmten regelmäßigen *Formen* assoziiert ist. Auf einige häufig gebrauchte Verben, die sich nur bedeutungsmäßig einordnen lassen und in der Form abweichen, wird gesondert hingewiesen. Die einzelnen Typen der Ausgangsverben sind durch unterschiedliche Schattierungen voneinander abgehoben, auch bei ihrer Übersetzung und dem Schema ihres Bestands an differentiellen semantischen Merkmalen (DSM).

Das Grundmodell kann zu einem vollständigen Modell erweitert werden (siehe 3.8), das jedoch nur bei umfassender Beschreibung der Aspektbildung benötigt wird. In unseren weiteren Darlegungen wird jeweils eine vereinfachte Version des Grundmodells verwendet.

# 3 ASPEKTBILDUNG UND WORTBILDUNG

**Grundmodell der systemhaften russischen Aspektbildung:**

| Zustand oder Verlauf | Ereignis | Rekategorisiertes Ereignis (sein Verlauf und/oder seine Wiederholung) |
|---|---|---|
| ↓ | ↓ | ↓ |
| ohne Grenze = aterminativ | mit Grenze = terminativ | mit Grenze = terminativ |
| | ↓ | ↓ |
| | Grenze zum BM erreicht | Grenze zum BM nicht erreicht |
| ↓ | ↓ | ↓ |
| = unvo. (ipf.) **Nullstufe** | = vo. (pf.) **1. Stufe** | = unvo. (ipf.) **2. Stufe** |
| Ausgangsverb (Simplex) | Wortb. + Formbildung: **Präfigierung** вы-, за-, по-, про-... + Suffix -ну-₂ | Nur Formbildung: **Suffigierung** -ива-/-ыва-, -ва-, -а-/-я- |
| стоить | --- | |
| любить ⟶ | полюбить | --- |
| лежать ⟶ | полежать | --- |
| стоять ⟶ | постоять | --- |
| работать ⟶ | поработать | --- |
| ⟶ | разработать ⟶ | разрабатывать |
| строить ⟶ | построить | --- |
| ⟶ | перестроить ⟶ | перестраивать |
| бить ⟶ | побить | --- |
| ⟶ | разбить ⟶ | разбивать |
| учить ⟶ | изучить ⟶ | изучать |
| ездить ⟶ | съездить | --- |
| ехать ⟶ | поехать | --- |
| ⟶ | вы'ехать ⟶ | выезжа'ть |
| прыгать ⟶ | прыгнуть (einziges aspektrelevantes Suffix des vo. Aspekts) | |
| | ↓ | |
| | вы'прыгнуть ⟶ | выпры'гивать |

**Differentielle semantische Merkmale:**

| (STAT) | --- | |
|---|---|---|
| (STAT) ⟶ | (ZQQ+)(ERR+) | --- |
| (DYN) ⟶ | (ZQQ+)(ERR+) | --- |
| | (RICHT+)(1ENDP+)(ERR+) | / (ERR-) |
| (DYN)(RICHT+) ⟶ | (ZQQ+)(ERR+) | |
| | (1ENDP+)(ERR+) | / (ERR-) |

## Übersetzung:

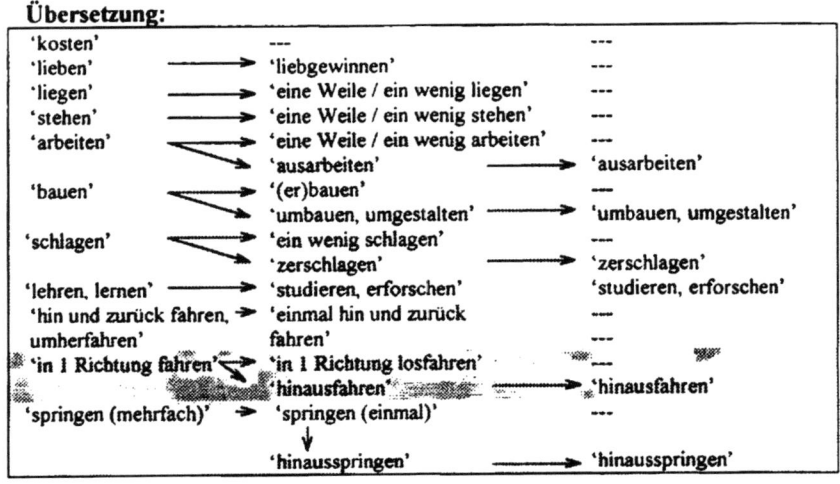

| | | |
|---|---|---|
| 'kosten' | --- | --- |
| 'lieben' | ⟶ 'liebgewinnen' | --- |
| 'liegen' | ⟶ 'eine Weile / ein wenig liegen' | --- |
| 'stehen' | ⟶ 'eine Weile / ein wenig stehen' | --- |
| 'arbeiten' | ⟶ 'eine Weile / ein wenig arbeiten' | |
| | ↘ 'ausarbeiten' | ⟶ 'ausarbeiten' |
| 'bauen' | ⟶ '(er)bauen' | --- |
| | ↘ 'umbauen, umgestalten' | ⟶ 'umbauen, umgestalten' |
| 'schlagen' | ⟶ 'ein wenig schlagen' | --- |
| | ↘ 'zerschlagen' | ⟶ 'zerschlagen' |
| 'lehren, lernen' | ⟶ 'studieren, erforschen' | ⟶ 'studieren, erforschen' |
| 'hin und zurück fahren, umherfahren' | ⟶ 'einmal hin und zurück fahren' | --- |
| 'in 1 Richtung fahren' | ⟶ 'in 1 Richtung losfahren' | --- |
| | 'hinausfahren' | ⟶ 'hinausfahren' |
| 'springen (mehrfach)' | ⟶ 'springen (einmal)' | --- |
| | ↓ 'hinausspringen' | ⟶ 'hinausspringen' |

Aus diesem Grundmodell lassen sich die wichtigsten Eigenschaften der russischen Aspektbildung ablesen:

### 1) Die Abhängigkeit des Aspekts
von der lexikalischen aktionalen Kategorisierung und der T/AT des Verbs
*Prototypische* Beispiele („prototypisch" siehe Glossar, Anhang A1):

знать     'wissen, kennen'
 = Zustand     (STAT)
 = aterminativ (keine innere / äußere Grenze vorhanden)     (ZQQ-)
 = unvo. (nicht vorhandene Grenze kann nicht erreicht werden)

*работать*     'arbeiten'
 = Prozeß/Verlauf     = (DYN)(RICHT-)
 = aterminativ und unvo. (s.o.)     = (ZQQ-)

*ехать*     '(in einer Richtung) fahren'
 = gerichteter Prozeß/Verlauf     = (DYN)(RICHT+)(1ENDP-)
 = aterminativ und unvo. (s.o.)     = (ZQQ-)

*полежать*     'eine Weile liegen'
 = Ereignis (rekategorisierter Zustand,
   sensomotorisch wahrnehmbar)     = (STAT)
 = zqq-terminativ (zeitliche Begrenzung)     = (ZQQ+)
 = vo. (zeitl. Begrenzung zum BM erreicht     = (ERR+)

*поработать*     'ein wenig arbeiten'
*съездить*     'einmal hin und zurück fahren'

## 3 ASPEKTBILDUNG UND WORTBILDUNG

*прыгнуть*        'einmal springen, einen Sprung tun'
= Ereignis (rekategorisierter *Prozeß/Verlauf*)    = (DYN)(RICHT-)
= zqq-terminativ (quantitative Begrenzung)    = (ZQQ+)
= vo. (quant. Begrenzung zum BM erreicht)    = (ERR+)
*поехать*         '(in einer Richtung) losfahren'
= Ereignis (rekategorisierter *Prozeß/Verlauf*)    = (DYN)(RICHT+)(1 ENDP-)
= zqq-terminativ (zeitliche Begrenzung)    = (ZQQ+)
= vo. (zeitl. Begrenzung zum BM erreicht)    = (ERR+)

*узнать*          'erfahren, erkennen'
*разработать*   'ausarbeiten'
*выехать*       'hinausfahren'
*выпрыгнуть*    'hinausspringen'
= Ereignis / resultativ-terminativ
   (innere Grenze vorhanden)    = (DYN)(RICHT+)(1 ENDP+)
= vo. (innere Grenze zum BM erreicht)    = (ERR+)

*узнавать*        'erfahren'; 'sich erkundigen'
*разрабатывать* 'ausarbeiten'; 'fördern (Bodenschätze usw.)'
*выезжать*       'hinausfahren'
*выпрыгивать*   'hinausspringen'
= 1. sich *wiederholendes* Ereignis; 2. *Verlaufsteil* des Ereignisses
= terminativ (innere Grenze vorhanden)    = (DYN)(RICHT+)(1 ENDP+)
= unvo. (innere Grenze zum BM nicht erreicht) = (ERR-)
*Ursprüngliche* (d.h. nicht rekategorisierte) Zustands- und Verlaufsverben sind immer unvo., *ursprüngliche* Ereignisverben sind immer vo.

### 2) Die Stufen der Aspektbildung
Das Hinzufügen eines *Affixes* (Präfix oder Suffix) überführt den Verbalstamm in einen anderen Aspekt:

      unvo.   ⟶   vo.   ⟶   unvo.
      *бить*         *разбить*     *разбивать*
      'schlagen'   'zerschlagen'   'zerschlagen'

### 3) Die Formmittel der russischen Aspektbildung
- Perfektivierung durch Präfigierung:
  в- : вы-, при- : у, под- : от-, вз- : с-, раз- : с- (antonymische Präfixe);
  про-, пере-, на-, до-, за-, о- ...
  Die Präfixe werden nach ihrer dominierenden Funktion klassifiziert (3.6).
- Perfektivierung durch Suffigierung:    -ну-₂ 'einmal'
- Imperfektivierung durch die aspektualen Suffixe -ива-/-ыва-, -ва-, -а-/-я-
  (ausführlich siehe Abschnitt 3.2 und 3.7).

**4) Der Zusammenhang von Präfigierung, paradigmatischer Terminativität und Aspekt**
- Unpräfigiertes unvo. Simplex = aterminativ (*знать*),
- präfigiertes Verb = vo. und terminativ, neue lexikalische Bedeutung (*узнать*),
- Suffigierung des präfigierten Verbs = neues unvo. Verb behält Terminativität und neue lexikalische Bedeutung (*узнавать*):

AT  ⟶  T  ⟶  T
*знать*  *узнать*  *узнавать*

(Grundlagen siehe 2.2)

**5) Der Zusammenhang von Aspektbildung und Form- bzw. Wortbildung**
- Übergang von der Nullstufe zur 1. Stufe = gleichzeitig *Form*bildungs- und *Wort*bildungsprozeß:
  *знать* → *узнать* 1. unvo. → vo.
  2. 'wissen, kennen' → 'erfahren, sich erkundigen'
- Übergang von der 1. Stufe zur 2. Stufe = reiner *Form*bildungsprozeß:
  *узнать* → *узнавать* 1. vo. → unvo., gleiche lexikalische Bedeutung
  (Siehe auch Abschnitt 3.7)

**6) Aspektpaare und aspektdefektive Verben**
Paradigmatische („reine") Aspektpaare: 1. Stufe + 2. Stufe:
*перестроить/перестраивать, разбить/разбивать, изучить/изучать*
Paradigmatisch defektive Verben (Verben ohne gleichbedeutenden Aspektpartner) in der Nullstufe (Imperfektiva tantum):
*строить, бить, учить* ...
Paradigmatisch defektive Verben in der 1. Stufe (Perfektiva tantum):
*заработать* 'anfangen zu arbeiten', *поработать* 'eine Weile arbeiten'
(siehe Abschnitte 3.3 und 3.4).

**7) Die Konjugation als spezielle Formbildung der Verben**
Die Konjugation der **Nullstufe** und der **1. Stufe** ist stets gleich, der Unterschied besteht lediglich in der Präfigierung:

*учи'ть, учу', у'чишь ... у'чат*   *изучи'ть, изучу', изу'чишь, изу'чат*
*брать, беру, берёшь, берут*   *собрать, соберу, соберёшь, соберут*
*быть, буду, будешь, будут*   *забыть, забуду, забудешь, забудут*

In der **2. Stufe** geht das Verb in die Konjugation der 1. produktiven Verbalklasse über (Betonung immer auf -*а'ть*, -*а'ю*, -*а'ешь*, -*а'ют*):
*изучать, изучаю, изучаешь...*   *собирать, собираю, собираешь* ...
*забывать, забываю, забываешь* ...
(Eine Ausnahme hiervon bilden lediglich die Verben auf -*давать*, -*знавать*, -*ставать*, bei denen im Präsens das Suffix -*ва*- ausfällt:
*издава'ть, издаю', издаёшь* ..., siehe unter 3.3.1, Suffix -*ва*-)

## 3.2 Merkmale der Aspektzugehörigkeit der russischen Verben

Die Aspektzugehörigkeit der russischen Verben, deren Kenntnis für den richtigen Aspektgebrauch so wichtig ist, hängt nicht vom Vorhandensein oder Fehlen einzelner Präfixe oder Suffixe ab, sondern von der **ganzheitlichen Struktur des Verbalstammes** (des Aspektstammes). Einige Regeln und Beispiele sollen das deutlich machen:

| **Regel 1:** Unpräfigierte Verben sind *per Default* imperfektiv (unvo.) |
|---|

Die unpräfigierten Verben können in Gruppen zusammengefaßt werden, die eine ähnliche Form des Handlungsverlaufs aufweisen (manche Autoren betrachten solche Gruppen auch als morphologisch nichtcharakterisierte *Aktionsarten (AA)*, Aktionsarten im weiteren Sinne, siehe Abschnitt 3.4):

### A. Zustandsverben
**Statale Verben** (Zustandsverben im engeren Sinne) (STAT)(ZQQ-):
  *лежать, стоять, сидеть, висеть, жить, быть ...*
  'liegen, stehen, sitzen, hängen, leben, sein ...'
**Relationale Verben** (Beziehungsverben) (STAT)(ZQQ-):
  *иметь, служить, знать, любить, ...*
  'haben, dienen, wissen, lieben ...'

### B. Verlaufsverben
**Evolutive Verben** (DYN)(RICHT-)(ZQQ-):
  *делать, работать, готовить, строить, писать, читать, говорить ...*
  'machen, arbeiten, bereiten/kochen, bauen, schreiben, lesen, sprechen/sagen ...'
**Verben der Sinneswahrnehmung**;
  *видеть, слышать ...* (STAT)(ZQQ-)
  'wahrnehmen/sehen, wahrnehmen/hören/riechen ...'
  *смотреть, слушать ...* (DYN)(RICHT+)( 1 ENDP-)(ZQQ-)
  'ansehen/zusehen, zuhören/lauschen'
**Determinierte Verben der Bewegung** (DYN)(RICHT+)( 1 ENDP-)(ZQQ-):
  *идти, ехать, нести, везти, плыть, бежать, лететь, катить ...*
  '(in einer Richtung) gehen, fahren, tragen, transportieren, schwimmen, laufen, fliegen, rollen (trans.)...'
**Indeterminierte Verben der Bewegung** (DYN)(RICHT-)(ZQQ-)
  *ходить, ездить, носить, возить, плавать, бегать, летать, катать(ся) ...*
  '(nicht in einer Richtung) gehen, fahren, tragen, transportieren, schwimmen, laufen, fliegen, (spazieren)fahren ...'
**Multiplikative Verben** (DYN)(RICHT-)(ZQQ-):
  *прыгать, кричать, стучать, двигать/ся, махать ...*
  '(mehrfach) springen, schreien, klopfen, (sich) bewegen, winken ...'
und andere.

Eine **Ausnahme** bilden jedoch unpräfigierte Verben mit dem Suffix -ну-₂, vgl.:

| Unpräfigierte Verben<br>mit dem Suffix -ну-₁<br>'ein Merkmal erwerben, *werden*'<br>**unvo.**<br>(DYN)(RICHT+)(1ENDP-)(ZQQ-) | Unpräfigierte Verben<br>mit dem Suffix -ну-₂<br>'einmal'<br>**vo.**<br>(DYN)(RICHT-)(ZQQ+)(ERR+) |
|---|---|
| Das Suffix entfällt im Präteritum:<br>*сохнуть - сох, сохла* ... | Das Suffix bleibt im Präteritum:<br>*прыгнуть - прыгнул, прыгнула*... |
| **Weitere Beispiele:**<br>*мёрзнуть - мёрз, мёрзла* ...<br>*па'хнуть - пах, пахла* ...<br>*га'снуть - гас, гасла* ...<br>*кре'пнуть - креп, крепла* ...<br>'frieren, riechen, verlöschen,<br>kräftig(er) werden ...' | **Weitere Beispiele:**<br>*кри'кнуть - крикнул, крикнула* ...<br>*сту'кнуть - стукнул, стукнула* ...<br>*махну'ть - махнул, махнула* ...<br>*дви'нуть - двинул, двинула* ...<br>'einmal schreien, klopfen, winken,<br>bewegen ...' |

Einige wenige unpräfigierte Verben, die dem vo. Aspekt angehören, müssen gesondert eingeprägt werden (*дать, бро'сить, ко'нчить* ..., siehe 3.3.1).

---

**Regel 2:** Präfigierte Verben ohne aspektuale Suffixe
sind *per Default* **perfektiv (vo.)**
Präfigierung bedeutet: **Perfektivierung + neue lexikalische Bedeutung**

---

a) **Lexikalisch-qualifizierende Präfixe (räumliche Bedeutung):**
   *внести, вынести, донести, перенести, пронести, принести* ...
   'hineintragen, hinaus-, hin-, (hin)über-, durch-, her(bei)tragen ...'
   *выработать, заработать, доработать, проработать* ...
   'fördern, verdienen, den letzten Schliff geben, durcharbeiten ...'

b) **Adverbiell-modifizierende Präfxe (zeitliche, quantitative ... Bedeutung):**
   *за:петь, по:сидеть, про:стоять, съ:ездить, до:жить* ...
   '<u>anfangen</u> zu singen, <u>eine Weile</u> sitzen, <u>eine Zeitlang</u> stehen, <u>einmal</u> hin- und zurück fahren, <u>eine bestimmte Zeit noch erleben</u> ...'
   (Durch die Trennung des Präfixes von der Wurzel mit einem Doppelpunkt wird angedeutet, daß sich die lexikalische Grundbedeutung des Verbs nicht verändert hat und nur die Fokussierung der Phasen - 'Anfang, eine Weile, einmal' usw. - modifiziert wird.)

c) **Präfixe mit dominierender grammatischer Funktion -**
   **Bildung des vo. Aspekts:**
   *построить, сделать, написать, прочитать* ...
   '(er)bauen, (einmal) machen/tun, (auf)schreiben, (durch)lesen ...'

## 3 ASPEKTBILDUNG UND WORTBILDUNG

**Ausnahme:** Das Suffix -ну-₂ (siehe oben) hat gleichfalls eine adverbiell-modifizierende Funktion:
*махну'ть, дви'нуть, кри'кнуть ...*
'eine (Hand)bewegung machen/abwinken, eine Bewegung machen, einen Schrei ausstoßen/ausrufen ...'
(Ausführlich zu Bedeutung und Funktion der Präfixe siehe unter 3.6)

---

**Regel 3**: Präfigierte Verben mit den **aspektualen Suffixen**
**-ива-/-ыва-, -ва'-, -а'-/-я'-** sind imperfektiv (unvo.)
Suffigierung bedeutet: Imperfektivierung unter Beibehaltung der neuen Bedeutung einschließlich der Terminativität

---

**Suffix -ива-/-ыва-:**
*выи'грывать, выраба'тывать, запи'сывать ...*
*перестра'ивать, опла'кивать, выпла'чивать ...*
'gewinnen, herausarbeiten/fördern, aufschreiben/notieren; umbauen/umgestalten, beweinen, auszahlen ...'

**Suffix -ва'-:**
*забывать, открывать, надевать, вставать, продавать, узнавать ...*
'vergessen, öffnen, anziehen, aufstehen, verkaufen, erkennen ...'

**Suffix -а'-/-я'-:**
*изучать, отреза'ть, изменять, объяснять, повторять ...*
'studieren/untersuchen, abschneiden, verändern, erklären, wiederholen ...'

**Suffix -а'- plus Einschub von -и-:**
*собирать, умирать, понимать, стирать, называть (!) ...*
'sammeln, sterben, verstehen, wegwischen, nennen ...'

**Ausnahmen: Einige unpräfigierte vo. Verben:**
*бросить, дать, деть, кончить, лишить, простить(ся), решить, хватить, явиться*
(Bildung des unvo. Aspekts durch Suffigierung: *бросать, давать, девать, кончать, лишать, прощать(ся), решать, хватать, являться*).

## 3.3 Die Bildung von Aspektpaaren

Viele russische Verben oder einzelne ihrer Bedeutungen (LSV = lexikalisch-semantische Varianten, Sememe) bilden *Aspektpaare*, andere Verben oder bestimmte Bedeutungen können nicht in Aspektpaare eingehen, sondern sind *unpaarig* (aspektmäßig defektiv).

Aspektpaare sind Verben, die sich nur grammatisch unterscheiden, durch den Aspekt, jedoch in der lexikalischen Bedeutung einschließlich ihrer Terminativität und - soweit vorhanden - ihrer Transitivität übereinstimmen. In der russischen Sprache der Gegenwart können nach ihrer Stellung im Grundmodell *drei Typen von Aspektpaaren* unterschieden werden: Suffixale oder „reine" Aspektpaare, präfixale oder funktionale, „annähernde" Aspektpaare und suppletive, d.h. sich ergänzende, Aspektpaare.

### 3.3.1 Suffixale („reine") Aspektpaare

Suffixale Aspektpaare entstehen durch *Imperfektivierung* eines in der Regel präfigierten vo. Verbs mit Hilfe eines aspektrelevanten *Suffixes* (auf der 1. und 2. Stufe der Aspektbildung):

**Suffixale Aspektpaare - Grundmodell:**

| Nullstufe unvo. | 1. Stufe vo. | 2.Stufe unvo. |
|---|---|---|
| работать ⟶ | проработать ⟶ | прорабатывать |
| быть ⟶ | прибыть ⟶ | прибывать |
| --- | ответить ⟶ | отвечать |
| Unpaarige Verben | A s p e k t p a a r e | |

1) Das Suffix -ива-/-ыва-

Das Suffix -ива- mit seiner Variante -ыва- ist das einzige wirklich produktive morphologische Mitttel zur Bildung des unvo. Aspekts, d.h. auch heute noch werden damit Neubildungen vorgenommen.

Die Bildung von Aspektpaaren mit diesem Suffix weist mehrere Varianten auf:

a) Außer der Suffigierung gehen **im Verbalstamm keine Veränderungen** vor sich:

| vo. | unvo. | |
|---|---|---|
| вы'думать | выду'мывать | 'ausdenken' |
| переде'лать | переде'лывать | 'umändern' |
| записа'ть | запи'сывать | 'aufschreiben, notieren' |

## 3 ASPEKTBILDUNG UND WORTBILDUNG

b) Zusätzlich tritt ein **Vokalwechsel** o > a ein:

| обрабо'тать | обраба'тывать | 'bearbeiten' |
| устро'ить | устра'ивать | 'veranstalten, einrichten' |
| осмотре'ть | осма'тривать | 'besichtigen' |
| око'нчить | ока'нчивать | 'beenden' |

c) Zusätzlich tritt ein **Konsonantenwechsel** ein (oftmals ein Vokal- und Konsonantenwechsel gleichzeitig):

| спросить | спрашивать | 'fragen' |
| вырастить | выращивать | 'züchten, aufziehen' |
| остановить | останавливать | 'anhalten' (transitiv) |

Der Konsonantenwechsel ist der gleiche wie in der 1. Person Singular des vo. Verbs und im möglicherweise vorhandenen Partizip des Präteritums Passiv:

| спрошу' | спра'шивать | спро'шенный |
| остановлю' | остана'вливать | остано'вленный |

Alle mit **-ива-/-ыва-** gebildeten Verben haben die **Betonung auf der Silbe vor dem Suffix:**
осма'тривать, спра'шивать, остана'вливать ...

Die meisten der mit **-ива-/-ыва-** gebildeten unvo. Verben sind **sekundäre Imperfektiva**, d.h. die Ableitungsreihe beginnt mit einem unvo. Simplex, das durch Präfigierung perfektiviert wird und eine völlig neue Bedeutung erhält. Durch die nachfolgende Suffigierung wird die neue Bedeutung wiederum imperfektiviert. Die beiden unvo. Verben unterscheiden sich deutlich in der lexikalischen Bedeutung und in der T/AT, vgl.

строить - устраивать      AT - T      'bauen - veranstalten'

2) **Das Suffix -ва'-**
Dieses Suffix ist in der russischen Sprache der Gegenwart völlig unproduktiv, es finden keine Neubildungen mehr statt. Es ist vor allem bei Verben zu finden, die eine vokalisch auslautende einsilbige Wurzel haben:

| vo. | unvo. | |
|---|---|---|
| продать | продавать (!) | 'verkaufen' |
| узнать | узнавать (!) | 'erfahren, erkennen' |
| встать | вставать (!) | 'aufstehen' |
| забыть | забывать | 'vergessen' |
| открыть | открывать | 'öffnen' |
| умыться | умываться | 'sich waschen' |
| отплыть | отплывать | 'wegschwimmen' |
| разбить | разбивать | 'zerschlagen' |

| | | | | |
|---|---|---|---|---|
| зашить | зашивать | | | 'zunähen' |
| заболеть | заболевать | | | 'erkranken' |
| успеть | успевать | | | 'zur Zeit kommen, es schaffen' |
| надуть | надувать | | | 'aufblasen' |

Das Suffix -ва'- ist immer betont.

In Verbindung mit diesem Suffix finden wir die einzige **Ausnahme** von der Regel, daß alle durch Suffixe imperfektivierten Verben in die 1. produktive Verbalklasse übergehen (Typ *показывать, читать* ). Bei einer kleinen Gruppe von Verben, die mit *-давать, -знавать, -ставать* zusammengesetzt sind, fällt im Präsensstamm das Suffix aus:

| | | | | |
|---|---|---|---|---|
| передава'ть | передаю' | передаёт | передаю'т | 'übergeben' |
| признава'ть | признаю' | признаёт | признаю'т | 'anerkennen' |
| устава'ть | устаю' | устаёт | устаю'т | 'ermuden' |

Das gilt unabhängig vom jeweiligen Präfix, also auch für *выдава'ть, издава'ть, отдава'ть, раздава'ть* usw. und selbst für *создава'ть* 'schaffen', das historisch gesehen auf eine ganz andere Wurzel zurückgeht (vgl. *здание*).

### 3) Das Suffix -a'-/-я'-

Die meisten vo. Verben, die den unvo. Aspekt mit Hilfe des Suffixes -a-/-я- bilden, gehören der 5. produktiven Verbalklasse an (Typ *изменить, изменю*):

| vo. | unvo. | |
|---|---|---|
| измени'ть | изменя'ть | 'verändern' |
| объяснить | объяснять | 'erklären' |
| повторить | повторять | 'wiederholen' |
| отве'тить | отвеча'ть | 'antworten' |
| победить | побеждать | '(be)siegen' |
| посетить | посещать | 'besuchen' |
| появиться | появляться | 'erscheinen' |
| предста'вить | представля'ть | 'vorstellen' |

Charakteristisch für viele dieser Verben ist, daß sie vom Standpunkt der Gegenwartssprache nicht mehr als präfigiert aufgefaßt werden. Unzweifelhaft sind etymologische Präfixe vorhanden (*из-, от-, по-* ), aber es gibt heute keine Simplizia vom Typ *\*ветить, \*менить, \*бедить, \*сетить*.

Viele der angeführten Verben weisen den gleichen Konsonantenwechsel auf wie die 1. Person Singular des vo. Verbs und das Partizip Prät. Pass.:

*заме'тить, заме'чу - замеча'ть - заме'ченный*

Mit dem Suffix -a-/-я- werden auch Verben anderer Verbalklassen imperfektiviert

| vo. | unvo. | |
|---|---|---|
| исче'знуть | исчеза'ть | 'verschwinden' |
| замёрзнуть | замерза'ть | 'er-, zufrieren' |
| подмести' | подмета'ть | '(auf)fegen' |
| расцвести' | расцвета'ть | 'er-, aufbluhen' |

# 3 ASPEKTBILDUNG UND WORTBILDUNG

| помо'чь | помога'ть | 'helfen' |
| сбере'чь | сберега'ть | '(er)sparen, bewahren' |
| дое'сть | доеда'ть | 'den Rest (auf)essen' |

Bei einer Reihe von Aspektpaaren weist das unvo. Verb außer dem Suffix -a-/-я- noch andere Besonderheiten auf:

## Suffix -a-/-я- + Lautwechsel im Wurzelmorphem

| vo. | unvo. | |
|---|---|---|
| с/тере'ть, сотру' | стира'ть, стира'ю | 'abreiben' |
| у/мере'ть, умру' | умира'ть, умира'ю | 'sterben' |
| за/пере'ть, запру' | запира'ть, запира'ю | 'verschließen' |
| со/бра'ть, соберу' | собира'ть, собира'ю | '(ver)sammeln' |
| на/зва'ть, назову' | называ'ть, называ'ю | '(be)nennen' |
| под/ня'ть, подниму' | поднима'ть, поднима'ю | 'erheben, hoch-' |
| по/жа'ть, пожму' | пожима'ть, пожима'ю | 'drücken (Hand)' |
| нача'ть, начну' | начина'ть, начина'ю | 'beginnen' |

Der senkrechte Trennstrich nach den Präfixen zeigt an, daß auch andere Präfixe an die Stelle der angeführten treten können: вы'брать/выбира'ть, убра'ть/ убира'ть, отобрать/ отбирать, перебрать/перебирать u.a.
Auch bei diesen Verben vollzieht sich immer der Übergang in die 1. produktive Verbalklasse, was an der aufgeführten 1. Person Singular deutlich wird. Verben der 1. produktiven Verbalklasse sind immer endbetont, auch wenn das Ausgangsverb eine andere Betonung aufweist

## Suffix -a-/-я- und Betonungswechsel

Zu dieser Gruppe gehören nur zwei Verben mit ihren präfigierten Bildungen:

| (unvo.) | vo. | unvo. |
|---|---|---|
| ре'зать, | отре'зать | отреза'ть (!) |
| ре'жу, ре'жешь | отре'жу, отре'жешь | отреза'ю, отреза'ешь |
| | | |
| сы'пать, | засы'пать, | засыпа'ть (!) |
| сы'плю, сы'плешь | засы'плю, засы'плешь | засыпа'ю, засыпа'ешь |
| | | |
| 'schneiden' | 'abschneiden' | 'abschneiden' |
| 'schütten' | 'zuschütten' | 'zuschütten' |

Die Gleichheit in der Schreibweise der beiden präfigierten Aspektpartner tritt nur im Infinitiv auf. Der Betonungswechsel beim unvo. Verb signalisiert gleichzeitig den Übergang in die 1. produktive Verbalklasse und damit in eine andere Konjugation.

## 4) Die Suffigierung perfektiver Simplizia (Typ дать/давать)

Gesondert muß eine begrenzte Anzahl von Verben betrachtet werden, die zwar „von Haus aus" vollendet sind, jedoch kein Präfix aufweisen. Sie sind also vo. Simplizia, können aber als „formal defektive" Verben in der 1. Stufe der Aspektbildung eingeordnet werden, da sie bedeutungsmäßig die Merkmale *adverbialmodifizierender* Präfixe (siehe Abschnitt 3.6.3) aufweisen. Zur Imperfektivierung dienen die Suffixe -ва- und -a-/-я- :

| Nullstufe | 1. Stufe - vo. | 2 Stufe - unvo. | |
|---|---|---|---|
| --- | дать | → давать | 'geben' |
| --- | деть | → девать | 'stecken (wohin?)' |
| --- | бросить | → бросать | 'werfen, (sein) lassen' |
| --- | решить | → решать | 'lösen, entscheiden' |

Weitere Verben dieser Gruppierung sind:

| | | |
|---|---|---|
| ко'нчить | конча'ть | '(be)enden' |
| лиши'ть | лиша'ть | 'entziehen (was?)' |
| пусти'ть | пуска'ть | '(los)lassen' |
| прости'ть (кого?) | проща'ть | 'verzeihen (wem?)' |
| прости'ться (с кем?) | проща'ться | 'sich verabschieden (von wem?)' |
| хвати'ть | хвата'ть | 'greifen, (aus)reichen' |
| яви'ться (куда?) | явля'ться | 'erscheinen (wo?)' |

Werden diese vo. unpräfigierten Verben präfigiert, so entstehen wiederum vo. Verben, die ihrerseits durch Suffigierung imperfektiviert werden, in einigen Fällen allerdings mit dem Suffix -ива-/-ыва-:

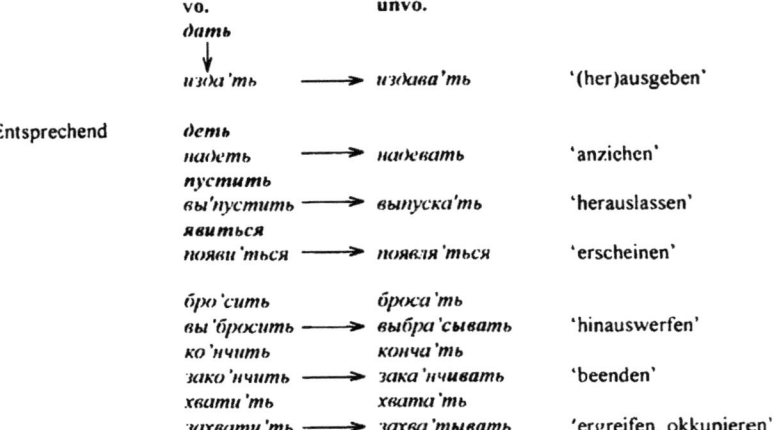

## 3.3.2 Präfixale (funktionale, „annähernde") Aspektpaare

Auf paradigmatischer Ebene (als Wörterbucheinheiten) unterscheiden sich unpräfigierte und präfigierte Verben (Nullstufe und 1.Stufe des Aspektbildungs-

## 3 ASPEKTBILDUNG UND WORTBILDUNG

modells) durch ihre lexikalische Bedeutung und ihre Aterminativität bzw. Terminantivität, sie stellen daher keine Aspektpaare dar:

бить - убить AT - T 'schlagen - erschlagen, töten'
строить - перестроить AT - T 'bauen - umbauen, umgestalten'

Jedes **Präfix** bringt eine bestimmte **lexikalische Bedeutung** in das Verb ein, bewirkt seine **paradigmatische Terminativität** und überführt es in den **perfektiven Aspekt** (siehe auch 3.6).

In bestimmten Fällen deckt sich jedoch die lexikalische Bedeutung des Präfixes mit einem unterscheidenden (differentiellen, distinktiven) semantischen Merkmal des Verbs oder/und mit einem differentiellen Merkmal des vo. Aspekts (Erreichen einer Grenze, Ganzheitlichkeit) für die gegebene Verbbedeutung (Pleonasmus). So hat z.B. das Präfix **на-** die Bedeutung 'auf die/der Oberfläche des Objekts'. Wenn das Simplex diese Bedeutung nicht enthält, so erwirbt es sie in Verbindung mit dem Präfix **на-** :

ехать 'fahren (in einer Richtung)'
выехать 'hinausfahren'
переехать 'hinüberfahren, umziehen'
наехать 'auffahren' (наехать на дерево, на пешехода)

Das Verb enthält also in seiner semantischen Struktur das Merkmal 'auf die/der Oberfläche' nicht, dieses wird erst durch das Präfix hineingetragen. Wenn aber bestimmte Verben dieses Merkmal bereits in ihrer semantischen Struktur enthalten, wie z.B.

писа'ть 'schreiben' ⎫
рисова'ть 'zeichnen' ⎬ = 'auf der Oberfläche eines Objekts
черти'ть 'zeichnen' ⎭ Zeichen anbringen'
ма'зать '(auf die Oberfläche) streichen',

dann trägt das Präfix *keine neue* Bedeutung in das Verb hinein. In einem **terminativen Kontext** unterscheiden sich dann die präfigierten Verben semantisch nicht von den Simplizia und können hier - also auf syntagmatischer Ebene - ein **funktionales** oder **annäherndes Aspektpaar** bilden:

писать письмо / написать письмо 'einen Brief (auf)schreiben',
рисовать картинку / нарисовать к. 'ein Bild (auf)zeichnen',
мазать масло на хлеб / намазать м. на х. 'Butter aufs Brot schmieren'.

Analog liegt der Fall, wenn die Bedeutung des Präfixes ein semantisches Merkmal des vo. Aspekts dubliert:

про- 'hindurch, von Anfang bis Ende, ganzheitlich' (прочитать)
с- 'einmal' (vgl. съездить 'einmal hin- und zurück fahren')

Hieraus kann ein **Grundmodell** für präfixale oder funktionale, annähernde Aspektpaare abgeleitet werden:

## Präfixale Aspektpaare - Grundmodell:

| Nullstufe - unvo. | 1. Stufe - vo. | 2. Stufe - unvo. |
|---|---|---|
| строить дом | → построить дом | --- |
| писать письмо | → написать письмо | --- |
| диктовать текст | → продиктовать текст | --- |
| делать урок | → сделать урок | --- |
| прыгать в воду | → прыгнуть в воду | --- |
| ездить в город | → съездить в город | --- |

**Syntagmatisches (annäherndes) Aspektpaar**

| Terminativer Kontext: Paradigmatische AT Syntagmatische T | Syntagmatische T Syntagmatisache T |
|---|---|
| 'ein Haus bauen' | 'ein Haus (er)bauen' |
| 'einen Brief schreiben' | 'einen Brief (auf)schreiben' |
| 'einen Text diktieren' | 'einen Text (von Anfang bis Ende) diktieren' |
| 'die Hausaufgabe machen' | '(einmal) die Hausaufgabe machen' |
| 'ins Wasser springen' | '(einmal) ins Wasser springen' |
| 'in die Stadt fahren (und zurückkommen)' | '(einmal) in die Stadt fahren (und zurückkommen)' |

In der Regel gibt es für bestimmte unpräfigierte Verben nur *eine* präfigierte Bildung, die sich lexikalisch vom Simplex (fast) nicht unterscheidet und daher als (annähernder) Aspektpartner fungieren kann. Von diesem Aspektpartner kann in der Regel *keine sekundäre Imperfektivierung* durch Suffigierung erfolgen.

Da es keine Präfixe gibt, die *ausschließlich* der Bildung von Aspektpaaren dienen würden, können hier nur relativ unscharfe Gruppen von Verbbedeutungen angegeben werden, die eine präfixale Aspektpaarbildung zulassen, wenn durch den **terminativen Kontext** ein Endpunkt der gerichteten Bewegung, eine innere Grenze gesetzt wird - eine bestimmte **räumliche Lage**, eine bestimmte **Quantität** und/oder eine bestimmte **Qualität** des Subjekts oder Objekts. Dazu gehören:

**1) Verben mit der Bedeutung der Lageveränderung:**
 *ста'вить поставить вазу на стол*  'die Vase auf den Tisch stellen'
 (vgl. auch *положи'ть, посади'ть, пове'сить*!)

**2) Verben mit konstruktiver Bedeutung im weitesten Sinne:**
 *стро'ить построить дом*  'ein Haus (er)bauen'

# 3 ASPEKTBILDUNG UND WORTBILDUNG

| | |
|---|---|
| вари́ть сварить суп | 'eine Suppe kochen' |
| де́лать сделать уроки | 'die Hausaufgaben machen' |
| мастери́ть смастерить игрушку | 'ein Spielzeug basteln' |
| игра́ть сыгра́ть роль (!) | 'eine Rolle spielen' |
| пе́ть спеть песню | 'ein Lied singen' |
| печа́тать напечатать книгу | 'ein Buch drucken' |
| печь испе́чь пирог | 'einen Kuchen backen' |
| гото́вить приготовить обед | 'das Mittagessen bereiten' |
| кипяти́ть вскипятить воду | 'Wasser (auf)kochen' |
| констру́и́ровать сконструировать машину | 'eine Maschine/ein Auto konstruieren' |
| редакти́ровать отредактировать статью | 'einen Artikel redigieren' |

3) **Verben mit der Bedeutung des Übergangs in einen anderen Zustand:**
- **Inchoative Verben:**

| | |
|---|---|
| слабе́ть ослабеть (слабый) | 'schwach werden' |
| сле́пнуть ослепнуть (слепой) | 'blind werden, erblinden' |
| красне́ть покраснеть (красный) | 'rot werden, erröten' |
| (vgl. auch побеле́ть, пожелте́ть, позелене́ть, почерне́ть ...) | |
| старе́ть постареть (старый) | 'alt werden, altern' |
| молоде́ть помолодеть (молодой) | 'jung werden, sich verjüngen' |
| ржаве́ть заржаветь (ржа́вый) | 'rostig werden, verrosten' |

- **Kausative Verben („Bewirkungsverben"):**

| | |
|---|---|
| бели́ть побелить подвал | 'den Keller weiß machen, weißen' |
| кра́сить покрасить забор | 'den Zaun streichen' |

4) **Verben mit der Bedeutung der Veränderung der Oberfläche des Objekts:**

| | |
|---|---|
| мыть помыть посуду | 'das Geschirr (ab)waschen' |
| бриться побриться | 'sich rasieren' |
| стели́ть постелить постель | 'das Bett machen' |
| гла́дить погладить бельё | 'die Wäsche bügeln' |

5) **Verben mit der Bedeutung der vollständigen Erfassung des Objekts:**

| | |
|---|---|
| читать прочитать журнал | 'die Zeitschrift (durch)lesen' |
| демонстри́ровать продемонстрировать фильм | 'einen Film zeigen' |
| экзаменова́ть проэкзаменовать студента | 'einen Studenten examinieren' |
| диктова́ть продиктовать текст | 'einen Text diktieren' |
| по́ртить испортить часы | 'die Uhr kaputtmachen' |

6) **Verben mit der Bedeutung der Einmaligkeit und Terminativität der Handlung:**

| | |
|---|---|
| здоро́ваться поздороваться с друзья́ми | '*die* Freunde (wen?!) begrüßen' |
| благодари́ть поблагодарить маму (!) за помощь | '*der* (!) Mutter für die Hilfe danken' |

| | |
|---|---|
| теря'ть потерять ключ | 'den Schlüssel verlieren' |
| фотографи'ровать/ сфотографировать детей | 'die Kinder fotografieren' |
| счита'ть/сосчитать деньги | 'das Geld (zusammen)zählen' |
| серди'ться рассердиться (на жену) | 'sich über die Frau ärgern' |
| буди'ть разбудить товарища | 'den Freund wecken' |
| плати'ть заплатить за покупку | '(für) den Einkauf bezahlen' |
| по'льзоваться воспользоваться случаем | 'die Gelegenheit nutzen' |
| мстить отомсти'ть врагу | 'sich am Feind rächen' |
| регули'ровать/урегулировать вопрос | 'die Frage regeln' |
| красть украсть деньги | 'das Geld stehlen' |
| соверше'нствовать/ усовершенствовать знания | 'sich weiterbilden' |
| дели'ть разделить подарки | 'die Geschenke teilen' |

Wie aus der obigen Auflistung ersichtlich, können viele der präfixalen Aspektpaare weder eindeutig einer semantischen Gruppierung zugeordnet werden (vielfach sind mehrere Zuordnungen möglich) noch können diese (bedingten) Gruppierungen bestimmten Präfixen bzw. ihren Grundbedeutungen zugeordnet werden.

An der Bildung von präfixalen annähernden Aspektpaaren sind vor allem folgende lexikalisch-qualifizierende **Präfixe** auf der Basis ihrer räumlichen **Grundbedeutungen** beteiligt:

| | |
|---|---|
| вз-, воз- | 'hinauf, bis zu einer Grenze oder einem Zustand |
| за- | 'über eine Grenze hinaus' |
| из- | 'aus heraus, das Objekt er- bzw. ausschöpfend' |
| на- | 'auf die/der Oberfläche des Objekts' |
| о- | 'um das Objekt herum, seine ganzheitliche Erfassung' |
| от- | 'von einem Objekt/einer Grenze weg' |
| по- | 'die Oberfläche entlang, auf der Oberfläche des Objekts' |
| при- | 'bis an ein Ziel, ein Objekt, eine Grenze heran' |
| про- | 'durch ein Objekt hindurch, vorbei, von Anfang bis Ende' |
| с- | 'Zusammenfassung des Objekts, einmal' |

**Zusammenfassung**: Für präfixale Aspektpaare sind bestimmte **Bedingungen** erforderlich, die zugleich als **Kriterien** dienen können:
- Vorliegen eines *terminativen Kontextes* (ein Endpunkt einer gerichteten Bewegung, d.h. eine bestimmte räumliche Lage, eine bestimmte Quantität und/oder Qualität des Subjekts bzw. Objekts);
- gleiche *Distribution* und *Valenz* bei Simplex und präfigiertem Verb;
- Möglichkeit des Gebrauchs der beiden Aspektpartner in Kontexten der *Aspektkonkurrenz* bzw. des unvo. Simplexes in Positionen der *Neutralisierung* des Aspektgegensatzes (z.B. im historischen Präsens);
- Ersetzbarkeit durch ein *synonymes* Aspektpaar.

## 3.3.3 Suppletive Aspektpaare

In einzelnen Fällen können - einen terminativen Kontext vorausgesetzt - auch Verben mit etymologisch verschiedenen Wurzeln oder unterschiedlichen Stämmen Aspektpaare bilden Solche sich „ergänzenden" Aspektpartner werden als **suppletive Aspektpaare** bezeichnet (lat. *suppleo* 'ich ergänze'). Auch diese Aspektpaare lassen sich mit einigen Modifikationen in das Grundmodell der systemhaften russischen Aspektbildung einordnen, die Verhältnisse liegen hier analog denen der annähernden Aspektpaare:

**Suppletive Aspektpaare:**

| | Nullstufe.<br>unvo. | 1. Stufe<br>vo. | 2. Stufe<br>unvo. | |
|---|---|---|---|---|
| 1) | брать<br>говорить<br>класть<br>лови'ть | взять<br>сказать<br>положи'ть<br>поймать | —<br>—<br>—<br>— | 'nehmen'<br>'sprechen, sagen'<br>'(hin)legen'<br>'fangen' |
| 2) | лечь<br>сесть<br>стать | | ложи'ться<br>сади'ться<br>станови'ться | 'sich (hin)legen'<br>'sich (hin)setzen'<br>'sich (hin)stellen, werden' |
| 3) | (идти)<br>(нести) | зайти'<br>принести' | заходи'ть<br>приноси'ть | 'vorbeikommen, abholen'<br>'her)bringen' |
| 4) | **Unregelmäßige („paradoxe") Aspektpaare**<br>купи'ть<br>пове'сить<br>поручи'ться | | покупа'ть<br>ве'шать<br>руча'ться | 'kaufen'<br>'auf-, hinhängen'<br>'(sich ver)bürgen' |

Die Gruppe 1) hat völlig unterschiedliche Wurzeln, in der Gruppe 2) gehen beide Verben zwar auf eine gemeinsame Wurzel zurück, es haben sich jedoch zwei weitgehend verschiedene Stämme herausgebildet Die Gruppe 3) steht exemplarisch für die Aspektpaarbildung bei solchen *Verben der Fortbewegung*, in denen die Imperfektivierung nicht durch Suffigierung, sondern durch das indeterminierte Verb erfolgt. In der Gruppe 4) sind Verben vereinigt, deren formale systematische Einordnung vom heutigen (synchronischen) Standpunkt nicht möglich ist, deren Bedeutung jedoch am systematischen Ort transparent wird

## 3.3.4 Doppelaspektige Verben

Eine Reihe von Verben kann sowohl mit der Bedeutung des vo. als auch des unvo. Aspekts gebraucht werden, ohne daß dies durch formale Kennzeichen (Präfixe oder Suffixe) angezeigt wird. Sie rücken dadurch funktional in die Nähe von Aspektpaaren, wenngleich hier eine Reihe von Besonderheiten beachtet werden muß.
Die „zweiaspektigen" Verben oder „Verben mit doppelter Aspektfunktion" können in mehrere Gruppen untergliedert werden:

1. **Verben russischen Ursprungs (indigene Wörter):**
   unvo. und vo. (!)
   | | |
   |---|---|
   | веле'ть | 'befehlen, (etwas tun) heißen' |
   | жени'ться | 'heiraten (vom Mann)' |
   | казни'ть | 'hinrichten' |
   | обеща'ть | 'versprechen' |
   | ра'нить | 'verletzen, verwunden' |
   | роди'ться | 'geboren werden' |
   | обеща'ть | 'versprechen' |

2. **Altslawische Bildungen und Lehnübersetzungen auf -ова/ть:**
   | | |
   |---|---|
   | образова'ть | 'bilden' |
   | испо'льзовать | '(aus)nutzen' |
   | иссле'довать | '(er)forschen' |
   | обору'довать | 'ausrüsten' |
   | соде'йствовать | 'fördern, unterstützen, beistehen' |

3. **Entlehnungen aus westeuropäischen Sprachen auf -ова/ть:**
   | | |
   |---|---|
   | гаранти'ровать | 'garantieren' |
   | реконструи'ровать | 'rekonstruieren' |
   | экспорти'ровать | 'exportieren' |
   | электрифици'ровать | 'elektrifizieren' |
   | радиофици'ровать | 'mit Radio bzw. Funk ausstatten' |
   | демократизи'ровать | 'demokratisieren' |
   | приватизи'ровать | 'privatisieren' |
   | рекомендова'ть | 'empfehlen' |
   | децентрализова'ть | 'dezentralisieren' |

Voraussetzung für das Vorliegen der Funktion des vo. Aspekts ist ein terminativer Kontext (vgl. Abschnitt 2.3). Der Aspekt konkreter Verbformen kann nur im jeweiligen Kontext festgestellt werden.

Он всегда <u>обещал</u> всем всё.
'Er sprach immer allen alles.' (Wiederholung - unvo.)
Он <u>обещал</u> вернуть книгу на следующий день.
'Er versprach, das Buch am nächsten Tag zurückzugeben.'
(keine Indikatoren der Wiederholung = Einmaligkeit, Präteritum - vo.)

Da entsprechende Formen des Verbs fehlen, müssen auch **indirekte Hinweise** auf die jeweilige *Aspektfunktion* beachtet werden:
Auf den unvo. Aspekt verweisen indirekt
- das Präsens: форма <u>образу'ется</u> от ...
- das zusammengesetzte Futur: <u>буду</u> информи'ровать ...
- die Partizipien des Präsens: информи'<u>рующий</u>, информи'<u>руемый</u>

Auf den vo. Aspekt verweisen indirekt
- das Präteritum: мать веле'ла ...
- das einfache Futur: Завтра он же'нится на ...
- die Partizipien des Präteritums: информи'ров<u>авший</u>,
  информи'рован<u>ный</u>

## 3 ASPEKTBILDUNG

Bei einigen Verben muß die **Verbindbarkeit** beachtet werden:
*Он женился.*          'Er hat geheiratet.' (nur über einen Mann)
*Они поженились.*      'Sie haben geheiratet.' (nur über ein Paar)

Immer mehr ist die **Tendenz** zu beobachten, daß auch die zweiaspektigen Verben auf -ова/ть durch Affigierung in die *systemhafte Aspektbildung* einbezogen werden:

**Monosemierung durch Präfigierung**

| Nullstufe | 1. Stufe | |
|---|---|---|
| unvo. + ( vo.) | nur vo. | |
| демонстри'ровать | продемонстри'ровать | (Nur Verben, deren |
| протоколи'ровать | запротоколи'ровать | Betonung *nicht* auf |
| конструи'ровать | сконструи'ровать | der Endsilbe liegt!) |
| ремонти'ровать | отремонти'ровать | |

**Monosemierung durch Suffigierung**

| | 1. Stufe | 2. Stufe |
|---|---|---|
| | (unvo.) + vo. | unvo. |
| (Nur Verben mit | арестова'ть | аресто'вывать |
| der *Betonung* auf | образова'ть | образо'вывать |
| der *letzten* Silbe!) | организова'ть | организо'вывать |
| | атакова'ть | атако'вывать |

(Vgl. auch mit dem Abschnitt 3.6.5 *Aspektneutrale Präfixe!*)

## 3.4 Defektive (unpaarige) Verben und Aktionsarten

Nicht alle russischen Verben können in Aspektpaare eingehen. Die aspektmäßig unpaarigen (defektiven) Verben sind in der russischen Sprache stärker vertreten als das gemeinhin angenommen wird. Die aspektuale Analyse (siehe Abschnitt 2.2 und Kap. 8 *Algorithmen*) hat gezeigt, daß auf paradigmatischer Ebene (als isolierte Wörterbucheinheiten) die unpräfigierten Simplizia bis auf wenige Ausnahmen imperfektiv und aterminativ sind (Imperfektiva tantum, Typ *лежать, писать, ехать*), sie können somit zumindest auf paradigmatischer Ebene nicht in Aspektpaare eingehen. Lediglich im *terminativen Kontext* können sie unter bestimmten Bedingungen (siehe 2.3) annähernde (syntagmatische) Aspektpaare bilden (Typ *писать/написать письмо*) - in der Regel jedoch nur mit einem gleichbedeutenden Präfix. Die übrigen präfixalen Bildungen gehen entweder in „reine" (paradigmatische) Aspektpaare ein (Typ *записать записывать*) oder bilden defektive Verben des vo. Aspekts (Perfektiva tantum, Typ *заплакать, почитать* 'anfangen zu weinen', 'ein wenig lesen'), die meist keine sekundäre Imperfektivierung durch Suffixe zulassen. Die aspektmäßige Defektivität der Verben (also das Fehlen eines gleichbedeutenden Aspektpartners) hängt eng mit den sog. **Aktionsarten** (AA) des russischen Verbs zusammen, jedoch werden hier von den Forschern unterschiedliche Auffassungen vertreten.

### 3.4.1 Zum Problem der Aktionsarten

Allgemein wird anerkannt, daß die Aktionsarten eine *semantische* Kategorie darstellen - unterschieden von der grammatischen Kategorie des Aspekts, aber eng mit ihr verbunden.

**Aktionsarten** sind lexikalisch-semantische **Gruppen von Verben**, deren Bedeutung durch einen bestimmten **Typ des Handlungsverlaufs** und/oder der **Verteilung der Handlung in der Zeit** gekennzeichnet sind - also z.B. Verben, die den *Beginn* einer Handlung bezeichnen (*заплакать, заговорить, поехать* u.a.), die subjektiv *kurze Dauer* einer zeitlich begrenzten Handlung (*поплакать, поговорить, постучать*), den Vollzug eines *Teilaktes* einer gegliederten Handlung (*прыгнуть, стукнуть, съездить*) oder die gewohnheitsmäßige *Wiederholung* einer Handlung in *abgeschwächter* Form (*поговаривать, поглядывать, постукивать*) und dergleichen mehr. Bis hierher herrscht weitgehende Einmütigkeit unter den Forschern. Die Meinungen gehen jedoch weit auseinander, sobald *formale* Kennzeichen und damit die *Extension* der Aktionsarten angesprochen sind.

In der **engen Auffassung der Aktionsarten**, als deren „radikalster" Exponent V.A. ISAČENKO angesehen werden kann (1962 u.a.), werden nur solche Aktionsarten anerkannt, welche die folgenden **Merkmale** aufzuweisen haben:
* **Modifizierung** eines konkreten Ausgangsverbs unter Beibehaltung seiner lexikalischen Grundbedeutung (*плакать - поплакать* 'weinen - ein wenig / eine Weile weinen'),
* Vorhandensein von **formalen Ausdrucksmitteln**, d.h. von wortbildenden Präfixen und/oder Suffixen (*по-, за-, -ну-, по- -ива-* u.a.).

(Siehe ISAČENKO 1962, 386; vgl. auch AKADEMIE-GRAMMATIK 1980, 596ff.)
So wird die Zahl der Verben, die einer AA angehören, stark eingeschränkt, nur ein Teil des russischen Verbenbestands ist damit unter eine AA zu subsumieren. ISAČENKO besteht noch auf einem dritten Merkmal, der **Aspektdefektivität** aller Aktionsarten. Viele Aktionsarten gehören tatsächlich zu den *Perfektiva* bzw. *Imperfektiva tantum*, aber die Aspektdefektivität ist keineswegs durchgehend, und so verzichten die meisten Anhänger der engen Auffassung von den AA auf dieses Kriterium.

Die **weite Auffassung der Aktionsarten**, die vor allem von J.S. MASLOV, dem frühen A.V. BONDARKO und M.A. ŠELJAKIN vertreten wird, geht davon aus, daß **alle Verben** des russischen Verbenbestands **einer AA angehören**, unabhän-

## 3 ASPEKTBILDUNG

gig davon, ob sie formale Kennzeichen aufweisen oder nicht, ob sie Aspektpaare darstellen oder aspektmäßig defektiv sind. Aufgrund ihrer formalen Kennzeichnung bzw. Nichtkennzeichnung müssen auf paradigmatischer Ebene **morphologisch charakterisierte** (*заплакать, засидеться, поехать; записать записывать, открыть/открывать, включить/включать*) sowie **morphologisch nichtcharakterisierte** Aktionsarten (*сидеть, работать, идти*) unterschieden werden. Aspektpaare gehören dann in der Regel *resultativen* Aktionsarten an (allgemein-resultativen oder speziell-resultativen, siehe Abschnitt 3.4.4).

Verschiedentlich ist auch von „inkonsequent charakterisierten" AA die Rede (BONDARKO / BULANIN 1967, 22 ff. u.a.). Das sei in Aspektpaaren der resultativen AA der Fall, wie etwa *писать/написать (письмо), строить/построить (дом)*, wo das pf. Verb morphologisch charakterisiert ist, während das morphologisch nicht charakterisierte ipf. Verb „ein Element der Resultativität als Gerichtetsein auf das Resultat" enthält.

Hier liegt u.E. eine Vermischung von paradigmatischer und syntagmatischer Ebene vor: das „Element der Resultativität" wird erst durch den terminativen Kontext eingebracht, während Aktionsarten bereits den isolierten Wörterbucheinheiten eigen sind, also paradigmatische Erscheinungen darstellen. Das unpräfigierte Verb gehört hier der evolutiven AA an.

Wissenschaftlich haben beide Auffassungen von den Aktionsarten ihre Berechtigung und jeweils ihre unbestreitbaren *Vorzüge*:

Die **enge Auffassung** der Aktionsarten ist **aus didaktischer Sicht** besonders geeignet, dem nichtmuttersprachlichen Fremdsprachenlerner die AA nahezubringen und sich eine überschaubare Anzahl der wichtigsten und häufigsten von ihnen mit relativ geringem Aufwand anzueignen. Sie wird auch gestützt durch bestimmte *qualitative* Unterschiede zwischen den charakterisierten (meist terminativen) und den nicht charakterisierten bzw. aterminativen Verben.

Nach der **weiten Auffassung** hingegen werden die AA in ihrer *Gesamtheit* - also alle Verben ohne Ausnahme - Bestandteil einer **ganzheitlichen Theorie der Aspektualität** (siehe auch Kapitel 12 zur *Aspektualität*): Alle konkreten Verballexeme bilden die *lexikalische* Ebene der Aspektualität, sie werden zu mehreren Dutzend Aktionsarten zusammengefaßt. Das Vorhandensein bzw. Fehlen einer inneren Grenze oder äußeren Begrenzung ist die Voraussetzung für eine Teilung der AA bzw. des gesamten Verbenbestands in terminative und aterminative Verben, während das Erreichtsein/Nichterreichtsein dieser Grenze bzw. Begrenzung zum Bezugsmoment auf der *grammatischen* Ebene durch den pf. bzw. ipf. Aspekt gekennzeichnet wird.

*Wissenschaftlich* gehen wir daher von der oben dargestellten **weiten** Auffassung der Aktionsarten aus, da sie eine wesentliche Grundlage der von uns vertretenen geschlossenen Theorie der Aspektualität darstellt. Um den *Fremdsprachenlerner* jedoch nicht mit zuvielen Klassifizierungen zu überhäufen, werden wir uns im folgenden auf eine **Auswahl** von **wichtigen defektiven Aktionsarten** beschränken (morphologisch charakterisierte wie nichtcharakterisierte) und die (meist aspektpaarigen) *speziell-resultativen AA* nur kurz streifen. Die *allgemein-resultative* Aktionsart ist fast durchgehend aspektpaarig und wurde daher in ihren

57

wesentlichen Erscheinungsformen bereits bei der Bildung von *Aspektpaaren* (3.3) behandelt. Da wegen bestimmter Übergangserscheinungen und Mehrfachzuordnungen eine eindeutige Kategorisierung konkreter Verben oftmals nicht möglich ist, führen wir nach Möglichkeit *prototypische*, d.h. *eindeutige* Beispiele an. Ausnahmen von der Regel (einzelne Fälle von Aspektpaarigkeit in ansonsten defektiven AA) müssen in Kauf genommen werden - die Sprache ist kein konsequent logisches System.

### 3.4.2 Imperfektiva tantum

Wie bereits mehrfach betont, können aterminative Verben nicht in Aspektpaare eingehen: Eine nicht vorhandene Grenze/Begrenzung in den Zustands- und Verlaufsverben kann zum Bezugsmoment auch nicht erreicht werden bzw. sein. Daher sind aspektmäßige Simplizia (einfache Verben ohne aspektuale Präfixe und Suffixe) die wichtigsten *Imperfektiva tantum*, sie wurden bereits in der Regel 1 über die Aspektzugehörigkeit der russischen Verben erwähnt. Darüber hinaus gibt es eine Reihe von Verben, die aufgrund ihrer Morphemstruktur (Präfigierung) paradigmatisch zu den terminativen gehören müßten, die aber (fast) ausschließlich in aterminativen Kontexten auftreten und damit ebenfalls als Imperfektiva tantum erscheinen. Sie gehen entweder in die gleiche AA wie bestimmte Simplizia ein (Gruppe 1-7) oder bilden eigene, morphologisch charakterisierte Aktionsarten (Gruppen 8-9). (Zusammenfassend zur *algorithmischen aspektualen Analyse* der angeführten Verben siehe unter Kapitel *8 Algorithmen zum Aspekt.*)

**1) Statale Verben (statale Aktionsart, Zustandsverben im engeren Sinne)**
Bedeutung: Zustände relativer Ruhe, die keine Entwicklung beinhalten - Lage im Raum, körperlicher oder seelischer Zustand.
**Aspektuale Analyse**: (STAT)(ZQQ-) 2-10 = AT, unvo.

| | | | |
|---|---|---|---|
| *лежа'ть* | 'liegen' | *спать* | 'schlafen' |
| *стоя'ть* | 'stehen' | *дрема'ть* | 'schlummern' |
| *сиде'ть* | 'sitzen' | *боле'ть* | 'wehtun, schmerzen' |
| *висе'ть* | 'hängen' | *тошни'ть* | 'übel sein/werden' |
| *грусти'ть* | 'traurig sein' | *тоскова'ть* | 'sich sehnen' |

**2) Relationale Verben (relationale Aktionsart, Beziehungsverben)**
Bedeutung: Beziehungen zwischen Individuen und/oder Merkmalen - Gefühle, charakteristische Parameter, Äquivalenzbeziehungen, Lage im Raum.
**Aspektuale Analyse**: (STAT)(ZQQ-) 2-10 = AT, unvo.

| | | | |
|---|---|---|---|
| *люби'ть* | 'lieben' | *име'ть* | 'haben' |
| *знать* | 'wissen' | *зна'чить* | 'bedeuten' |
| *сто'ить* | 'kosten, wert sein' | *ве'сить* | 'wiegen' |
| *равня'ться* | 'gleich sein' | *цени'ться* | 'geschätzt werden' |
| *годи'ться* | 'taugen' | | |

# 3 ASPEKTBILDUNG

Einige Verben - meist altslawischer Herkunft - scheinen aufgrund ihrer morphologischen Struktur (Vorhandensein eines bzw. mehrerer Präfixe) nicht in diese Gruppe zu gehören. Der scheinbare Widerspruch löst sich, weil sowohl Präfixe als auch die ganzheitlichen Verballexeme **statische** Bedeutung haben und nur im *aterminativen* Kontext auftreten:

| | | | |
|---|---|---|---|
| содержа'ть | 'enthalten' | зави'сеть | 'abhängen' |
| надлежа'ть | 'obliegen' | принадлежа'ть | 'gehören' |
| прису'тствовать | 'anwesend sein' | отсу'тствовать | 'abwesend sein' |

## 3) Evolutive Verben (evolutive Aktionsart, Entwicklungsverben)
**Bedeutung**: Bewegung, fortschreitende Entwicklung, Progression - jedoch ohne ein Endresultat, ohne innere Grenze, ohne den *einen* Endpunkt der Bewegung.
**Aspektuale Analyse**: (DYN)(RICHT-)(ZQQ-) 1-4-10       = AT, unvo.

| | | | |
|---|---|---|---|
| рабо́тать | 'arbeiten' | чита́ть | 'lesen' |
| писа́ть | 'schreiben' | игра́ть | 'spielen' |
| танцева́ть | 'tanzen' | бесе́довать | 'sich unterhalten' |
| гото́вить | 'kochen' | стро́ить | 'bauen' |

(DYN)(RICHT+)(1ENDP-)(ZQQ-) 1-3-6-10   = AT, unvo.

| | | | |
|---|---|---|---|
| весели́ться | 'fröhlich sein' | кача́ться | 'schaukeln' |
| упражня́ться | 'üben' | | |

## 4) Ständig-usuelle Verben (ständig-usuelle Aktionsart)
**Bedeutung**: berufliche oder gesellschaftliche Tätigkeit, hervorstechende Züge der Tätigkeit, soziale Charakteristik, Verhaltensbewertung (auch im negativen Sinne):
**Aspektuale Analyse**       (DYN)(RICHT-)(ZQQ-) 1-4-10       = AT, unvo.

| | |
|---|---|
| служи́ть | 'dienen (als Soldat)' |
| учи́ться | 'lernen, studieren' |
| преподава́ть | 'lehren' |
| учи́тельствовать | 'Lehrer sein' |
| ре́кторствовать | 'Rektor sein' |
| ни́щенствовать | 'als Bettler leben' |
| бе́дствовать | 'ärmlich leben' |
| голода́ть | 'ein Hungerdasein fristen' |
| мо́дничать | 'den Modegecken/das Modepüppchen spielen' |
| моше́нничать | '(kleine) Gaunereien begehen' |
| бродя́жничать | 'sich als Landstreicher herumtreiben' |
| ло́дырничать | 'ein Lotterleben führen' |
| пая́сничать | 'den Hanswurst spielen' |
| безобра́зничать | 'sich flegelhaft benehmen' |

## 5) Determinierte Verben der Bewegung
**Bedeutung**: Bewegung in einer Richtung, auch wiederholt, auch im übertragenen Sinne.
**Aspektuale Analyse**       (DYN)(RICHT+)(1ENDP-)(ZQQ-) 1-3-6-10   = AT, unvo.

| | |
|---|---|
| идти́ | '(in einer Richtung) gehen' |
| е́хать | '(in einer Richtung) fahren, reiten' |
| лете́ть | '(in einer Richtung) fliegen' |
| плыть | '(in einer Richtung) schwimmen' |
| бежа́ть | '(in einer Richtung) laufen, rennen' |
| нести́ | '(in einer Richtung) tragen' |

| | |
|---|---|
| *везти'* | '(in einer Richtung) fahren, transportieren' (transitiv) |
| *вести'* | '(in einer Richtung) führen' |
| *гнать* | '(in einer Richtung) treiben, jagen' |
| *тащи'ть* | '(in einer Richtung) ziehen, schleppen' |
| *кати'ть* | '(in einer Richtung) rollen (transitiv)' |
| *кати'ться* | '(in einer Richtung) rollen (intransitiv), kullern' |
| *ползти'* | '(in einer Richtung) kriechen' |
| *лезть* | '(in einer Richtung) klettern' |

Die determinierten Verben (однонапра'вленные глаголы) korrelieren unmittelbar mit den jeweiligen indeterminierten Verben (неоднонаправленные bzw разнонаправленные глаголы), sie bilden die sog. „Doppelzeitwörter".

### 6) Indeterminierte (paarige) Verben der Bewegung
**Bedeutung**: Bewegung nicht in einer Richtung, auch im übertragenen Sinne - 'kreuz und quer', 'hin und zurück', 'umher', auch wiederholt.
**Aspektuale Analyse**  (DYN)(RICHT-)(ZQQ-) 1-4-10  = AT, unvo.

| | |
|---|---|
| *ходи'ть* | '(nicht in einer Richtung) gehen, umhergehen' |
| *е'здить* | '(nicht in einer Richtung) fahren, umherfahren' |
| *лета'ть* | '(nicht in einer Richtung) fliegen' |
| *пла'вать* | '(nicht in einer Richtung) schwimmen' |
| *бе'гать* | '(nicht in einer Richtung) laufen, rennen' |
| *носи'ть* | '(nicht in einer Richtung) tragen' |
| *води'ть* | '(nicht in einer Richtung) führen' |
| *вози'ть* | '(nicht in einer Richtung) fahren, transportieren' (trans ) |
| *гоня'ть* | '(nicht in einer Richtung) treiben, jagen' |
| *таска'ть* | '(nicht in einer Richtung) ziehen, schleppen' |
| *ката'ть* | '(nicht in einer Richtung) rollen' (transitiv) |
| *ката'ться* | '(nicht in einer Richtung) rollen, kullern' (intransitiv) |
| *по'лзать* | '(nicht in einer Richtung) kriechen' |
| *ла'зить* (ла'зать) | '(nicht in einer Richtung) klettern' |

### 7) Multiplikative Verben (multiplikative Aktionsart)
**Bedeutung** sich unbegrenzt wiederholende einzelne Akte, „Quanten" einer Handlung, „diskrete" Bewegungen oder Laute.
**Aspektuale Analyse**  (DYN)(RICHT-)(ZQQ-) 1-4-10  = AT, unvo.

| | | | |
|---|---|---|---|
| *толка'ть* | 'stoßen' | *кача'ть* | 'schaukeln, wippen' (trans.) |
| *стуча'ть* | 'klopfen' | *маха'ть* | 'winken, wedeln' |
| *дрожа'ть* | 'zittern' | *мига'ть* | 'zwinkern, blinken' |
| *болта'ть* | 'baumeln' | *коло'ть* | 'stechen' |
| *о'хать* | '„och" sagen' | *а'хать* | '„ach" sagen' |
| *ау'кать* | '„a-u" rufen' | *мяу'кать* | 'miauen' |
| *га'вкать* | 'kläffen' | *свисте'ть* | 'pfeifen' |
| *бараба'нить* | 'trommeln' | | |

Die multiplikativen Verben korrelieren zumeist mit den semelfaktiven Verben auf -ну-₂ mit der Bedeutung 'einen Teilakt vollziehen':

*толкну'ть, качну'ть, стуки'нуть, дро'гнуть, кольну'ть, а'хнуть, га'вкнуть, сви'стнуть* ... (siehe Abschnitt 3 4.3, A 5))

# 3 ASPEKTBILDUNG

## 8) Iterative Aktionsarten
Bedeutung: Wiederholung von Teilakten mit verschiedenen Nebenbedeutungen.
Formale Kennzeichen: Iterative Suffixe -ива-/-ыва-, -ва- in Verbindung mit Präfixen.

### 8a) Deminuative Iterativa („abschwächend-wiederholte" AA)
Formale Kennzeichen: Präfix по- + -ива-/-ыва-
Bedeutung: abgeschwächte Ausprägung der ausgedrückten Handlung, unregelmäßige Wiederholung, mit häufigen Unterbrechungen.

| | |
|---|---|
| погова'ривать | 'zu sagen pflegen, ab und zu etwas sagen' |
| покри'кивать | 'hin und wieder etwas rufen, ein bißchen schreien' |
| посме'иваться | 'ab und zu ein wenig lachen/lächeln' |
| поку'ривать | 'gemächlich vor sich hin rauchen/schmauchen' |
| посви'стывать | 'vor sich hin pfeifen' |
| погля'дывать | 'ab und zu einen Blick werfen' |
| почёсываться | 'sich hin und wieder etwas kratzen' |
| поба'ливать | 'ab und zu ein bißchen wehtun, schmerzen' |
| пока'лывать | 'ab und zu leicht stechen' |

Formale Kennzeichen: Präfix на- + -ива-/-ива-, -ва-
Bedeutung: Prozeß von abgeschwächter Intensität

| | |
|---|---|
| наи'грывать | 'leise vor sich hin spielen (eine Melodie)' |
| насви'стывать | 'leise vor sich hin pfeifen' |
| нашёптывать | 'etwas einflüstern, längere Zeit flüstern' |
| напева'ть | 'vor sich hin singen' |

### 8b) Intensive Aktionsart („verstärkende" AA)
Formale Kennzeichen: Präfix раз- + -ива-/-ыва-
Bedeutung: besonders intensive, lange andauernde und wiederholte Handlung

| | |
|---|---|
| разгу'ливать | 'umherspazieren, sich ungehemmt und frei bewegen' |
| раску'ривать | 'sich die Zeit mit Rauchen vertreiben, paffen' |
| расха'живать | 'ohne Eile, lange hin und her gehen, umhergehen' |
| разма'хивать | 'intensiv winken, herumfuchteln' |
| разду'мывать | 'lange und intensiv nachdenken' |
| распева'ть | 'laut und fröhlich singen' |

Formale Kennzeichen: Präfix вы- + -ива-/-ыва-
Bedeutung: besonders intensive und/oder komplizierte Handlung, die mühevoll und umständlich ausgeführt wird.

| | |
|---|---|
| выпля'сывать | 'kunstvolle Figuren tanzen' |
| высви'стывать | 'eine Melodie kunstvoll pfeifen' |
| вызва'нивать | '(Kirchenglocken) besonders kunstvoll läuten' |
| вырисо'вывать | 'umständlich und angestrengt zeichnen' |
| выде'лывать фигуры | 'schwierige Figuren ausführen (beim Tanzen)' |
| выпи'сывать буквы | 'umständlich die Buchstaben malen' |

### 8c) Komitative Aktionsart („begleitende" AA)
Formale Kennzeichen: Präfixe при-, под- + -ива-/-ыва-, -ва-
Bedeutung: eine abgeschwächte Handlung, die eine andere, eine Haupthandlung, begleitet (meist umgangssprachlich, oft in der künstlerischen Prosa).

| | |
|---|---|
| пригова'ривать | 'dabei sprechen' |

| | |
|---|---|
| пришёптывать | 'dabei flüstern' |
| прито'птывать | '(beim Tanzen) leicht mit den Füßen stampfen' |
| припля'сывать | 'dazu tanzen' |
| прихра'мывать | '(beim Gehen) etwas hinken' |
| прику'сывать | '(beim Trinken) etwas dazuessen' |
| припева'ть | 'dabei singen' |
| поднева'ть | 'dazu singen' |
| подвыва'ть | 'dazu heulen (von Wölfen usw.)' |
| подсви'стывать | 'dazu pfeifen' |

### 8d) Mutuelle Aktionsart („wiederholt-gegenseitige" AA)
**Formelle Kennzeichen:** Präfix пере- + -ива-/-ыва- + ся
**Bedeutung:** gegenseitiger Austausch von Meinungen, Zeichen, Informationen usw.

| | |
|---|---|
| перепи'сываться | 'im Briefwechsel stehen, sich schreiben' |
| перегова'риваться | 'miteinander reden, sich (kurz) mündlich austauschen' |
| перешёптываться | 'miteinander flüstern' |
| переру'гиваться | 'einander Beschimpfungen an den Kopf werfen' |
| пересту'киваться | 'sich durch Klopfzeichen verständigen' |
| переми'гиваться | 'sich gegenseitig verständnisvoll zublinzeln' |
| перегля'дываться | 'vielsagende Blicke austauschen' |
| перестре'ливаться | 'sich gegenseitig beschießen, Schüsse wechseln' |

### 9) Urspüngliche Iterativa
**Formale Kennzeichen:** Iterative Suffixe -ива-/-ыва-, -ва-, -а-
Überreste einer entwickelten AA, Vorkommen nur noch im *Präteritum* bei besonderer stilistischer Motivierung und in der Volkssprache
**Bedeutung** Innere Gegliedertheit einer Handlung, Wiederholung von Teilhandlungen, als Gepflogenheit der Vergangenheit, die heute nicht mehr besteht

| Aspektuale Analyse | 2-10 oder 1-4-10 = AT, unvo. |
|---|---|
| ви'дывать | 'oft sehen, zu sehen pflegen' |
| гова'ривать | 'oft sagen, zu sagen pflegen' |
| пи'сывать | 'oft schreiben, zu schreiben pflegen' |
| слы'хивать | 'oft hören, zu hören pflegen' |
| ха'живать | 'oft gehen, zu gehen pflegen' |
| си'живать | 'oft sitzen, zu sitzen pflegen' |
| жива'ть | '(lange, ständig) leben' |
| пева'ть | 'oft singen, zu singen pflegen' |
| пива'ть | 'oft trinken, zu trinken pflegen' |
| еда'ть | 'zu essen pflegen' |

## 3.4.3 Perfektiva tantum

Jede Präfigierung von aspektmäßigen Simplizia (*сидеть, работать, ехать* 'sitzen, arbeiten, fahren') überführt diese in den vo. Aspekt und die Terminativität. Gleichzeitig entstehen neue lexikalische Verbbedeutungen (*вы'сидеть, вы'работать, переe'хать* 'ausbrüten, fördern, umziehen' und dgl.).

## 3 ASPEKTBILDUNG

Weist das neu entstandene Verb die semantischen Merkmale (DYN) (RICHT+) (1ENDP+) auf, so ist ein resultativ-terminatives Verb entstanden, das die Möglichkeit der Aspektpaarbildung durch Suffigierung bzw. Suppletivierung hat (sekundäre Imperfektivierung), denn die „natürliche" innere Grenze kann zum Bezugsmoment bereits erreicht oder auch (noch) nicht erreicht sein:

*выси'живать, выраба'тывать, переезжа'ть*

Präfix und Simplex *verschmelzen* zu einem *qualitativ völlig neuen Lexem*, die hier auftretenden **Präfixe** haben **lexikalisch-qualitative Funktion**.

Fehlt auch nur eines der genannten semantischen Merkmale, so wird unter Beibehaltung der *Grundbedeutung* des Verbs lediglich eine zeitliche, eine quantitative oder eine qualitative *äußere Begrenzung* und damit eine veränderte *Fokussierung* der Handlung hineingetragen:

| | |
|---|---|
| *запры'гать* | 'anfangen umherzuspringen' |
| *попры'гать* | 'ein wenig/eine Weile umherspringen' |
| *пропры'гать весь день* | 'den ganzen Tag lang umherspringen' |
| *пры'гнуть* | 'einmal springen, einen Sprung tun' |
| *напры'гаться* | 'sich müde springen' |
| *допры'гаться (до...)* | 'so lange umherspringen (auch im übertragenen Sinne), bis unangenehme Folgen eintreten' |

und andere.

Die so entstandenen neuen Verben stellen eine **Modifikation** des Ausgangsverbs dar: Begrenzung der durch das Verb ausgedrückten Handlung auf die Anfangsphase; Begrenzung der Dauer oder der Anzahl der Wiederholungen, Erreichen der Sättigungsgrenze, Überschreiten der Norm u.ä., die meist durch Adverbiale umschrieben bzw. übersetzt werden können. Die vom Ausgangsverb ausgedrückten (lexikalischen) *Zustände* und *Prozesse/Verläufe* werden gewissermaßen zu (grammatischen) *Ereignissen* „zusammengestaucht".

Die genutzten **Präfixe** treten somit in **adverbiell-modifizierender Funktion** auf, die jeweilige Begrenzung ist zum Bezugsmoment erreicht (vo. Aspekt). In ihrer überwiegenden Mehrheit können die Verben der so entstehenden Aktionsarten keinen unvo. Aspektpartner und folglich auch keine Aspektpaare bilden, stellen also *Perfektiva tantum* dar.

Im folgenden soll exemplarisch eine Auswahl der wichtigsten morphologisch charakterisierten pf. Aktionsarten mit der Bedeutung *zeitlicher*, *quantitativer* und/oder *qualitativer äußerer Begrenzung* (ZQQ+) vorgestellt werden (siehe auch ISAČENKO 1962, 385 ff.; ŠELJAKIN 1983, 188 ff.; 1987, 79 ff.).

## A. Aktionsarten mit zeitlicher und/oder quantitativer Bedeutung

Auf eine strenge Kategorisierung wird verzichtet, da bis auf die rein zeitliche ingressive und die finitive AA alle Aktionsarten sowohl zeitliche als auch quantitative Elemente aufweisen:

### 1) Ingressive Aktionsart (начинательный СД)

**Formale Kennzeichen:** Präfixe за-, по-, вз-
**Bedeutung:** (meist intensives, plötzliches) Einsetzen einer Handlung, Beginn bzw. Anfangspunkt einer Handlung.
**Aspektuale Analyse:** DYN)(RICHT-)(ZQQ+)(ERR+) 1-4-9-11 oder
DYN)(RICHT+)(1ENDP-)(ZQQ+)(ERR+) 1-3-6-9-11, = zqq-T, vo.

**a) Verben mit der Bedeutung von sinnlich wahrnehmbaren Erscheinungen:**

| | |
|---|---|
| заговори́ть | 'anfangen zu sprechen' |
| закрича́ть | 'anfangen zu schreien, aufschreien' |
| замолча́ть | 'verstummen' |
| засмея́ться | 'anfangen zu lachen' |
| запла́кать | 'anfangen zu weinen, in Tränen ausbrech ' |
| заигра́ть (оркестр, музыка) | 'anfangen zu spielen, einsetzen' |
| зазвони́ть (телефон) | 'zu läuten beginnen, ertönen' |
| запа́хнуть (чем-л.) | 'anfangen zu riechen (nach etwas)' |
| заблесте́ть | 'anfangen zu glänzen' |

**b) Verben mit der Bedeutung eines körperlichen oder seelischen Zustands:**

| | |
|---|---|
| затоскова́ть | 'Sehnsucht, Heimweh bekommen' |
| затошни́ть (кого) | 'schlecht/übel werden' |
| забеспоко́иться | 'unruhig werden' |

**c) Bestimmte multiplikative Verben:**

| | |
|---|---|
| задыша́ть | 'anfangen zu atmen' |
| зарабо́тать (мотор) | 'anfangen zu arbeiten, anspringen' |

**d) Einige indeterminierte Verben der Bewegung:**

| | |
|---|---|
| заходи́ть (vo.!) | 'anfangen umherzugehen' |
| забе́гать (vo.!) | 'anfangen umherzulaufen' |

**e) Determinierte Verben der Bewegung:**

| | |
|---|---|
| пое́хать | 'losfahren (in einer Richtung)' |
| пойти́ | 'losgehen (in einer Richtung)' |
| побежа́ть | 'losrennen, loslaufen (in einer Richtung)' |
| полете́ть | 'losfliegen, auffliegen (in einer Richtung)' |
| поплы́ть | 'losschwimmen (in einer Richtung)' |
| понести́ | 'etwas (in einer Richtung) wegtragen' |
| повезти́ | 'etwas (in einer Richtung) wegtransportieren' |

**f) Verben zum Ausdruck von Gefühlen u.ä.:**

| | |
|---|---|
| почу́вствовать | '(plötzlich) fühlen, empfinden' |
| полюби́ть | 'liebgewinnen, sich verlieben' |

# 3 ASPEKTBILDUNG

*возненави'деть*   'zu hassen beginnen, plötzlich Haß empfinden'
*взреве'ть*   'losbrüllen, aufschreien'
*взвыть*   'aufheulen'

## 2) Delimitative Aktionsart (ограничительный СД)
**Formale Kennzeichen:** Präfix по-
**Bedeutung:** Begrenzung der Handlung bzw. ihrer Dauer (Quantität) in der Zeit durch Beginn und Ende, subjektiv in der Regel als *kurz* aufgefaßt:
**Aspektuale Analyse:** (STAT)(ZQQ+)(ERR+) 2-9-11 oder
(DYN)(RICHT-)(ZQQ+)(ERR+) 1-4-9-11 = zqq-T, vo.  BM

### a) Statale und evolutive Verben:
*поспа'ть*   'eine Weile / ein wenig / kurz schlafen'
*полежа'ть*   'eine Weile liegen'
*посиде'ть*   'eine Weile sitzen'
*постоя'ть*   'eine Weile stehen'
*поговори'ть*   'kurz mal (mit jemand) sprechen'
*покрича'ть*   'eine Weile schreien'
*помолча'ть*   'eine Weile schweigen'

### b) Indeterminierte Verben der Bewegung:
*походи'ть*   'eine Weile umhergehen'
*пое'здить*   'eine Weile umherfahren'
*попла'вать*   'eine Weile umherschwimmen'
*поката'ться*   'eine Weile spazierenfahren'

## 3) Perdurative Aktionsart (длительно-ограниченный СД)
**Formale Kennzeichen:** Präfixe про-, от-, пере- + Angabe der Zeitdauer
**Bedeutung:** Begrenzung der Handlung in der Zeit durch Beginn und Ende, immer mit Präzisierung der *Zeitdauer*, die subjektiv als relativ *lang* empfunden wird.
**Aspektuale Analyse:** (STAT)(ZQQ+)(ERR+) 2-9-11 oder
(DYN)(RICHT-)(ZQQ+)(ERR+) 1-4-9-11 = zqqT, vo.

### Statale, evolutive und indeterminierte Verben:
*пролежа'ть целые сутки*   'volle 24 Stunden lang liegen'
*простоя'ть всю поездку*   'die ganze Fahrt über stehen'
*прорабо'тать 25 лет*   '25 Jahre lang arbeiten'
*прочита'ть полчаса*   'eine halbe Stunde lang lesen'
*пробе'гать всё утро*   'den ganzen Morgen lang umherlaufen'
*прое'здить три дня*   'drei Tage verfahren, mit Umherfahren verbringen'
*отдежу'рить сутки*   '24 Stunden lang Dienst machen'
*отслужи'ть 2 года в армии*   'zwei Jahre in der Armee abdienen'
*переспа'ть ночь*   'die Nacht über schlafen, es überschlafen'
*перезимова'ть*   'überwintern'
*переночева'ть*   'übernachten'

## 4) Finitive Aktionsart („abschließende" AA, финитивный СД)
**Formales Kennzeichen:** Präfix от- , teils mit Postfix -ся
**Bedeutung:** Abschluß einer Handlung von längerer Dauer (antonymisch zur ingressiven AA)
**Aspektuale Analyse:** (DYN)(RICHT+)(ZQQ+)(ERR+), 1-4-9-11 = zqqT, vo.

| | | |
|---|---|---|
| отгреме'ть | (Antonym загреметь) | 'aufhören zu donnern, verhallen' |
| отшуме'ть | (Antonym зашуме'ть) | 'aufhören zu lärmen, verstummen' |
| отгуде'ть | (Antonym загуде'ть) | 'aufhören zu dröhnen' (Sirene o.ä.) |
| отдежу'рить | | 'seinen Dienst beenden' |
| отзанима'ться | | 'aufhören zu lernen, nicht mehr lernen müssen' |
| отвоева'ться | | '„ausgekämpft" haben, nicht mehr kämpfen können' |

## 5) Semelfaktive Aktionsart (одноактный СД)
**Formale Kennzeichen:** Suffix -ну-₂, Präfix с-
**Bedeutung:** Ein *Teilakt* einer Handlung, die in eine Reihe von Teilakten zerlegt werden kann (vgl. die multiplikative AA, mit der viele semelfaktive Verben korrelieren).
**Aspektuale Analyse:** (DYN)(RICHT-)(ZQQ+)(ERR+), 1-4-9-11 = zqqT, vo.

### a) Multiplikative > semelfaktive Verben:

| | | |
|---|---|---|
| пры'гать | пры'гнуть | 'springen - einmal springen, einen Sprung tun' |
| маха'ть | > махну'ть | 'winken - einmal winken, abwinken' |
| чиха'ть | чихну'ть | 'niesen - einmal niesen' |
| кача'ться | > качну'ться | 'schaukeln - einmal schwanken' |
| зева'ть | > зевну'ть | 'gähnen - einmal gähnen' |
| стуча'ть | сту'кнуть | 'klopfen - einmal klopfen' |
| крича'ть | кри'кнуть | 'schreien, rufen - einmal rufen, einmal schreien' |
| дви'гать | дви'нуть | 'bewegen (trans.) - von der Stelle rücken' |
| кида'ть | > ки'нуть | 'werfen - einmal werfen, einen Wurf machen' |
| свисте'ть | сви'стнуть | 'pfeifen - einen Pfiff ertönen lassen' |
| а'хать | а'хнуть | 'ach rufen - ein 'Ach' ausstoßen' |
| о'хать | о'хнуть | 'och rufen - ein 'Och' ausstoßen' |
| сова'ть | су'нуть (!) | 'stecken, hineinstopfen - einmal (zu)stecken' |

### b) Indeterminierte Verben der Bewegung:

| | | |
|---|---|---|
| е'здить | > съе'здить | 'umherfahren - einmal hin- und zurückfahren' |
| ходи'ть | сходи'ть | 'umhergehen - einmal hin- und zurückgehen' |
| бе'гать | сбе'гать | 'umherlaufen - einmal hin- und zurücklaufen' |
| пла'вать | > спла'вать | 'umherschwimmen - einmal hin- und zurückschwimmen' |

(Siehe auch Abschnitte 3.5.3; 3.6.3)

### c) Sonstige Verben:

| | | |
|---|---|---|
| болта'ть | сболта'ть | 'schwätzen - einmal etwas ausschwatzen' |
| ворова'ть | сворова'ть | '(ständig) stehlen - einen Diebstahl begehen' |
| остри'ть | состри'ть | 'witzeln - eine witzige Bemerkung machen' |

In weiteren Fällen hat das Präfix с- gleichfalls die Bedeutung 'einmal', im terminativen Kontext kann es dann zur Bildung von *präfixalen (annähernden) Aspektpaaren* dienen (vgl. Abschnitt 3.3.2):

## 3 ASPEKTBILDUNG

| | |
|---|---|
| де'лать сде'лать | 'machen - (einmal) machen' |
| вари'ть свари'ть | 'kochen - (einmal) kochen, zubereiten' |
| петь спеть | 'singen - (einmal) singen' |
| язви'ть съязви'ть | 'sticheln, gehässig reden - eine gehässige Bemerkung machen' |
| констру́и'ровать сконстру́и'ровать | 'konstruieren' |
| фотографи'ровать сфотографи'ровать | 'fotografieren' |

Semantisch sind den *multiplikativen/semelfaktiven* Verben auch einige *unpräfigierte* Verben zuzurechnen

| | | |
|---|---|---|
| броса'ть | бро'сить | '(mehrfach) werfen - einen Wurf tun' |
| хвата'ть | хвати'ть | '(mehrfach) greifen - zugreifen' |
| лиша'ть | лиши'ть | 'entziehen, wegnehmen' |

## B. Aktionsarten mit quantitativ-qualitativer Bedeutung

Bestimmte Gruppen von Verben mit einem Präfix und dem Postfix -ся weisen neben der quantitativen auch eine zusätzliche Form der qualitativen Charakteristik auf: Eine Handlung ohne innere Grenze (d.h. eine aterminative Handlung) wird so lange ausgeführt, bis ein bestimmtes *Maß* überschritten ist und in den *Begleitumständen* der Handlung ein qualitativer Umschlag erfolgt, der die weitere Ausübung der Handlung *unmöglich* oder *unnötig* macht bzw. ein *Maximum* an Intensität bewirkt. Das Postfix -ся schließt dabei als Indikator der Intransivität ein direktes Objekt aus und beschränkt die Handlung auf das Subjekt.

### 1) Saturative Aktionsart (сативный СД)

**Formales Kennzeichen:** Präfix / Postfix на- + -ся, häufig in Verbindung mit Adverbien vom Typ вдо'воль, до'сыта, доста'точно, вво'лю ...
**Bedeutung:** langanhaltende Aktivität des Subjekts bis zur völligen Sättigung, bis zur Befriedigung jeden Bedürfnisses, bis zur Ermüdung, Erschöpfung bzw bis zum Überdruß
**Aspektuale Analyse:** (DYN)(RICHT-)(ZQQ+)(ERR+) 1-4-9-11  = zqqT, vo.

| | |
|---|---|
| наговори'ться | 'sich müde reden, genug geredet haben' |
| накрича'ться | 'sich müde schreien, bis zur Erschöpfung' |
| насмея'ться | 'sich müde lachen, genug gelacht haben' |
| напла'каться | 'sich müde weinen, genug geweint haben' |
| нашути'ться | 'genug Witze gemacht haben' |
| наму'читься | 'sich genug, bis zur Erschöpfung gequält haben' |

| | |
|---|---|
| набе'гаться | 'sich müde laufen, genug gelaufen sein' |
| наката'ться | 'genug spazieren gefahren sein' |
| находи'ться (vo.!) | 'sich müde gehen, genug gelaufen sein' |

| | |
|---|---|
| Он не мог нагляде'ться | 'Er konnte sich nicht sattsehen' |
| Он не мог нахвали'ться | 'Er konnte nicht genug loben, war des Lobes voll' |

2) **Exzessiv-durative Aktionsart (чрезмерно-длительный СД)**
**Formale Kennzeichen:** Präfix / Postfix за- + -ся
**Bedeutung:** Übermäßig lange oder intensive Ausübung einer Handlung.
**Aspektuale Analyse:** (STAT)(ZQQ+)(ERR+) 2-9-11 oder
(DYN)(RICHT-)(ZQQ+)(ERR+) 1-4-9-11  = zqqT, vo.

| | |
|---|---|
| заси́де'ться | 'sich „einsitzen", übermäßig lange sitzen bleiben' |
| замечта́'ться | 'ins Träumen geraten' |
| заду́'маться | 'nachdenklich werden, in Gedanken versinken' |
| зачита́'ться | 'sich ins Lesen vertiefen, über dem Lesen die Zeit vergessen' |
| заслу́'шаться | 'begeistert anhören, über dem Zuhören die Zeit vergessen' |

3) **Negativ-finale Aktionsart (финально-отрицательный СД)**
**Formale Kennzeichen:** Präfix / Postfix до- + -ся
**Bedeutung:** So lange eine Handlung ausführen, bis negative Folgen für das Subjekt eintreten.
**Aspektuale Analyse:** (DYN)(RICHT-)(ZQQ+)(ERR+) 1-4-9-11  = zqqT, vo.

| | |
|---|---|
| доигра́'ться | 'spielen bis zum unerfreulichen Ende; *übertr.*: sich durch leichtsinniges, unvorsichtiges Benehmen in eine unangenehme Lage bringen' |
| догуля́'ться до гриппа | 'solange spazieren gehen, bis man eine Grippe weg hat' |
| допры́'гаться | 'umherspringen bis zum bösen Ende' ? |
| докури́'ться до рака | 'rauchen, bis man an Krebs erkrankt' |
| добе́'гаться | 'umherlaufen, bis „es einen erwischt"' |
| доката́'ться | 'spazierenfahren bis zum bösen Ende' |

4) **Intensive Aktionsart (усилительно-интенсивный СД )**
**Formales Kennzeichen:** Präfix / Postfix раз- + -ся
**Bedeutung:** Eine Handlung beginnen und sich immer mehr hineinsteigern, bis ein *Maximum* oder *Optimum* erreicht ist.
**Aspektuale Analyse:** (DYN)(RICHT-)(ZQQ+)(ERR+) 1-4-9-11  = zqqT, vo.

| | |
|---|---|
| разговори́'ться | 'ins Sprechen („Quasseln") kommen' |
| разболта́'ться | 'ins Schwätzen kommen' |
| раскрича́'ться | 'ins Schreien kommen, aus voller Kehle schreien' |
| размечта́'ться | 'ins Träumen, ins Schwärmen kommen' |
| разволнова́'ться | 'in große Aufregung geraten' |
| разбе́'гаться | 'immer mehr ins Rennen („in Trab") kommen' |

## 3.4.4 Umstritten: Resultative Aktionsarten

Resultative Verben stellen in ihrer Mehrzahl die suffixalen („reinen") Aspektpaare, die von präfigierten Ausgangsverben der 1. Aspektbildungsstufe gebildet sind. Sie werden daher von den Anhängern der *engen* Auffassung in der Regel *nicht* als eine Aktionsart betrachtet. In der *weiten* Auffassung sind verschiedene Varianten der *allgemein*-resultativen AA und eine Reihe von *speziell*-resultativen AA zu unterscheiden.

# 3 ASPEKTBILDUNG

## A. Die allgemein-resultative Aktionsart

Die Verben der allgemein-resultativen AA sind identisch mit den resultativ-terminativen Verben, also den Verben mit einer *inneren* Grenze, die mit Hilfe *lexikalisch-qualifizierender* Präfixe gebildet werden. Resultativ-terminative Verben können *Aspektpaare* bilden, indem präfigierte Verben durch sekundäre Suffigierung imperfektiviert werden (1. Aspektbildungsstufe → 2. Stufe, siehe 3.3.1: *проработать проработывать, повторить повторять*). Beide Aspektpartner haben die gleichen differentiellen semantischen Merkmale, sie unterscheiden sich nur in der Frage, ob die innere Grenze zum BM erreicht oder nicht erreicht ist:

(DYN)(RICHT+)(1ENDP+)(ERR+/-) = resultative Terminativität, vo./unvo.

Während der Systematisierung der Aspektpaarbildung (siehe 3.3.1) *formale* Kriterien zugrunde liegen, geht es hier um *inhaltlich-semantische* Unterschiede. Die innere Grenze kann, entsprechend der lexikalischen Verbbedeutung, in folgenden *Erscheinungsformen* auftreten und liegt dann der semantischen Gruppierung der resultativen AA zugrunde (siehe auch Abschnitt 2.2):

a) **Zielort**, der erreicht oder verlassen wird - Verben mit räumlicher bzw. übertragen-raumlicher Bedeutung, unter ihnen naturgemäß besonders viele paarige Verben der Fortbewegung:

*прибыть прибывать (куда?)*  'ankommen, eintreffen' (wo?)
*переехать переезжать*  'hinüberfahren; umziehen'
*возвратиться возвращаться*  'zurückkehren/auf dem Rückweg sein'
*встать вставать*  'aufstehen, sich hinstellen'

b) quantitativ aktualisiertes **Zielobjekt** oder -subjekt, das geschaffen oder zerstört wird, gebraucht, bedient, bearbeitet, verändert, gesagt oder gedacht wird - also *konstruktive* bzw. *destruktive* Verben im weitesten Sinne mit der Bedeutung von physischer oder mentaler (materieller oder ideeller) Einwirkung:

*открыть открывать*  'öffnen'
*собрать собирать (ягоды, машину)*  'sammeln (Beeren), montieren (Maschine)'
*разгрузить разгружать*  'entladen; entlasten'
*включить включать*  'einschalten'

c) **Zielzustand** (Zielqualität), der erreicht / aufgegeben wird - vorwiegend *inchoative* Verben:

*замерзнуть замерзать*  'gefrieren, zufrieren, erfrieren'
*отдохнуть отдыхать*  'sich erholen'
*заснуть засыпать*  'einschlafen'

Dazu gehören gleichfalls präfixale Aspektpaare (siehe 3.3.2), mit dem Unterschied, daß das unvo. Simplex „von Natur aus", *paradigmatisch*, nicht der resultativen, sondern meist der *evolutiven* AA angehört. Das angestrebte Ziel (Zielort, Zielobjekt, Zielzustand) wird erst durch den (häufig obligatorisch bedingten) Kontext markiert, wodurch das Simplex syntagmatisch in eine „pseudo-resultative" AA übergeht.

a) *ехать поехать (в город)*  '(in die Stadt) fahren'
*прыгать прыгнуть (в воду)*  '(ins Wasser) springen'
b) *строить построить (дом)*  '(ein Haus) bauen'
*писать написать (письмо)*  '(einen Brief) schreiben'
*брать взять (деньги)*  '(das Geld) nehmen'
c) *стареть постареть*  'alt werden'
*сохнуть засохнуть*  'vertrocknen, austrocknen'
*крепнуть окрепнуть*  'stark werden, erstarken'
*краснеть покраснеть*  'rot werden, erröten'

бели'ть побелить 'weiß machen, weißen, tünchen; bleichen'
красить покрасить 'anstreichen, färben'

Die Unterteilung nach dem Charakter des Resultats bzw. der inneren Grenze (Zielort / Zielobjekt / Zielzustand) wird überlagert durch eine weitere Unterteilung nach dem Charakter der Handlung selbst:
a) Ereignis + sein Prozeß / seine Wiederholung
возвратиться/возвращаться 'zurückkehren'
добиться/добиваться 'erreichen / anstreben, trachten nach'
умереть/умирать 'sterben / im Sterben liegen'
осуществиться/осуществляться 'sich verwirklichen, verwirklicht werden'
b) Ereignis + seine Wiederholung (ohne Prozeßbedeutung)
прийти приходить (куда?) 'ankommen (wo?), kommen (wohin?)'
случи'ться/случа'ться (когда?) '(einmal / mehrfach) geschehen'
встре'тить/встреча'ть 'treffen'
теря'ть потерять 'verlieren'
c) Ereignis (ohne die Bedeutung von Prozeß und Wiederholung, in der Regel Perfektiva tantum)
усынови'ть 'an Sohnes Statt annehmen, adoptieren'
сконча'ться 'dahinscheiden, (ver)sterben'
поскользну'ться 'ausgleiten, ausrutschen'
обанкро'титься 'Bankrott gehen, Konkurs anmelden'
рассмеши'ть 'lachen machen, zum Lachen bringen'
унасле'довать 'erben'
оговориться 'sich versprechen, Vorbehalte machen'
просчитаться 'sich verrechnen, verkalkulieren'
пожа'ловать (куда?) 'kommen (wohin?)'

Eine Zuordnung ist nicht immer eindeutig zu treffen - zwischen den prototypischen Gruppen resultativer Verben gibt es immer Grauzonen von Übergangserscheinungen So ist z.B. nicht eindeutig zu entscheiden, ob bestimmte Perfektiva tantum eine innere Grenze haben und daher als resultativ (d.h. (DYN)(RICHT+)(TENDP+)) einzustufen sind, oder ob sie eher eine äußere (zeitliche, quantitative, qualitative) Begrenzung (ZQQ+) aufweisen: очути'ться 'sich plötzlich befinden (wo?)', опо'мниться 'sich besinnen, zu sich kommen', оказа'ться 'sich plötzlich befinden (wo?)' пона'добиться 'nötig sein, gebraucht werden' u.a.

## B. Speziell-resultative Aktionsarten

Die innere Grenze der speziell-resultativen Verben (vgl. ŠELJAKIN 1987, 75ff., auf den wir uns teilweise stützen) wird durch eine *zusätzliche quantitative* oder *adverbiale Nuance* überlagert, bewirkt durch Präfixe in *adverbiell-modifizierender* Funktion Speziell-resultative Verben (AA) kommen sowohl *einaspektig* als auch *aspektpaarig* vor. Die funktionalen (annähernden) Aspektpaare vom Typ *Simplex / präfigiertes Verb* werden in einem entsprechenden Kontext statt mit einem lexikalisch-qualifizierenden oder grammatischen Präfix (*делать/сделать*) mit einem adverbiell-modifizierenden Präfix gebildet (*делать/наделать глупостей* 'eine Menge Dummheiten machen'), bei den suffixalen („reinen") Aspektpaaren tritt entweder das Präfix in Doppelfunktion auf (*переделать переделывать* 'noch einmal machen, umandern') oder wird zusätzlich angefugt (*дополучить дополучать* 'zusätzlich erhalten', *переиздать переиздавать* 'wieder bzw. von neuem herausgeben').

Eine **Auswahl** von charakteristischen speziell-resultativen Aktionsarten bzw. Verben soll das belegen (Termini und ein großer Teil der Beispiele nach ŠELJAKIN 1987, 75ff.)

## 3 ASPEKTBILDUNG

### 1) Kumulative Aktionsart (накопительный СД)
**Formales Kennzeichen:** Präfix на-, teils mit Postfix -ся. Keine Aspektpaare.
Das Objekt steht danach entweder im *partitiven Genitiv* oder mit einer *Mengenangabe*.
**Bedeutung:** „Anhäufung" einer bedeutenden Menge, Erreichung eines bestimmten Maßes durch vielfache Wiederholung der Handlung, die durch das Ausgangsverb bezeichnet wird
**Aspektuale Analyse:**
paradigmatisch    (DYN)(RICHT-)(ZQQ+)(ERR+)    1-4-9-11    = zqqT, vo.
syntagmatisch    (DYN)(RICHT+)(1ENDP+)(ERR+)    1-3-5-7    = resT, vo.

| | |
|---|---|
| *нарва'ть цвето'в* | 'Mengen von Blumen pflücken' |
| *навари'ть ка'ши* | 'in Mengen Brei kochen' |
| *наде'лать всяких дел* | 'alles Mögliche anrichten' |
| *настира'ть (белья')* | 'große Mengen Wäsche waschen' |
| *накупи'ть книг* | 'eine Menge Bücher zusammenkaufen' |
| *насмотре'ться таких фильмов* | 'in Mengen solche Filme ansehen' |
| *начита'ться всяких романов* | 'alle möglichen Romane in Mengen lesen' |

### 2) Totale Aktionsart (тотальный СД)
**Formales Kennzeichen:** Präfix из-, вы-. Keine Aspektpaare.
**Bedeutung:** Eine höchst intensive Handlung erfaßt die Gesamtheit (Totalität) eines oder mehrerer Objekte/Subjekte.
**Aspektuale Analyse:**    (DYN)(RICHT+)(1ENDP+)(ERR+)   1-3-5-7    = res-T, vo.

| | |
|---|---|
| *исписа'ть всю бумагу* | 'das ganze Papier vollschreiben' |
| *исходи'ть все магазины* | 'alle Geschäfte abklappern' |
| *изра'нить (кого)* | '(jemanden) über und über mit Wunden bedecken' |

### 3) Distributive Aktionsart (распределительный СД)
**Formales Kennzeichen:** Präfix пере- + Plural des Objekts mit der Bedeutung 'viel', 'alle'. Keine Aspektpaare.
**Bedeutung:** Die resultative Handlung erfaßt allmählich, nacheinander viele oder alle Objekte bzw. Subjekte.
**Aspektuale Analyse:** (DYN)(RICHT+)(1ENDP+)(ERR+)    1-3-5-7   = resT, vo.

| | |
|---|---|
| *перепе'ть все песни* | 'nacheinander alle Lieder durchsingen' |
| *перепили'ть (все дрова)* | 'das ganze / alle Posten Holz sägen' |
| *перело'мать все игрушки* | 'alles Spielzeug nacheinander kaputtmachen' |
| *Все переболе'ли гриппом.* | 'Alle hatten nacheinander die Grippe.' |

### 4) Kompletiv-partitive Aktionsart (комплетивно-партитивный СД)

| | |
|---|---|
| *подли'ть подли'вать (чаю)* | 'ein wenig (Tee) nachgießen' |
| *подре'зать подреза'ть (хлеба)* | 'noch etwas Brot zusätzlich schneiden' |
| *дополучи'ть/дополуча'ть* | 'zusätzlich etwas (nach)bekommen' |

### 5) Final-kompletive Aktionsart (финально-комплетпвный СД)

| | |
|---|---|
| *дочитать дочитывать (книгу)* | 'das Buch zu Ende lesen, fertiglesen' |
| *доесть/доеда'ть (суп)* | 'die Suppe aufessen' |
| *допить доппвать (чаю)* | 'den Rest des Tees austrinken' |

## 6) Partitive Aktionsart (отделительно-партитивный СД)

| | |
|---|---|
| *отлить/отливать (воды)* | 'etwas Wasser abgießen' |
| *отпить/отпивать (немного чаю)* | 'etwas Tee abtrinken' |

## 7) Attenuative (abmildernde) Aktionsart (аттенуативный СД)

| | |
|---|---|
| *надломи́ть надла́мывать (щи́колотку)* | 'den Knöchel anbrechen' |
| *подкра́сить подкра́шивать* | 'etwas nachbessern beim Färben' |
| *примя́ть примина́ть* | 'ein wenig zerknüllen, zerknittern; zertreten' |

## 8) „Übernormative" Aktionsart (чрезмерно-нормативный СД)

| | |
|---|---|
| *перекорми́ть перекармливать* | 'überfüttern' |
| *пересоли́ть пересаливать* | 'versalzen, übersalzen' |
| *переплати́ть переплачивать* | 'zuviel bezahlen' |

## 9) „Unternormative" Aktionsart (недостаточно-нормативный СД)

| | |
|---|---|
| *недокорми́ть недока́рмливать* | 'unterernähren, zu wenig füttern' |
| *недосоли́ть недосаливать* | 'zu wenig salzen' |
| *недовари́ть недова́ривать* | 'nicht gar kochen' |
| *недоплати́ть недопла́чивать* | 'unterbezahlen, nicht genug bezahlen' |

## 10) Reproduktive Aktionsart (репродуктивный СД)

| | |
|---|---|
| *переделать переделывать* | 'noch einmal machen, umändern' |
| *переписать переписывать* | 'nochmals abschreiben' |
| *переиздать переиздавать* | 'neu herausgeben' |

Die weiteren Gruppierungen resultativer Aktionsarten sind von geringem zahlenmäßigem Umfang und/oder wenig gebräuchlich. Der Lernaufwand für eine solche kleinteilige Klassifizierung und Subklassifizierung dürfte für den Fremdsprachenlerner kaum gerechtfertigt sein - es empfiehlt sich daher die individuelle Aneignung jedes benötigten Verballexems

# 3.5 Wortbildung und Aspektbildung der paarigen Verben der Fortbewegung

Auf den ersten Blick scheint die Wort- und Aspektbildung bei den paarigen Verben der Bewegung kompliziert, scheint sogar in manchen Fällen den Gesetzmäßigkeiten der Aspektbildung bei den „gewöhnlichen" Verben zu widersprechen. So sind manchmal Formulierungen von grammatischen Regeln anzutreffen wie die folgende: „Man bildet von diesen Verben (*везти - возить, идти - ходить* usw. - H.S.) vollendete Komposita durch Vorsetzen eines Präfixes vor die bestimmte Form. Das entsprechende unvollendete Kompositum erhält man durch das Vorsetzen des gleichen Präfixes vor die unbestimmte Form" (TAUSCHER / KIRSCHBAUM 1962, 273 f.). Das mag historisch gesehen - diachronisch - zutreffen, vom heutigen, synchronischen Standpunkt sind die imperfektiven

## 3 ASPEKTBILDUNG UND WORTBILDUNG

Komposita (*отвозить, приходить* usw.), wie ISAČENKO (1962, 419ff.) überzeugend nachweist, ebenso sekundäre Bildungen (sekundäre Imperfektivierungen) wie *перестраивать, разбивать, изучать*. Unverständlich erscheint in diesem Zusammenhang selbst Muttersprachlern, daß einige Verben (*заходить, сходить, находиться* u.a.) meistens dem unvo. Aspekt angehören, bisweilen aber auch dem vollendeten.

Indes fügen sich alle diese Verben der Bewegung nahtlos in unser Modell der systemhaften russischen Aspekt- und Wortbildung ein (siehe Abschnitt 3.1), wenn einige wesentliche Besonderheiten dieser geschlossenen Verbengruppe beachtet werden.

### 3.5.1 Die Simplizia und ihre Ableitungen

Die einfachen paarigen Verben der Bewegung (aspektmäßige Simplizia, d.h. Verben ohne aspektuale Präfixe und Suffixe) fallen unter die Regel 1 über die Aspektzugehörigkeit (siehe Abschnitt 3.2) - sie sind immer imperfektiv und stellen auf paradigmatischer Ebene *Imperfektiva tantum* dar. Bei einer *weiten* Auffassung der Aktionsarten können sie, wie das z.B. ŠELJAKIN tut, unter die evolutive AA subsumiert werden (1983, 194; 1987, 83). Das hat durchaus seine wissenschaftliche Berechtigung, da die aspektuale Analyse zu den gleichen Resultaten führt:

ехать    (DYN)(RICHT+)(1ENDP-)(ZQQ-) für die *determinierten* Verben,
ездить    (DYN)(RICHT-)(ZQQ-) für die *indeterminierten*

wie auch für die meisten *evolutiven* Verben. Da aber gerade der Unterschied zwischen beiden Reihen - nämlich (RICHT+) vs. (RICHT-), d.h. 'Bewegung in einer Richtung' vs. 'Bewegung nicht in einer Richtung' - die Besonderheiten der Wort- und Aspektbildung bedingt, sollten diese Verben aufgrund ihres jeweiligen „Typs des Handlungsverlaufs" zu zwei gesonderten Untergruppen der evolutiven Aktionsart zusammengefaßt werden - zu eben der **determinierten** und der **indeterminierten** AA. (Wir halten die in Schulgrammatiken oft übliche Bezeichnung „bestimmte" und „unbestimmte" Verben für ungeeignet, da sie unrichtige Assoziationen evoziert. So wird z.B. *ходить в школу* 'in die Schule gehen' vom unbefangenen Lerner wohl kaum als „unbestimmt" aufgefaßt werden.)

Den Schlüssel zum Verständnis der Wort- und Aspektbildung der Verben der Bewegung bildet die Frage:
**Bei welchem Ausgangsverb - dem determinierten oder dem indeterminierten - beginnt die Ableitungsreihe?**
Vom *systematischen Ort* im Grundmodell der Aspekt- und Wortbildung hängen sowohl lexikalische Bedeutung als auch grammatische Eigenschaften (Aspekt) der Ableitungen ab:

**Grundmodell der Aspekt- und Wortbildung der Verben der Bewegung:**

| Nullstufe Unvo. | 1. Stufe Vo. | 2.Stufe Unvo. |
|---|---|---|
| **Determinierte Ausgangsverben/räumliche Präfixe:** | | |
| идти → | прийти → | приходить |
| ехать → | переехать → | переезжать |
| **Indeterminierte Ausgangsverben/nichträumliche Präfixe:** | | |
| ходить → | походить | --- |
| ездить → | съездить | --- |

**Lexikalische Bedeutung** und **Aspekt** der Ableitungen:
'in einer Richtung gehen' (unvo.) → 'ankommen' (vo.) → 'ankommen' (unvo.),
'in einer Richtung fahren' (unvo.) → 'umziehen' (vo.) → 'umziehen' (unvo.),
'umhergehen' (unvo.) → 'eine Weile umhergehen' (vo.),
'umherfahren' (unvo.) → 'einmal hin- und zurückfahren' (vo.).

Aus diesem Grundmodell ist ersichtlich, daß alle Simplizia (siehe Abschnitt 3.4.2, 5) und 6)) Imperfektiva tantum darstellen. Jede Präfigierung ändert nicht nur den *Aspekt* und damit die AT → T, sondern gleichzeitig die *lexikalische Bedeutung*. Die Präfixe der *determinierten* Verben haben **lexikalisch-qualifizierende** Funktion, es entstehen qualitativ neue Verbbedeutungen, die ein Bedürfnis nach Aspektpartnern haben (siehe nächsten Abschnitt). Die Präfigierung der *indeterminierten* Verben hat **adverbiell-modifizierende** Funktion, es entstehen defektive Verben des vo. Aspekts - Perfektiva tantum der entsprechenden *Aktionsarten* (siehe Abschnitte 3.4.3 und 3.5.3).

Die unvo. Simplizia können auch in übertragenem Sinne gebraucht werden, wobei sie gleichfalls entsprechend ihrer Bedeutung 'Bewegung in einer Richtung' bzw. 'Bewegung nicht in einer Richtung' auftreten.

**Determinierte Verben:**

*Дождь / снег / град идёт.*  'Es regnet / schneit / hagelt.'
*Пар / дым идёт из ...*  'Dampf / Rauch quillt aus ...'
*Часы' идут бегу'т ...*  'Die Uhr geht / geht vor ...'
*Слёзы ка'тятся / бегу'т по щека'м..*
 'Die Tränen rollen (kullern) / laufen über die Wangen.'
*Тучи бегут / плыву'т / ползу'т ...*
 'Die Wolken treiben schnell / langsam dahin ...'
*Вода бежи'т из крана ...*  'Das Wasser strömt aus dem Hahn ...'
*Время идёт / бежит / летит / ползёт ...*
 'Die Zeit verrinnt / eilt / fliegt dahin / kriecht dahin ...'

*Дни / го'ды идут  летят ...* 'Die Tage / Jahre gehen / fliegen dahin ...'
*Идёт собрание  заседание.*
'Die Versammlung / Sitzung ist in vollem Gange.'
*Идут занятия / уроки / лекции.*
'Die Lehrveranstaltungen / die Unterrichtsstunden / die Vorlesungen laufen gerade, sind im Gange.'
*нести' слу'жбу  отве'тственность*
'Dienst tun, die Verantwortung tragen'
*вести собрание  урок  концерт*
'eine Versammlung leiten, eine Stunde halten, ein Konzert moderieren'
*вести переписку / переговоры* 'Briefwechsel, Verhandlungen führen'
*вести дневник / классный журнал*
'ein Tagebuch, ein Klassenbuch führen'
*вести себя хорошо  плохо* 'sich gut / schlecht führen, benehmen'
*Ему везёт.* 'Er hat Glück, ihm gelingt alles.'
*Ей идёт это платье.* 'Ihr steht dieses Kleid.'
*Эта причёска вам идёт.* 'Diese Frisur kleidet Sie.'

**Indeterminierte Verben:**
*Хо'дят слу'хи ...* 'Es gehen Gerüchte um ...'
*Глаза бе'гают ...* 'Die Augen schweifen umher ...'
*ходи'ть за больны'м* 'den Kranken pflegen'
*носить джи'нсы  га'лстук* 'Jeans / einen Schlips tragen'
*носить очки'  кольцо'  кли'псы  се'рьги*
'eine Brille / einen Ring / Clips / Ohrringe tragen'
*носить бо'роду / усы'  длинные во'лосы*
'einen Bart / einen Schnurbart / lange Haare tragen'
*"плавать" на экзамене* 'in der Prüfung „schwimmen"'
*водить кого-л. за' нос* 'jemanden an der Nase herumführen'

## 3.5.2 Die Bildung von Aspektpaaren bei den paarigen Verben der Fortbewegung

Die Präfixe mit *räumlicher* Bedeutung drücken immer eine Bewegung in *einer* Richtung aus:

| | | | |
|---|---|---|---|
| в- | 'hinein-' | | |
| вы- | 'hinaus-' | | |
| при- | 'herbei-' | | |
| у- | 'weg-' | | |
| про- | '(hin)durch-' | | und andere. |

Daher verbinden sich die Präfixe mit räumlicher Bedeutung (lexikalisch-qualifizierende Funktion) auf der 1. Stufe der Aspekt- und Wortbildung **nur** mit den determinierten Verben der Bewegung. Es entstehen qualitativ neue terminative Verballexeme des vo. Aspekts, die in ihrer *neuen* Bedeutung einer Ergänzung durch einen unvo. Aspektpartner bedürfen. Daher erfolgt auf der 2. Stufe der Aspektbildung eine **sekundäre Imperfektivierung** - entweder durch **Suffigierung**, wie auch bei den „gewöhnlichen" Verben, oder durch ein **suppletives Verb**. Als Suppletivpartner dient in diesen Fällen das *indeterminierte* Verb, das hier jedoch seine ursprüngliche Bedeutung ('Bewegung nicht in einer Richtung') verliert. Auf diese Weise entstehen einerseits **suffixale**, andererseits **suppletive Aspektpaare**:

**Aspektpaare der Verben der Bewegung (Grundmodell):**

| Nullst. - unvo. | 1. Stufe - vo. | 2. Stufe - unvo. | |
|---|---|---|---|
| **Determiniertes Ausgangsverb** | **Aspektpaare mit neuer Bedeutung** | | |
| | **Präfigierung** | **Suffigierung** -а'-, -ва'-, -ива-/-ыва- | |
| е'хать → | уе'хать → | уезжа'ть | 'wegfahren' |
| бежа'ть → | вы'бежать → | выбега'ть | 'hinauslaufen' |
| лезть → | влезть → | влеза"ть | 'hineinklettern' |
| ползти' → | приползти' → | приполза'ть | 'herbeikriechen' |
| плыть → | переплы'ть → | переплыва'ть | 'hinüberschwimmen' |
| тащи'ть → | вы'тащить → | выта'скивать | 'herausziehen' |
| | | **Suppletivformen** | |
| идти' → | войти' → | входи'ть | 'hineingehen' |
| нести' → | принести' → | приноси'ть | '(her)bringen' |
| вести' → | перевести' → | переводи'ть | 'überführen, -setzen' |
| везти' → | отвезти' → | отвози'ть | 'wegtransportieren' |
| лете'ть → | вы'лететь → | вылета'ть | 'abfliegen' |
| гнать → | обогна'ть → | обгоня'ть | 'überholen' |

Aspektpaare

## 3.5.3 Defektive Verben der Fortbewegung und Aktionsarten

Abgesehen von wenigen hier zu vernachlässigenden Ausnahmen verbinden sich die Präfixe mit räumlicher Bedeutung mit den *determinierten* Verben der Bewegung, während die **Präfixe mit nichträumlicher Bedeutung** vorwiegend zur Wort- und Aspektbildung der **indeterminierten Verben der Bewegung** dienen.

Präfixe mit nichträumlicher Bedeutung verändern in der Regel die *Grundbedeutung* des Ausgangsverbs *nicht*, sie überführen das Verb in den vo. Aspekt und verändern die Fokussierung der Handlung, d.h. sie *modifizieren* bzw. *präzisieren* lediglich die zeitlichen, zeitlich-quantitativen oder quantitativ-qualitativen Parameter der Verbalhandlung, die meist auch mit Adverbialen umschrieben oder ergänzt werden können. Sie treten somit in **adverbiell-modifizierender Funktion** *unmittelbar* an die indeterminierten Verben heran und bilden fast ausschließlich **morphologisch charakterisierte Aktionsarten** des vo. Aspekts (Perfektiva tantum).

**Die Bildung von Aktionsarten des vo. Aspekts von indeterminierten Verben der Bewegung:**

| | Nullstufe<br>Unvo. | 1. Stufe<br>Vo. | |
|---|---|---|---|
| **Indeterminierte Verben d. Bew.** | | **Präfixe mit nichträuml. Bed.** | |
| '(umher)gehen' | ходить ⟶ | заходить | 'anfangen umher-zugehen'<br>(ingressive AA) |
| '(umher)laufen' | бе'гать ⟶ | побе'гать | 'eine Weile umherlaufen'<br>(delimitative AA) |
| '(umher)schwimmen' | плавать ⟶ | проплавать<br>три часа | '(3 Stunden lang) schwimmen'<br>(perdurative AA) |
| '(umher)fahren' | ездить ⟶ | съездить | '1 x hin- und zurückfahren'<br>(semelfakt. AA) |
| Imperfektiva tantum | | Perfektiva tantum | |

Von den indeterminierten Verben der Bewegung können auch viele der anderen morphologisch charakterisierten Aktionsarten des vo. Aspekts gebildet werden:

**Totale Aktionsart:**
исходи'ть все магазины   'alle Geschäfte abklappern'
изъе'здить всю страну'   'das ganze Land bereisen'

**Kumulative Aktionsart:**
налета'ть 2 миллиона км   '2 Millionen Flugkilometer erreichen'
наноси'ть дров   'eine Menge Brennholz zusammentragen'

**Saturative Aktionsart:**
набе'гаться вдо'воль   'sich müde laufen'
находи'ться (vo.!) вдо'воль   'sich müde gehen'

**Negativ-finale Aktionsart:**
добе'гаться (до ...)   'solange umherlaufen (auch im übertragenen Sinne), bis eine unangenehme Folge eintritt'
доката'ться (до ...)   'solange spazierenfahren, bis eine unangenehme Folge eintritt'

**Intensive Aktionsart:**
разбе'гаться   'ins Laufen kommen, außer Rand und Band geraten'

Während also von den indeterminierten Verben der Bewegung verschiedene charakterisierte Aktionsarten des vo. Aspekts gebildet werden können, beschränkt sich das Potential der determinierten Verben auf eine einzige - die *ingressive* Aktionsart mit dem Präfix **по-**:

| | Nullstufe<br>Unvo. | | 1. Stufe<br>Vo. | |
|---|---|---|---|---|
| 'fahren (in eine Richtung)' | е'хать | ⟶ | пое'хать | 'losfahren (in eine Richtung)' |
| 'gehen (in eine Richtung)' | идти' | ⟶ | пойти' | 'losgehen (in eine Richtung)' |
| 'laufen (in eine Richtung)' | бежа'ть | ⟶ | побежа'ть | 'loslaufen (in eine Richtung)' |
| ... | ... | | ... | |
| | **Imperfektiva tantum** | | **Perfektiva tantum** | |

Mit dem Präfix **по-** in **ingressiver Bedeutung** können auch alle anderen determinierten Verben der Bewegung perfektiviert werden:
*полететь, поплыть, понести, повести, повезти, погнать, потащить, покатить'ся, полезть*

Das Präfix **по-** bei den determinierten Verben der Bewegung in ingressiver Bedeutung (Beginn der Handlung) darf keinesfalls verwechselt werden mit dem Präfix **по-** bei den indeterminierten Verben, wo es **deliminative** Bedeutung hat (eine Weile, ein wenig) Vgl.
*пойти, поехать, поплыть, полететь, повести, покатиться ...*
(in einer Richtung) losgehen, losfahren, losschwimmen, losfliegen, beginnen zu führen, losrollen ...

## 3 ASPEKTBILDUNG UND WORTBILDUNG

aber: *походи'ть, пое'здить (!), полла'вать (!), полета'ть, поводи'ть, поката'ться ...*
'(eine Weile, ein wenig) umhergehen, umherfahren, umherschwimmen, umherfliegen, umherführen, umherfahren ...'

Verschiedentlich treten *homonymische* (gleiche Form - unterschiedliche Bedeutung) oder *paronymische* (ähnliche Form - unterschiedliche Bedeutung) Verbformen auf, deren lexikalische und grammatische Bedeutung (Aspektzugehörigkeit) nur aus ihrer Stellung im System (Modell) der Aspekt- und Wortbildung zu erklären ist:

### Homonymische und paronymische Formen der Verben der Bewegung

| Nullstufe | 1.Stufe | 2. Stufe | Lexikalische Bedeutung |
|---|---|---|---|
| идти' | → зайти' | → заходи'ть (!) | 'abholen, vorbeikommen' |
| ходи'ть | → заходи'ть (!) |  | 'anfangen umherzugehen' |
| бежа'ть | → забежа'ть | → забега'ть (!) | '(schnell) vorbeikommen' |
| бе'гать | → забе'гать (!) |  | 'anfangen umherzulaufen' |
| е'хать | → съе'хать | → съезжа'ть | 'hinunter-, herabfahren' |
| е'здить | → съе'здить |  | '1x hin- und zurückfahren' |

Die Verbform *заходить* kann also einerseits das Ergebnis der unmittelbaren Präfigierung von *ходить* sein - dann gehört sie dem vo. Aspekt an in der Bedeutung 'anfangen umherzugehen". Sie kann aber auch als Suppletivform anstelle einer Suffigierung, die aus lautlichen Gründen nicht möglich ist, die sekundäre Imperfektivierung von *зайти* bewirken.
Bei *забегать* liegt nur im Schriftbild vollständige Gleichheit der beiden Formen vor (Homographie), die beiden Formen unterscheiden sich jedoch durch die Betonung *забега'ть* unvo. 'vorbeikommen', *забе'гать* vo. 'anfangen umherzulaufen' Bei *съезжа'ть* (unvo.) und *съе'здить* (vo.) liegt zwar ein deutlicher formaler Unterschied vor, bei unsicheren Formenkenntnissen sind jedoch Verwechslungen nicht auszuschließen

## 3.6 Zu den Bedeutungen und Funktionen der russischen Verbalpräfixe

Bisher wurden Präfixe und Suffixe nur pauschal als Träger von Aspekt- und Wortbildungsbedeutungen besprochen. Für ein vertieftes Eindringen in ihre Problematik ist es jedoch erforderlich, ihre verschiedenen Varianten zu erläutern.

## 3.6.1 Allgemeinbedeutungen und spezielle Bedeutungen der russischen Verbalpräfixe

Wie aus den vorangegangenen Abschnitten deutlich wurde, können die gleichen Präfixe in qualitativ höchst unterschiedlichen *dominierenden* Bedeutungen und Funktionen auftreten - in *lexikalisch-qualifizierender, adverbiell-modifizierender* und *grammatischer* Funktion mit ihren verschiedenen Erscheinungsformen. Diese sind nicht auf „natürliche", den Präfixen wesenseigene „innere" Qualitäten zurückzuführen, vielmehr kann vom Standpunkt der heutigen Sprache - also aus synchronischer Sicht - für (fast) alle Präfixe *eine* Bedeutungsinvariante, eine **Allgemeinbedeutung** angenommen werden, die sich in kontextabhängigen Varianten - **speziellen Präfixbedeutungen** - realisiert. Ihre *speziellen* Bedeutungen erhalten die Präfixe im *präfixalen Kontext*, den man meist als eine besondere Form des *aspektualen* Kontextes ansehen kann.

Zum **präfixalen Kontext** gehören
- das motivierende **Ausgangsverb** (meist ein Simplex), mit dem das Präfix eine Verbindung eingeht,
- die **Präposition**, mit der das gegebene präfigierte Verb kombiniert wird,
- das konkrete **Nomen**, das mit der Präpositionen eine Einheit bildet,
- die **syntaktische Verbindung** von Verb, Präposition und Nomen.

Die Hierarchie der funktionalen Abhängigkeiten im präfixalen Kontext kann demnach in folgendem Schema veranschaulicht werden:

**Semantisch-syntaktisch-morphol. Strukturmodell der Präfixbedeutung:**

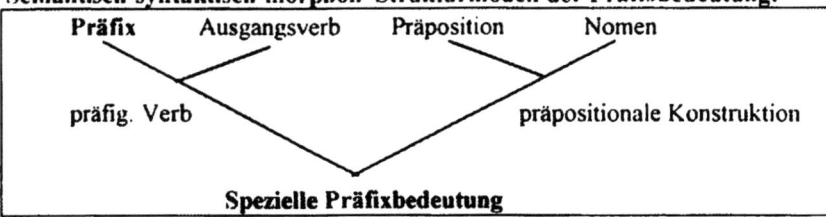

So hat z.B. das Präfix за- die *Allgemeinbedeutung* 'Überschreiten einer Grenze'. Erst der präfixale Kontext schafft die *Varianten*, in denen sich diese Allgemeinbedeutung realisiert, also die räumlichen, zeitlichen, quantitativen u.a. *speziellen* Präfixbedeutungen:

(1) *зайти в магазин / к приятелю за книгой*
'in einem Geschäft mal vorbeisehen / bei einem Freund vorbeischauen / ein Buch abholen'
(räumliche Bedeutung im engeren Sinne, ausgedrückt vorwiegend durch *Lokalbestimmungen*)

(2) *застроить пустырь, замазать щель*
'eine Ödfläche bebauen, einen Spalt zuschmieren'
(räumliche Bedeutung im weiteren Sinne, vorwiegend *Akkusativobjekte*)
(3) *спор зашёл слишком далеко*
'der Streit ging zu weit' (übertragen-räumliche Bedeutung, *Lokalbestimmung*)
(4) *беседа зашла за полночь*
'die Unterhaltung dauerte bis nach Mitternacht'
(zeitliche Bedeutung, *Temporalbestimmung*)
(5) *заплакать*
'zu weinen beginnen' (zeitliche *Aktionsart*bedeutung)
(6) *заездить лошадей*
'die Pferde zuschanden reiten/fahren'
(quantitativ-qualitative Bedeutung, Kombination eines unmittelbar präfigierten indeterminierten Verbs mit einem Akkusativobjekt)
(7) *программировать запрограммировать станок*
'eine Werkzeugmaschine programmieren'
(dominierende *grammatische* Bedeutung, Bildung eines Aspektpartners, ermöglicht durch gleiche Seme im Ausgangsverb und in der Bedeutung des vo Aspekts)

Als *ursprüngliche* Bedeutung der Präfixe kann jeweils die *räumliche* angenommen werden. Bei entsprechendem präfixalem Kontext (zeitliche u.a. Indikatoren) können die *gleichen* Präfixe auch *zeitliche, quantitative* oder *quantitativ-qualitative* Bedeutungen annehmen.

### 3.6.2 Lexikalisch-qualifizierende Präfixe

Die lexikalisch-qualifizierenden Präfixe treten in verschiedenen Erscheinungsformen auf - als Präfixe mit räumlicher Bedeutung im engeren und im weiteren Sinne, mit übertragen-räumlicher Bedeutung, mit der Bedeutung des Trägers und Indikators der resultativen Terminativität. Zwischen diesen Erscheinungsformen sind zahlreiche *Übergänge* zu beobachten, die eine Zuordnung erschweren. Da es für den Lerner ohnehin nicht erforderlich ist, jedes Verb präzise einer der genannten Kategorien zuzuordnen, führen wir nur die Präfixe mit der räumlichen Grundbedeutung (räumliche Bedeutung in engerem Sinne) relativ vollständig auf, während wir uns bei den abgeleiteten Bedeutungen auf prototypische Beispiele beschränken, die das Prinzip deutlich machen.

1) **Präfixe mit räumlicher Bedeutung im engeren Sinne:**
Diese ursprünglichen Präfixe treten in reiner Form vor allem (aber nicht nur) bei den paarigen **Verben der Fortbewegung** auf, weitere Kennzeichen sind in der Regel **Lokalbestimmungen** mit den entsprechenden Präpositionen, zusätzlich sind Objekte möglich. Wir führen die wichtigsten an:

| | | |
|---|---|---|
| в- | | 'hinein, herein (in das Innere, über eine Grenze)' *въехать/въезжать, войти/входить в ...* |
| | | **antonymisch zu:** |
| вы- | | 'hinaus, heraus (aus dem Inneren, über eine Grenze)' *вы'ехать/выезжа'ть, вы'йти-выходи'ть из, с ...* |
| при- | | 'herbei (bis an/in ein Ziel, eine Grenze)' *приехать/приезжать, прийти/приходить в, к, за* |
| | | **antonymisch zu:** |
| у- | | 'weg von (einem Ausgangspunkt, einer Grenze)' *уе'хать/уезжа'ть, уйти'/уходи'ть из, с ...* |
| под- | | 'heran (bis in die *Nähe* eines Ziels, einer Grenze)' *подъехать/подъезжать, подойти/подходить к ...* |
| | | **antonymisch zu:** |
| от- | | 'weg von (der Nähe eines Ausgangspunkts, einer Grenze)' *отъехать/отъезжать, отойти/отходить от ...* |
| раз- раз-/-ся | | 'auseinander (weg von einem Ausgangspunkt)' *развести/разводить, разогнать/разгонять разъехаться/разъезжаться, разойтись/расходиться* |
| | | **antonymisch zu:** |
| с- с-/-ся | | 'zusammen- (an einem Orientierungspunkt)' *свести/сводить кого с кем съехаться/съезжаться, сойтись/сходиться* |
| с- | | 'weg von, herunter von' *съехать/съезжать с горы, сойти сходить с трамвая* |
| вз- | | 'hinauf-, auf-, hoch-' (von einer Ausgangsebene) *взлететь/взлетать, взойти/всходить с ... на ...* |
| | | **antonymisch zu:** |
| на- | | '(auf etwas) darauf-' *наехать/наезжать, найти/находить на кого/что ...* |
| до- | | '(gelangen) bis zu (einer Grenze, einem Ziel oder Zwischenziel)' *доехать/доезжать, дойти/доходить до ...* |

## 3 ASPEKTBILDUNG UND WORTBILDUNG

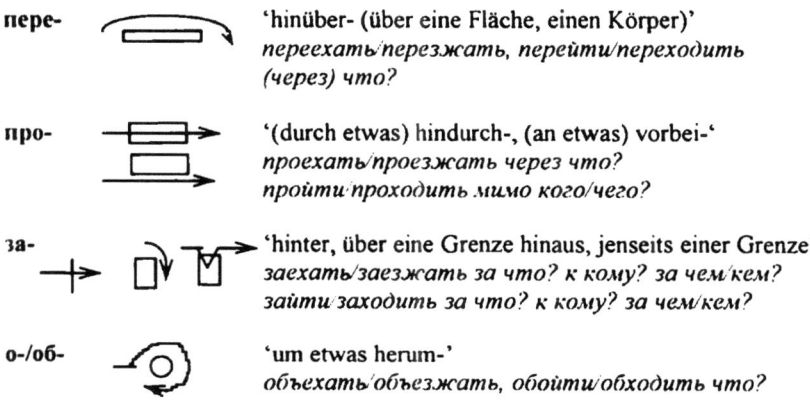

пере-   'hinüber- (über eine Fläche, einen Körper)'
        переехать/переезжать, перейти/переходить
        (через) что?

про-    '(durch etwas) hindurch-, (an etwas) vorbei-'
        проехать/проезжать через что?
        пройти/проходить мимо кого/чего?

за-     'hinter, über eine Grenze hinaus, jenseits einer Grenze'
        заехать/заезжать за что? к кому? за чем/кем?
        зайти/заходить за что? к кому? за чем/кем?

о-/об-  'um etwas herum-'
        объехать/объезжать, обойти/обходить что?

Von allen speziellen Bedeutungen, die auf der kontextunabhängigen Allgemeinbedeutung basieren, ist die räumliche Bedeutung die *Hauptbedeutung*, von der alle übrigen speziellen Bedeutungen abgeleitet sind. Unter den folgenden Varianten wiederum stellt die räumliche Bedeutung *im engeren Sinne* die typische Ausprägung dar, gleichsam den *Prototyp* sowohl der räumlichen Bedeutung als auch aller weiteren speziellen Bedeutungen.

**2) Präfixe mit räumlicher Bedeutung im weiteren Sinne:**
Räumliche Bedeutung im weiteren Sinne haben Präfixe, die in einem Strukturmodell mit einem (direkten oder indirekten) **Objekt** anstelle einer Lokalbestimmung gekoppelt sind, die räumliche Bedeutung ist zwar noch erkennbar, aber merklich abgeschwächt:

выбить медаль чек    'eine Medaille prägen,
                     einen Kassenzettel ausdrucken (lassen)'
вы'играть/вы'игрывать партию / войну 'eine Partie / den Krieg gewinnen'
добыть/добывать руду    'Erz fördern, gewinnen'
найти/находить монету   друга / удовлетворение
                     'eine Münze / einen Freund / Befriedigung finden'
отключить/отключать телефон    'das Telefon abschalten, abklemmen'
отре'зать/отрез'ать проволоку    'den Draht abschneiden'
открыть/открывать окно    'das Fenster öffnen'
подста'вить/подставля'ть ведро под кран   стул посетителю
                     'den Eimer unter das Fenster stellen / dem Besucher einen Stuhl hinstellen'
разбить/разбивать стекло    'das Glas zerschlagen'

**3) Präfixe mit übertragen-räumlicher Bedeutung:**
Von der konkreten Bedeutung der *Nomina* in den Lokalbestimmungen bzw. Objekten hängt es ab, ob es sich um eine räumliche Bedeutung im *eigentlichen* oder im *übertragenen* Sinne handelt:

*вызвать певца аплодисментами : вызвать пожар*
    'den Sänger durch Beifall herausrufen : einen Brand verursachen'
*вывести отряд из окружения : вывести друга из себя*
    'die Gruppe aus dem Kessel herausführen : den Freund in Wut bringen'
*перенести мебель в комнату : перенести лишения*
    'die Möbel ins Zimmer hinübertragen : Entbehrungen ertragen'

Weitere Beispiele für den *übertragen-räumlichen* Gebrauch:
*прийти в себя / в ярость / к выводу*
    'zu sich kommen / in Wut geraten / zu der Schlußfolgerung kommen'

| | |
|---|---|
| *Вышел срок.* | 'Die Frist ist abgelaufen.' |
| *Дело не вышло.* | 'Die Sache ist schiefgegangen.' |
| *Вышла неприятность.* | 'Es hat eine Panne gegeben.' |
| *Он вышел из себя.* | 'Er war (geriet) ganz außer sich.' |
| *Табак сегодня весь вышел.* | 'Der Tabak ist heute ausgegangen' |
| *Из него вышел хороший инженер.* | 'Er ist ein guter Ingenieur geworden.' |
| *Она вышла за врача.* | 'Sie hat einen Arzt geheiratet' |

Übergangserscheinungen von 1) bis 3):
Zwischen den beiden Polen des eigentlichen und des übertragenen Gebrauchs der räumlichen Präfixe liegt eine ganze Skala von Übergängen:
*ввести новую моду*      'eine neue Mode einführen'
*вы'йти из употребления*      'ungebräuchlich werden'
*вынести вопрос на собрание / впечатление / приговор / сильную боль*
    'die Frage vor die Versammlung bringen / einen Eindruck mitnehmen / ein Urteil fällen / einen starken Schmerz ertragen, aushalten'
*взве'сить/взвешивать продукты / все доводы*
    'die Lebensmittel abwiegen / alle Argumente abwägen'
*дове'рить/доверя'ть кому (что)*     'jemandem vertrauen (etwas anvertrauen)'
*перенести вещи в комнату / слог на новую строку / собрание / болезнь*
    'die Sachen ins Zimmer bringen / die Silbe abtrennen / die Versammlung verlegen / die Krankheit überstehen'
*поднять/поднимать монету / чемодан / руку / я'корь / флаг / це'ну*
    'eine Münze aufheben / einen Koffer (an)heben / den Anker lichten / die Flagge hissen / den Preis anheben, erhöhen'
*поднять/поднимать го'лову / полк в атаку / трёх детей*
    'den Kopf heben, Mut fassen / das Regiment in den Angriff führen / drei Kinder großziehen'
*поднять бокал / настроение / дух / вопрос*
    'das Glas erheben / die Stimmung heben / Mut machen / eine Frage aufwerfen'
*подняться/подниматься по лестнице / по лифту / по иерархии*
    'die Treppe hinaufgehen / mit dem Fahrstuhl hinauffahren / in der Hierarchie höhersteigen'
*собрать/собирать учеников в столовой / коллекцию*
    'die Schüler im Speisesaal versammeln / eine Sammlung anlegen'
*собраться/собираться в кабинете*     'sich im Arbeitszimmer versammeln'
*собрать/собирать грибы / ягоды / урожай*
    'Pilze sammeln / Beeren sammeln / die Ernte einbringen'

## 3 ASPEKTBILDUNG UND WORTBILDUNG

| собрать собирать двигатель | 'den Motor zusammensetzen, montieren' |
| собрать собирать вещи в дорогу | 'die Sachen für die Reise packen' |
| собраться собираться в дорогу / в гости | 'Reisevorbereitungen treffen / einen Besuch beabsichtigen' |
| собрать собирать последние силы | 'die letzten Kräfte zusammennehmen' |
| собраться с мыслями с духом | 'sich konzentrieren / Mut fassen' |
| собраться собираться идти | 'im Begriff sein zu gehen' |

**4) Präfixe mit der dominierenden Funktion
des Trägers und Indikators der Terminativität**

In Verbindung mit bestimmten Ausgangsverben weisen einige Präfixe vom Standpunkt der synchronischen Sprachbetrachtung kaum noch eine lexikalische Bedeutung auf. Dennoch scheint es nicht angebracht, in diesen Fällen die Desemantisierung zu betonen, da sie - ebenso wie die oben beschriebenen Präfixe mit räumlicher Bedeutung - das Verb in die *Terminativität* und eine *andere Aktionsart* überführen:

| рази'ть | поразить | поража'ть | 'treffen' |
| слать | послать | посылать | 'senden' |
| unvo. | vo. | unvo. | |
| AT | T | T | |
| evolutive AA | resultative AA | resultative AA | |

Das Präfix по- erhält hier seinen systematischen Platz auf der 1. und 2. Stufe der Aspektbildung, obwohl hier weder eine wahrnehmbare räumliche noch eine zeitliche, quantitative oder sonstige Bedeutung vorzuliegen scheint. Durch den expliziten Ausdruck der T/AT und der AA wirken die präfigierten Verben jedoch spezieller, konkreter:

слать привет, слать письма,
aber: послать посылать письмо по почте, послать посылать за доктором

Ähnlich steht es mit dem Präfix у-. Soweit es nicht in räumlicher Bedeutung auftritt, hat es offensichtlich die analoge **Funktion des Trägers und Indikators der Terminativität**, wenn es zur Ableitung der Verben von anderen Wortarten dient:

| великий | увели'чить увели'чивать | 'vergrößern' |
| меньше | уме'ньшить уменьша'ть | 'verkleinern' |
| двое | удво'ить удва'ивать | 'verdoppeln' |

(siehe auch im erweiterten Modell der Wort- und Aspektbildung, Abschnitt 3.8)

Zusammenfassend kann festgehalten werden, daß die russischen Verbalpräfixe in **lexikalisch-qualifizierender Funktion** mit den motivierenden Ausgangsverben **verschmelzen** und eine feste Verbindung eingehen, so daß ein **qualitativ neues Lexem** entsteht. Dieses neu entstandene Verb löst sich grammatisch und lexikalisch vom Ausgangsverb: Die **grammatische** Unabhängigkeit wird durch ein *vollständiges Paradigma* (pf. und ipf. Aspekt) gewährleistet, das durch sekundäre Imperfektivierung entsteht. **Lexikalisch** läßt es sich, wenn man von der räumlichen Bedeutung in engerem Sinne absieht, nicht auf die Bezeichnung einer reinen Ortsveränderung reduzieren. (Daraus leiten wir auch die Berechtigung des Terminus „lexikalisch-qualifizierend" ab.) Das wird bereits dadurch sichtbar, daß die Übersetzung solcher Verben in den meisten Fällen durch völlig andere Lexeme erfolgt, die nur selten eine direkte semantische Beziehung zu den (russischen bzw. deutschen) Ausgangsverben aufweisen (vgl. etwa *быть - забыть, добыть, прибыть, отбыть, выбыть* ... 'sein - vergessen, fördern, eintreffen, abreisen, ausscheiden ...').

Alle Verben mit lexikalisch-qualifizierenden Präfixen drücken Handlungen aus, die eine innere Grenze aufweisen. Das **Erreichen** dieser **inneren Grenze** nimmt die Form eines **Resultats** an (Erreichen eines *Zielorts*, einer bestimmten *Quantität* des Objekts/Subjekts, einer *Zielqualität*), die Verben gehören also nach der weiten Auffassung zur **resultativen Aktionsart**.

### 3.6.3 Adverbiell-modifizierende Präfixe

Im Gegensatz dazu verändern die Präfixe mit dominierender adverbiell-modifizierender Funktion - kurz: **adverbiell-modifizierende Präfixe** - die Grundbedeutung eines Verbs nicht wesentlich, sondern *modifizieren* lediglich die Umstände, unter denen die Verbalhandlung vor sich geht, in *zeitlicher, quantitativer* oder *qualitativer* Hinsicht, sie fokussieren bestimmte Phasen der Handlung.

**1) Zeitlich modifizierende Präfixe**
Raum und Zeit sind die Existenzformen der Materie, die sich aus dem *Nebeneinander* der Körper und dem *Nacheinander* der Prozesse in der objektiven Realität ergeben. Der Raum ist dreidimensional, die Zeit dagegen linear, eindimensional. Das macht es möglich, die Zeit in einer Dimension des Raumes - als „Zeitlinie" darzustellen (vgl. KOSCHMIEDERS Beispiel von der Uhr, 1962, 129 russ.). Damit sind auch Präfixe mit ursprünglich räumlicher Bedeutung (Bewegung im Raum) für die Wiedergabe zeitlicher Verhältnisse (Bewegung in der Zeit) geeignet:

| **Präfix:** | **Räumliche Bedeutung:** | **Zeitliche Bedeutung:** |
|---|---|---|
| за- | 'Überschreiten einer *räumlichen* Grenze' зайти *в в магазин* | 'Überschreiten einer *zeitlichen* Grenze' заходить *в по комнате* |
| до- | 'Bewegung bis zu einer *räumlichen* Grenze' донести *до дома* | 'Erstreckung bis zu einer *zeitlichen* Grenze' дожить *до внуков* |

## 3 ASPEKTBILDUNG UND WORTBILDUNG

| | | |
|---|---|---|
| про- | 'Durchmessen eines Raumes'<br><br>*пробежа'ть зал* | 'Durchmessen eines Zeitraumes, Ausfüllen eines Zeitabschnitts (subjektiv als *lang* empfunden)'<br>*пробе'гать весь день* |
| по- | *Präposition* по:<br>'auf einer Fläche entlang'<br><br>*по улице* | 'Bewegung auf einer Zeitlinie'<br>1) Ausfüllen eines Zeitabschnitts (subjektiv als *kurz* empfunden)<br>*поработать*<br>2) Beginn einer gerichteten Bewegung<br>*поехать* |
| пере- | Bewegung über eine Fläche mit ihren Grenzen hinweg<br>*перейти улицу* | Erstreckung über eine bestimmte Zeitspanne hinweg<br>*пересидеть, перезимовать* |

Die zeitliche Charakteristik der Handlung kann in der Angabe ihres *Anfangs-* oder *Endpunktes* bestehen (за-, до-, от-, вз- sowie bei den determinierten Verben der Bewegung по-) oder in der Angabe des durchmessenen *Zeitabschnitts* (пере-, про-, по-). Die beiden letzteren Präfixe drücken gleichzeitig eine quantitative Charakteristik aus und können daher auch als *zeitlich-quantitative* Präfixe behandelt werden (siehe 2)).

### 2) Zeitlich-quantitative und quantitative Präfixe

Die quantitive Seite der Dinge und Erscheinungen drückt sich in ihrer *Größe*, ihrer *Zahl*, im *Grad* oder der *Intensität* der Entwicklung, im *Tempo* des Prozeßverlaufs und in den raumzeitlichen Eigenschaften aus. Auch quantitative Charakteristiken können vielfach aus den Präfixen mit räumlicher Bedeutung abgeleitet werden (exemplarisch):

| **Präfix:** | **Räumliche Bedeutung:** | **Quantitative Bedeutung** |
|---|---|---|
| с-<br>с-/-ся | Konzentrische Bewegung<br>(Bewegung von allen Seiten in ein Zentrum)<br>*съехаться со всех концов страны* | Konzentration der Handlung auf einen Zeitpunkt =<br>**Einmaligkeit der Handlung**:<br>*съездить к родителям*<br>*сделать, сманеврировать* |
| пере- | 'Bewegung über eine Fläche hinweg'<br><br>*перейти улицу* | 1) Handlung überlagert eine bereits vollzogene gleichartige Handlung = **Wiederholung**<br>*пересеять поле*<br>2) Handlung erstreckt sich auf eine Vielzahl von Objekten/Subjekten<br>*перепробовать все напитки* |

| при- | 'Annäherung; Erreichen eines Objekts', 'an heran' *приехать в город* | 'Hinzufügen von Handlung' *припчатить тысячу рублей* |
| --- | --- | --- |
| на- | 'Bewegung auf die Oberfläche eines Objekts' *Машина наехала на дерево.* | 'Anhäufen, „Aufeinanderstapeln" von Teilergebnissen' *налетать тысячу часов, наездить сто тысяч километров* |

Auch die *Intensität* einer Handlung gehört ihrer quantitativen Dimension an:

| под- | 'Annäherung an die Umgebung des Objekts' *подъехать к воро'там* | 'Annäherung an die Handlung = Handlung *geringer* Intensität' *подбодрить больного подчистить садо'вые дорожки* |
| --- | --- | --- |
| раз- | 'Zentrifugale Bewegung (aus einem Zentrum)' *разойтись* | 'Handlung mit großer Ausdehnung = Handlung *großer* Intensität' *растолстеть, раскормить свиней* |
| пере- | 'Bewegung über eine Fläche hinweg' *перейти улицу* | 'Vollzug der Handlung über das normale Maß hinaus' *пересолить, перестараться* |

Unter dem Begriff der **quantitativen Charakteristik** werden also höchst unterschiedliche Erscheinungsformen der Quantität zusammengefaßt:
- Quantität der *Zeit* (Dauer der Handlung): по-, про-
- Quantität (Anzahl) der *Wiederholungen* der Handlung: пере-, с-
- Quantität (*Ausdehnung*) der Handlung: из-, об-, на-, недо-
- Quantität (Anzahl) der *Subjekte/Objekte* der Handlung: по-, пере-, на-, о-
- *Intensität* der Handlung: под-, при-, по-, раз-, пере-

### 3) Quantitativ-qualitative Präfixe
In der linguistischen Literatur wird in der Regel nur eine zeitliche und quantitative Modifizierung der Verbbedeutung beschrieben. In einigen Aktionsarten mit Präfix und dem Postfix -ся kann jedoch auch eine quantitativ-qualitative Bedeutung ausgemacht werden: Eine Handlung ohne „natürliche" innere Grenze, d.h. eine aterminative Handlung, wird so lange ausgeführt, bis ein bestimmtes *Maß* (an Quantität) überschritten ist und im Subjekt bzw. den Begleitumständen der Handlung ein *qualitativer Umschlag* erfolgt, der die weitere Ausübung bzw. Steigerung der Handlung unmöglich oder unnötig macht. Das Postfix -ся schließt als Indikator der *Intransität* ein direktes Objekt und damit ein Resultat im engeren Sinne aus und beschränkt die Handlung allein auf das Subjekt und das äußere Bedingungsgefüge der Handlung. Der Charakter der Handlung bleibt dabei unberührt, was bei Bedarf auch graphisch durch Trennung der Affixe vom

Ausgangsverb symbolisiert werden kann: *на:ходить:ся* (vo.) 'sich müde laufen' im Unterschied zu *находиться* (unvo.) 'sich befinden'.

| Präfix/Postfix: | Quantitativ-qualitative Charakteristik | Aktionsart |
|---|---|---|
| за-/-ся | 'Überschreiten der Grenze des Normalen, der Norm', d.h. übermäßig lange oder intensive Ausübung einer Handlung: *за:сидеть:ся, за:мечтать:ся, за:слушать:ся* | Exzessiv-durative AA |
| на-/-ся | '„Aufeinanderstapeln", Anhäufen von Handlungen bis zur völligen Sättigung, bis zur Erschöpfung, bis zum Überdruß': *на:курить:ся вдоволь, на:танцевать:ся, на:ходить:ся, на:плакать:ся* | Saturative AA |
| до-/-ся | 'eine Handlung solange ausüben, bis eine (gewünschte oder unerwünschte) Folge eintritt': *до:звонить:ся, до:кричать:ся до хрипоты* | Finale AA, Negativ-finale AA |
| раз-/-ся | 'sich in eine Handlung hineinsteigern, bis ein „Maximum" an Intensität erreicht ist': *раз:реветь:ся, раз:волновать:ся, рас:кричать:ся* | Intensive AA |

## 3.6.4 „Grammatische" Präfixe

Die Existenz „grammatischer", d.h. *desemantisierter* Präfixe wurde in der älteren linguistischen Literatur als selbstverständlich vorausgesetzt. Erst mit KARCEVSKIJ (1927/1962, 229 ff. russ.), MASLOV (1959, 183 u.a. russ.) und ISAĊENKO (1962, 362 ff.) trat eine linguistische Richtung auf den Plan, welche die Existenz von rein grammatischen Präfixen kategorisch verneinte. Diese Richtung konnte sich in der neueren Aspektologie zwar nicht durchsetzen, die Mehrzahl der Autoren geht davon aus, daß auch durch Präfigierung Aspektpaare gebildet werden können (*писать-написать, делать-сделать*), was wiederum das Vorhandensein von grammatischen Präfixen voraussetzt - ausgeräumt ist diese Streitfrage jedoch bis heute nicht.

Unsere Untersuchungen und algorithmischen Analysen haben uns zu der Überzeugung geführt, daß außer den aspektneutralen (siehe Abschnitt 3.6.5) *alle Präfixe* eine bestimmte lexikalische Bedeutung aufweisen. Kein Präfix tritt - auch vom Standpunkt der heutigen Sprache - *nur* in grammatischer Funktion auf. Es ist jedoch ebenso offensichtlich, daß es eine Vielzahl von präfixalen Aspektpaaren vom Typ „Simplex - präfigiertes Verb" gibt (*делать/сделать ошибку, читать прочитать книгу, петь/спеть песню, идти пойти домой* usw.), in denen somit das Präfix eine **dominierende grammatische Funktion** erhält. Das **Grundmodell der Bildung von präfixalen Aspektpaaren**, die Bedeutung der dominierend-grammatischen Präfixe sowie eine Reihe von prototypischen Beispielen haben wir bereits im Abschnitt 3.3.2 behandelt.

### 3.6.5 Aspektneutrale Präfixe

Den **aspektrelevanten** Präfixen (den lexikalisch-qualifizierenden, adverbiell-modifizierenden und dominierend grammatischen) müssen **aspektneutrale Präfixe** gegenübergestellt werden. Nach ihrer *Herkunft* und der *Regelmäßigkeit* ihres Auftretens können drei Gruppen von Präfixen unterschieden werden, deren Hinzutreten keine Aspektveränderung im Ausgangsverb hervorruft:

1) **„Fremdpräfixe"**
де-, дис-, ре-, экс-, ин- (AG-60, 603 russ.)
Diese Präfixe lateinischen Ursprungs stehen absolut außerhalb des russischen Aspektbildungssystems:
*демилитаризировать, демонтировать, дезинфицировать,
дисквалифицировать, дискредитировать,
ремилитаризировать, реанимировать, редуцировать,
экспортировать, импортировать*

2) **Bestimmte Präfixe kirchenslawischen Ursprungs:**
пре- *преследовать, преобладать* 'verfolgen, überwiegen'
пред- *предшествовать, предвидеть, предстоять* 'vorausgehen, voraussehen, bevorstehen'
со- *сосуществовать, состоять, содержать* 'koexistieren, bestehen (aus), unterhalten (Beziehungen u.ä.)'

Alle genannten Verben sind, obwohl präfigiert, imperfektiv. Allerdings ist diese Gruppe bereits nicht mehr konsequent aspektneutral, die Präfixe пре-, пред- können in dynamischen Verben durchaus auch eine Perfektivierung bewirken (*превратить, представить, пресечь* 'verwandeln, vorstellen, unterbinden'), die so entstandenen Verben können auch eine sekundäre Imperfektivierung aufweisen und so in Aspektpaare eingehen (*превратить/превращать, представить/представлять, пресечь/пресекать*).

3) **Präfixe**, die gewöhnlich zu den aspektrelevanten zählen, aber in bestimmten (einzelnen) Verben **keine perfektivierende Wirkung** haben:

от-             *отсутствовать, отстоять от дома*
                'abwesend sein, vom Haus entfernt stehen'
при-            *присутствовать* 'anwesend sein'
над-            *надлежать* 'müssen' (Amtssprache)
под-            *подлежать* 'unterliegen (einer Pflicht, Zweifel usw.)'

Einige Präfixe dieser Gruppe (*зави'сеть, вы'глядеть* 'abhängen, aussehen') werden in der Gegenwartssprache infolge von Abschleifung nicht mehr als Präfixe empfunden, für sie gilt dennoch im Prinzip das Gleiche.

Manche Autoren suchen die aspektualen Eigentümlichkeiten dieser Gruppe damit zu erklären, daß es sich um kirchenslawische Wörter bzw. Lehnübersetzungen aus westeuropäischen Sprachen ohne Verbalaspekt handelt (ISAČENKO 1962, 357). Das ist zwar richtig, aber der tiefere Grund dürfte darin zu sehen sein, daß es sich jeweils um die statische Bedeutung der Präfixe und der Verben handelt - wie ja auch die Präpositionen in dynamischer und statischer Bedeutung auftreten können (*wo? - woher, wohin?*). Mit der statischen Bedeutung (STAT)(ZQQBEGR-) ist das Fehlen einer terminativierenden / perfektivierenden Wirkung der fraglichen Präfixe ausreichend erklärt. Ihre Aspektneutralität erwächst also nicht unmittelbar aus ihrer Herkunft, sondern über ihre aspektuale Semantik.
(Siehe auch SCHLEGEL 1999, 120-122)

## 3.7 Aspektrelevante und aspektneutrale Suffixe

Im Verhältnis zu den Präfixen sind die Verbalsuffixe im Russischen weniger stark vertreten - die Angaben schwanken von 10 (AG 1970) bis 19 (SCHLEGEL 1977), hinzu kommen Varianten. Mit Ausnahme von -ну-₂/-ану- sind alle mit dem pf. Aspekt verbunden. Jedoch sind - analog zu den Präfixen - auch hier *aspektrelevante* und *aspektneutrale* Suffixe zu unterscheiden:

| Suffixe | | |
|---|---|---|
| Aspektneutrale S. | Aspektrelevante S. | |
| | Imperfektivierende S. | Perfektivierende S. |
| -а-₁/-ка- (*читать*) | -ива-/-ыва- | -ну-₂/-ану- (*прыгнуть*) |
| -е- (*белеть*) | -ва'- | |
| -и- (*белить*) | -а'-₂/-я'- | |
| -о- (*бороться*) | | |
| -у- (*обуть*) | | |
| -ова-/-изова-/-ирова-/ | | |
| -изирова- | | |
| -ствова-/-ествова- | | |
| -нича-/-ича- | | |
| -ну-₁ (*мёрзнуть*) | | |

Die **aspektneutralen Suffixe** sind reine **Wortbildungssuffixe**, mit ihrer Hilfe wurden und werden Verben gebildet. Den Aspekt verändern sie nicht, wenngleich die so entstehenden Ausgangsverben in der Regel imperfektiv sind (*обед*) → *обедать, белый* → *белить, экзамен* → *экзаменовать*). Die **aspektrelevanten Suffixe** überführen ein gegebenes (meist präfigiertes) Ausgangsverb in den jeweils anderen Aspekt.

Die **Suffigierung** als **Mittel der Imperfektivierung** ist aus historischer wie aus logischer Sicht **nach** der Präfigierung anzusetzen. Erst mit der Opposition von präfigierten und präfixlosen Verben entstand das dringende Bedürfnis nach einem sprachlichen Mittel, das die grammatische Veränderung (die Perfektivierung) rückgängig machen, zugleich aber die neuen Qualitäten des Verbs auf den anderen Ebenen der Aspektualität (Terminativität, Aktionsart, lexikalische Bedeutung) bewahren könnte. Zu diesem Mittel wurden die ursprünglich *iterativen* Suffixe -ива-/-ыва-, -ва-, später auch -а-/-я-, die ausschließlich grammatische Funktionen übernahmen und damit prädestiniert waren für die Bildung „reiner" Aspektpaare, wenngleich einige Relikte ihrer ehemals iterativen Bedeutung auch in der Gegenwartssprache noch spürbar sind (*прочитывать, поговаривать, хаживать*).

Die **imperfektivierende Suffigierung** unterliegt teilweise Beschränkungen, die vom Typ der Präfigierung abhängig sind:
- Faktisch ohne Beschränkung ist die imperfektivierende Suffigierung nur bei Verben mit **lexikalisch-qualifizierenden Präfixen** möglich: es entstehen reine Aspektpaare vom Typ *разработать разрабатывать, забыть забывать, обучить обучать*.
- Verben mit **grammatischen Präfixen** bilden in der Regel keine suffigierten Imperfektiva. Die wenigen Ausnahmen haben ihre Ursache darin, daß in bestimmten Fällen ein echtes Bedürfnis nach völliger und nicht nur annähernder Übereinstimmung der pf und ipf Formen in Terminativität, Aktionsart und lexikalischer Bedeutung vorliegt. z B *читать книгу - прочитать прочитывать книгу, липнуть к стене - прилипнуть прилипать к стене*. Die Bedeutung des präfigierten Verbs ist stets bestimmter, konkreter, die Präfixbedeutung wird akzentuiert. Die daraus resultierende deutliche, für die Kommunikation relevante Differenzierung ermöglicht einerseits das Nebeneinanderbestehen zweier Aspektpaare vom Typ *читать прочитать (книгу)* und *прочитать прочитывать*, andererseits führt das auch zu Einschränkungen, so daß z.B. *прочитывать* nicht in konkreter Prozeßbedeutung auftreten kann.
- Am differenziertesten ist die Suffigierung von Verben **mit adverbiell-modifizierenden Präfixen**. Die Mehrzahl der von aterminativen Ausgangsverben gebildeten präfigierten Verben kann nicht suffigiert werden (a). Die wenigen Verben, die hiervon ausgenommen sind, treten im ipf. Aspekt nur in iterativer Bedeutung auf (b), was leicht aus dem Fehlen der semantischen Merkmale der Richtung und der inneren Grenze zu erklären ist Zwischen Verben von Typ *покричать* und *покрикивать* (d) bestehen keine lebendigen (synchronischen) Ableitungsbeziehungen. Es ist jedoch anzunehmen, daß sich Verben dieses Typs infolge der Tendenz zur morphologischen Vereinheitlichung des Aspektbildungssystems zu neuen Korrelationen gruppieren, die in formaler Analogie zu Aspektpaaren des Typs *выработать/вырабатывать* stehen. Die Voraussetzung scheint auch seitens der lexikalischen Bedeutung gegeben - 'ein wenig schreien / von Zeit zu Zeit ein wenig schrei-

en'. Ähnlich liegen die Verhältnisse bei Verben vom Typ c), mit dem einzigen Unterschied, daß hier das Mittelglied ganz fehlt:

|    | Nullstufe: | 1. Stufe: | 2. Stufe: |
|----|----|----|----|
| a) | плакать | → за:плакать | — |
| b) | сидеть | → за:сидеть:ся | → за:сиживать:ся |
| c) | плясать | --- | → при:плясывать |
| d) | кричать | → по:кричать | → по:крикивать |

Die **perfektivierende Suffigierung** hängt vor allem mit der Perfektivierung von Verben der multiplikativen Aktionsart zusammen: *маха'ть - махну'ть, крича'ть - кри'кнуть, дви'гать - дви'нуть* 'winken, schreien, bewegen (mehrmals - einmal)'. Von den so entstandenen pf. Verben der semelfaktiven Aktionsart können wiederum durch Präfigierung und Suffigierung Aspektpaare mit neuer Bedeutung gebildet werden: *размахну'ть/разма'хивать* 'ausholen (zum Schlagen)', *вы'крикнуть/выкри'кивать* 'herausschreien', *вы'двинуть/выдвига'ть* 'vorschlagen'.

## 3.8 Das erweiterte Modell der systemhaften russischen Aspektbildung

Die wesentlichen Gesetzmäßigkeiten der verbalen russischen Wort- und Aspektbildung sind mit Hilfe des Grundmodells dargestellt worden (Abschnitt 3.1), mit ihrer Hilfe wird die überwiegende Menge der russischen Verben erfaßt. Darüber hinaus gibt es weitere Gesetzmäßigkeiten, auf die bisher nicht eingegangen wurde, da sie quantitativ kaum ist Gewicht fallen und die systemhafte Darstellung erschweren. Für den fortgeschrittenen und interessierten Lerner kann dieses Grundmodell jedoch erweitert werden, wenn auch die so erfaßten Gesetzmäßigkeiten quantitativ nicht bedeutend sind. Es handelt sich dabei um folgende Erscheinungen:

### 1) Erweiterung um eine Vorstufe
Bislang wurde nur die *deverbale* Ableitung bei der Aspektbildung behandelt. In einer Reihe von Fällen kann jedoch zurückgegangen werden auf Substantive, Numeralia, Adjektive, Adverbien bzw. ihre Steigerungsformen. Diese können in einer sog. *Vorstufe* erfaßt werden:

*обед* > *обедать НСВ* > *пообедать СВ*
*готовый* *готовить НСВ* *приготовить СВ* *приготавливать НСВ*
*длина* 0 > *удлинить СВ* *удлинять НСВ*
*великий* 0 *увеличить СВ* *увеличивать НСВ*
*меньше* > 0 > *уменьшить СВ* *уменьшать НСВ*
*свой* > 0 *усвоить СВ* *усваивать НСВ*
*трое* 0 > *утроить СВ* *утраивать НСВ*

### 2) Erweiterung durch „vertikale" Präfigierung/Ableitung
Bisher wurde nur die Präfigierung mit gleichzeitiger Aspektänderung (Perfektivierung) erfaßt:
*строить НСВ* > *перестроить СВ*, *учить НСВ* > *изучить СВ* ...

Indessen können in bestimmten Fällen auch perfektive Ausgangsverben präfigiert werden, die dann perfektiv bleiben, aber jeweils in ihrer neuen lexikalischen Bedeutung durch Suffigierung Aspektpaare bilden können:

### 3) Erweiterung durch eine 3. Stufe der Wort- und Aspektbildung

Bisher wurde die Ableitungsreihe „Simplex - präfigiertes Verb - präfigiert-suffigiertes Verb" mit der imperfektiven 2. Stufe beendet. Indessen gibt es zwei Präfixe, die in *distributiver* bzw. *kumulativer* Bedeutung eine weitere Perfektivierung bewirken, nämlich по- und на-:

закрыть *СВ* > закрывать *НСВ* > позакрывать все окна *СВ*
выпрыгнуть *СВ* > выпрыгивать *НСВ* > повыпрыгивать *СВ*
'alle Fenster - eins nach dem anderen - schließen'
'nacheinander, einer nach dem anderen, hinausspringen'
**(distributive Aktionsart)**

открыть *СВ* > открывать *НСВ* > наоткрывать *СВ* банок
прислать *СВ* > присылать *НСВ* > наприсылать *СВ* писем
'eine (große) Menge Konservenbüchsen öffnen'
'eine (große) Menge / einen Haufen Briefe schicken'
**(kumulative Aktionsart)**

Diese zusätzlichen Gesetzmäßigkeiten sind in das **erweiterte Grundmodell** integriert, das im Abschnitt 3.9 *Zusammenfassung* angeführt wird (S. 97).

## 3.9 Zusammenfassung

Der Aspekt ist eine grammatische (morphologische) Kategorie, die höchste bzw. *grammatische Ebene* der Aspektualität (siehe Kap. 11).

### A. Formmittel der deverbalen Wort- und Aspektbildung

**1) Die Präfigierung**
Sie bewirkt die **Perfektivierung** der (meist unpräfigierten und unvo.) Ausgangsverben (ebenso als einzige Ausnahme das Suffix -ну-$_2$).
Gleichzeitig wird die **lexikalische Bedeutung** des Ausgangsverbs verändert:

| | | |
|---|---|---|
| *строить - перестроить* | unvo. → vo. | 'bauen → umgestalten' |
| *бить - убить* | unvo. → vo. | 'schlagen → erschlagen, töten' |
| *учить - изучить* | unvo. → vo. | 'lehren, lernen → studieren' |
| *прыгать - прыгнуть* | unvo. → vo. | 'mehrfach → einmal springen' |

**2) Die Suffigierung**
Die aspektualen **Suffixe -ива-/-ыва-, -ва'-, -а'-/-я'-** dienen zur **Imperfektivierung** der (meist präfigierten) Ausgangsverben und zur Bildung von „reinen" (paradigmatischen) **Aspektpaaren** (Ausnahme: Suffix -ну-$_2$ = Perfektivierung).

### B. Paarige und defektive Verben

**Aspektpaare** sind Paare von Verben, die in ihrer *lexikalischen* Bedeutung sowie in ihrer paradigmatischen und/oder syntagmatischen *Terminativität* übereinstimmen und sich nur durch den Aspekt unterscheiden.

Es gibt **drei Arten** von Aspektpaaren:
1) **Suffixale** („reine") **Aspektpaare:**
*записать/записывать, осмотреть/осматривать, спросить/спрашивать;*
*открыть/открывать, успеть/успевать, узнать/узнавать (!);*
*повторить/повторять, отве'тить/отвеча'ть, помочь/помогать*
2) **Präfixale** (funktionale, „annähernde") **Aspektpaare:**
*писать/написать (статью); петь/спеть (песню)*
Annähernde Aspektpaare können nur auf *syntagmatischer* Ebene entstehen, wenn Verbbedeutung und Präfix- bzw. Aspektbedeutung gleiche semantische Merkmale aufweisen und der Kontext eine innere Grenze setzt.
3) **Suppletive Aspektpaare:**
*класть/положить, сесть/садиться, принести/приносить;*
*купить/покупать, повесить/вешать*

**Aspektmäßig defektive (unpaarige) Verben** haben keinen Aspektpartner mit der gleichen lexikalischen Bedeutung:
1) **Imperfektiva tantum**
   (Simplizia der Nullstufe, Verben mit aspektneutralen Präfixen):
   *лежать, любить, служить, работать, стучать, идти, ездить; зависеть, содержать, принадлежать, отсутствовать; приговаривать, подневеть, видывать, говаривать, живать*
2) **Perfektiva tantum**
   (meist Verben mit adverbiell-modifizierenden Präfixen, mit gleicher Grundbedeutung wie das motivierende Simplex):
   *заговорить, поговорить, проговорить 30 минут, отшуметь; стукнуть, съездить, наделать дел, наговориться, засидеться*

Die **Aktionsarten** sind eine lexikalisch-semantische Kategorie, die *lexikalisch-semantische Ebene* der Aspektualität.
Aktionsarten sind **semantische Gruppen** von Verben mit dem gleichen **Typ des Handlungsverlaufs und/oder der Verteilung der Handlung in der Zeit.**
*Weite Auffassung der AA*: Alle russischen Verben gehören einer Aktionsart an, es gibt morphologisch charakterisierte AA (*запеть, погулять, засидеться*) und morphologisch nicht charakterisierte AA (*лежать, работать, ехать*).
Die *resultativen* Aktionsarten (die allgemein-resultative und speziell-resultative) treten regelmäßig in *Aspektpaaren* auf, alle übrigen AA sind in ihrer Mehrheit aspektmäßig *defektiv* (Perfektiva und Imperfektiva tantum).
*Enge Auffassung der AA*: Als Aktionsarten werden nur die morphologisch durch Wortbildungsmorpheme charakterisierten Verben angesehen (ISAČENKO, AKADEMIE-GRAMMATIK 1980).

Die überwiegende Mehrheit der russischen Verben geht in die systemhafte Aspektbildung ein, diese bildet das Gerüst für die Aneignung ihrer Gesetzmäßigkeiten. Eine zahlenmäßig relativ geringe Anzahl von Verben weicht *formal*, in der *Formbildung*, von diesen Regeln ab, sie ordnet sich jedoch *bedeutungsmäßig* in die oben angeführten Gesetzmäßigkeiten ein, so daß ihre Besonderheiten leicht anzueignen sind. Da diese „Ausnahmen" jedoch eine wichtige Rolle in der Kommunikation spielen, müssen sie individuell erlernt werden. Die aspektualen Eigenschaften der Verben, insbesondere ihre Aspektpaarigkeit bzw. -unpaarigkeit, können durch eine *algorithmische Analyse* festgestellt werden (siehe Kap. 8 sowie Abschnitt 2.2).

Die beiden folgenden Übersichten widerspiegeln die wesentlichen Bestandteile des russischen **Wort- und Aspektbildungsmechanismus** (S. 96) und des **erweiterten Wortbildungsmodells** (S.97, siehe Abschnitt 3.8):

3 ASPEKTBILDUNG UND WORTBILDUNG

## Übersicht über die Formen der russischen Verben:

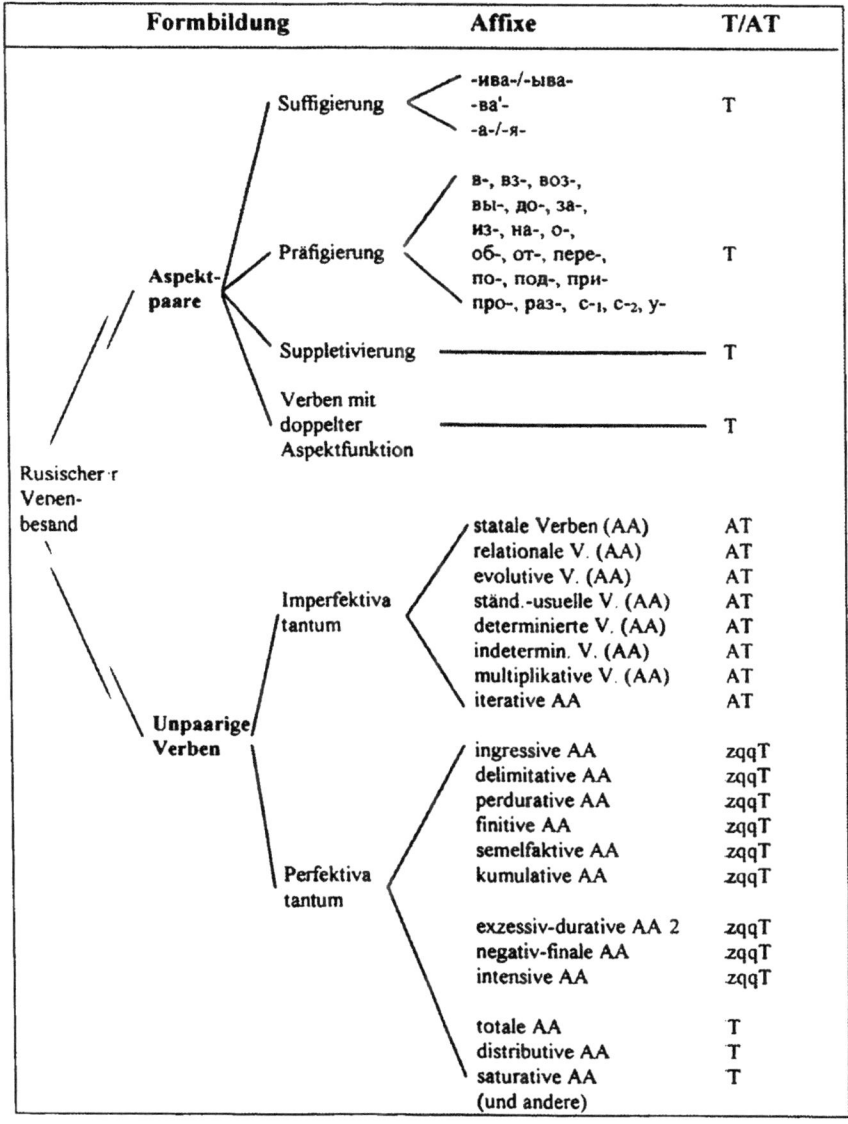

## Erweitertes Modell der systemhaften Wort- und Aspektbildung:

| Vorstufe | Nullstufe Unvo. | 1. Stufe Vo. | 2. Stufe Unvo. | 3. Stufe Vo. |
|---|---|---|---|---|
| готовый | → готовить | → приготовить | → приготавливать | |
| обед | → обедать | → пообедать | --- | |
| длина | | → удлинить | → удлинять | |
| меньше | | → уменьшить | → уменьшать | |
| свой | | → усвоить | → усваивать | |
| работа | ← работать | → поработать | | |
| | | заработать | → зарабатывать | |
| строй | ← строить | → построить | | |
| | | застроить | → застраивать | |
| | | ответить | → отвечать | |
| | идти | → пойти | | |
| | | зайти | → заходить | |
| ход | ← ходить | → заходить | --- | |
| | ехать | → поехать | --- | |
| езда | ← ездить | → поездить | --- | |
| прыжок | ← прыгать | → прыгнуть | --- | |
| | | выпрыгнуть | → выпрыгивать | → повыпрыгнуть ь |
| | | дать | → давать | → надавать |
| | | издать | → издавать | → поиздавать |
| | | переиздать | → переиздавать | |
| крыша | ← крыть | → закрыть | → закрывать | → позакрыват |
| | слать | → прислать | → присылать | → наприсылаı |
| | идти | → выйти | → выходить | → повыходитı |

Legende: Unterstreichungen bezeichnen Aspektpaare,
Schattierungen fassen Schwerpunkte zusammen:
- Vorstufe → derverbale Wortbildung,
- adverbiell-modifizierende / lexikalisch-modifizierene Iäfifix(
- paarige Verben der Fortbewegung,
- „vertikale" Wortbildung,
- 3. Stufe der Aspektbildung.

# 4 Die Allgemeinbedeutungen der beiden Aspekte

Im Kapitel 3 wurde relativ ausführlich die *Bildung* der Aspekt*formen* dargestellt, die *formale* Seite des Aspekts, in ihrer Wechselwirkung mit den Grundmechanismen der Aspektkategorie. Nunmehr ist es erforderlich, vertieft auf die *inhaltliche* Seite einzugehen, auf die Semantik, die *Bedeutung* der Aspektformen im Sprachsystem und auf ihre *Funktionen* im Text.

Die *Forschung* geht gewöhnlich von Einzelerscheinungen aus, klassifiziert sie, analysiert die Gleichheiten und Unterschiede, deckt Gemeinsamkeiten auf und kommt auf diesem Wege zu Verallgemeinerungen. Der Weg der Forschung verläuft also *vom Einzelnen zum Allgemeinen* (wir sehen jetzt davon ab, daß mit Hilfe der aufgefundenen allgemeinen Gesetzmäßigkeiten auch wieder Rückschlüsse auf Einzelnes gezogen werden können). In der *Lehre* kann auch der umgekehrte Weg von Vorteil sein - vom *Allgemeinen* ausgehend zum *Besonderen und Einzelnen* vorzudringen, das Allgemeine zu postulieren und durch das Einzelne zu exemplifizieren. Wir beginnen daher mit der Darstellung der Allgemeinbedeutungen beider Aspekte, die zur Bedeutung des Aspekts als grammatischer Kategorie führt und in die Interpretation des Charakters der Aspektopposition mündet.

## 4.1 Die Allgemeinbedeutung des vo. Aspekts

Die Allgemeinbedeutung der Glieder einer grammatischen Kategorie verstehen wir als die *Invariante*, die allen ihren kontextbedingten *Varianten* oder *speziellen Bedeutungen* gemeinsam ist (siehe Kap. 5). Die Allgemeinbedeutung ist eine *paradigmatische* Erscheinung im Sprachsystem, sie geht in das *Paradigma* der jeweiligen grammatischen Kategorie ein - eines Systems bzw. einer Reihe von Bedeutungen und Formen.

Die Entwicklung der Aspektologie kann als eine Geschichte der Suche nach einer Allgemeinbedeutung der Glieder der Aspektopposition gesehen werden (MILOSLAVSKIJ 1981). Aber bis heute besteht keine Einmütigkeit darüber, ob es eine Allgemeinbedeutung des vo. bzw. des unvo. Aspekts überhaupt gibt und wie diese zu definieren sei.

In der sowjetischen / russischen Aspektologie und z.T. auch in der internationalen Slawistik hat sich in den letzten Jahrzehnten weitgehend die Auffassung durchgesetzt, daß als das gemeinsame semantische Merkmal des vo. Aspekts die

Ganzheitlichkeit und Begrenztheit der Verbalhandlung anzusehen ist (nach RASMUSEN, MASLOV, BONDARKO, ŠELJAKIN u.a.). Gleichzeitig wird vielfach anerkannt, daß eine solche Aspektdefinition für *Lehr- und Lernzwecke* wenig geeignet ist. Für den Fremdsprachenunterricht, für die praktische Aneignung des Russischen als Fremdsprache ist dieses Merkmal „zu abstrakt", „unvollständig".

Unseres Erachtens ergeben sich die Schwierigkeiten bei der Bestimmung einer Allgemeinbedeutung des vo. Aspekts im allgemeinen und der Ganzheitlichkeit im besonderen daraus, daß diese Definition *logisch unvollständig* ist.

Gewöhnlich wird bei der Definition die Aussage als *zwei*stellige Relation formuliert: „Der vo. Aspekt bezeichnet die Ganzheit der Handlung" bzw. „Der vo. Aspekt drückt die Ganzheitlichkeit der Handlung aus" (x drückt y aus), wobei die Ganzheitlichkeit, wenn überhaupt, als „Anfang, Verlauf ('Mitte') und Ende der Handlung" bestimmt wird. Es fehlt jedoch die Angabe, *zu welchem Zeitpunkt* die Handlung alle ihre Stadien - Anfang, Mitte und Ende - durchlaufen hat und somit abgeschlossen ist. Gerade hier sehen wir die wohl wichtigste Quelle für Fehlinterpretationen der „Ganzheitlichkeit". So wird häufig argumentiert, daß eine bestimmte Handlung im *Präteritum* doch abgeschlossen, ganzheitlich sei - zum Redemoment! - und daher der vo. Aspekt gebraucht werden müsse. Andererseits fällt es schwer, den Gebrauch des vo. Aspekts im Futur zu verstehen, da ja „eine Handlung in der Zukunft noch nicht abgeschlossen sein kann".

Solche Fehlinterpretationen werden weitgehend ausgeschlossen, wenn die Aussage als *dreistellige* **Relation** formuliert wird:

**x drückt (y zum Zeitpunkt z) aus**

„Der vo. Aspekt drückt die *Ganzheitlichkeit* der Handlung *zum Bezugsmoment* aus",

oder anders formuliert:

Der vo. Aspekt drückt aus, daß die Handlung *zu dem Zeitpunkt, von dem gesprochen wird*, ganzheitlich ist, also Anfang, Mitte und Ende bereits durchlaufen hat.

Logisch gesehen sind aber diese Definition und unsere Formulierung aus Abschnitt 2.4 („Der vo. Aspekt drückt die Vorzeitigkeit der Handlung gegenüber dem Bezugsmoment aus") *synonyme* Ausdrücke. Es ist gleichgültig, ob gesagt wird, daß die Handlung zum Zeitpunkt, *von* dem gesprochen wird, dem Bezugsmoment, ganzheitlich ist, alle ihre Stadien bereits durchlaufen hat, oder ob man sagt, daß die Handlung dem Bezugsmoment vorausgeht bzw. daß der Bezugsmoment nach der Handlung liegt - die Aussage ist die gleiche.

Unsere Auffassung von der Allgemeinbedeutung des vo. Aspekts („Ganzheitlichkeit *zum Bezugsmoment*") knüpft also bewußt an die in der Aspektologie traditionell weitgehend anerkannte These von der Ganzheitlichkeit der Handlung an und präzisiert sie in einem - wie wir meinen - entscheidenden Punkt. Mit der zweiten Definition („Vorzeitigkeit der Handlung gegenüber dem Bezugsmoment") wird dagegen nicht nur die Analogie zum Verhältnis von Tempus und Redemoment betont, sondern auch die Rolle der *inneren Zeit* in der Aspektkategorie. Mit einer dritten Definition - hier greifen wir unsere Bemerkung aus dem Abschnitt 2.2 wieder auf - wird der Zusammenhang mit der „halbgrammatischen" Kategorie der Terminativität/Aterminativität erfaßt („Der vo. Aspekt drückt das Erreichtsein der Handlungsgrenze zum Bezugsmoment aus").

Darüber hinaus halten wir es für notwendig, daß die Allgemeinbedeutung des vo. Aspekts weiter explizit konkretisiert wird, so daß sich folgende *mehrdimensionale Definition* ergibt:

a) Der vo. Aspekt drückt die **Ganzheitlichkeit** der Handlung / des **Ereignisses zum Bezugsmoment** aus
(Zusammenhang mit der linguistischen Tradition).
b) Der vo. Aspekt drückt die **Vorzeitigkeit** der Handlung / des Ereignisses gegenüber dem **Bezugsmoment** aus
(Zusammenhang / Analogie von Aspekt und Tempus;
innere Zeit / innere temporale Struktur einer Handlung).
c) Der vo. Aspekt drückt das **Erreichtsein** der Handlungsgrenze zum **Bezugsmoment** aus
(Zusammenhang von Aspekt und Terminativität bzw. Limitativität).

**Das bedeutet:**
- *Zum Bezugsmoment* - dem Zeitpunkt, *von* dem in der Äußerung gesprochen wird - ist die Handlung bereits *abgeschlossen*, *„vollendet"*, sie hat alle ihre Stadien (Anfang, Mitte und Ende) durchlaufen, das Subjekt ist bereits nicht mehr mit der Handlung befaßt. Das macht die Handlung zum **Ereignis**.
- Das Zentrum der Aufmerksamkeit (die Fokussierung) liegt auf dem *Ende* der Handlung (des Ereignisses) oder danach (auf dem „Nachzustand"), während die Handlung selbst in „perspektivischer Verkürzung" im Blickfeld verbleibt. Die Vorstellung vom Abschluß der Handlung impliziert auch die Vorstellung von ihrem Beginn („zweiseitige" Begrenzung) und von ihrem „prozeßhaften Teil", ihrem Verlauf (ŠELJAKIN 1989, 136).
- Die Handlung (das Ereignis) wird als *unteilbares Ganzes* betrachtet, sie kann nicht in einzelne Phasen zerlegt werden. Daher ist es für den vo. Aspekt unmöglich, sich mit den sog. *Phasenverben* (Verben mit der Bedeutung des Beginnens, Fortfahrens und Beendens) zu verbinden.
- Die Ganzheitlichkeit der *Handlung* bedingt auch die Auffassung des *Subjekts* und/oder des *Objekts* als eine Einheit - *ein* (möglicherweise gegliedertes) aktualisiertes Subjekt vollzieht *eine* aktualisierte Handlung an *einem* (möglicherweise gegliederten) aktualisierten Objekt.

Die verbale Charakteristik der Allgemeinbedeutung des vo. Aspekts kann durch ihre *graphische Darstellung* ergänzt werden („multimodales Herangehen"). Während wir bisher bei der Analyse der Rolle von Redemoment und Bezugsmoment nur eine undifferenzierte Linie der Ereignisse angegeben haben, können nunmehr auf der Linie der Ereignisse auch einzelne Handlungen unterschieden werden. Die *Ausdehnung* einer Handlung in der Zeit („Erstreckung", протяженность) - Beginn, Verlauf und Ende - werden wir schematisch (d.h. ohne Berücksichtigung der tatsächlichen Größenverhältnisse bzw. Dauer) durch einen Pfeil bezeichnen: ⟶ , die formal ausgedrückte Ganzheitlichkeit, d.h. den vo. Aspekt, mit einer Umrahmung dieses Pfeils ⊂⟶⊃ , den Bezugsmoment durch eine Senkrechte am Ende des Pfeils (der Handlung) oder danach ⊂⟶⊃| . Falls erforderlich, können die *speziellen Bedeutungen* des vo. Aspekts bzw. seine Funktionen innerhalb der Umrahmung oder durch Kombination der Schemazeichnungen angedeutet werden (siehe auch Kapitel 5):

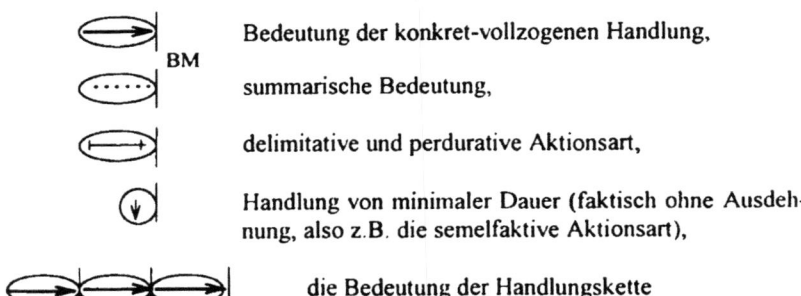

⊂⟶⊃|    Bedeutung der konkret-vollzogenen Handlung,
    BM

⊂·····⊃|    summarische Bedeutung,

⊂⟶⊃|    delimitative und perdurative Aktionsart,

⊙|    Handlung von minimaler Dauer (faktisch ohne Ausdehnung, also z.B. die semelfaktive Aktionsart),

⊂⟶⊃⊂⟶⊃⊂⟶⊃|    die Bedeutung der Handlungskette
BM₁  BM₂  BM₃    („Sequenz" einmaliger Handlungen)

## 4.2 Die Allgemeinbedeutung des unvo. Aspekts

Während bei der Bestimmung der Allgemeinbedeutung des vo. Aspekts als „Ganzheitlichkeit" bzw. „Ganzheitlichkeit und Begrenztheit der Handlung" die verschiedenen Autoren eine relativ einheitliche Meinung vertreten, bietet sich bei der Definition des unvo. Aspekts ein völlig anderes Bild - es gibt eine breite Palette der Interpretationen der Allgemeinbedeutung des unvo. Aspekts. Diese erklärt sich u.E. einmal aus verschiedenen Auffassungen zu grundsätzlichen Fragen der allgemeinen Sprachtheorie - zum Wesen der Bedeutung, zum Wesen des unmarkierten Gliedes einer privativen Opposition (näher hierzu unter 4.4) -, zum anderen aus einer Vermischung von grammatischen Bedeutungen und Funktionen des Kontextes. Nicht zuletzt sehen wir aber auch hier ein Resultat der logisch unvollständigen Definition der „Ganzheitlichkeit", aus der sich folgerichtig eine verschwommene, inkonsequente Definition der „Nicht-Ganzheitlichkeit" ergibt.

Wenn die Definition des *vo.* Aspekts als zweistellige Relation (x drückt y aus) logisch unvollständig ist, so macht sich diese Unvollständigkeit in noch stärkerem Maße bei der Umkehrung dieser Definition zur Bestimmung des unvo. Aspekts bemerkbar. Daher stößt die Formel „Der unvo. Aspekt drückt die Nichtganzheitlichkeit (Nichtabgeschlossenheit) der Handlung aus" vielfach auf Widerspruch, zumindest führt sie zu Mißverständnissen. So schreibt z.B. MULISCH: „Die vielfach übliche Erklärung, der imperfektive Aspekt bezeichne eine nichtabgeschlossene Handlung, wird dem Wesen des imperfektiven Aspekts nicht gerecht. Das können wir leicht erkennen, wenn wir Sätze wie den folgenden betrachten: Он переводил два часа - Er übersetzte zwei Stunden (lang). In solchen Sätzen wird der imperfektive Aspekt verwendet, obgleich sich aus der genauen Zeitangabe (два часа) ergibt, daß die Handlung tatsächlich begrenzt und abgeschlossen ist" (1966, 145).

Solche Mißverständnisse klären sich jedoch sofort, sobald man zum Ausgangspunkt der Definition des unvo. Aspekts die Umkehrung der *drei*stelligen Relation nimmt (x drückt [y zum Zeitpunkt z] aus): „Der unvo. Aspekt drückt die *Nichtganzheitlichkeit* der Handlung *zum Bezugsmoment* aus", d.h., die Handlung ist lediglich zu dem *Zeitpunkt, von dem gesprochen wird*, noch nicht abgeschlossen, nichtganzheitlich, „unvollendet". Zum Redemoment muß eine Handlung der Vergangenheit abgeschlossen sein, zum Bezugsmoment ist eine Vergangenheitshandlung im unvo. Aspekt nicht abgeschlossen, unvollendet. Erst so erschließt sich der eigentliche Sinn des Terminus „unvollendet", den wir aus diesem Grunde auch dem lateinischen „imperfektiv" vorziehen.

Diese Definition der Allgemeinbedeutung des unvo. Aspekts und unsere früher gegebene („Der unvo. Aspekt drückt die Gleichzeitigkeit bzw. Nichtvorzeitigkeit von Handlung und Bezugsmoment aus") sind wiederum synomyme Ausdrücke. Mit ihnen wird - präziser - das Gleiche gesagt, was andere Autoren mit Formulierungen wie „merkmallose, unqualifizierte Handlung", „gleichgültig gegenüber dem Merkmal der Ganzheitlichkeit" usw. ausdrücken wollen.

Gegen die Formel „... während der unvo. Aspekt keinen Hinweis auf die Ganzheitlichkeit der Handlung enthält" ist nichts einzuwenden, solange sie nicht dahingehend ausgelegt wird, daß der unvo. Aspekt wohl keinen Hinweis auf die Ganzheitlichkeit enthält, daß er aber dennoch die Ganzheitlichkeit *ausdrücken* könne. Eine solche Auslegung muß zurückgewiesen werden. Der unvo. Aspekt impliziert *immer*, daß die Handlung zu einem Zeitpunkt betrachtet wird, zu dem sie noch nicht abgeschlossen ist. (In unserem obigen Beispiel *Он переводил два часа* „schreitet" also der Sprecher - um einen Ausdruck von RŮŽIČKA zu gebrauchen - die gesamte Handlung ab, der Bezugsmoment befindet sich immer inmitten der Handlung, in ihrem Verlauf.) In bestimmten Fällen kann wohl die Abgeschlossenheit, Ganzheitlichkeit der Handlung *vorausgesetzt* werden, aber sie wird nicht durch den unvo. Aspekt *ausgedrückt*, sondern sie ergibt sich aus dem sprachlichen und situativen *Kontext* bzw. dem *Weltwissen* der Kommunikationspartner. Man nehme das gleiche Verb außerhalb des Kontextes, und von einer Ganzheitlichkeit kann keine Rede mehr sein.

Auch die Allgemeinbedeutung des unvo. Aspekts muß in einer *mehrdimensionalen Definition* konkretisiert werden:

---

a) Der **unvo. Aspekt** drückt die **Nichtganzheitlichkeit** der Handlung - des Zustands oder Verlaufs - **zum Bezugsmoment** aus.
b) Der **unvo. Aspekt** drückt die **Gleichzeitigkeit/Nichtvorzeitigkeit** der Handlung - des Zustands / Verlaufs - gegenüber dem **Bezugsmoment** aus.
c) Der **unvo. Aspekt** drückt das **Nichterreichtsein** der Handlungsgrenze zum **Bezugsmoment** aus.

---

Das bedeutet:
- Zum Bezugsmoment - dem Zeitpunkt, *von* dem in der jeweiligen Äußerung gesprochen wird - ist die Handlung (noch) nicht abgeschlossen, „unvollendet" und damit ein Zustand oder Prozeß/Verlauf. Für unseren gedanklich eingenommenen Standpunkt ist sie also „Gegenwart": Das Subjekt ist entweder unmittelbar mit der *Ausführung* der Handlung beschäftigt (Prozeßbedeutung oder durative Bedeutung), es ist mit der *Wiederholung* der Handlung beschäftigt (iterative Bedeutung), oder es hat die *Fähigkeit* bzw. *Möglichkeit*, die bezeichnete Handlung auszuführen (potentielle Bedeutung).
- Das Zentrum der Aufmerksamkeit (die Fokussierung) liegt inmitten der Handlung, also des Zustands oder Verlaufs. Im *Blickfeld* - an der Peripherie - bleibt ein mehr oder weniger ausgedehnter Abschnitt der Handlung vor und nach dem Bezugsmoment, eine „zeitliche Perspektive" (ŠELJAKIN). Die Größe dieses Abschnitts kann sehr unterschiedlich sein, sie ist gleichsam abhängig vom „Abstand" des Betrachters und vom Charakter der Handlung.
- Da die Handlung nichtganzheitlich, ohne zeitliche Begrenzung, vorgestellt wird, kann sie in einzelne *Phasen* zerlegt werden. Nach den sog. *Phasenverhen muß* der unvo. Aspekt stehen, da die Ganzheitlichkeit beim vo. Aspekt die Gliederung in einzelne Phasen ausschließt.
- Die Nichtganzheitlichkeit bzw. Nichtabgeschlossenheit der *Handlung* zum Bezugsmoment ermöglicht auch die Nichtganzheitlichkeit des *Subjekts* und/oder *Objekts* - die Handlung kann von mehreren oder vielen Subjekten zu verschiedenen Zeiten an verschiedenen Objekten, jeweils auch nichtaktualisierten, vorgenommen werden (distributive Bedeutung des unvo. Aspekts).

Um auch in der graphischen Darstellung das Fehlen einer zeitlichen Begrenzung der Handlung optisch sichtbar zu machen, wird der unvo. Aspekt immer eindeutig *ohne Umrahmung* symbolisiert:

$\xrightarrow{\quad\quad}$  Bedeutung der konkret-ablaufenden Handlung
BM  (konkrete Prozeßbedeutung),

## 4 DIE ALLGEMEINBEDEUTUNGEN DER BEIDEN ASPEKTE

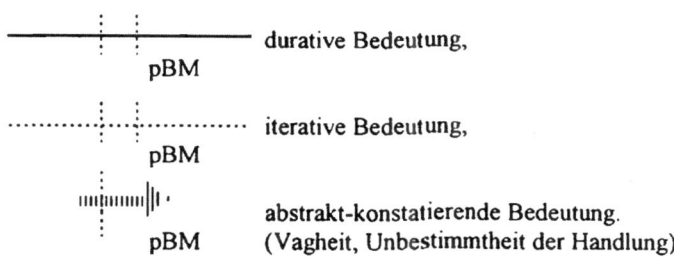

durative Bedeutung,

iterative Bedeutung,

abstrakt-konstatierende Bedeutung.
(Vagheit, Unbestimmtheit der Handlung)

Bei der Darstellung der durativen, iterativen und abstrakt-konstatierenden Bedeutung des unvo. Aspekts (also vor allem bei den „polytemporalen Handlungen" in der Terminologie ŠELJAKINS) führen wir den „potentiellen Bezugsmoment" (pBM) ein - wenn der Zeitpunkt, von dem die Rede ist, zeitlich nicht präzise lokalisiert werden kann bzw. muß, also einen größeren (Referenz-, Betracht-, Bezugs-) Zeitraum überstreichen kann. Einen solchen potentiellen Bezugsmoment / Bezugszeitraum werden wir mit (mindestens) zwei gestrichelten Symbolen darstellen, die bei Bedarf auch auseinandergezogen werden können (Bezugszeitraum) oder auch mehrere verschiedenzeitige Referenzzeitpunkte (Wiederholung) angeben können:

Bezugszeitraum BZR      $pBM_1$  $pBM_2$  $pBM_3$  $pBM_n$

### 4.3 Die Bedeutung des Aspekts als Kategorie (kategoriale Bedeutung)

Aus der Verallgemeinerung der Allgemeinbedeutungen beider Aspekte (siehe 4.1 und 4.2) läßt sich die *mehrdimensionale Definition* des Aspekts als *Kategorie* ableiten (Reihenfolge geändert):

**Kategoriale Bedeutung des Aspekts:**
a) Der Aspekt drückt das **zeitliche Verhältnis** der **Handlung** zum **Bezugsmoment** aus (*Vorzeitigkeit/Nichtvorzeitigkeit* gegenüber dem Bezugsmoment).
b) Der Aspekt drückt das **Verhältnis** von **Handlungsgrenze** und **Bezugsmoment** aus (*Erreichtsein/Nichterreichtsein* der Handlungsgrenze zum Bezugsmoment).
c) Der Aspekt drückt die **Betrachtungsweise der Handlung** aus der **Sprecherperspektive** aus (*Ganzheitlichkeit/Nichtganzheitlichkeit* der Handlung zum Bezugsmoment, *außen-* bzw. *innendeiktische* Betrachtung).

Erst in ihrer Einheit erschließen diese drei Definitionen das Wesen der Aspektkategorie - eine Beschränkung auf nur eine von ihnen wird dem multidimensionalen Charakter der Aspektkategorie im Russischen nicht gerecht.
Die *Systemeinbettung* der Aspektkategorie ist dabei wenigstens in *drei Dimensionen* zu beobachten:

**Aspekt und T/AT.** Die T/AT ist die grammatisch-semantische *Grundlage* und der *Generator* der grammatischen Kategorie des Aspekts:
Die Terminativität/Aterminativität besteht im Vorhandensein/Fehlen des Merkmals der *Grenze* (предел) der Verbalhandlung in der Semantik des Verbs bzw. seines Kontextes, der Aspekt drückt das *Erreichtsein Nichterreichtsein* dieser Grenze zum Bezugsmoment aus.
In Abhängigkeit von der konkreten lexikalischen Bedeutung des Verbs auf paradigmatischer Ebene sowie von der Struktur des Kontextes auf syntagmatischer Ebene kann eine *innere Grenze* oder eine *äußere Begrenzung* vorliegen, die beim vo. Aspekt zum Bezugsmoment erreicht ist (resultative bzw. zqq-Terminativität). Beim unvo. Aspekt liegt entweder überhaupt keine Handlungsgrenze vor, oder diese Grenze ist zum Bezugsmoment (noch) nicht erreicht (Aterminativität bzw. resultative Terminativität).

**Aspekt und Tempus.** Das Tempus drückt das zeitliche Verhältnis der Verbalhandlung zum *Redemoment* aus (Deixis im engeren Sinne, Orientierung am Zeitpunkt, *zu* dem gesprochen wird, am Sprechzeitpunkt), der Aspekt drückt das zeitliche Verhältnis der Handlung zum *Bezugsmoment* aus (Deixis im weiteren Sinne, Orientierung am Zeitpunkt, *von* dem gesprochen wird und der vom Sprechzeitpunkt verschieden sein kann und meistens verschieden ist).
Mit Hilfe des Tempus wird die „äußere" Zeit, die *Zeitstufe* angegeben - Vergangenheit, Gegenwart oder Zukunft als „Groborientierung", mit Hilfe des Aspekts hingegen die „innere" Zeit, die innere Struktur der Handlung, die „Feinorientierung" am BM *innerhalb* einer Zeitstufe.
Aspekt und Tempus wirken bei der zeitlichen Charakterisierung der Verbalhandlung engstens zusammen, was sich in der teilweisen *Überschneidung* der funktional-semantischen Felder der Aspektualität und der Temporalität, im „Aspekt-Tempus-System" sowie in sogenannten „Aspekttempora" (LEHMANN 1992b) auswirkt.

**Aspekt und Sprecherperspektive.** Der Aspekt ermöglicht dem Sprecher, eine Verbalhandlung aus unterschiedlicher Sicht, aus unterschiedlicher Perspektive darzustellen, in Abhängigkeit von seinem (objektiv durch die reale oder fiktive kommunikative Situation vorgegebenen) gedanklichen „Standort" bzw. „Standpunkt": Mit Hilfe des unvo. Aspekts erfolgt eine *innendeiktische* Darstellung (siehe MEHLIG 1995, 176f.), der gedankliche Standort (oder „Beobachtungspunkt") liegt *innerhalb* des Prozesses/Verlaufs oder Zustandes, innerhalb der Aktzeit, was dazu führt, daß „die Außengrenzen des denotierten Sachverhalts unbeachtet" bleiben können. Der vo. Aspekt hingegen stellt den denotierten

Sachverhalt *außendeiktisch* dar, als eine geschlossene Situation, als einen *ganzheitlichen*, (zum Bezugsmoment) abgeschlossenen Sachverhalt - ein *Ereignis*. Der Sprecher betrachtet das Ereignis gleichsam von außen, aus der Entfernung, so daß außer dem Verlauf auch *Anfang* und *Ende* der Handlung, ihre „Außengrenzen", in die Betrachtung eingeschlossen werden (vgl. dazu auch ISAČENKO 1962, 348; MULISCH 1966, 142f.). In dieser Sprecherperspektive erschließt sich die eigentliche Bedeutung des Terminus „Aspekt" - lat. *aspectus*, russ. *вид* -, nämlich 'Ansicht, Anblick, Sicht, Blickfeld'.

## 4.4 Zum Charakter der Aspektopposition

Mit der obigen Definition der kategorialen Bedeutung des Aspekts haben wir zugleich unseren Standpunkt in der Frage des Charakters der Aspektopposition dargestellt.

Seit den dreißiger Jahren wird der Gegensatz von vo. und unvo. Aspekt von vielen Linguisten als *privative Opposition* verstanden. Allerdings wurden und werden Diskussionen geführt über den Charakter dieser Opposition und insbesondere über den Charakter des „schwachen", „merkmallosen", „unmarkierten" Gliedes - des unvo. Aspekts. In dieser Diskussion (die inzwischen offenbar in den Hintergrund getreten ist) zeichneten sich vor allem zwei linguistische Richtungen ab

Die erste Richtung, als deren konsequentester Vertreter R. JAKOBSON anzusehen ist, geht von dem Konzept der „Aspektneutralität des unvo. Aspekts" aus: Perfektiva sind merkmalhaltig, Imperfektiva sind merkmallos. „Die Asymmetrie der korrelativen grammatischen Formen kann als Antinomie der Signalisierung von A und der Nicht-Signalisierung von A charakterisiert werden Zwei Zeichen können sich auf dieselbe gegenständliche Gegebenheit beziehen, aber die Bedeutung des einen Zeichens fixiert ein gewisses Merkmal (A) dieser Gegebenheit, während die Bedeutung des anderen Zeichens dieses Merkmal unerwähnt lässt Beispiel: ...*telka*..." (JAKOBSON 1932, 83).

Diese Auffassung teilen - z.T in modifizierter Form - R RŮŽIČKA, A V ISAČENKO, in frühen Veröffentlichungen A.V. BONDARKO, O.P. RASSUDOVA u.a.

Die Anhänger der JAKOBSONschen Konzeption gehen damit - ob ihnen dies immer bewußt ist, sei dahingestellt - von einem „Merkmal der gegenständlichen Gegebenheit" (des Denotats) aus, also von der *Ganzheit* bzw. Ganzheitlichkeit einer *objektiv-realen* Handlung. Eine Handlung im Bereich der objektiven Realität (Bereich O) bildet aber in jedem Falle eine „Ganzheit" (selbst wenn sie abgebrochen werden muß) - ob sie nun explizit als solche mit dem vo Aspekt gekennzeichnet wird oder ob der unvo. Aspekt „dieses Merkmal unausgedrückt läßt". Dieser Zuordnung liegt also die *Bezeichnungsfunktion* der Sprache zugrunde. Das „Merkmal" ist dann nicht Bestandteil der sprachlichen Bedeutung, sondern der objektiven Realität, und gehört somit nicht zur Sprache - es ist ein außersprachliches Merkmal.

Bei einer sprachlichen Analyse sollten aber *sprachliche* Gegebenheiten - Bedeutungen - miteinander verglichen und in Beziehung gesetzt werden Das Objekt (Denotat) kann nicht die Bedeutung des Zeichens sein, auch nicht die Relation Zeichen - Objekt R (Z, O), denn das Objekt ist nicht Bestandteil der Sprache. Das jeweilige Merkmal (Ganzheitlichkeit bzw. Nichtganzheitlichkeit) ist also nicht ein Attribut des Objekts, sondern der sprachlichen Bedeutung. Damit ändert sich das Bild aber grundlegend. Das sprachliche Zeichen bzw. die sprachliche Form *drückt eine bestimmte Bedeutung aus*, assoziiert ein bestimmtes *Abbild*, eine bestimmte Vorstellung von der objektiven Realität, enthält also eine bestimmte Information. Damit wird das Merkmal zum *Bedeutungsmerkmal*, in der Regel zum *differentiellen* semantischen Merkmal. Die Grundlage einer solchen Konzeption ist die *Bedeutungsfunktion* der Sprache. Der vo. und der unvo. Aspekt sind zwei Glieder einer grammatischen Kategorie, zwei „Pole", zwei entgegengesetzte Seiten eines Systemzusammenhangs - des Aspektgegensatzes „Gegensätzliche Erscheinungen oder Klassen von Dingen bzw. Erscheinungen sind stets *in einer bestimmten Beziehung* entgegengesetzt, während sie sich *in anderer Beziehung* in Übereinstimmung befinden. Das Sich-Bedingen wie auch das Sich-Ausschließen der Gegensätze ist nie total, denn im ersten Falle läge eine Identität vor, im zweiten gäbe es keinerlei Beziehung. Das Verhältnis zwischen Gegensätzen ist selbst ein Gegensatz; es enthält gegensätzliche Momente, stellt die Einheit von Übereinstimmung und Nichtübereinstimmung dar" (STIEHLER 1966, 16).

Die gemeinsame Grundlage der Allgemeinbedeutungen des vo. und des unvo. Aspekts - ihre Übereinstimmung - besteht darin, daß beide das Verhältnis der Handlung zum Bezugsmoment widerspiegeln. Entgegengesetzt sind beide nur in einer Beziehung - der vo. Aspekt drückt die Vorzeitigkeit bzw. Ganzheitlichkeit der Handlung zum Bezugsmoment aus, der unvo. Aspekt die Nichtvorzeitigkeit, die Nichtganzheitlichkeit der Handlung zum Bezugsmoment. Es handelt sich somit um eine *privative Opposition*, deren Glieder einander sowohl bedingen als auch ausschließen: Das eine Glied weist ein differentielles *semantisches* Merkmal auf, das andere Glied negiert dieses *semantische* Merkmal (Ganzheitlichkeit bzw. Vorzeitigkeit zum Bezugsmoment vs. Nichtganzheitlichkeit bzw. Nichtvorzeitigkeit/Gleichzeitigkeit zum Bezugsmoment).

Der Gegensatz zwischen den beiden Aspektbedeutungen ist nicht starr und absolut. Er befindet sich in unmittelbarer Abhängigkeit von den konkreten Bedingungen, d.h. vom sprachlichen und situativen Kontext. Daher müssen Positionen des *maximalen* Gegensatzes und Positionen des *aufgehobenen* Gegensatzes oder der *Neutralisation* (der Neutralisierung) des Gegensatzes unterschieden werden: In Positionen des maximalen Gegensatzes wird beim Austausch des Aspekts eine grundlegend andere Situation ausgedrückt (im Präteritum, Futur, Imperativ, Infinitiv u.a., vgl. *Он приехал* – *приезжал в гости; Он писал* – *написал письмо*). Eine Neutralisation tritt dann ein, wenn in Kontext bzw. Situation Bedingungen zusammentreffen, von denen die einen vo., die anderen unvo. Aspekt erfordern (historisches Präsens, wiederholte Handlungen im Präteritum terminativer Verben u.a.). Der Aspektgegensatz ist somit *relativ*.

Durch die Hypothese des Bezugsmoments werden diejenigen Auffassungen bestätigt, nach denen zwischen der phonologischen und der morphologischen Ebene der Sprache in Bezug auf die Oppositionen weitgehende Isomorphie besteht und auch das „unmarkierte" Glied der Aspektkorrelation in der Paradigmatik des sprachlichen Systems seine invariante Bedeutung hat (ČEŠKO, ŠENDEL'S, BULYGINA, GOLOVIN, ŠELJAKIN u.a., im Gegensatz zu JAKOBSON, ISAČENKO u.a.).

BULYGINA kommt im Ergebnis einer Polemik mit den Auffassungen JAKOBSONS zu der Schlußfolgerung, daß das Fehlen eines Merkmals ebenfalls als Merkmal zu werten sei (1968, 230f. russ.). Dieses Merkmal findet in der Aspektfrage auch seinen *terminologischen* Ausdruck: Der unvo. Aspekt drückt die „*Nichtganzheitlichkeit* der Handlung zum Bezugsmoment" bzw. ihre „*Gleichzeitigkeit*" mit dem Bezugsmoment" aus.

Naturgemäß entsteht aber nun die Frage, ob die Aspektkorrelation damit nicht als aquipollente Opposition aufzufassen ist, zumal verschiedentlich die „Gleichberechtigung" beider Aspekte betont wird (ŠELJAKIN 1989, 136 russ. u.a.). Dem stehen jedoch Fakten entgegen, die den Aspektgegensatz eindeutig als *privative* und damit *asymmetrische* Opposition kennzeichnen:

## 4 DIE ALLGEMEINBEDEUTUNGEN DER BEIDEN ASPEKTE

- Das invariante Merkmal des unvo. Aspekts - die Nichtvorzeitigkeit, Nichtganzheitlichkeit der Handlung zum Bezugsmoment, das Nichterreichtsein der Handlungsgrenze zum Bezugsmoment - wie auch die differentiellen semantischen Merkmale des Verbs als Lexem stellen die *Ausgangsbasis* für das Merkmal des vo. Aspekts dar. Ehe eine Handlung ihre Grenze zum Bezugsmoment erreicht hat, ehe sie ganzheitlich sein kann, vorzeitig gegenüber dem Bezugsmoment, muß sie erst alle Zwischenstadien durchlaufen haben, auf die der unvo. Aspekt hinweist - die „Mittelphase", den „prozeßhaften Teil", den Verlauf, was implizit auch den Anfang mit einschließt.
- Die Vorzeitigkeit bzw. Ganzheitlichkeit der Handlung zum Bezugsmoment als Merkmal des vo. Aspekts ist ein *begrenzendes* Merkmal. Wenn die Begrenzung der Handlung durch den Aspekt fehlt (beim unvo. Aspekt), kann sie auch mit Mitteln des *Kontextes* ausgedrückt werden.
- Der unvo. Aspekt mit einem nichtbegrenzenden Merkmal kann bzw. muß daher in Positionen der *Neutralisierung* stehen. Dabei muß die Neutralisierung des *Aspektgegensatzes* (Aspektsynonymie, z.B. *Кто строил — построил этот дворец?*) und die Neutralisierung des *begrenzenden Merkmals* (z.B. bei der Wiederholung und im historischen Präsens: *Каждую субботу он приходил к нам; В 1837 году Дантес убивает Пушкина на дуэли*) unterschieden werden.

Die Besonderheiten des unvo. Aspekts (Ausgangsbasis für den vo. Aspekt, nichtbegrenzendes Merkmal, Verwendung in Positionen der Neutralisierung) machen sein Wesen als „schwaches", „unmarkiertes" Glied der privativen Aspektopposition aus.

Die invarianten Allgemeinbedeutungen der beiden Aspekte als Grundlage der privativen Opposition liegen im Sprachsystem auf *paradigmatischer* Ebene, während die speziellen Bedeutungen, die auch in den Positionen der Neutralisierung und der Synonymie der Aspekte auftreten, der *syntagmatischen* Ebene angehören (siehe das folgende Kapitel 5).

Wir sehen die Ursache für die z.T. vehementen Diskussionen zum Charakter der privativen Aspektopposition in den 60er und 70er Jahren vor allem in den (meist nicht explizit definierten) unterschiedlichen Ausgangspositionen der Kontrahenten - *Bezeichnungsfunktion* vs *Bedeutungsfunktion* der Sprache bzw Merkmal der „gegenständlichen Gegebenheit" vs Bedeutungsmerkmal. Berücksichtigt man diese unterschiedlichen Grundpositionen, dann haben beide Seiten auf ihre Weise recht und die Diskussion beruht auf einem Mißverständnis. Heute scheint das Interesse an der Interpretation der privativen Opposition stark zurückgegangen zu sein. ZALIZNJAK / ŠMELEV nennen zwar das Problem, halten aber die Vorstellung von der Fruchtbarkeit des Begriffs der Markiertheit bei der Charakterisierung grammatischer Oppositionen für „etwas übertrieben" und arbeiten daher nicht mit diesem Begriff (1997, 13f. russ.). Aus fremdsprachendidaktischer / didaktolinguistischer Sicht können wir uns dem anschließen

## 4.5 Das russische Aspekt-Tempus-System (AT-System)

Die Aspektkategorie kann im System der russischen Sprache der Gegenwart nicht isoliert betrachtet werden - sie steht in Wechselwirkung mit der Kategorie des Tempus. Es gibt zwischen beiden Kategorien Analogien, Überschneidungen und Interaktion. Wie bereits unter 2.4 erwähnt, haben beide die Funktion, die Handlung (die aktionale Situation) im Koordinatensystem zu *lokalisieren*, sie jeweils an einem Koordinatenausgangspunkt zu orientieren. Dabei kommt es zwischen ihnen zu einer „Arbeitsteilung":

> Das **Tempus** drückt das Verhältnis der Handlung zum **Redemoment** aus, der **Aspekt** drückt das Verhältnis der Handlung zum **Bezugsmoment** aus.

Aspekt und Bezugsmoment dublieren gleichsam die Funktionen von Tempus und Redemoment: Der Bezugsmoment ist unser *gedanklich* eingenommener Standpunkt, er wird z.B. in der Vergangenheit zu unserem *damaligen Gegenwartsaugenblick*. Was von diesem damaligen Standpunkt aus Gegenwart war, also mit dem BM zusammenfiel, wird mit dem unvo. Aspekt bezeichnet, was damals bereits Vergangenheit war, dem BM vorausging, wird mit dem vo. Aspekt bezeichnet. Gleiches gilt sinngemäß für die Zukunft.

Somit ist der unvo. Aspekt die „Gegenwartsform", der vo. Aspekt die „Vergangenheitsform" für den Bezugsmoment. Aus den möglichen Kombinationen der beiden formalen Kennzeichen des russischen Verbs - Aspekt und Tempus - ergibt sich das russische Aspekt-Tempus-System, das aus den folgenden Aspekttempora besteht:

**Russisches Aspekt-Tempus-System (AT-System) - schematisch:**

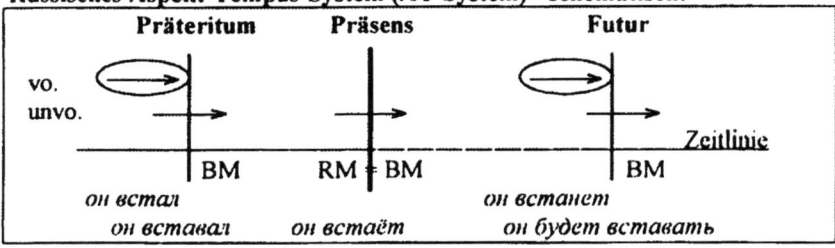

In dieser schematischen Darstellung ist zunächst auf die Einbeziehung des vo. Aspekts in die Zone des Präsens verzichtet worden, um die Übersichtlichkeit nicht zu beeinträchtigen. Im *Sprachsystem* (in der Paradigmatik) muß jedoch diese „Leerstelle" mit der *Perfektbedeutung* des vo. Aspekts gefüllt werden (siehe 6.2.2, b)) , im *Text* (in der Syntagmatik) kommen noch die wiederholten Handlungsketten und -paare (*Бывает, он придёт, сядет у окна и откроет книгу*, siehe 6.6.3, b)) und potentiell-terminativen Handlungen (*Он всегда найдёт выход из положения*, siehe 6.6.2, c)) im nichtaktuellen Präsens hinzu.
Die Aspekttempora können in folgender Tabelle zusammengefaßt werden:

## 4 DIE ALLGEMEINBEDEUTUNGEN DER BEIDEN ASPEKTE

**Aspekttempora**

|  | Unvo. Aspekt | Vo. Aspekt |
|---|---|---|
| Präteritum | он писал<br>он записывал | он написал<br>он записал |
| Präsens | он пишет<br>он записывает | |
| Futur | он будет писать<br>он будет записывать | он напишет<br>он запишет |

Die unvo. Simplizia (*писать*) stehen für einen ursprünglichen, „natürlichen", lexikalischen *Verlauf*, die unvo. präfigiert-suffigierten Verben (*записывать*) für „gedehnte" Ereignisse, die *grammatisch* zum Verlauf rekategorisiert wurden. (Zum absoluten und relativen Tempusgebrauch siehe Kap. 12.2 *Aspektualität und Temporalität.*)

## 4.6 Zusammenfassung

Wir knüpfen hiermit an die Kapitel 2 und 3 an - an die *Grundmechanismen* des Aspekts und die *Aspektbildung*:

Mit dem vo. Aspekt werden **Ereignisse** wiedergegeben (*встать, приехать, подняться, прыгнуть*, darunter auch „zusammengestauchte" Prozesse und Zustände vom Typ *постоять, проработать целые сутки*), mit dem unvo. Aspekt **Zustände** und **Prozesse/Verläufe** (*лежать, работать, ехать*, darunter auch „gedehnte" Ereignisse vom Typ *подниматься, умирать, приходить каждый день* u.ä.).

Diese **aktionale Kategorisierung** beruht
- zunächst auf der lexikalischen Bedeutung des Verbs (**lexikalische** aktionale Kategorisierung),
- dann auf dem Verhältnis der Handlung (der aktionalen Situation) zum aspektualen Bezugsmoment (**grammatische** bzw. aspektuale aktionale Kategorisierung).

Die *grammatische* Kategorisierung durch den Aspekt überlagert die *lexikalische* Kategorisierung. *Per Default* - in den *typischen* Aspektformen - stimmen beide überein:
- **Zustände** und **Prozesse/Verläufe** haben *keine* innere Grenze - der Bezugsmoment liegt daher innerhalb der Handlung, das *aterminative* Verb - in der

Regel ein *Simplex* - ist *imperfektiv* (*быть, читать, ехать, ездить* = **Nullstufe** der Aspektbildung).
- **Ereignisse** haben eine *innere Grenze*, die zum Bezugsmoment *erreicht* ist - zu dem Zeitpunkt, von dem die Rede ist, hat die Handlung ihren Anfang, ihre Mitte und ihr Ende bereits durchlaufen. Formal wird die Grenze in der Regel durch ein *Präfix* gekennzeichnet (*terminative präfigierte Verben* der **1. Stufe** der Aspektbildung: *выбыть, перечитать, уехать*).

In bestimmen Fällen wird die lexikalische Kategorisierung durch die grammatische korrigiert - es erfolgt eine **grammatische Rekategorisierung**:
- **Ein Ereignis** - mit innerer Grenze! - wird durch die *Suffigierung* eines präfigierten Ereignisverbs „gedehnt" (**2. Stufe der Aspektbildung**), wird entweder **in seinem Verlauf** betrachtet, als Prozeß, seine innere Grenze ist zum Bezugsmoment noch nicht erreicht (*просматривает, изучает, уезжает*), oder **in seiner Wiederholung**, die innere Grenze wird mehrfach erreicht, die sich wiederholende Handlung erscheint aus der (zeitlichen) Distanz als ein Prozeß höherer Ordnung, in dem die einzelnen Ereignisse gleichsam verschmelzen (*часто выбывал, перечитывал, приезжал*).
- **Ein Zustand oder Verlauf** wird durch adverbial-modifizierende Präfigierung begrenzt, zu einem Ereignis „zusammengestaucht", das zum Bezugsmoment bereits abgeschlossen ist (vor allem delimitative und perdurative AA, siehe 3.4.3, Punkte 2) und 3): *почитать немного, проспать целые сутки, съездить в город*).

Durch den Aspekt erfolgt also die *grammatische* Kategorisierung und Rekategorisierung der Handlung (der aktionalen Situation), welche die *lexikalische* Kategorisierung überlagert und meist bekräftigt, teils aber auch korrigiert:
**a) Vollendeter Aspekt:** Die Handlung wird aus **außendeiktischer Perspektive** betrachtet, sie geht dem Bezugsmoment voraus, die innere Grenze oder äußere Begrenzung ist zum Bezugsmoment bereits erreicht, die Handlung ist ein **ganzheitliches Ereignis** (*записать, выйти*).
**b) Unvollendeter Aspekt:** Die Handlung wird aus **innendeiktischer Perspektive** betrachtet, der Bezugsmoment liegt innerhalb der Handlung, die entweder keine Grenze aufweist (bei aterminativen Verben - *иметь, писать, идти*) oder deren Grenze zum Bezugsmoment (noch) nicht erreicht ist (bei terminativen Verben - *записывать, выходить*). Die Handlung ist ein **Zustand** oder ein **Prozeß/Verlauf**.

Entscheidend für die Definition der Aspekte ist ihre Formulierung als **dreistellige Relation**:

**x drückt (y zum Zeitpunkt z ) aus.**

# 5 Spezielle Bedeutungen der Aspekte

## 5.1 Zum Verhältnis von Allgemeinbedeutung und speziellen Bedeutungen

Der paradigmatische Aspektgegensatz im *Sprachsystem* (also in der „Sprache", „langue", „язык") realisiert sich im *Text* (in der „Rede", „parole", „речь") in Form von relativ stabilen *Varianten*, die ihrerseits *Typen von aspektualen Situationen* widerspiegeln. Wir bezeichnen diese syntagmatischen Varianten der Aspektbedeutungen mit dem traditionellen Terminus *spezielle Bedeutungen* (частные значения, частно-видовые значения), wie er seit MASLOV überwiegend in der russischen bzw. sowjetischen Aspektologie, aber auch vielfach in der europäischen Slawistik verwandt wird.

Wir halten nicht zuletzt darum an den traditionellen Termini fest, weil wir die Hierarchie „Allgemeinbedeutung - spezielle Bedeutungen" (общее значение - частные значения) als Sonderfall der philosophischen Kategorie des *Allgemeinen, Besonderen und Einzelnen* verstehen - wie auch als reziprokes Verhältnis von *Intension* und *Extension* (wenige Merkmale - großer Umfang, und vice versa). (Vgl. im Russischen *(все)общее - особенное - единичное* bei IL'ENKOV 1960, 301-303; KONDAKOV 1971, 84; Философский энциклопедический словарь 1989, 433; analog auch *общая - частная теория относительности* 'allgemeine - spezielle Relativitätstheorie'.)

Die speziellen Aspektbedeutungen betrachten wir als selektive (auswählende) Strukturmodelle. Ihren Kern bilden die Allgemeinbedeutungen der beiden Aspekte, die an relativ konstante Formative gebunden sind - an Verben der Nullstufe, 1. und 2. Aspektbildungsstufe, während ihre relativ abstrakte *Peripherie* aus den verschiedenen Komponenten des *systematisierten aspektualen Kontextes* besteht. In den aspektualen Kontext gehen nur diejenigen Bedeutungsschichten des komplexen Kontextes ein, die - meist auf höherer Abstraktionsstufe - auf einer der Ebenen der Aspektualität relevant werden.
Dieser „systematisierte aspektuale Kontext" (IVANOVA 1961, 8 u.a. russ.) kann wie folgt charakterisiert werden:

**Bedeutungsschichten des systematisierten aspektualen Kontextes:**

- **Semantischer Kern / aktionale Charakteristik** des Verbs:
  *знать), люб(ить), им(еть)*: Statik, Beziehung = *Zustand*;
  *пис(ать), ид(ти)*: Dynamik, gerichtete / nichtgerichtete Bewegung, Dauer = *Verlauf Prozeß*;
  *брос(ить), вста(ть)*: Dynamik, Bewegung, Einmaligkeit, Grenze/Begrenzung = *Ereignis*;
- **morphologische Struktur** des Verbs einschließlich seiner dadurch bedingten Aktionsartbedeutung:
  *читать - прочитывать*: 'lesen - durchlesen', paradigmatische Aterminativität - paradigmatische Terminativität, evolutive - resultative Aktionsart;
- Vorhandensein/Fehlen von **Mitspielern** (Aktanten) des Verbs:
  *писать - писать письмо*: semantische und syntaktische Verbindbarkeit bzw. Valenz;
- Mittel der **Aktualisierung/Nichtaktualisierung** der Handlung und der Mitspieler des Verbs (auch *referentieller Status*):
  *читать эту книгу - читать книги - прочитать книги*: Demonstrativpronomina, Numerus, Aspektzugehörigkeit;
- lexikalische - vor allem temporale - **Determinatoren**:
  *обычно*: potentielle / habituelle Wiederholung, Nichtaktualisierung;
  *вдруг*: (meist) Einmaligkeit, Aktualisierung, Grenze;
- die **Zeitstufe**:
  *Präsens*: Ausschluß der abstrakt-konstatierenden Bedeutung des unvo. Aspekts, aber Bedingung für die terminativ-potentielle Bedeutung des vo. Aspekts;
- **syntaktische Konstruktionen**:
  *в то время как*: Gleichzeitigkeit, Aktualisierung, Einmaligkeit; adverbiale temporale Nebensätze, Konjunktionen u.a.

Diese im wesentlichen formalen Mittel sind als sprachliche Ausdrucksmittel bestimmter aktionaler Situationstypen zu betrachten.

*Prototypische aktionale Situationen* werden im Ergebnis der millionen- und milliardenfachen Beobachtung von außersprachlichen Situationen konzeptualisiert („verbegrifflicht"), sie bestehen aus bestimmten Kombinationen von prototypischen *Ereignissen, Prozessen·Verläufen* und *Zuständen* (näher hierzu siehe 2.1 und 4.5). Diese zumindest teilweise universalen Situationen finden im Russischen bzw. in weiteren slawischen Sprachen ihre einzelsprachliche Ausprägung in Gestalt von *speziellen Aspektbedeutungen*, die als relativ stabile Gebilde in das Sprachsystem eingehen (siehe hierzu auch die Hypothese eines „allgemeinen aktionalen Zeitmodells" bei LEHMANN 1992b!).

## 5 SPEZIELLE BEDEUTUNGEN DER ASPEKTE

Auch BONDARKO benutzt den Terminus „Situation" (siehe AKADEMIE-GRAMMATIK 1980, I/611 russ.). Ohne nähere Erläuterung evoziert dieser Terminus zunächst die Assoziation „außersprachlich", dem steht jedoch der vierte Typ entgegen („Ситуация обобщенного факта" - обобщенно-фактический тип употребления несов. вида"). Eine Verallgemeinerung - und darum handelt es sich bei allen aktionalen Situationen - kann es jedoch nur im *Bewußtsein*, nicht aber in einer objektiv-realen Situation geben. Die prototypischen aktionalen Situationen gehören also eindeutig in den Bereich der *Bewußtseinsinhalte*.

Wir werden im folgenden die speziellen Aspektbedeutungen als **einzelsprachliche Ausprägungen von prototypischen aktionalen Situationen** darstellen, die Klassifizierung der speziellen Aspektbedeutungen erfolgt mit Hilfe von *differentiellen semantischen Merkmalen* einschließlich des aspektualen Bezugsmoments (vgl. auch ŠELJAKIN 1989, 137ff. russ., der ebenfalls mit dem Bezugsmoment - russ. 'соотносимый момент' - arbeitet). Wo es sich anbietet, unternehmen wir den Versuch, den wesentlichen Inhalt der Standard-Aspektbedeutungen durch graphische Schemazeichnungen zu verdeutlichen.

### 5.2 Standard-Aspektbedeutungen

Aus dem Gesamtsystem der speziellen Aspektbedeutungen im Russischen können auf Grund ihrer statistischen *Häufigkeit*, der Eindeutigkeit ihrer *Abgrenzung*, ihrer Relevanz für den *Gebrauch* der Aspektkategorie und ihres Bestands an gegensätzlichen semantischen *Merkmalen* eine Reihe von *primären* speziellen Bedeutungen kategorisiert werden, die auf der Grundlage eines allgemeinen Defaults (der Allgemeinbedeutungen beider Aspekte) jeweils eine *dominante* Opposition bilden: Vorzeitigkeit vs. Gleichzeitigkeit von H und BM, Einmaligkeit vs. Nichteinmaligkeit der H, Betonung vs. Nichtbetonung der Dauer der H, aktuelle vs. potentielle H, konkrete vs. abstrakte H (siehe auch 5.4).
Für die Bedürfnisse der sprachwissenschaftlichen Lehre und der praktischen Sprachausbildung, die eine einheitliche Grundlage ohne umfangreiche theoretische Erläuterungen erfordern, kann dadurch eine maximale Vereinfachung und eine Reduktion der Vielzahl der Aspektbedeutungen auf **sechs spezielle Standard-Aspektbedeutungen** erfolgen:

(Hier und in den Beispielen der folgenden Kapitel kann in der saloppen Umgangssprache das Personalpronomen weggelassen werden, in der etwas förmlicheren Standardsprache sollte es jedoch immer verwendet werden.)

| Aktionale Situation/ Handlungstyp: | Spezielle Bedeutung (Terminus): | Semant. Merkmale, Bedingungem: |
|---|---|---|
| | **Vo. Aspekt** | |
| 1. Ereignis (monotemporal) | Bedeutung der *konkret-vollzogenen* Handlung, **konkret-faktische Bedeutung** (конкретно-фактическое значение СВ) | - Einmaligkeit der H<br>- Konkretheit, d.h. zeitlich-räumliche Aktualisierung (= bestimmter Ort, bestimmte Zeit)<br>- Handlungsgrenze ist zum BM erreicht |

Вчера он *написал* письмо.  Скоро он *напишет* письмо.

```
        ⊖→|                    |⊖→
  _____|___|_____      _____|___|_____
      BM   RM              RM   BM
```

| | **Unvo. Aspekt** | |
|---|---|---|
| 2. Prozeß, Verlauf (monotemporal) | Bedeutung der *konkretablaufenden* Handlung, **konkrete Prozeßbedeutung** (конкретно-процессное значение НСВ) | - Einmaligkeit der H<br>- Konkretheit, d.h. zeitlich-räumliche Aktualisierung (= bestimmter Ort, bestimmte Zeit)<br>- Handlungsgrenze ist zum BM *nicht* erreicht |

(1) *Что это ты там делаешь?* - *(Я) пишу статью*.
    *(Чем ты сейчас занимаешься?)*
(2) *Что ты делал вчера?* - *(Я) писал статью*.
    *(Чем ты занимался вчера?)*
(3) *Что ты будешь делать завтра?* - *(Я) буду писать статью*.
    *(Чем ты будешь заниматься завтра?)*

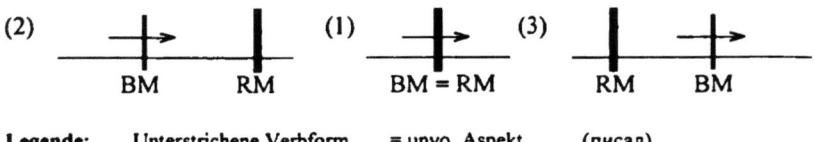

| Legende: | Unterstrichene Verbform | = unvo. Aspekt | (писал) |
|---|---|---|---|
| | Fettdruck | = vo. Aspekt | (написал) |

## 5 SPEZIELLE BEDEUTUNGEN DER ASPEKTE

| 3. Folge von Ereignissen/ Verläufen (Prozeß höherer Ordnung, polytemporal) | Iterative Bedeutung, Bedeutung der unbegrenzt-wiederholten Handlung (неограниченно-кратное значение, повторяемость) | - Verschiedenzeitliche Wiederholung der Handlung<br>- verschiedene potentielle BM in einem Bezugs-zeitraum) |

*Каждый день* он *приходил к нам*.
*Иногда* она *оглядывалась*.

*По утрам* он *занимался*.
*По вечерам* он *смотрел телевизор*.

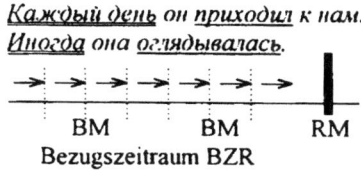
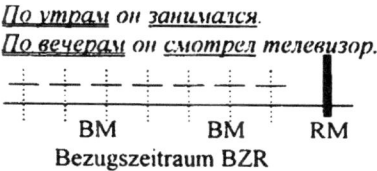

| 4. Zustand / Folge von Prozessen (Zustand höherer Ordnung, polytemporal) | Durative Bedeutung (неограниченно-длительное / реляционное значение) | - *Betonte* zeitliche Ausdehnung der H<br>- potentieller BM *innerhalb* der H / des Bezugszeitraums |

(1) *Долго* она *стояла неподвижно*.
    Она *долго* не *решалась уходить*.

```
                                    |
─────────────────────────────────────
Bezugszeitraum BZR       RM
```

(2) *Земля вращается вокруг Солнца*.

```
                    |
─────────────────────
        RM
Bezugszeitraum BZR
```

(3) *Пять лет* он *будет учиться за границей*.

```
    |
─────────────────────
    RM  Bezugszeitraum BZR
```

| 5. Zustand höherer Ordnung (Folge von Prozessen oder Ereignissen, polytemporal) | Potentielle Bedeutung (потенциально-качественное значение) | - Fähigkeit / Mögl. / Gewohnheit des Subjekts<br>- regelmäßige H<br>- potentieller BM innerhalb der H |

(1) Он *всегда находит выход из положения* (= *может найти*).
(2) *В десять месяцев* мальчик уже *ходил*.(= *умел ходить*).
(3) Она *отлично говорит* по-русски (= *знает язык, умеет говорить*).

| | | |
|---|---|---|
| 6. Vorhandensein/ Fehlen von Ereignissen, Prozessen oder Zuständen (monotemporal / polytemporal) | Abstrakt-konstatierende Bedeutung (обобщенно-фактические значение, „констатация факта действия") | - Isolierte Handlung<br>- Präteritum, Futur, Inf.<br>- Alternative *ja nein*<br>- logische Satzbetonung auf dem Verb<br>- keine qualitative Charakterisierung<br>- zeitlich nichtaktual.<br>- unwesentlich, ob einmal : mehrmals, abgeschlossen : nichtabgeschlossen |

(1) *Ты читал „Евгения Онегина"?* - *Да, читал, но не до конца.*
　　　　　　　　　　　　　　　　　- *Да, читал, до последней строчки.*
　　　　　　　　　　　　　　　　　- *Да, читал, даже несколько раз.*
　　　　　　　　　　　　　　　　　- *Нет, не читал.*
(2) *Мне о вас рассказывали.* (*Vorliegen* einer Handlung)
(3) *Мне об этом никто не говорил.* (*Fehlen* einer Handlung)
(4) *Вы когда-нибудь изучали русский язык?* (*Frage* nach einer Handlung)
(5) *Я открывал окно.* (Vorliegen einer Handlung mit *annulliertem* Resultat)
(6) *Вы ездили к родителям?* (Vorliegen einer Bewegung *hin und zurück*)

## 5.3 Periphere Aspektbedeutungen

Für *rezeptive Sprachtätigkeiten* (Hörverstehen, Leseverstehen) reichen die Standard-Aspektbedeutungen als ein „aspektologisches Minimum" nicht aus, da in authentischen Texten alle Varianten auftreten können. Daher erscheint es zweckmäßig, zumindest auch diejenigen peripheren Bedeutungen zu berücksichtigen, die für die *Sprachpraxis* relevant sind:

| Aktionale Situation/ Handlungstyp: | Spezielle Bedeutung (Terminus): | Semantische Merkmale, Bedingungen: |
|---|---|---|
| | **Vo. Aspekt** | |
| **Varianten der konkret-faktischen Bedeutung (1):** | | |
| 1a) Zusammenfassung mehrerer Ereignisse (kompaktes Ereignis) | Summarische Bedeutung des vo. Aspekts (суммарное значение СВ) | - Mehrere H als Einheit<br>- Konkretheit (= bestimmter Ort, bestimmte Zeit)<br>- *letzte* Handlungsgrenze ist zum BM erreicht |

## 5 SPEZIELLE BEDEUTUNGEN DER ASPEKTE

Он прочитал письмо *дважды*. Она крикнула *три раза*.

 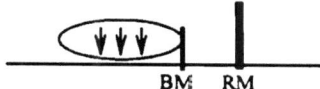

          BM    RM               BM    RM

| | | |
|---|---|---|
| 1b) **Fähigkeit**, bestimmte Ereignisse herbeizuführen (Zustand höherer Ordnung) | **Potentielle Bedeutung des vo. Aspekts** (потенциальное значение СВ) | - Fähigk. / Möglichk. / Gewohnheit des Subj. <br> - sporadische H <br> - potentieller BM nach potentieller H |

Он *всегда* найдет выход из положения.
Он решит любую задачу. Он *всегда* поможет отставшему другу.

| | | |
|---|---|---|
| 1c) **Folge** von Ereignissen/ Verläufen | **Anschaulich-exemplarische - Bedeutung** des vo. Aspekts (наглядно-примерное значение СВ) | - Indikatoren der Wiederholung und der Vergangenheit <br> - Ketten aufeinander-folgender Ereignisse |

Родители всегда *брали* меня на свои вечеринки. Все *выпьют*, *одобрют*, и мама скажет: „*Спой* нам, Андрюша". (СПУТНИК 1/98, 100)

| | | |
|---|---|---|
| 1d) **Performative Handlung** *als Ereignis* | **Koinzidenz** (vo.) (коинциденция СВ) | - Verb des Sagens <br> - H aktuell zum RM <br> - BM in unmittelbarer Nähe des RM |

*Попрошу билеты!*
Все это ни к чему - вот что я вам скажу!

## Unvo. Aspekt
**Varianten der konkreten Prozeßbedeutung (2):**

| | | |
|---|---|---|
| 2a) **Performative Handlung** als *Prozeß Verlauf* | **Koinzidenz** (unvo.) (коинциденция НСВ) | - Verb des Sagens <br> - H aktuell zum RM <br> - BM = RM |

*Прошу билеты!*
Все это ни к чему - вот что я вам *говорю*!

| | | |
|---|---|---|
| 2b) **Versuch** als *Prozeß Verlauf* | **Konative Bedeutung** des unvo. Aspekts (конативное значение НСВ) | - Vergangenheit <br> - Terminative H <br> - Indikator der Erfolglosigkeit <br> - H = BM |

Он *сдавал* экзамен, но *не сдал*.
Без меня кто-то *открывал* дверь, но это ему *не удалось*.

## Varianten der abstrakt-konstatierenden Bedeutung (6):

| 6a) Vorhandensein / Fehlen von Ereignissen, Prozessen oder Zuständen | Handlung mit annulliertem Resultat (unvo.) | - H hat stattgefunden, obwohl der Augenschein dagegen spricht<br>- BM = H<br>- Distanz RM zu BM<br>- Resultat zum RM annulliert |
|---|---|---|

*Больной, вы сегодня уже вставали?*
*Ты уже проветрил комнату? - Да, я уже открывал окно.*

| 6b) Bewegung hin und zurück | Abstrakt-konstatierende Bedeutung bei indeterminierten Verben der Bewegung (unvo.) | - indetermin. Verb der Bewegung<br>- keine zeitlichen Determinatoren der H<br>- Einmaligkeit nur als Inferenz aus Kontext |
|---|---|---|

*Вчера мы ходили на концерт (= были на концерте).*
*Вы уже ездили в Петербург?*

## 5.4 Die Handlungstypen / Typen von aspektualen Situationen der speziellen Aspektbedeutungen

Aus den obigen Auflistungen ist ersichtlich, daß im Zusammenhang mit den speziellen Aspektbedeutungen vor allem drei Komponenten (in drei Spalten repräsentiert) unterschieden werden müssen - 1) die aktionale Situation oder die prototypische **Handlung** als der *Begriffsinhalt*, 2) der linguistische **Terminus** als seine *Bezeichnung* oder sein Name, 3) die inneren differentiellen **Merkmale** sowie die Existenzbedingungen der aktionalen Situation bzw. Handlung. Die *Termini* des Systems der speziellen Aspektbedeutungen werden am Schluß dieses Kapitels zusammengefaßt (5.5), die differentiellen semantischen *Merkmale* und Existenzbedingungen sind selbstdeutig. Die *Grundtypen* aller Handlungen bzw. aktionalen Situationen - **Zustände, Prozesse/Verläufe** und **Ereignisse** - wurden bereits in den vorausgegangenen Kapiteln definiert, diese prototypischen Handlungen bedürfen jedoch einer weiteren *Präzisierung* und *Differenzierung*.

### a) Monotemporale - polytemporale Handlungen
In den sechziger Jahren führte M.A. ŠELJAKIN in mehreren Arbeiten die Termini „*monotemporal*" und „*polytemporal*" ein (1969; 1983, 198, 200; ŠELJAKIN / SCHLEGEL 1970), letzterer sollte als Oberbegriff für *durative, wiederholte* und *potentielle* Handlungen bzw. Bedeutungen dienen. Diese Termini wurden seinerzeit von vielen Linguisten abgelehnt, sie konnten sich in der wissenschaftlichen Literatur nicht durchsetzen, ŠELJAKIN selbst verzichtete in späteren Arbeiten dar-

## 5 SPEZIELLE BEDEUTUNGEN DER ASPEKTE

auf. Wir sehen den Grund für die fehlende Akzeptanz vor allem darin, daß der Bestandteil „-temporal" die Zugehörigkeit zum Bereich der Temporalität zu beinhalten schien. Darüber hinaus wurde der Inhalt des Terminus, seine Intension und Extension, unseres Wissens nicht exakt definiert.

Aus heutiger Sicht können wir dem Terminus seine Berechtigung nicht absprechen. Es setzt sich zunehmend die Erkenntnis durch, daß auch der Aspekt mit „Zeit" zu tun hat (siehe etwa das allgemeine Zeitmodell nach LEHMANN 1992b, die Widerspiegelung der ontologischen Kategorie der Zeit im grammatischen Begriff des Aspekts bei SEROWY 1996, 177ff., die These von der „inneren Zeit" bei MASLOV und BONDARKO, der Aspekt als Ausdrucksform des relativen Tempus nach MIGIRIN 1973, 141 u.a.m.).

Wir interpretieren daher die Begriffe *monotemporal/polytemporal* als Komplexe von Gegensätzen:

**Monotemporal:**
- einmalig,
- zu *einer* bestimmten Zeit,
- zeitlich lokalisiert,
- ohne Betonung der Dauer,
- episodisch,

**Polytemporal:**
nichteinmalig (sich wiederholend),
verschiedenzeitlich,
zeitlich nicht lokalisiert,
betonte zeitliche Ausdehnung,
nichtepisodisch.

Das Begriffspaar charakterisiert somit die *innere Struktur* der Handlung bzw. aktionalen Situation, ihre *Verteilung* und *Ausdehnung* auf der objektiven Zeitlinie, ihren *referentiellen Status* (Bestimmtheit/Unbestimmtheit und Aktualisierung/ Nichtaktualisierung). Es wird im weiteren bei der algorithmischen Gliederung der speziellen Aspektbedeutungen und bei der Formulierung der Aspektregeln eine gewichtige Rolle spielen. Richtig definiert und interpretiert, besitzt es große explanatorische Potenzen und ist geeignet, komplexe linguistische Sachverhalte mit geringem Aufwand auszudrücken.

**b) Isolierte - korrelative Handlungen**
Im Gegensatz dazu charakterisiert das Begriffspaar *isoliert - korrelativ* die „*Außenbeziehungen*" der jeweiligen Verbalhandlung: Steht das Verb allein, isoliert, wie z.B. in den einzelnen Repliken eines Dialogs, oder ist es in einen narrativen Text eingebunden, der die Aufeinanderfolge von Ereignissen oder die Gleichzeitigkeit von Verläufen zum Inhalt hat?
Die *isolierte* Handlung ist gleichsam „frei" in der Aspektwahl, sie ist nur der jeweiligen aktionalen Situation verpflichtet (*Вы уже обедали / пообедали?*).
*Korrelative* Handlungen erfordern nicht nur die Berücksichtigung der „eigenen" aktionalen Situation, sondern sie müssen sich in ein Ensemble von ähnlichen oder gegensätzlichen Handlungen einordnen (*Мы пообедали, заплатили и вышли из ресторана / Мы обедали и обсуждали наши планы на будущее*), was die Möglichkeiten der Aspektwahl meist rigoros einschränkt. Die Aufeinanderfolge / vollständige Gleichzeitigkeit / partielle Gleichzeitigkeit (Sequenz - Parallelität -

Inzidenz) wird vielfach auch mit dem Begriff der *Taxis* abgedeckt (siehe vor allem *Теория функциональной грамматики* 1987).

c)  **Konkrete - abstrakte Handlungen**
Mit dem Begriffspaar *konkret - abstrakt* wird eine weitere Dimension in der Charakteristik von Verbalhandlungen sichtbar gemacht, die gleichfalls ihren referentiellen Status berührt:

| Konkret: | Abstrakt: |
|---|---|
| • *bildhafte* Vorstellung, | *keine* bildhafte Vorstellung, |
| • an einem bestimmten *Ort* (wo?), | *keine* räumliche Charakterisierung, |
| • zu einer bestimmten *Zeit* (wann?), | *keine* zeitliche Charakterisierung, |
| • *qualitative* Charakterisierung (wie? was für ein? abgeschlossen?) | *keine* qualitative Charakterisierung, |
| • *quantitave* Charakterisierung (wieviel? wie oft?) | *keine* quantitat. Charakterisierung, |
| • Information über die *Beschaffenheit* einer Handlung | Information über die bloße *Existenz* einer Handlung. |

*Она быстро (тщательно, за короткое время)* **прочитала** *книгу.* - *Да, читала.*   *Читала она (вообще) эту книгу? Нет, не читала.*

d)  **Reale - potentielle Handlungen**
Die wiederholten und durativen polytemporalen Handlungen werden ebenso wie die monotemporalen (konkret-ablaufenden und konkret-vollzogenen) Handlungen vom jeweiligen Subjekt wirklich ausgeführt - es sind *reale Handlungen*.
Wenn dagegen ein Subjekt dadurch *charakterisiert* wird, daß ihm die *Fähigkeit*, die *Möglichkeit* oder die *Neigung* zur Ausführung bestimmter Handlungen zugeschrieben wird, dann sprechen wir von *potentiellen Handlungen*. Vgl.:

| Real: | Potentiell: |
|---|---|
| *Каждый день он играет в шахматы.* | *Он хорошо играет в шахматы.* |
| | (= *умеет хорошо играть*) |
| 'Jeden Tag spielt er Schach.' | 'Er spielt gut Schach.' |
| | (= 'kann gut Schach spielen', eine *Fähigkeit* des Subjekts) |

Ebenso wie die lexikalische aktionale Kategorisierung beeinflussen diese Gegensätze wesentlich den Aspektgebrauch, sie gehören zu den *Bedingungen*, welche die Aspektwahl in starkem Maße vorprogrammieren. Sie sind daher die ersten Faktoren, die beim produktiven Sprachgebrauch berücksichtigt werden müssen und bei einer *algorithmischen Synthese* in binären Schritten abgefragt werden (siehe Kap. 8 *Algorithmen zum Aspekt*).

## 5.5 Zusammenfassung:
## Das System der speziellen Aspektbedeutungen

Abschließend fassen wir die speziellen Aspektbedeutungen in einer Übersicht zusammen, die in sich die *Standard*-Aspektbedeutungen und die *peripheren* Bedeutungen vereint, sowohl mit ihren deutschen als auch den entsprechenden russischen Termini. Eine besondere Form der Übersicht der speziellen Aspektbedeutungen und ihrer Bedingungen stellt auch der *Synthese-Algorithmus* von ŠELJAKIN dar (siehe 8.3).

**Die Abhängigkeit der speziellen Aspektbedeutungen vom Handlungstyp (von der aktionalen Situation):**

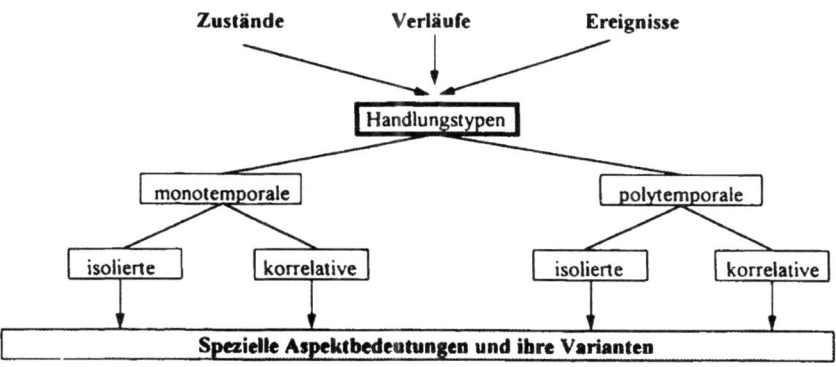

**A. Spezielle Bedeutungen des vo. Aspekts und ihre Varianten**
Частно-видовые значения совершенного вида и их варианты

| | |
|---|---|
| 1. Konkret-faktische Bedeutung | Конкретно-фактическое значение |
| Abgeleitete (sekundäre) Bedeutungen: | Производные (вторичные) значения: |
|   Summarische Bedeutung |   Суммарное значение СВ |
|   Potentielle Bedeutung |   Потенциальное значение СВ |
|   Anschaulich-exemplarische Bedeutung |   Наглядно-примерное значение |
|   Koinzidenz |   Коинциденция |

**B. Spezielle Bedeutungen des unvo. Aspekts und ihre Varianten**
Частно-видовые значения несовершенного вида и их варианты

| | |
|---|---|
| 2. Konkrete Prozeßbedeutung | Конкретно-процессное значение |
|   Eigentlicher Prozeß |   Собственно процесс |
|   Anwachsender Prozeß |   Нарастающий процесс |
|   Konkretisierung der Handlung |   Конкретизация действия |

Versuch der Handlung (konative B.) Попытка (конативное значение)
Koinzidenz Коинциденция

**3. Iterative Bedeutung**     Итеративное значение
   Quantitativ nicht begrenzte Wiederholung     Неограниченно-кратное действ
   Quantitativ begrenzte Wiederholung     Ограниченно-кратное действие

**4. Durative Bedeutung**     Длительное значение
   Quantitativ nicht begrenzte Dauer     Неограниченно-длительное д.
   (ständig-ununterbrochene,     (постоянно-неограниченное,
   qualitativ-charakterisierende)     качеств.-характеризующее)
   Quantitativ begrenzte Dauer     ограниченно-длительное действ

**5. Potentielle Bedeutung**     Потенциальное значение
   Terminativ-potentielle Bedeutung     Предельно-потенциальное зн
   Aterminativ-potentielle Bedeutung     Непредельно-потенциальное зн.

**6. Abstrakt-konstatierende Bedeutung**     Общефактическое значение
   Eigentlich-existenzielle abstr.-konst. B     Фактичность действия
   Einmalig-konstatierende Bedeutung     Фактичность единичн. действия
   Handlung mit annulliertem Resultat     Действие с аннулированным
        результатом
   Einmalige Bewegung hin und zurück     Единичное движение туда
        и обратно

# 6 Der Gebrauch der Aspekte

## 6.1 Situation und Kontext: Aspektologisches Grundwissen

Die oben (Kap. 4) untersuchten Allgemeinbedeutungen des vo. und des unvo. Aspekts sind *paradigmatische* Erscheinungen. Sie realisieren sich in speziellen Aspektbedeutungen (Kap. 5) und deren Funktionen, die nicht in der grammatischen Form angelegt sind, sondern sich aus Situation und Kontext ergeben und somit auf *syntagmatischer* Ebene liegen.

Als **Situation** verstehen wir die *außersprachlichen* Bedingungen und Umstände, unter denen einerseits die *Verbalhandlung* vor sich geht (die „aktionale" Situation) und anderseits die *sprachliche Äußerung* erfolgt (die Kommunikationssituation), einschließlich ihrer kommunikativen Ziele.

Unter dem **Kontext** verstehen wir den sprachlichen Ausdruck dieser Situation, der in der gesprochenen oder geschriebenen Rede als die *linguistische Umgebung* einer gegebenen sprachlichen Einheit erscheint und vielfach bestimmte formale Indikatoren enthält, welche die morphologische und syntaktische Struktur der Äußerung beeinflussen oder obligatorisch bedingen. Vielfach werden Situation und Kontext auch im Begriff des *situativen und sprachlichen Kontextes* zusammengefaßt.

Zu den wichtigsten Begriffen und Termini für den Aspektgebrauch gehört in diesem Zusammenhang der **terminative/aterminative Kontext** (siehe auch die Abschnitte 2.3 sowie 12.1). Voraussetzung für den Gebrauch des vo. Aspekts ist immer ein terminativer Kontext, d.h. ein Kontext, der auch außerhalb eines Verbs eine *innere* oder *äußere Grenze* enthält (*extraverbale* Grenze) oder zumindest die innere Grenze des Verbs nicht aufhebt oder neutralisiert:

Студент читал. (aterm. Kontext)
Студент читал / <u>прочитал</u> <u>статью</u>. (term. Kontext)
Альпинисты поднимались поднялись <u>на гору</u>. (term. Kontext (DYN))
Гора круто поднималась перед альпинистами. (aterm Kontext (STAT))

Der Zusammenhang zwischen den speziellen Bedeutungen des Aspekts und bestimmten Typen des Kontextes wird auch durch den Terminus *systematisierter Kontext* (I.P. IVANOVA) unterstrichen. Im systematisierten Kontext treten die Erscheinungsformen der speziellen Bedeutungen jeweils als besondere Funktionen auf.

Bei der Darstellung der speziellen Aspektbedeutungen für den *praktischen Sprachgebrauch* lassen wir uns von zwei *linguodidaktischen* Überlegungen leiten:
- Es erfolgt zunächst die Auswahl eines aspektologischen **Grundwissens** (Grundmodule), gewissermaßen eines Minimums, das später durch Aufbaumodule sowie durch Zusatzinformationen ergänzt und erweitert werden kann.
- Die Funktionen beider Aspekte werden in lernerfreundlichen **Gegenüberstellungen** präsentiert.

Dabei gehen wir von prinzipiellen Erwägungen aus und legen der Auswahl des Grundwissens die folgenden positiven und negativen *Kriterien* zugrunde:

1) **Systemhaftigkeit**
Aufgrund dieses Kriteriums erfolgt die Auswahl der *Grundlagen* des Aspektgebrauchs, der Aufbau eines Gerüsts an *Grundbegriffen* und *-fertigkeiten*, an die bei der späteren Erweiterung angeknüpft werden kann. Dabei können auch Erscheinungen mit geringer Vorkommenshäufigkeit aufgenommen werden, wenn andernfalls Lücken im System der Aspektbedeutungen und -funktionen auftreten würden (z.B. die abstrakt-konstatierende Bedeutung oder „констатация факта").
2) Möglichkeit grammatischer **Analogiebildungen**
Es sind vor allem Erscheinungen mit einem großen *Analogiebereich* aufzunehmen - zunächst solche mit kaum eingeschränkter Möglichkeit zur Analogiebildung (z.B. produktive Aspektpaartypen), dann erst unproduktive (z.B. suppletive Aspektpaare).
3) Berücksichtigung der **Muttersprache** der Fremdsprachenlerner
Durch Auswahl der *charakteristischen* Aspektbedeutungen muß dem Fremdsprachenlerner bewußt werden, daß der Verbalaspekt eine *obligatorisch* auszudrückende Kategorie ist und daß bei seinem Gebrauch bestimmte *Bedingungen* zu berücksichtigen sind, um das *Tempusdenken* des nichtslawischen Fremdsprachenlerners zu überwinden und das *Aspektdenken* auszubilden.
4) Didaktische **Musterhaftigkeit**
Die Auswahl berücksichtigt vor allem *Anfangsglieder einer methodischen Beziehungskette*, deren Kenntnis für die spätere Einführung weiterer Sprachmittel notwendig ist (z.B. aspektologische Gesetzmäßigkeiten des Indikativs für das Verständnis des Aspektgebrauchs im Infinitiv, Imperativ und Konjunktiv).
5) Unterrichtsmethodische **Schwierigkeit**
Bestimmte Erscheinungen müssen zunächst aus dem Grundwissen ausgeschlossen werden, wenn der Aufwand zu ihrer Einführung in keinem Verhältnis zu ihrem Nutzen steht (z.B. die anschaulich-exemplarische und die terminativ-potentielle Bedeutung des vo. Aspekts).
6) **Vorkommenshäufigkeit**
Dieses grundlegende Kriterium trifft für einige spezielle Bedeutungen voll zu (Bedeutung der konkret-vollzogenen, konkret-ablaufenden Handlung und der

## 6 DER GEBRAUCH DER ASPEKTE (GEGENÜBERSTELLUNGEN)

durativen Bedeutung im weiteren Sinne: ca. 33-36 %, 7-9 % und 42-50 % in unseren Untersuchungen, siehe SCHLEGEL 1999, 207-212). Andere spezielle Bedeutungen werden trotz ihrer geringen Vorkommenshäufigkeit aufgrund ihrer Systemhaftigkeit, Musterhaftigkeit und Fähigkeit zu Analogiebildungen aufgenommen.

Daraus ergeben sich zunächst die **Grundmodule für den elementaren Aspektgebrauch** im Indikativ, in denen jeweils die *aktionale Situation* zum Ausgangspunkt genommen wird, aus denen sich dann die entsprechende terminologische Bezeichnung ergibt:
- Konkret-ablaufende und konkret-vollzogene Handlungen,
- aufeinanderfolgende und (vollständig bzw. partiell) gleichzeitige Handlungen (Sequenzen / Parallelitäten / Inzidenzen),
- monotemporale und polytemporale Handlungen,
- konkrete und abstrakte Handlungen,
- Indikatoren der Aspekte.

Diese können später durch **Aufbaumodule** und **Zusatzinformationen** (Kleingedrucktes) erweitert werden, welche die *Aspektsynonymie* bzw. *-konkurrenz* betreffen, den Aspektgebrauch im *Infinitiv*, *Imperativ* und *Konjunktiv* sowie bei der *Negation*, die *Aspektstruktur in Texten* verschiedener Funktionalstile, das *historische Präsens* u.a.m. Auch die Grundmodule können bei Bedarf um Zusatzinformationen erweitert werden.

Die Arbeit mit **Gegenüberstellungen** bzw. **Gegensatzpaaren** erfolgt ebenfalls aus *linguodidaktischen* Erwägungen:

*Erstens* handelt es sich beim Verbalaspekt um ein linguistisches Phänomen, das der Muttersprache (MS) der Lerner fremd ist. Ohne das jeweilige zweite Glied ist die Erkenntnis des Wesens der bisher unbekannten Erscheinungen außerordentlich erschwert, da sie schlicht für „überflüssig" gehalten werden, wie der Verfasser aus eigener Erfahrung weiß. Der Vergleich von Erscheinungen der Fremdsprache (FS) erfordert auch Vergleiche von FS und MS. Darüber hinaus kann der Lerner nur durch Gegenüberstellungen beim *Üben* in Entscheidungssituationen gestellt werden.

*Zweitens* ist es eine psychologische Gesetzmäßigkeit, daß sich *kontrastierende Empfindungen* gegenseitig verstärken und *kontrastierende Erscheinungen* sich vor dem Hintergrund der jeweils anderen deutlicher abheben.

*Drittens* dienen die Gegenüberstellungen der *Systematisierung* der sprachlichen Fakten, sie fördern Einsichten in die *Sprache als System*. Der *Gegensatz* ist eine Form des Ordnungszusammenhangs der Wirklichkeit, die in der Sprache häufig in Gestalt von (oft privativen) Oppositionen auftritt, deren Glieder einander zugleich *bedingen* und *ausschließen*.

Die Vorzüge der Arbeit mit Gegenüberstellungen sind also offensichtlich. Gleichzeitig gilt in der Fremdsprachendidaktik der Grundsatz, daß zwei völlig neue Erscheinungen nicht gleichzeitig eingeführt werden sollten. Wenngleich dem fortgeschrittenen Fremdsprachenlerner die folgenden Erscheinungen nicht gänzlich neu sind, ist auch in unserer Materialanordnung in der Regel das eine Glied bereits aus den vorangegangenen Gegenüberstellungen bekannt oder ergibt sich zumindest aus der Negation des anderen Glieds. Bestimmte Erscheinungen treten mehrfach auf, jeweils in anderen Zusammenhängen.

## 6.2 Isolierte Handlungen:
### Konkret-ablaufende und konkret-vollzogene Handlungen

Dieses Gegensatzpaar betrachten wir als *grundlegend* für das Verständnis des Aspektgebrauchs überhaupt. Aus der Gegenüberstellung
- von Prozessen/Verläufen und von Ereignissen als *aktionalen Kategorien*,
- von konkret-ablaufenden und konkret-vollzogenen Handlungen als *aktionalen Situationen* sowie
- von konkreter Prozeßbedeutung und konkret-faktischer Bedeutung als *terminologischer Bezeichnungen*

ergibt sich eine Reihe von wichtigen *Grundbegriffen/Grundtermini*, die zum Verständnis des russischen Aspektmechanismus notwendig sind.

Die konkret-ablaufenden und konkret-vollzogenen Handlungen treten oftmals *isoliert* auf - meist in der unmittelbaren Kommunikation, im Dialog, im sog. *deiktischen Register* - sie bilden aber zugleich die „Grundbausteine" für die *korrelativen* Handlungen im sog. *narrativen Register* (vollständige und partielle Gleichzeitigkeit sowie Aufeinanderfolge von Handlungen, d.h. Parallelitäten, Inzidenzen und Sequenzen). Beide Handlungen werden *konkret* aufgefaßt, es sind *einmalige, monotemporale* Handlungen. Sie unterscheiden sich nur in *einem* wesentlichen Merkmal - in ihrem Verhältnis zum Bezugsmoment. Dieses Verhältnis wird damit zur idealtypischen Grundlage des Gegensatzpaares - der Gegensatz *konkret-ablaufend* vs. *konkret-vollzogen* ist für die Einführung in das Wesen des Aspektgegensatzes besonders geeignet, zumal mit diesem Beispiel die irrige Vorstellung widerlegt werden kann, der unvo. Aspekt werde *lediglich* zum Ausdruck *sich wiederholender* Handlungen verwendet.

### 6.2.1 Konkret-ablaufende Handlungen - konkrete Prozeßbedeutung des unvo. Aspekts

Gewöhnlich wird die Darstellung des Aspektgegensatzes aus guten (linguistischen) Gründen mit dem markierten, merkmalhaften Glied - dem vo. Aspekt -

begonnen. Wenn wir *an dieser* Stelle bewußt von dieser Gepflogenheit abweichen, dann ebenfalls aus guten - linguodidaktischen - Gründen:

*Erstens* sind die Verben des unvo. Aspekts in vielen ihrer Verwendungen dem Deutschen vergleichbar. Das deutsche *Präsens* stimmt im wesentlichen mit dem russischen unvo. Präsens überein, beim Ausdruck der *Dauer* und der *Wiederholung* wird auch im russischen Präteritum und Futur der unvo. Aspekt gebraucht. Damit bringen die Verben des unvo. Aspekts „nichts prinzipiell Neues" im Vergleich zum Deutschen ein (RASSUDOVA 1968, 5) - wir können von bekannten Erscheinungen ausgehen und zu den unbekannten vorstoßen - zum *vo. Aspekt.*

*Zweitens* - und das ist für uns das gewichtigere Argument - stellt die konkret-ablaufende Handlung gleichsam die *Vorstufe* zur konkret-vollzogenen Handlung dar.

Die **konkret-ablaufende Handlung** ist - wie der Terminus besagt - *konkret*, sie findet also an einem *bestimmten* Ort zu einer *bestimmten* Zeit statt, sie ist *situativ aktualisiert* (referentieller Status: *definit*), sie ist *einmalig*, monotemporal, wird nur einem Zeitpunkt auf der Linie der objektiven Zeit zugeordnet. Das ist auch der Zeitpunkt, *von* dem gesprochen wird - der *Bezugsmoment* (BM). Zu diesem Zeitpunkt hat die Handlung ihre innere Grenze noch nicht erreicht, sie ist noch nicht abgeschlossen, ist noch „unvollendet" - (ERR-). Der Bezugsmoment liegt inmitten der Handlung, in ihrer „Mitte", im „Prozeßteil", in ihrem Verlauf. Das Subjekt ist zum BM *unmittelbar* mit der Handlung beschäftigt, daher ist der Gebrauch des **unvo. Aspekts obligatorisch.** Die Handlung wird dabei entweder durch ein ursprüngliches, „natürliches" *Verlaufsverb* wiedergegeben (*работаем, пишет, плывёт* - *lexikalische* Kategorisierung durch das Simplex) oder durch ein zum *Verlauf* rekategorisiertes Ereignisverb (*перерабатывает, записывает, переплывает* - *grammatische* Rekategorisierung durch sekundäre Imperfektivierung eines präfigierten Verbs).

Die konkrete Prozeßbedeutung hat verschiedene **Erscheinungsformen / Funktionen:**

a) **Prozeßbedeutung im eigentlichen Sinne** (siehe auch Abschnitt 3.4.1)

(1) *Что это ты там <u>делаешь</u>?*.
- *<u>Рисую</u>.*
(*<u>Чем ты занимаешься</u> /*
*Чем ты занят?)*

'Was machst du da <u>gerade</u>?
- Ich zeichne.'
('Womit bist du <u>gerade</u>
beschäftigt?')

(2) *Что ты <u>делал</u> вчера вечером?*
- *<u>Отдыхал</u>.*

'Was hast du gestern abend gemacht? - Mich ausgeruht.'

3) *Что ты <u>будешь делать</u> завтра?*
- *<u>Буду купаться</u>.*

'Was wirst du morgen tun?
- Baden gehen.'

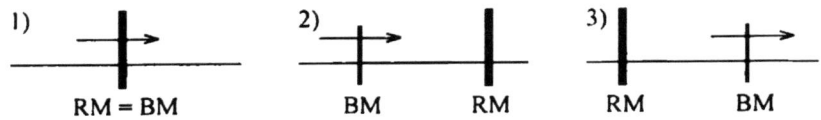

1) RM = BM   2) BM  RM   3) RM  BM

**b) Bedeutung des anwachsenden Prozesses**

| | |
|---|---|
| Работать *становилось всё труднее*. | 'Es wurde immer schwerer zu arbeiten.' |
| Поезд *ехал быстрее и быстрее*. | 'Der Zug fuhr immer schneller.' |

Als Indikator der anwachsenden quantitativen und qualitativen Veränderungen tritt meist der *Komparativ* eines Adverbs auf, oft verstärkt durch *всё* 'immer + Komparativ' oder durch Doppelung.

**c) Konkretisierung der Handlung**

Dem Sprecher ist bekannt, daß sich das Subjekt mit dieser Handlung beschäftigt, beschäftigt hat oder beschäftigen wird, die Handlung wird aber bezüglich ihres Inhalts, ihres Subjekts oder Objekts, der Zeit, des Ortes usw. *konkretisiert*:

| | |
|---|---|
| *Где* вы яблоки *покупали?* | 'Wo haben Sie die Äpfel gekauft?' |
| *Какую* тему вы вчера *повторяли?* - Глагол. | 'Welches Thema habt ihr gestern wiederholt? - Das Verb.' |
| *Когда* врач *принимал* в среду? | 'Wann hatte der Arzt am Mittwoch Sprechstunde?' |
| *Где* и *когда будет проходить* конференция? | 'Wann und wo wird die Konferenz stattfinden?' |

**d) Konative Bedeutung (Versuch der Handlung)**

Mit terminativen Verben im unvo. Aspekt kann ausgedrückt werden, daß ein *erfolgloser Versuch* unternommen wurde, eine bestimmte Handlung zu vollziehen. Das Ziel - die innere Grenze - wurde nicht erreicht. *Indikator* ist ein explizit oder implizit ausgedrücktes *Hindernis*:

| | |
|---|---|
| Он *сдавал* экзамен, *но* не *сдал*. | 'Er hat sich der Prüfung unterzogen, sie aber nicht bestanden.' |
| Когда *отходит* поезд? Я *узнавал, но* не узнал. | 'Wann geht der Zug? - Ich habe mich erkundigt, konnte es aber nicht erfahren.' |
| Ты ему дал денег? Я *давал, но* он не взял. | 'Hast du ihm Geld gegeben? - Ich habe es versucht, er hat es aber nicht genommen.' |

## 6 DER GEBRAUCH DER ASPEKTE (GEGENÜBERSTELLUNGEN)

**e) Die Gleichzeitigkeit**
Durch den unvo. Aspekt wird die Gleichzeitigkeit eines Verlaufs oder Zustands mit einem bestimmten *Zeitpunkt* oder einer anderen *Handlung* angegeben:

| | |
|---|---|
| *Во время полёта он спал.* | 'Während des Fluges schlief er.' |
| *Все курили и пили чай,* | 'Alle rauchten und tranken Tee.' |
| *Когда раздался звонок,* | 'Als das Klingelzeichen ertönte, |
| *все ещё решали задачу.* | waren alle noch beim Lösen der Aufgabe.' |

**Zusatzinformation:** Das erste Beispiel *'Что это ты там делаешь?* mit seinen Varianten ist zugleich die **Diagnosefrage** (diagnostizierende Frage) für die *konkrete Prozeßbedeutung*. Mit ihr kann bei sinngemäßer Abwandlung überprüft werden, ob eine konkret-ablaufende Handlung vorliegt. Meistens dürfte jedoch die Selbstdeutigkeit der Bezeichnung „konkret-ablaufend" dafür ausreichen. (Siehe auch die Zusatzinformation in 6.2.2)

## 6.2.2 Konkret-vollzogene Handlungen - konkret-faktische Bedeutung des vo. Aspekts

Die konkret-vollzogene Handlung ist das *Gegenstück* zur konkret-ablaufenden Handlung: Zwar ist sie ebenfalls *konkret*, sie findet also an einem *bestimmten Ort* zu einer bestimmten *Zeit* statt (*situative Aktualisierung*, referentieller Status: *definit*), sie ist *einmalig*, monotemporal, wird nur *einem* Zeitpunkt auf der Linie der objektiven Zeit zugeordnet. Der Unterschied ist jedoch, daß die konkret-vollzogene Handlung zu diesem Zeitpunkt (dem Bezugsmoment) alle ihre Stadien - Anfang, „Mitte" und Ende - bereits durchlaufen hat. Sie ist also zu dem Zeitpunkt, von dem wir sprechen, abgeschlossen, „vollendet". Sie wird zu einem Zeitpunkt betrachtet, da sie ihre *innere Grenze* oder *äußere Begrenzung* bereits *erreicht* hat - (ERR+). Daraus folgt, daß nur *terminative* Verben im vo. Aspekt auftreten können (*переработать, записать, переплыть* als resultativ-terminative Verben, aber auch zeitlich-/quantitativ-/qualitativ-terminative Verben wie *заплакать, полежать, поработать, съездить, прыгнуть* u.a.). Der Bezugsmoment fällt entweder mit dem *Ende* der Handlung zusammen oder liegt zeitlich danach, das Subjekt ist zu diesem Zeitpunkt bereits *nicht mehr* mit der Handlung beschäftigt. Der Gebrauch des **vo.** Aspekts ist daher **obligatorisch**. Die konkret-faktische Bedeutung hat, wie auch die Prozeßbedeutung, mehrere **Erscheinungsformen**:

**a) Die Aoristbedeutung des vo. Aspekts**
Die Handlung wird als vergangen, losgelöst von der Gegenwart vorgestellt (Distanz zum Redemoment), Redemoment und Bezugsmoment fallen *nicht* zusammen:

**Vergangenheit    Gegenwart**

|  BM  |  RM  | Zeitlinie |

*Он сдал экзамен уже*         'Er hat die Prüfung schon am
*в понедельник.*              Montag abgelegt.'
*Когда и где Тургенев написал* 'Wann und wo schrieb Turgenev die
„Записки охотника"?           „Aufzeichnungen eines Jägers"?'
*Передали тебе вчера*         'Hast du gestern meine Nachricht
*мою записку?*                bekommen?'
*Случилось что-нибудь?*       'Ist etwas passiert?'

In dialogischer Rede handelt es sich meist um Fragen und Antworten zum *Resultat* einer den Dialogpartnern *bekannten* bzw. von ihnen *beabsichtigten* Handlung.

**b) Die Perfektbedeutung des vo. Aspekts**
Die Auswirkungen, das *Resultat* einer in der Vergangenheit vollzogenen Handlung reichen bis in die Gegenwart hinein, Bezugsmoment und Redemoment fallen zusammen:

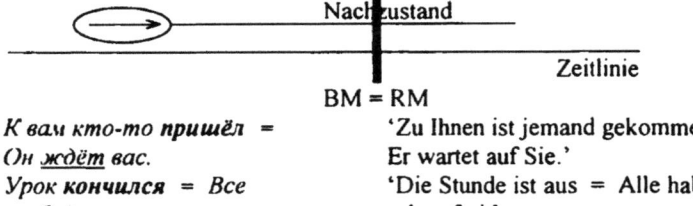

*К вам кто-то пришёл =*        'Zu Ihnen ist jemand gekommen =
*Он ждёт вас.*                 Er wartet auf Sie.'
*Урок кончился = Все*          'Die Stunde ist aus = Alle haben
*свободны.*                    schon frei.'
*Как вы помолодели! = Какой*   'Wie jung Sie geworden sind =
*вы теперь молодой!*           Wie jung Sie jetzt aussehen!'
*Чай остыл = Чай холодный.*    'Der Tee ist kalt (geworden).'
*Все сели = Все сидят.*        'Alle haben sich gesetzt = Alle
                               sitzen.'

Die Perfektbedeutung des vo. Aspekts (= *Nachzustand* eines Ereignisses) kann sich stark der Bedeutung des Präsens eines statalen Verbs (= *Zustand*) annähern. Das ist nur möglich, weil bei beiden Handlungen der Bezugsmoment mit dem Redemoment zusammenfällt. Dabei behalten jedoch beide Aspekte ihre typischen Charakteristika bei - *Resultat* des Ereignisses oder *Prozeß/Verlauf* bzw. *Zustand*.

## 6 DER GEBRAUCH DER ASPEKTE (GEGENÜBERSTELLUNGEN)

**c) Die Futurbedeutung des vo. Aspekts**
Die gleiche konkret-vollzogene Handlung, die wir bisher in der Vergangenheit betrachteten, wird in die Zukunft übertragen: Ein Ereignis wird *erwartet*, der Bezugsmoment liegt in jedem Falle *nach* dem Redemoment, die Handlung wird aber zu diesem künftigen Zeitpunkt als *bereits vollzogen* vorgestellt (Projektion der Aoristbedeutung auf das Futur). Dabei muß die *fernere* und die *nahe* bzw. *nähere* Zukunft unterschieden werden:

**Fernere Zukunft** - zwischen Redemoment und Beginn der Handlung liegt ein beträchtlicher zeitlicher Zwischenraum, der meist durch lexikalische Indikatoren (Adverbiale) präzisiert wird:

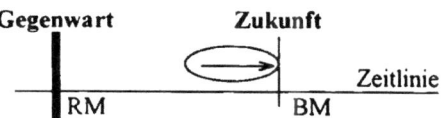

*Завтра* он *исправит* свою ошибку.   'Morgen wird er seinen Fehler
                                         wieder gutmachen.'
*К праздникам* мы *купим* тебе         'Zum Fest werden wir dir dieses
этот подарок.                            Geschenk kaufen.'
*Через год* он *получит* повышение.    'In einem Jahr wird er befördert
                                         (werden).'

**Nahe / nähere Zukunft** - die Handlung beginnt unmittelbar nach dem RM:

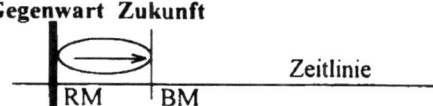

*Минутку*, я *открою* тебе дверь!      'Einen Augenblick, ich mache dir die
                                         die Tür auf.'
Вы *поняли? Теперь* мы *запишем*       'Habt ihr verstanden? Jetzt
это предложение.                         schreiben wir diesen Satz auf.'

**Aktuelles Präsens** mit Hinweis auf die **baldige Vollendung** (die Handlung hat bereits begonnen und wird in nächster Zukunft abgeschlossen, vollendet werden):

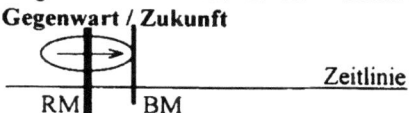

*Она сейчас оденется!*        'Sie wird gleich angezogen sein!'
*Я только допишу письмо!*    'Ich schreibe nur den Brief fertig!'

Die sprachliche Schwierigkeit für den deutschen Lerner besteht darin, daß in seiner Muttersprache beim Ausdruck solcher Zukunftssituationen gewöhnlich das *Präsens* gebraucht wird (eine temporale Transposition):

| Transponiertes Präsens: | Vo. Futur: |
|---|---|
| 'Wer fängt an?' (= wird anfangen) | *Кто начнёт?* |
| 'Warte, ich helfe dir!' | *Подожди, я тебе помогу!* |
| 'Wann erzählen Sie uns von Ihrer Reise?' | *Когда вы нам расскажете о своей поездке?* |

Der Deutsche ist daher geneigt, auch im Russischen das *unvo.* Präsens zu gebrauchen. Im Russischen wird jedoch die **Zukunftsbedeutung** fast immer auch **formal ausgedrückt** - entweder durch den vo. Aspekt in Futurbedeutung (*начнёт, помогу, расскажете*) oder durch die zusammengesetzte Form des unvo. Aspekts mit *быть* (*будет начинать, буду помогать, будете рассказывать*). Der hemmende Einfluß der Muttersprache, der hier zu einer ständigen Fehlerquelle wird, muß durch die zunächst bewußte Anwendung der russischen Futurformen und durch systematische Übung ausgeschaltet werden.

Ungewöhnlich für den Deutschen ist auch die **doppelte Verwendung persönlicher Verbformen im Futur**, die vor allem in der Umgangssprache bei einigen Verben der Bewegung zu beobachten ist:

*Я пойду умоюсь.*        'Ich gehe mich waschen.'
*Он пойдёт посмотрит.*    'Er geht mal nachsehen.'

Die konkret-vollzogene Handlung ist bei *korrelativer* Verwendung der wichtigste „Grundbaustein" von *aufeinanderfolgenden* einmaligen Handlungen (Handlungsketten und Handlungspaare, siehe 6.3.1).

**Zusatzinformation:** Russische Muttersprachler können meist die Schwierigkeiten nicht nachvollziehen, die der russische Aspekt dem nichtslawischen Fremdsprachenlerner bereitet. Daher wird oft - manchmal sogar in Lehrbüchern - die „ganz einfache" Erklärung gegeben: Wenn man fragen kann „*Что ты (он/она ...) делал/а?*", steht der unvo. Aspekt, wenn man dagegen fragt „*Что ты (он/она ...) сделал/а?*", der vollendete. Damit ist das Problem für den Nichtrussen natürlich nicht gelöst, da er auch nicht weiß, wann man denn nun *делал* oder *сделал* sagt.

Eine wirkliche Hilfe stellen diese Diagnose-Fragen nur dann dar, wenn sie in folgender Weise eingeprägt werden:

**Diagnosefragen:**

| Unvo. Aspekt: | Vo. Aspekt: |
|---|---|
| *Что он делал (тогда)?* | *Что он сделал (тогда)?* |
| *(= Чем он занимался?)* | *(= Что он успел сделать?)* |
| 'Womit war er (damals) beschäftigt?' | 'Was hat er (damals) geschafft / erledigt?' |
| (Verlauf, Prozeß) | (Ereignis, Ergebnis) |

## 6 DER GEBRAUCH DER ASPEKTE (GEGENÜBERSTELLUNGEN)

Das Verhältnis von *делать* - *сделать* kann verglichen werden mit dem Verhältnis von *tun* - *getan* im Deutschen: Abstrahiert man von der lexikalischen Bedeutung und der grammatischen Form, so bleibt in beiden Fällen folgender Gegensatz übrig:

| *делать* | | *сделать* |
|---|---|---|
| *tun* | | *getan (haben)* |
| **Handlung = Bezugszeit:** | vs. | **Handlung vor Bezugszeit** |

Der Unterschied liegt nur darin, welche sprachlichen Einheiten die *Träger* dieser Opposition sind. Das Bedeutungsmerkmal (HvorBM) als das jeweils *begrenzende* Glied der Opposition ist gebunden an den vo. *Aspektstamm* im Russischen, ist hier also Teil der *Verbbedeutung*, während im Deutschen einzig und allein das *Partizip II* (Perfekt-Partizip, Vollendungsstufe) diese Bedeutung ausdrückt, d.h. nur eine einzige (und dazu infinite) verbale *Form*. Das „nichtbegrenzende" Bedeutungsmerkmal (H=BM/BZ) wird dagegen entsprechend vom unvo. russischen Aspektstamm bzw. von allen übrigen finiten und infiniten Verbformen des Deutschen getragen:

| Russisch: | unvo. Aspektstamm | vs. | vo. Aspektstamm |
|---|---|---|---|
| Deutsch: | Nicht-Partizip II | vs. | **Partizip II** (Perfektpartizip) |

## 6.3 Korrelative Handlungen: Aufeinanderfolge und Gleichzeitigkeit

Die konkret-vollzogene und die konkret-ablaufende Handlung wurden bisher als **isolierte Einzelhandlungen** dargestellt. Ihre Kombination ergibt jedoch **korrelative** (aufeinander bezogene) **Handlungen** in ihren grundlegenden Erscheinungsformen - *aufeinanderfolgende* und (vollständig oder partiell) *gleichzeitige* Handlungen. Basis dieser Gegenüberstellung ist somit das Verhältnis mehrerer Handlungen zueinander, das vielfach auch als *Taxis* (gr. 'das Ordnen') bezeichnet wird.

**Isolierte Handlungen** kommen vielfach in der *dialogischen Rede* vor. Sie werden nur in ihrem Verhältnis zum Redemoment und Bezugsmoment lokalisiert („deiktisches Register") und lassen dadurch einen relativ breiten Interpretationsspielraum. Das wird häufig offenbar, wenn muttersprachliche Informanten zur grammatischen Richtigkeit (Grammatikalität) von isolierten Übungssätzen befragt werden („*Можно так и так!*").

Bei **korrelativen Handlungen** hingegen (meist im „narrativen Register") wird der Aspekt nicht nur durch deren Verhältnis zum realen oder fiktiven Redemoment und zum Bezugsmoment bestimmt, sondern darüber hinaus durch ihr Verhältnis zu den jeweils anderen Handlungen - durch ihre **Gleichzeitigkeit** oder **Aufeinanderfolge**. Diese Doppelorientierung bewirkt eine weitgehende Einschränkung der Wahlmöglichkeiten für den Aspekt - ihr *formaler Default* (feste Voreinstellung, Grundzustand) läßt sich auf eine einfache **Formel** zurückführen:

| Einmalige **aufeinanderfolgende** Handlungen | - **vo. Aspekt**, |
|---|---|
| **gleichzeitige** Handlungen (mono- und polytemporale) | - **unvo. Aspekt.** |

**Aufeinanderfolge** *einmaliger* **Handlungen:**
*Пришёл, увидел, победил.*
'(Ich) kam, sah und siegte.'
(lat. 'Veni, vidi, vici.')

*Жена вы'мыла посуду,
вы'терла её
и поставила в шкаф.*
'Die (Ehe)frau wusch das Geschirr ab, trocknete es ab und stellte es in den Schrank.'

**Gleichzeitigkeit** *einmaliger, wiederholter* **und/oder** *andauernder* **Handlungen:**
*Он сидел, курил и писал.*
'Er saß, rauchte und schrieb.'

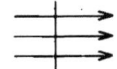

*Жена мы'ла посуду,
муж вытира'л её,
а дочка ставила в шкаф.*
'Die Frau wusch das Geschirr, der Mann rieb es trocken und die Tochter stellte es in den Schrank.'

Die Gleichzeitigkeit ist nicht nur an konkret-ablaufende (monotemporale) Handlungen gebunden, sie kann auch eine *gleichzeitige Dauer* oder *Wiederholung* (polytemporale Handlungen) beinhalten, da alle gleichermaßen den unvo. Aspekt erfordern (siehe 6.3.2).

## 6.3.1 Die Aufeinanderfolge einmaliger Handlungen - Sequenzen (vo. Aspekt)

Eine Handlungsfolge entsteht durch die Verknüpfung von mindestens zwei konkret-vollzogenen Handlungen. Dabei sind Handlungsfolgen mit *wesentlichem Zusammenhang* und Handlungsfolgen mit *nicht-wesentlichem Zusammenhang* zu unterscheiden.

Der **wesentliche Zusammenhang** beruht vor allem auf der *natürlichen Chronologie* von *Ereignissen*, auf einer kausalen Abfolge, wie sie z.B. in sog. *Skripts* oder *Szenarios* abgebildet wird (vgl. das bekannte *Restaurant-Szenario*: Betreten der Gaststätte - Platz nehmen - aus der Speisekarte auswählen - bestellen - servieren - speisen - Rechnung bezahlen - Trinkgeld geben). Die Reihenfolge kann in der Regel nicht verändert, die Einzelhandlungen können nicht vertauscht werden (*'Ich siegte, kam und sah'*). Die Abfolge wird dann *obligatorisch* durch den *vo. Aspekt* ausgedrückt (*aktionale Chronologie*), sie ist mit den

## 6 DER GEBRAUCH DER ASPEKTE (GEGENÜBERSTELLUNGEN)

Sprachhandlungstypen (Kommunikationsverfahren) BERICHTEN und ERZÄHLEN im narrativen Register verbunden:

*Он проснулся рано, встал, оделся, а через полчаса уже вышел из дома.* 'Er erwachte zeitig, stand auf, zog sich an, und nach einer halben Stunde verließ er bereits das Haus.'

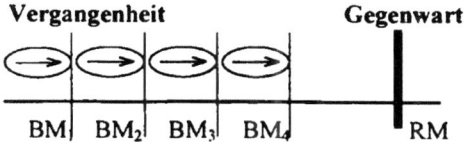

Jedes Ereignis hat einen anderen Bezugsmoment, von einem Ereignis zum anderen verschiebt sich der jeweilige BM auf der Linie der objektiven Zeit. Darin kommt die Entwicklung, die Entfaltung des Berichts oder der Erzählung (des Sujets) zum Ausdruck - es entsteht die *Linie der Ereignisse*, die sich wie ein roter Faden durch den narrativen Text zieht. Die Handlungsfolge kann durch *beschreibende* Elemente unterbrochen werden - meist im unvo. Aspekt -, sie wird jedoch immer wieder aufgenommen und schließlich zum Abschluß gebracht. Die Handlungen werden oft vom gleichen Subjekt nacheinander ausgeführt, eine Handlung bildet jeweils die Voraussetzung für die nächste. Die vorausgehende Handlung muß erst abgeschlossen sein, bevor die nächste beginnen kann. Diese zeitliche Aufeinanderfolge (ikonische Chronologie), das gegenseitige Bedingtsein machen eben diesen wesentlichen Zusammenhang aus, für den der Gebrauch des vo. **Aspekts obligatorisch** ist. (Zur *Handlungsfolge mit nicht-wesentlichem Zusammenhang* siehe unten - Abschnitt 6.7 *Aspektsynonymie*.)

Die Folge einmaliger Handlungen mit wesentlichem Zusammenhang hat verschiedene **Erscheinungsformen**:

### a) Handlungsketten

Ein Ereignis bedingt das andere, wird von ihm abgelöst. Die Anzahl dieser Handlungen ist nicht beschränkt, sie bilden eine *offene Reihe*. Der Bezugsmoment verschiebt sich mit jeder Handlung, die Darstellung wirkt dadurch dynamisch-lebendig:

**Präteritum:**
*Он встал, решительно подошёл к ней, взял её за руку и почти насильно увёл в аллею.*
(*Гончаров*)
'Er stand auf, trat entschlossen an sie heran, nahm sie bei der Hand und entführte sie fast mit Gewalt in die Allee.' (Gončarov)

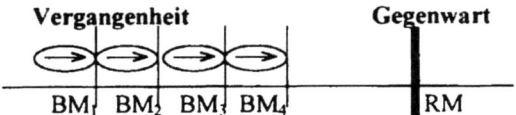

**Analog:**

| | |
|---|---|
| *И в самом деле, накануне ночью граф Фёдор **встретил** этого человека, **придрался** к нему, **вызвал** на поединок, **застрелил** противника, после чего **вернулся** домой и преспокойно **улёгся** спать. (Мариничева, 1991/10)* | 'Und tatsächlich, in der Nacht zuvor hatte Graf Fjodor diesen Mann getroffen. Er pöbelte ihn an, forderte ihn zum Duell, erschoß den Gegner, worauf er nach Hause zurückkehrte und sich seelenruhig schlafen legte.' (Mariničeva) |

**Futur:**

| | |
|---|---|
| *Оковы тяжкие **падут**, Темницы **рухнут**, и свобода Вас **примет** радостно у входа И братья меч вам **отдадут**.. (Пушкин)* | 'Die schweren Fesseln werden fallen, die Kerkermauern sich öffnen, und die Freiheit wird freudig euch am Tor empfangen, und die Brüder werden euch das Schwert zurückgeben.' (Puškin) |

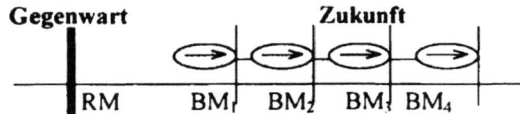

Meist nicht durch Adverbien verbunden, sind diese Handlungen dennoch keine einfachen Aufzählungen. Die Reihenfolge kann nicht willkürlich verändert werden, obwohl die Handlungen gleichberechtigt sind. Die Verbindung ist zwischen ihnen enger, wenn sie vom gleichen Subjekt ausgeführt werden, und loser, wenn verschiedene Subjekte agieren.

In der schematischen Darstellung verbinden sich die Symbole der konkret-vollzogenen Handlungen (◯ - Oval der Ganzheitlichkeit, ein „Kettenglied") zum Symbol einer Handlungs*kette*: ◯◯◯◯ .

Für das russische Präteritum in der Handlungskette kann die deutsche Entsprechung nur das *Imperfekt* sein, während die isolierte konkret-vollzogene Handlung gewöhnlich mit dem deutschen *Perfekt* wiedergegeben wird, vgl.

| *Он сдал экзамен?* | *Он сдал экзамен и поехал домой.* |
|---|---|
| 'Hat er die Prüfung <u>bestanden</u>?' | 'Er <u>legte</u> die Prüfung (erfolgreich) <u>ab</u> und fuhr nach Hause.' |

## 6 DER GEBRAUCH DER ASPEKTE (GEGENÜBERSTELLUNGEN)

**b) Handlungspaare**
Während die Handlungsketten offene Reihen gleichberechtigter konkret-vollzogener Handlungen bilden, stehen sich in den *Handlungspaaren* jeweils *zwei* Handlungen bzw. *zwei* Gruppen von Handlungen gegenüber, die sich gegenseitig *bedingen*. Auch hier können wir mehrere Erscheinungsformen beobachten.

1) Im **Präteritum** vollzieht sich eine Handlung(sgruppe) **unmittelbar nach** einer anderen (Indikatoren: *как только, лишь только - вдруг, неожиданно*):

| | |
|---|---|
| *И только небо засветилось,* | 'Und kaum hatte der Himmel sich |
| *Всё шумно вдруг зашевелилось.* | erhellt, als plötzlich geräuschvoll |
| *(Фет)* | alles in Bewegung geriet.' (Fet) |
| *Едва жандармы начали обыск,* | 'Kaum hatten die Gendarmen mit |
| *вернулся из театра Кирилл.* | der Haussuchung begonnen, da |
| *(Федин)* | kehrte Kyrill aus dem Theater zurück.' (Fedin) |

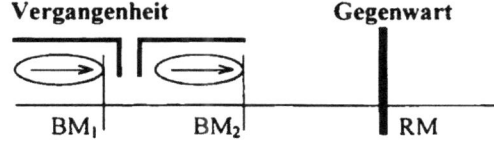

Vergangenheit | Gegenwart

BM₁  BM₂  RM

Hier hat der vo. Aspekt der einen Handlung die *Funktion des deutschen Plusquamperfekts* übernommen. Er drückt die **Vor-Vergangenheit** aus, eine Vergangenheitshandlung geht einer anderen Vergangenheitshandlung voraus.

Die gleiche Erscheinung im **Futur** birgt für den Deutschen infolge des hemmenden Einflusses der Muttersprache erhebliche Schwierigkeiten in sich: Eigentlich müßte eine Handlung, die einer anderen in der Zukunft vorausgeht, durch das *Futur II* (die „vollendete Zukunft") ausgedrückt werden:

*(Как только) почистишь зубы,*    'Sobald du die Zähne geputzt haben
*пойдёшь спать.*    wirst, wirst du schlafen gehen.'

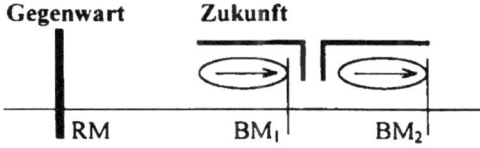

Gegenwart | Zukunft

RM  BM₁  BM₂

Das klingt für deutsche Ohren unnatürlich, da das Futur II fast immer durch das *Perfekt* ersetzt wird, das Futur I durch das *Präsens*:

*Почистишь зубы, пойдёшь спать.* 'Sobald du die Zähne geputzt hast, gehst du schlafen.'

Bei einer wörtlichen Übersetzung aus dem Deutschen ins Russische wird dieser Satz unverständlich. Dazu noch einige weitere Beispiele:

*(Как только)* **прочитаешь** *книгу,*    'Sobald du das Buch <u>gelesen hast</u>,
**отнесёшь** *её в библиотеку.*    bringst du es in die Bibliothek
   zurück.'
*Когда* **проверят** *документы,*    'Sobald die Ausweise <u>geprüft sind</u>,
*вы* **получите** *их обратно.*    erhaltet ihr sie zurück.'
**Приду** *домой,* **займусь**    'Sobald ich nach Hause <u>komme</u>,
*своим докладом.*    werde ich mich an meinen Vortrag
   machen.'

2)    Eine Handlung wird **unmittelbar vor** einer anderen vollzogen (Indikatoren: *прежде чем ..., перед тем как..., до того как..., пока ...* ), was eine Umkehrung der Verhältnisse von 1) darstellt:

<u>*Прежде чем*</u> *я* **лёг** *спать* (BM$_2$),    'Bevor ich mich schlafen legte,
*я* **завёл** *будильник* (BM$_1$).    zog ich den Wecker auf.'

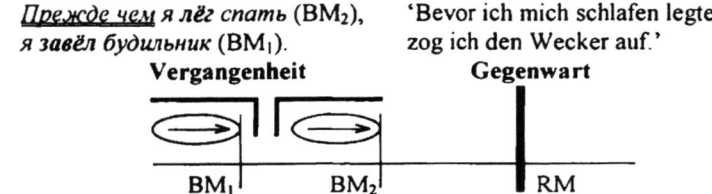

Die *chronologisch* nachfolgende Handlung (H$_2$) steht also *sprachlich* an erster Stelle. Auch hier gilt, daß ein anstelle des Futurs II gebrauchtes deutsches Perfekt keinesfalls mit dem russischen Präteritum wiedergegeben werden darf:
   'Bevor ich das Geld nicht <u>bekommen</u>    *До того как я не* **получу** *деньги,*
   <u>habe</u>, <u>gebe</u> ich Ihnen die Ware nicht.'    *я не* **дам** *вам товар.*

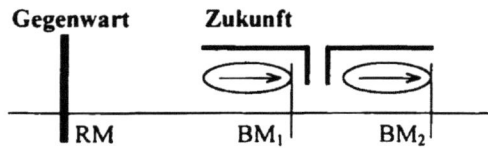

3)    Die eine Handlung ist die **Ursache**, eine andere Handlung ihre **Folge**:
   *Он* **толкнул** *меня - я* **очнулся.**    'Er stieß mich an - ich kam wieder
   zu mir.'

   *Он* **зажёг** *спичку, бумага*    'Er zündete ein Streichholz an,
   **загорелась.**    das Papier fing Feuer.'

4)    Eine **andauernde Handlung**, ausgedrückt durch den unvo. Aspekt, wird durch das **Einsetzen** einer anderen Handlung im vo. Aspekt begrenzt und abgelöst (Indikator: *пока не*):

*Он долго скрывался, пока*     'Er hielt sich lange verborgen, bis ihn
*полиция не обнаружила его.*     (schließlich) die Polizei entdeckte.'

*Ты будешь здесь сидеть,*     'Du wirst (bleibst) hier sitzen,
*пока я не приду.*     bis ich komme.'

### 6.3.2 Vollständige Gleichzeitigkeit - Parallelitäten (unvo. Aspekt)

Die vollständige Gleichzeitigkeit von Prozessen/Verläufen unterschiedlicher Ausprägung kann folgende *Varianten* aufweisen:

**a) Gleichzeitigkeit konkret-ablaufender Handlungen:**

BM₁: *Наступал вечер, шёл*     'Der Abend brach an, es regnete,
*дождь, с севера порывисто.*     vom Norden her wehte ein böiger
*дул ветер. (Горький)*     Wind.' (Gor'kij)
BM₂: *Я буду мыть посуду, а ты*     'Ich werde das Geschirr abwaschen,
*будешь её вытирать.*     und du wirst es abtrocknen.'

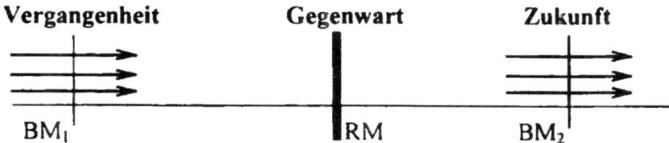

Alle diese Handlungen (Prozesse/Verläufe) haben den gleichen Bezugsmoment. Das wird besonders deutlich, wenn dieser Zeitpunkt auf der Linie der objektiven Zeit exakt bestimmt wird: „Es war sechs Uhr. Der Abend brach an, ..."

Da der Bezugsmoment immer *mitten* im Geschehen liegt (Gleichzeitigkeit von H und BM), ist der Gebrauch des **unvo. Aspekts** obligatorisch. Indem der Bezugsmoment für mehrere Handlungen der gleiche ist - wir also trotz der linear fortschreitenden Rede bei dem gleichen Zeitpunkt verweilen -, erhält die Darstellung *beschreibenden* Charakter.

**b) Gleichzeitigkeit wiederholter Handlungen**

*Каждый день жена мыла посуду,*     'Jeden Tag wusch die Frau das
*муж вытирал её,*     Geschirr, der Mann trocknete es ab,
*а дочка ставила в шкаф.*     und die Tochter stellte es in den
    Schrank.'

Vergangenheit　　　　　　　　Gegenwart

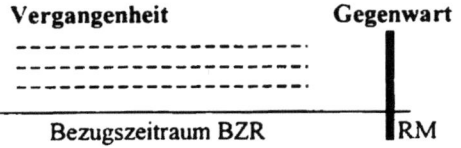

Bezugszeitraum BZR　　　　　RM

c) **Wiederholung aufeinanderfolgender Handlungen:**

*Каждый день жена мыла посуду,*    'Jeden Tag wusch die Frau das
*вытирала её и ставила в шкаф,*    Geschirr, trocknete es ab und stellte
*а муж и дочка сидели сложа руки.*    es in den Schrank, während Mann
                                                         und Tochter untätig dabei saßen.'

Vergangenheit　　　　　　　　Gegenwart

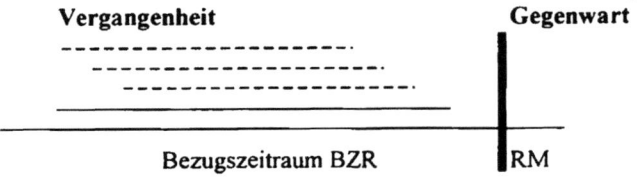

Bezugszeitraum BZR　　　　　RM

**Sonderfall: Gleichzeitigkeit des Nachzustands von Perfekt-Handlungen**

*Хаджи Мурат остановился,*    'Chadži Murat war stehengeblieben,
*загорелое лицо его буро*    sein sonnengebräuntes Gesicht war
*покраснело, и глаза налились*    dunkel gerötet, die Augen blutunter-
*кровью. (Л. Толстой)*    laufen.' (L. Tolstoj)

Vergangenheit　　　　　　　　Gegenwart

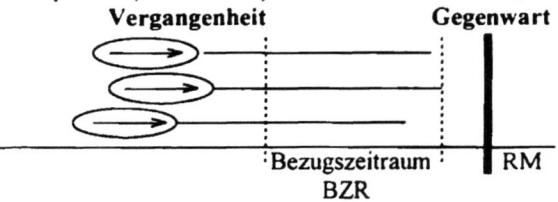

:Bezugszeitraum :    RM
BZR

Die Gleichzeitigkeit in Beschreibungen kann alle vorgenannten Elemente in **Kombination** umfassen: konkret-ablaufende, wiederholte, andauernde Handlungen, die Wiederholung aufeinanderfolgender Handlungen sowie den Nachzustand konkret-vollzogener Handlungen mit Perfektbedeutung:

*Осень спускалась* (1) *в долину.*    'Der Herbst senkte sich in das Tal.
*Появились* (2) *красные осенние*    Rote Herbstgräser waren in den
*травы на болотах.*    Sümpfen aufgetaucht.
*Зажелтели* (2) *кое-где лис-*    An manchen Stellen waren die Blät-
*точки, и на озере по ночам*    ter gelb geworden, und auf dem See
*кричали* (3) *дикие гуси.*    schrien nachts die Wildgänse.'
*(Снегирёв)*    (Snegirev)

## 6 DER GEBRAUCH DER ASPEKTE (GEGENÜBERSTELLUNGEN)

**Legende:** (1) konkret-ablaufende Handlung, (2) Nachzustand von Perfekthandlungen, (3) wiederholte und andauernde (polytemporale) Handlungen.

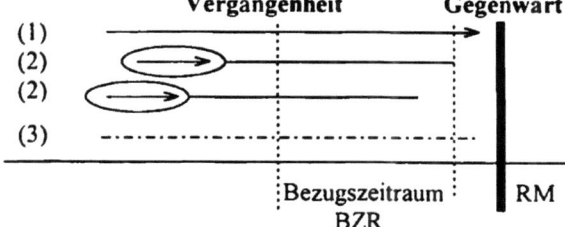

### 6.3.3 Partielle Gleichzeitigkeit - Inzidenzen (Hintergrund - Einsetzen / Abschluß von Ereignissen)

Wie oben ausgeführt, entwickelt sich das Sujet in einem narrativen Text dynamisch in aufeinanderfolgenden Handlungen, während gleichzeitige Handlungen als beschreibende „Blöcke" eingeschoben werden. An den *Übergängen* zwischen solchen dynamischen und beschreibenden Elementen ist dann vielfach eine **partielle Gleichzeitigkeit** zu beobachten:

| | |
|---|---|
| *Один раз, когда девочки шли по улице, начался сильный дождь. (Осеева)* | 'Einmal, als die Mädchen die Straße entlang gingen, begann es stark zu regnen.' (Oseeva) |

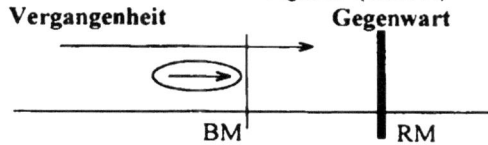

Eine oder mehrere *konkret-ablaufende, durative* oder *wiederholte* Handlungen bilden den **Hintergrund** (unvo. Aspekt), vor dem eine konkret-vollzogene Handlung bzw. eine Handlungskette (jeweils vo. Aspekt) **einsetzt** (russ. фон - наступление действия). Diese Konstellation wird häufig als **Inzidenz** bezeichnet (lat. 'Eintritt eines Ereignisses, Vorfall; Punkt auf einer Geraden').

Die vor dem Hintergrund des unvo. Aspekts einsetzende Handlung kann durch lexikalische **Indikatoren** (meist in Form von Adverbialbestimmungen) vom Typ *вдруг, внеза'пно* 'plötzlich', *неожи'данно* 'unerwartet' u.ä. unterstrichen werden:

| | |
|---|---|
| *Шли они, шли, и вдруг они увидели в лесу избушку из пряников.* | 'Sie gingen sehr, sehr lange, und plötzlich erblickten sie im Walde ein Pfefferkuchenhäuschen.' |

Solche aktionalen Situationen finden sich häufig als *Einleitung zu narrativen Texten*, wobei der Hintergrund auch die Form einer relativ ausführlichen Beschreibung mit vielschichtigen parallelen Verläufen und Zuständen annehmen kann:

Стояла глубокая ночь. Мимо погасших фонарей катилась пожарная машина ... Вдруг в одном из окон вспыхнул свет. Мгновение - и свет зажёгся во всех арбатских переулках. На балконы вышли люди. (Соболевская, 1997/12)

'Es war tiefe Nacht. Vorbei an den erloschenen Laternen rollte ein Feuerwehrauto ... Plötzlich flammte in einem der Fenster Licht auf. Ein Augenblick - und Licht ging in allen Gassen des Arbat an. Auf die Balkons kamen Leute heraus.' (Sobolevskaja)

Vergangenheit

BZR$_1$
BZR$_2$

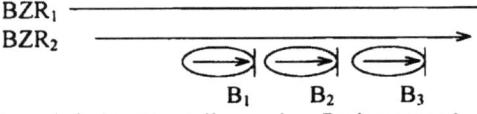

B$_1$   B$_2$   B$_3$

(vereinfachte Darstellung, ohne Redemoment)

Der Übergang *Hintergrund - Fokus* kann auch in umgekehrter Richtung erfolgen - mit dem **Abschlußglied einer Handlungskette** (vo. Aspekt) wird der Hörer/Leser in eine **neue Situation** eingeführt, zu deren *Beschreibung* der unvo. Aspekt dient:

Я приехал домой, поднялся на третий этаж в нашу квартиру, открыл дверь в кухню - и вот что я там увидел: Мама мыла посуду, папа вытирал её, сестрёнка ставила в шкаф, а бабушка подметала осколки.

'Ich kam nach Hause, stieg hinauf zu unserer Wohnung im dritten Stock, öffnete die Küchentür - und was sah ich da: Mama wusch das Geschirr, Papa trocknete es ab, mein Schwesterchen stellte es in den Schrank, und Oma fegte die Scherben zusammen.'

Vergangenheit

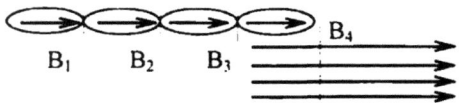

B$_1$   B$_2$   B$_3$   B$_4$

Auch innerhalb des Textes können sich solche Übergänge (in beiden Richtungen - Hintergrund → **Einsetzen** einer Handlung, **Abschluß** einer Handlungskette → neuer Hintergrund) mehrfach wiederholen, wenn die Aufeinanderfolge der Ereignisse durch Beschreibungen unterbrochen wird und danach jeweils eine neue Etappe in der Entwicklung des Sujets beginnt (siehe ausführlich dazu Kap. 11 *Zur Aspektstruktur* ...).

## 6 DER GEBRAUCH DER ASPEKTE (GEGENÜBERSTELLUNGEN)

**Zusatzinformation:** Für sprachpraktische Zwecke ist in der Regel die Unterscheidung von *isolierten* und *korrelativen* Handlungen bei der Aspektwahl ausreichend. Für ein vertieftes Eindringen in die Problematik ist darüber hinaus die Beschäftigung mit dem *deiktischen* und dem *narrativen Register* angeraten (Orientierung am Redemoment - Orientierung am deiktischen Zentrum der Erzählebene und dgl.), ebenso die Beziehungen der (vollständigen bzw. partiellen) Gleichzeitigkeit und Aufeinanderfolge zu den Sprachhandlungstypen (siehe auch die Kap. 10 und 11):
- *Sequenzen* treten vor allem in den Sprachhandlungstypen ERZÄHLEN und BERICHTEN auf.
- *Parallelitäten* sind häufig mit dem Sprachhandlungstyp BESCHREIBEN verbunden.
- *Inzidenzen* sind durch die Figur-Hintergrund-Problematik bedingt (Einsetzen bzw. Abschluß einer Handlung vor dem Hintergrund anderer Handlungen), Übergang von dynamischen zu beschreibenden Textelementen.

### 6.4 Polytemporale Handlungen:
### Sich wiederholende, andauernde, potentielle Handlungen

Grundlage der Gegenüberstellung von monotemporalen und polytemporalen Handlungen ist die *innere Struktur* von Handlungen bzw. aktionalen Situationen: ihre Verteilung und Ausdehnung auf der Zeitlinie sowie ihr referentieller Status (Bestimmtheit/Unbestimmtheit, Aktualisierung/Nichtaktualisierung), siehe auch Abschnitt 5.4.1.

Das entscheidende Merkmal der **monotemporalen** Handlungen ist, daß sie nur *einem Zeitpunkt* auf der Linie der objektiven Zeit zugeordnet werden, ohne Berücksichtigung ihrer Ausdehnung, und quantitiv nicht bestimmt werden können. Somit kann der Bezugsmoment immer mit relativer Genauigkeit angegeben werden („временна'я локализо'ванность").

Das entscheidende Merkmal der **polytemporalen** Handlungen ist ihre *Ausdehnung* auf der Zeitlinie, die als *Wiederholung* oder *Dauer* der Handlung quantitativ durch die *Anzahl* der Wiederholungen oder die *Anzahl* der Zeiteinheiten bestimmt werden kann (nicht muß!). Diese Quantität kann *begrenzt* (siehe Abschnitt 6.6 *Aspektsynonymie*) oder *nicht begrenzt* sein (siehe 6.4.1 ff.).

> Die **quantitativ nicht begrenzten polytemporalen Handlungen** werden **obligatorisch** durch den **unvo. Aspekt** wiedergegeben.

Mit Hilfe dieses Kriteriums ist in einer Vielzahl von Fällen die Aspektwahl bereits eindeutig zu entscheiden.

Polytemporale Handlungen treten in **drei Grundformen** auf - als *sich wiederholende*, *andauernde* und *potentielle* Handlungen, zwischen denen häufig fließende Grenzen bestehen.

## 6.4.1 Sich wiederholende Handlungen

Mit gewissen zeitlichen Intervallen wiederholt sich das **gleiche Ereignis** (ausgedrückt durch Verben mit innerer Grenze = terminative Verben, meist vom Typ der konkret-vollzogenen Handlung) und/oder der **gleiche Verlauf** (Verben ohne Grenze oder Begrenzung = aterminative Verben):

*По утрам мы спали долго,*   'Morgens schliefen wir lange,
*вставали поздно.*   standen spät auf.'

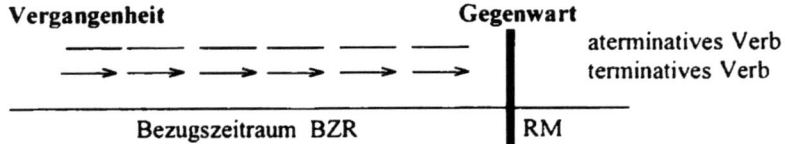

*Мы иногда встречаемся с ним,*   'Manchmal treffen wir uns mit ihm,
*сидим, разговариваем.*   sitzen zusammen und unterhalten uns.'

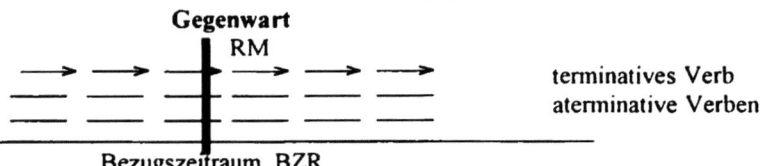

*Я буду тебя часто вспоминать,*   'Ich werde oft an dich denken,
*скучать по тебе.*   mich nach dir sehnen.'

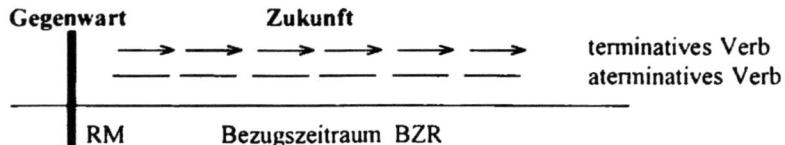

Ein Beispiel mit komplizierteren Wechselbeziehungen:

*Всё, что со мной случалось в*   'Alles, was mit mir im persönlichen
*личной жизни, я, как на алтарь,*   Leben passierte, brachte ich in die
*несла в искусство, оно меня*   Kunst ein, wie auf einen Altar, sie
*выручало, спасало, помогало.*   half mir aus der Not, rettete mich,
*(Вертинская, 1997/12)*   kam mir zu Hilfe.' (Vertinskaja)

## 6 DER GEBRAUCH DER ASPEKTE (GEGENÜBERSTELLUNGEN)

Wie aus der graphischen Darstellung hervorgeht, müssen diese wiederholten (sich wiederholenden) Handlungen verschiedenen Zeitpunkten zugeordnet werden, sie sind also *verschiedenzeitlich, polytemporal* (poly- 'viel-', temporal 'zeitlich'). Es ist möglich, ihre **Ausdehnung** auf der Zeitlinie durch die *Anzahl der Wiederholungen* zu bestimmen (prototypische Diagnosefrage: *Wie oft?*):
- **Bestimmte Anzahl (begrenzte Wiederholung):**
   *три раза, дважды, несколько раз ...*
- **Unbestimmte Anzahl (nicht begrenzte Wiederholung):**
   *часто, редко, иногда, время от времени, с интервалами,*
   *по вечерам, каждый день, часами ...*

Wenn die Anzahl der Wiederholungen **nicht begrenzt** ist, kann auch *nicht der Abschluß* der Handlungen betrachtet werden. Das Subjekt ist vielmehr während des gesamten Bezugszeitraums mit der Wiederholung der Handlung beschäftigt, der potentielle Bezugsmoment liegt immer innerhalb des BZR, so daß der Gebrauch des **unvo. Aspekts obligatorisch** ist.

Die Wiederholung der Handlung geht gewöhnlich aus dem Kontext hervor, angezeigt durch **Indikatoren**, die in ihrer Semantik die Mehrmaligkeit ohne die Begrenzung der Anzahl der Wiederholungen enthalten (siehe oben). Der Indikator kann wegfallen, wenn aufgrund der Situation die Wiederholtheit *vorausgesetzt* werden kann bzw. muß.

Manche Verben drücken von sich aus eine Wiederholung bzw. Mehrmaligkeit aus, die sog. **iterativen Verben** (iterative Aktionsart):

| | |
|---|---|
| *Мы бываем у этой семьи.* | 'Wir verkehren mit dieser Familie.' |
| *У меня побаливает поясница.* | 'Mir tut manchmal das Kreuz etwas weh.' |
| *Поговаривали, ... что это она открыла клетку с курами ...* (1997/9) | 'Man munkelte, ... daß *sie* es war, die den Hühnerkäfig öffnete ...' |

Der Gebrauch des **unvo. Aspekts** ist auch in folgenden Fällen obligatorisch:
**a) Gleichzeitige wiederholte Handlungen**

| | |
|---|---|
| *Все помогали больному мальчику: одни рассказывали о школе, приносили уроки, другие покупали фрукты и игрушки.* | 'Alle halfen dem kranken Jungen: die einen berichteten von der Schule, brachten die Hausaufgaben, andere kauften Obst und Spielzeug.' |

**b) Wiederholte Handlungsketten und Handlungspaare,** auch im Präteritum und Futur:

| | |
|---|---|
| *Каждое утро он покупал в киоске местную газету, садился в парке на скамейку и углублялся в чтение.* | 'Jeden Morgen kaufte er am Kiosk die Lokalzeitung, setzte sich im Park auf eine Bank und vertiefte sich in die Lektüre.' |

*Как только приходил он,*      'Sobald er kam, begann der Streit.'
*начинались споры.*

Wird die Anzahl der Wiederholungen *durch einen Indikator* **begrenzt** (*три раза, дважды, несколько/много раз* u.ä.), dann sind in isolierten Handlungen beide Aspekte möglich (*Aspektkonkurrenz*, siehe Abschnitt 6.6).

### 6.4.2 Andauernde (durative) Handlungen

Die andauernde oder durative Handlung *im engeren Sinne* (длительное действие) erstreckt sich über einen bestimmten *Zeitabschnitt* oder *Zeitraum*:

*В детстве мне нравились романы*    'In der Kindheit gefielen mir die
*Купера.*      Romane Coopers.'
*Она училась в Потсдамском*      'Sie studierte an der Universität
университете.*      Potsdam.'

**Vergangenheit**      **Gegenwart**

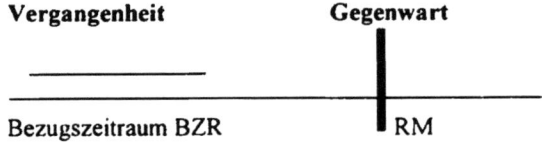

Bezugszeitraum BZR      RM

Das wesentliche Merkmal der durativen Handlung ist die **Dauer** (длительность), die **zeitliche Ausdehnung** (протяжённость, продолжительность) eines **Verlaufs** oder **Zustands** auf der Zeitlinie.
Objektiv haben natürlich alle Handlung eine gewisse *Dauer* - aber nicht in jedem Falle steht diese bei der sprachlichen Abbildung einer Situation im Vordergrund. Bei einer *konkret-ablaufenden* (*aktuell*-andauernden) Handlung wird die Handlung selbst und das Verhältnis ihres *Verlaufs* zu bestimmten Zeitpunkten bzw. zu anderen Ereignissen, Verläufen oder Zuständen fokussiert, nicht die Dauer (prototypische Diagnosefrage *Wann?*). Die Ausdehnung einer *sich wiederholenden* Handlung kann als Abfolge von Ereignissen oder Verläufen durch die *Anzahl der Wiederholungen* gemessen werden (prototypische Diagnosefrage: *Wie oft?*). Dagegen ist bei der *durativen* Handlung häufig eine Messung der Ausdehnung durch die *Anzahl der Zeiteinheiten* möglich (Jahre, Tage, Minuten usw., prototypische Diagnosefrage: *Wie lange?*). Zum Vergleich:

**Konkret-ablaufende Handlung**
(einem Zeitpunkt zugeordnet):
**Sich wiederholende Handlung**
(Anzahl der Wiederholungen):

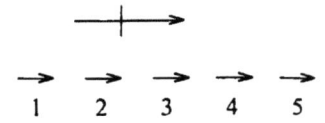

**Durative (andauernde) Handlung**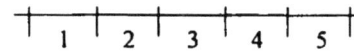
(Anzahl der Zeiteinheiten):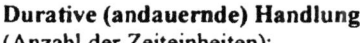

Die durative Handlung ist durch zwei Komponenten „vorprogrammiert" - durch den Charakter der Handlung / des Verbs (Vorhandensein von semantischen Merkmalen der Dauer) und/oder durch die *äußere* Determinierung der Dauer (vgl. BONDARKO 1987, 98). Daraus ergeben sich mindestens folgende Erscheinungsformen der nichtbegrenzten andauernden (durativen) Handlung (Mehrfachzuordnungen sind möglich):

**a) Die innere Dauer der Handlung**
Die innere Dauer (Erscheinungsform des Aspekts als innere Zeit) ist bedingt durch die aktionale Kategorisierung der Verben - *lexikalische Dauer*. Diese wird ausgedrückt durch die Bedeutung der Verben selbst („implizite Dauer"):
- **Speziell-durative Verben** (Verben mit der Bedeutung des Andauerns):
  *длиться* 'dauern', *продолжаться* '(an)dauern, sich fortsetzen'
- Verben mit einem **semantischen Merkmal** (Sem) der **Dauer**:
  *жить* 'leben, wohnen', *ждать* 'warten', *гости'ть* 'zu Gast weilen', *медлить* 'zögern', *сидеть* 'sitzen' usw.

Die innere Dauer kann fakultativ oder obligatorisch durch eine äußere Bestimmung der Dauer oder eine zeitliche Lokalisierung ergänzt werden:

*Беседа длилась / продолжалась*      'Das Gespräch dauerte nur
*только 10 минут.*                    10 Minuten.'
*Раньше он жил в Москве, теперь*     'Früher lebte er in Moskau, jetzt
*он живёт в Петербурге.*              wohnt er in Petersburg.'

**b) Die qualifizierende Dauer**
Durch durative Handlungen werden oftmals der *soziale Status*, die *Beschäftigung* des Subjekts und ähnliche Charakteristiken angegeben:

*Мой отец работал на заводе*          'Mein Vater arbeitete im Werk
*(был заводским рабочим).*             (war Fabrikarbeiter).'
*Вы учитесь или работаете?*           'Studieren oder arbeiten Sie?
                                       (Sind Sie Student oder Arbeiter?)'
*Он ходит в школу (он учащийся).*     'Er geht zur Schule (ist Schüler).'

Diese Charakteristiken (Status, Beruf usw.) haben ununterbrochene Gültigkeit, real findet die qualifizierende Handlung hingegen nur mit Intervallen statt. In vielen Fällen ist auch eine aktuelle Auffassung möglich ('arbeitet gerade'). Die qualifizierende Dauer steht einerseits der sich wiederholenden Handlung (6.4.1), andererseits der potentiell-qualifizierenden Handlung (siehe 6.4.3) sehr nahe, die Grenzen sind fließend.

### c) Die dynamische ständig-ununterbrochene Dauer
Je nach dem sachlichen Inhalt der Handlung (z.B. Naturgeschehen) kann die ununterbrochene *Bewegung* ohne oder auch mit Determinatoren der Dauer auftreten:

| | |
|---|---|
| Земля *вращается* вокруг Солнца. | 'Die Erde dreht sich um die Sonne.' |
| *Течёт* река Волга ... (из песни) | 'Es fließt die Wolga dahin ...' |
| Буря *свирепствовала часами* ... | 'Der Sturm wütete stundenlang ...' |

### d) Die statische (relationale) Dauer
Entscheidend für diese Erscheinungsart der Dauer (bei BONDARKO 1995, 24 als *relationale Bedeutung* in den Rang einer speziellen Aspektbedeutung erhoben) ist das semantische Merkmal (STAT), das einen aterminativen Kontext bedingt:

| | |
|---|---|
| Книга *сто'ит* тридцать рублей. | 'Das Buch kostet dreißig Rubel.' |
| Мать *лю'бит* своих детей. | 'Die Mutter liebt ihre Kinder.' |
| Россия *грани'чит* с Финляндией. | 'Rußland grenzt an Finnland.' |
| Волга *впада'ет* в Каспийское море. | 'Die Wolga mündet in das Kaspische Meer.' |
| Окна *выхо'дят* на улицу. | 'Die Fenster liegen zur Straße hinaus.' |

### e) Die explizite (betonte, charakterisierte) Dauer
Die Dauer eines Verlaufs kann formal durch sprachliche Mittel ausgedrückt werden (äußere Determinierung der Handlungsdauer), oft zusätzlich zur inneren Dauer (siehe die Erscheinungsformen a) - c)), aber auch dann, wenn der Verbbedeutung keine innere Dauer zugrunde liegt. Solche mehr oder weniger konkreten sprachlichen Mittel sind:
- **Unbestimmte Determinatoren:**
  *долго, долгое время, некоторое время, многие годы*
- **Bestimmte Determinatoren (Zeiteinheiten):**
  *двадцать минут, полчаса, два дня, пять месяцев, тридцать лет*
- **Bestimmte Determinatoren (Zeitpunkte):**
  *с самого утра, до обеда, перед войной*

Wenn die durative Handlung - in allen ihren Erscheinungsformen - nicht durch Angabe der Zeitabschnitte oder die Anzahl der Zeiteinheiten begrenzt ist, dann kann auch nicht der Abschluß der Handlung im Zentrum der Aufmerksamkeit stehen (fokussiert werden). Der Gebrauch des **unvo. Aspekts** ist daher für den **quantitativ nicht begrenzten Verlauf** obligatorisch. In diesem Falle *fehlen* entweder lexikalische Indikatoren, oder sie weisen nur ganz *allgemein* auf die *Dauer* hin: *постоянно* 'ständig', *беспрерывно* 'ununterbrochen', *всегда* 'immer' u.a.

## 6 DER GEBRAUCH DER ASPEKTE (GEGENÜBERSTELLUNGEN)

> Die **unbegrenzte durative Handlung / Bedeutung** kann nur durch
> syntagmatisch **aterminative Verben** ausgedrückt werden.

Eine **quantitative Begrenzung** der durativen Handlung erfolgt dagegen durch lexikalische Indikatoren, die zur Angabe eines *begrenzten Zeitabschnittes* dienen (*всю жизнь* 'das ganze Leben', *целый год* 'ein ganzes Jahr, *круглые сутки* 'volle 24 Stunden' und dgl.) oder die *Anzahl* der Zeiteinheiten angeben (*20 лет, несколько месяцев, два часа, пять минут* usw.). Bei einer solchen Begrenzung der zeitlichen Ausdehnung eines Verlaufs sind bei isolierten Handlungen **beide Aspekte** möglich (Aspektsynonymie / Aspektkonkurrenz, siehe auch 6.6):

**f)   Die begrenzte Dauer**
Das Vorhandensein einer äußeren Begrenzung ermöglicht den Gebrauch auch des vo. Aspekts (Aspektkonkurrenz), der jedoch auf die *delimitative* und *perdurative Aktionsart* beschränkt ist (zqq-terminative Verben):

*Она лежала / пролежала полгода*      'Sie lag (verbrachte) ein halbes Jahr
*в больнице.*                          im Krankenhaus.'
*Он работал  поработал только*         'Er hat nur einen Monat in dieser
*один месяц в этом отделении.*         Abteilung gearbeitet.'

Die durative Handlung läßt sich nicht immer eindeutig von der wiederholten Handlung abgrenzen. In dem Satz *Мальчик ходил в школу* z.B kann *ходил* entweder als wiederholte Handlung aufgefaßt werden ('Er ging jeden Tag zur Schule') oder als durative qualitativ-charakterisierende Handlung ('Er war Schüler'). Das hängt vom weiteren Kontext ab, insbesondere davon, welche Seite des begrifflichen Abbilds für wesentlich erachtet wird. Für den Aspektgebrauch ist diese Unterscheidung allerdings von geringem Belang, da in beiden Fällen der unvo Aspekt obligatorisch ist. Zwischen bestimmten „Konzentrationspunkten" der Spezifik sprachlicher Erscheinungen, in denen sich ihre Eigenart in aller Deutlichkeit äußert („Prototypen"), gibt es Übergangserscheinungen, die eine eindeutige Zuordnung nicht erlauben. Dazu gehören neben durativen und wiederholten Handlungen auch durative und konkret-ablaufende, durative und potentielle, abstrakt-konstatierende und einmalig-konstatierende.

**Zusatzinformation:** Im Abschnitt 6.4.2 wurde bisher nur die *durative Handlung im engeren Sinne* besprochen. Unter die *durative Bedeutung im weiteren Sinne* subsumieren wir dagegen alle Verben, die durch das *Fehlen einer Handlungsgrenze auf syntagmatischer Ebene* gekennzeichnet und daher (syntagmatisch) *aterminativ* sind, was zwingend den unvo. Aspekt bedingt. Da *durativ* häufig als Synonym von *aterminativ* verwendet wird (vgl. ACHMANOVA 1966, 145 russ., BUSSMANN 1990, 199), liegt es nahe, alle diejenigen Aspektbedeutungen den durativen zuzurechnen, die keinen Endpunkt (Telos) und keine zeitliche Begrenzung implizieren. Die betreffenden Verben können daher in der durativen Bedeutung keinen Aspektpartner haben, selbst wenn ein solcher auf paradigmatischer Ebene vorhanden ist.

Die durative Bedeutung *im weiteren Sinne* ist nach unseren Untersuchungen zur Terminativität/Aterminativität die spezielle Aspektbedeutung mit der statistisch höchsten

Vorkommenshäufigkeit (42-50 % von 3000 analysierten Verben in fortlaufenden Texten unterschiedlicher Funktionalstile, siehe SCHLEGEL 1999, 152ff. und 215f.). Die durative Bedeutung im weiteren Sinne kann mit Hilfe der *semantischen Merkmale*

    einmalig-kontinuierlich    (EINM-KONT+) : (EINM-KONT-),
    zeitlich-aktualisiert    (AKTUAL+) : (AKTUAL-),
    reale oder potentielle Handlung    (REAL) : (POTENTIELL)

analog den syntagmatisch terminativen Verben untergliedert werden, so daß sich folgende Varianten ergeben:

- Allgemein-durative Bedeutung:    ... *работал главным энергетиком* ...
  (dur. Bed. im engeren Sinne)    ... *является одной из основных категорий глагола*
- *konkret*-durative Bedeutung:    *Где он?* - *Там он сидит и пишет.*
- durativ-*potentielle* Bedeutung:    ... *говорит по-русски свободно*
- *begrenzt*-durative Bedeutung:    ... *повышение рождаемости будет длиться примерно до 1978 г.*
- durativ-*wiederholte* Bedeutung:    ... *ежегодно в строй действующих вводятся*
  (Wiederholung von Ereignissen)    *новые предприятия*
- *wiederholt*-durative Bedeutung:    ... *не раз лечились и отдыхали здесь*
  (Wiederholung von Verläufen)
- *abstrakt*-durative Bedeutung:    *Мы это предвидели, потому что* ...

Werden diese aterminativen Varianten den jeweiligen terminativen speziellen Aspektbedeutungen zugeschlagen, so verändern sich die Proportionen nicht unwesentlich. Die durative Bedeutung im *engeren Sinne* (in der Statistik als „allgemein-durative Bedeutung" ausgewiesen) als eine *betonte Dauer* der Handlung hat dann einen Anteil von ca. 14-16 % an den untersuchten 3000 Verben. Die Standard-Aspektbedeutungen mit den vereinfachten Zuordnungen decken nach unseren Feststellungen bei einer genügend großen Stichprobe etwa 95-99 % aller Verben in fortlaufenden Texten ab.

## 6.4.3 Potentiell-aterminative Handlungen

Für die wiederholten und durativen polytemporalen Handlungen war wesentlich, daß sie als *reale* Handlungen aufzufassen sind. Oft wird jedoch ein Subjekt dadurch *charakterisiert*, daß ihm eine **Fähigkeit, Möglichkeit, Gewohnheit** oder **Neigung** zu bestimmten Handlungen bzw. zu ihrer **guten** oder **schlechten Ausführung** zugeschrieben / nicht zugeschrieben wird. Die Bedeutung der Handlung erhält dadurch eine modale Nuance der Irrealität, Nichtaktualität - man spricht dann von **potentiellen** Handlungen (lat./fr. 'möglich, denkbar, der Anlage nach', Gegensatz: aktuell). Vergleiche:

*Каждый день* он *играет*    'Jeden Tag spielt er Schach.'
*в шахматы.*    (reale wiederholte Handlung)
*Он хорошо играет в шахматы.*    'Er spielt gut Schach (= er kann gut Schach spielen.'
    (potentielle Handlung)

Die Handlung wird also als *möglich, potentiell* vorgestellt, sie kann aber zu einem beliebigen Zeitpunkt ausgeführt werden. Potentielle Handlungen sind folglich **potentiell-qualitative** oder **potentiell-usuelle** Handlungen (prototypische Diagnosefragen: *Welche Eigenschaften hat das Subjekt? Was ist üblich / notwendig / gesetzmäßig?*).

Entsprechend der semantischen Charakteristik der verwendeten Verben müssen zwei prinzipielle Erscheinungsformen dieser potentiellen Handlungen unterschieden werden - die potentiell-*terminative* und die potentiell-*aterminative* Handlung. **Obligatorisch den unvo. Aspekt verlangen die (syntagmatisch) aterminativen** Verben:

**a)    Die aterminative potentiell-qualitative Handlung / Bedeutung**
Im Falle der potentiell-qualitativen Handlung wird das Subjekt durch aterminative Verben charakterisiert, durch Handlungen also, die nicht mit dem Erreichen einer inneren Grenze - dem Erreichen einer neuen Situation - abgeschlossen werden. Diese aterminativen Verben bezeichnen eine angeborene oder erworbene *Fähigkeit* bzw. *Eigenschaft des Subjekts* zur Ausführung einer Handlung sowie möglicherweise deren *Qualität*.

Die aterminative potentiell-qualitative Handlung wird meist durch **intransitive Verben** ausgedrückt:

| | |
|---|---|
| *Птицы летают, рыбы плавают,* | 'Vögel fliegen, Fische schwimmen, |
| *человек ходит. А техника* | der Mensch läuft. Aber die Technik |
| *помогает ему ездить, летать* | hilft ihm zu fahren, zu fliegen und |
| *и плавать.* | zur See zu fahren.' |

(Fähigkeit, Eigenschaft)

| | |
|---|---|
| *Она хорошо плавает.* | 'Sie kann gut schwimmen.' |
| *Он соображает медленно.* | 'Er ist ein langsamer Denker.' |

(Qualität der Ausführung)

Daneben sind *intransitiv gebrauchte* transitive Verben vertreten:

| | |
|---|---|
| *Он отлично рисует.* | 'Er kann hervorragend zeichnen.' |
| *Она пишет неразборчиво.* | 'Sie schreibt unleserlich.' |

Bisweilen kommen auch transitive Verben vor, dann aber immer mit einem *nichtaktualisierten Objekt* (als Bestandteil des Gattungsbegriffs - referentieller Status: indefinit):

| | |
|---|---|
| *Он хорошо читает стихи.* | 'Er kann gut Gedichte vortragen.' |
| *Вы танцуете танго?* | 'Können Sie Tango tanzen?' |

Die potentiell-charakterisierende (nichtaktuelle) Handlung / Bedeutung steht der Bedeutung der charakterisierenden *Dauer* sehr nahe, die Grenzen sind hier fließend (vgl. 6.2):

| | |
|---|---|
| *Весёлые компании и застолья* | 'Fröhliche Gesellschaft und Gelage |
| *граф Фёдор любил до старости,...* | liebte Graf Fjodor bis ins Alter, ... |

| | |
|---|---|
| *всегда <u>отличался</u> хорошим аппетитом и <u>знал</u> толк в еде. (Мариничева, 1991/10)* | zeichnete sich immer durch guten Appetit aus und verstand etwas vom Essen.' (Mariničeva) |
| *... <u>был</u> добрый малый, ... но в карточной игре не <u>признавал</u> ни друзей, ни врагов - всех безжалостно <u>обыгрывал</u>. (там же)* | '... war ein gutmütiger Kerl, ... aber im Kartenspiel kannte er weder Freunde noch Feinde - alle nahm er erbarmungslos aus.' (ebenda) |

**b) Die aterminative potentiell-usuelle Handlung / Bedeutung**

In der Bedeutung der potentiell-usuellen Handlung ist der unvo. Aspekt vor allem im **wissenschaftlichen** und **offiziell-amtlichen** Funktionalstil anzutreffen. Die potentielle Handlung hat eine modale Nuance des Obligatorischen, der Notwendigkeit, der (naturwissenschaftlichen oder juristischen) Gesetzmäßigkeit („So wird es *gewöhnlich* gemacht, so *muß* es gemacht werden"):

| | |
|---|---|
| *(О социосемантике) Слова этого типа <u>обозначают</u> также действия или отношения, участники которых <u>обладают</u> разным социальным статусом или <u>выполняют</u> разные социальные роли.(Л.П. Крысин)* | (Über die Soziosemantik) 'Wörter dieses Typs bezeichnen auch Handlungen oder Relationen, deren Teilnehmer einen unterschiedlichen sozialen Status haben oder unterschiedliche soziale Rollen ausüben.' (L.P. Krysin) |
| *(Об Уголовном Кодексе РФ) Всякий кодекс <u>регламентирует</u> какую-то сторону общественной жизни. Той самой жизни, которая разнообразна и непредсказуема настолько, что подчас не <u>поддаётся</u> никакой регламентации. Скорее всего, только что принятый УК <u>будет</u> впредь <u>исправляться</u>, <u>дополняться</u>, <u>совершенствоваться</u> на основе судебной практики. (1997/1)* | (Zum Strafgesetzbuch der RF) 'Jedes Gesetzbuch reglamentiert irgendeine Seite des gesellschaftlichen Lebens. Des Lebens, das so vielgestaltig und unvorhersagbar ist, daß es bisweilen keinerlei Reglementierung zuläßt. Es ist höchst wahrscheinlich, daß das gerade erst angenommene StGB auch in Zukunft durch die Gerichtspraxis korrigiert, ergänzt, vervollkommnet werden wird.' |

Zu dieser Erscheinungsform der potentiellen Handlung gehören auch die sog. **zeitlosen** oder **allzeitlichen** Aussagen, wie sie aus Sprichwörtern, Redensarten, Aphorismen und geflügelten Worten bekannt sind:

| | |
|---|---|
| *Одна ласточка весны не <u>делает</u>.* | 'Eine Schwalbe macht noch keinen Sommer.' |
| *Умный <u>у'чится</u>, дурак <u>у'чит</u>.* | 'Der Kluge lernt, der Dummkopf belehrt.' |

# 6 DER GEBRAUCH DER ASPEKTE (GEGENÜBERSTELLUNGEN)

*На ошибках учатся.*  'Aus Fehlern lernt man.'
*Труд человека кормит, а лень*  'Die Arbeit ernährt, die Faulheit
*портит.*  verdirbt den Menschen.'
*Дело учит и мучит и кормит.*  '(Des Menschen) Werk lehrt und
   quält und nährt.'
*Рабочие руки не знают скуки.*  'Arbeitshände kennen keine
   Langeweile.'

Aus dem Charakter der *aterminativen Verben* ergibt sich, daß für die potentiell-aterminativen Handlungen der unvo. **Aspekt obligatorisch ist**. Wenn dagegen das Subjekt durch *terminative Verben* charakterisiert wird, dann besteht *im Präsens* **Aspektsynonymie / Aspektkonkurrenz** (siehe 6.6):

*Он всегда находит найдёт*  'Er findet immer einen Ausweg
*выход из положения.*  (kann finden).'
*Он решает / решит любую*  'Er löst jede beliebige Aufgabe
*задачу.*  (kann lösen).'

## 6.5 Abstrakte Handlungen:
## Die abstrakt-konstatierende Handlung und ihre Varianten

**Konkrete** Handlungen sind situativ aktualisiert, sie gehen an einem bestimmten *Ort*, zu einer bestimmten *Zeit* vor sich (*wann* und *wo*?), sie werden *qualitativ* und *quantitativ* charakterisiert (*Wie*? *Was für ein*? *Abgeschlossen*? - *Wieviel*?), sie können *bildhaft* vorgestellt werden (siehe auch 5.4.1).

**Abstrakten** Handlungen hingegen fehlt jede Bildhaftigkeit, sie sind weder räumlich-zeitlich noch quantitativ-qualitativ charakterisiert - sie werden nur *verschwommen* und *vage* vorgestellt. Die entscheidende Information ist ihre „Faktizität", ihre Existenz/Nichtexistenz - die Tatsache, daß sie *irgendwann irgendwie* einmal stattgefunden / nicht stattgefunden haben oder stattfinden / nicht stattfinden werden.

Der folgende Abschnitt stützt sich auf Veröffentlichungen von ŠELJAKIN, RASSUDOVA, L.N. ŠVEDOVA, PADUČEVA, MULISCH und MEHLIG, die Illustrationsbeispiele sind teilweise aus SCHELJAKIN / SCHLEGEL 1970 sowie von den genannten Autoren übernommen, einige davon mit Kürzungen oder in neuer Interpretation.

## 6.5.1 Die eigentlich abstrakt-konstatierende Handlung („констатация факта")

In isolierten Handlungen, d.h. vor allem in den Repliken eines Dialogs, wird häufig der unvo. Aspekt gebraucht, wenn man eigentlich den vo. Aspekt erwarten könnte, weil aus dem Kontext die Abgeschlossenheit der Handlung zu entnehmen ist:

| | |
|---|---|
| Вы <u>смотрели</u> этот фильм? | 'Haben Sie diesen Film gesehen?' |
| Ты <u>читала</u> последний номер „СПУТНИКА"? | 'Haben Sie die letzte Nummer des „SPUTNIK" gelesen?' |
| Вы <u>будете сдавать</u> экзамен? | 'Werdet ihr an der Prüfung teilnehmen?' |

Hier liegt die **abstrakt-konstatierende Bedeutung** des unvo. Aspekts vor (общефактическое значение НСВ), die „Feststellung einer Handlung als Tatsache" (констатация действия как факта, kurz констатация факта), wie sie vor allem in der russischen *sprachpraktisch* ausgerichteten aspektologischen Literatur genannt wird.

Die Verwendung des unvo. Aspekts in abstrakt-konstatierender Bedeutung ist **eingeschränkt** - sie ist vor allem an folgende **Faktoren** gebunden bzw. abhängig von diesen:
- Verben bestimmter **semantischer Gruppen**,
- bestimmte **Redesituationen** und **Kommunikationsabsichten**,
- **Vorwissen/Informiertheit** der Kommunikationspartner,
- **Aktualisierung/Nichtaktualisierung** bzw. **referentieller Status** von Handlung und Aktanten,
- bestimmte **Kontextbedingungen**.

Wir führen die wichtigsten dieser **Faktoren** an:

a) **Semantische Gruppen von Verben** (Auswahl, in Anlehnung an MULISCH 1979):
- Verben zur Bezeichnung einer bestimmten **physischen Tätigkeit**: *варить* 'kochen', *готовить* '(Essen) zubereiten', *делать*, *звонить* 'anrufen', *обедать*, *пить*, *получать* 'erhalten', *покупать* 'kaufen', *продавать* 'verkaufen' ...
- **Antonymische Verben der Bewegung** im weitesten Sinne:

| | |
|---|---|
| *входить - выходить* | 'hineingehen - herauskommen' |
| *приезжать - уезжать* | 'ankommen - abfahren' |
| *подвозить - отвозить* | 'herantransportieren - wegtransportieren' |
| *брать - давать* | 'nehmen - geben' |

## 6 DER GEBRAUCH DER ASPEKTE (GEGENÜBERSTELLUNGEN)

включать - выключать  'einschalten - ausschalten'
открывать - закрывать  'öffnen - schließen'
вставать - ложиться, садиться  'aufstehen - sich legen / sich setzen'
подниматься - спускаться  'hinaufsteigen - herabsteigen'
Solche antonymischen Verbpaare kommen vorzugsweise in einem Sonderfall der abstrakt-konstatierenden Bedeutung des unvo. Aspekts vor - in der Handlung mit annulliertem Resultat (siehe 6.5.2).
- Verben der **Aufforderung** bzw. **Veranlassung**:
звать 'rufen', просить 'bitten', вызывать 'vorladen, rufen', посылать 'schicken', приглашать 'einladen' ...
- Verben der **Rede** und des **Denkens**:
беседовать 'sich unterhalten', говорить, выступать 'sprechen, (öffentlich) auftreten', спрашивать, отвечать;
думать, соображать 'denken', сознавать 'sich bewußt sein' ...
- Verben der **Wahrnehmung**, des **Kennens**
видеть, слышать; знать ...
- **Zustands-** und **Relationsverben**:
быть, сидеть, стоять; иметь 'haben' usw.
Die Verben dieser semantischen Gruppen sind vorwiegend *einfache unpräfigierte unvo. Verben* (Simplizia). Manche von ihnen können im terminativen Kontext syntagmatisch terminativ werden, andere nicht. Da diese aufgrund ihrer Aterminativität ohnehin keinen vo. Aspektpartner haben können, bezeichnen wir diese Variante der abstrakt-konstatierenden Bedeutung auch als *abstrakt-durativ* oder *durativ-konstatierend*. Die Aspekt*wahl* besteht daher hier und in einer Reihe ähnlicher Fälle (z.B. im Infinitiv) nicht in der Auswahl der unvo. *Form* eines gegebenen Verbs, sondern in der Wahl eben eines solchen aterminativen unvo. *Verballexems*.

### b) Redesituationen und Kommunikationsabsichten:
- Die **Frage**, ob eine Handlung (überhaupt, jemals) **stattgefunden** / nicht stattgefunden hat, und die **Antwort** darauf:

Вы <u>читали</u> эту книгу? - Да, <u>читал</u>. / Нет, не <u>читал</u>.
Ты <u>смотрела</u> этот фильм? - Да, <u>смотрела</u>. / Нет, не <u>смотрела</u>.
Вы в Москве <u>были</u>?  'Waren Sie mal in Moskau?
Да, <u>был</u>. / Нет, ещё не <u>был</u>.  - Ja, ich war (schon in Moskau). / Nein, da war ich noch nicht.'

Температуру вы <u>измеряли</u>?  'Haben Sie mal Fieber gemessen?
- <u>Измерял</u>, тридцать восемь и три.  - Habe ich, achtunddreißig drei.'
<u>Делали</u> вам прививку?  'Sind Sie (mal) geimpft worden?
- <u>Делали</u>, но очень давно. / Нет, никогда.  - Ja, aber es ist lange her. / Nein, nie.'
Вчера у врача <u>был</u> приём?  'Hatte der Arzt gestern Sprech-

- *Да, он принимал.*
*Вам объясняли лечебную процедуру? - Да, объясняли. / Ещё нет.*

'stunde? - Ja, er hatte.'
'Hat man Ihnen die Heilprozedur schon erklärt? - Ja, man hat. / Nein, noch nicht.'

(Bei einer **erwarteten** oder **beabsichtigten** Handlung steht dagegen der vo. Aspekt.)

- **Die Feststellung, daß eine Handlung stattgefunden / nicht stattgefunden hat:**
  *Вы не боитесь лететь на самолёте?*
  *- Нет, я уже летал.*
  *Вам известно, что будет дождь?*
  *- Да, предупреждали.*

  'Haben Sie keine Angst vor dem Fliegen?
  - Nein, ich bin schon geflogen.'
  'Wissen Sie, daß es regnen wird?
  - Ja, man hat mich vorgewarnt.'

- Situation der **Bestätigung** oder **Erinnerung**:
  *Когда-то я изучал латинский язык, но всё забыл.*
  *Я где-то читал, что это самая старая железная дорога в России.*

  'Ich habe mal Latein gelernt, aber (inzwischen) alles vergessen.'
  'Ich habe irgendwo gelesen, daß das die älteste Eisenbahnstrecke Rußlands ist.'

- **Generelle (absolute) Verneinung** im Präteritum:
  *Ты взял мои ключи?*
  *Нет, я не брал.*
  *Кто разбил вазу, Виктор?*
  *Нет, Виктор не разбивал.*

  'Hast du meine Schlüssel?
  - Ich habe sie nicht genommen.'
  'Wer hat die Vase zerschlagen, Viktor? - Nein, Viktor hat damit nichts zu tun.'

  *Где телеграмма? - Мы никакой телеграммы не получали.*

  'Wo ist das Telegramm? - Wir haben überhaupt kein Telegramm erhalten.'

- **Ablehnung** bzw. **Nichtwollen** im Futur:
  *Первое будете кушать / брать?*
  *- Нет, не буду. Спасибо.*
  *Я не буду подсказывать, я обещаю.*
  *Ты будешь сдавать экзамен?*
  *- Да, буду. / Нет, не буду.*

  'Nehmen Sie die (eine) Vorspeise?
  - Nein, danke.'
  'Ich werde nicht vorsagen, ich verspreche es.'
  'Wirst du die Prüfung ablegen?
  - Ja. / Nein.'

c) **Vorwissen und Informiertheit der Kommunikationspartner**

Ein Kommunikationspartner weiß nicht, ob die denotierte Handlung **stattgefunden** hat / stattfinden wird oder **nicht** - dieses Nichtwissen beseitigt er durch eine **Frage**.

## 6 DER GEBRAUCH DER ASPEKTE (GEGENÜBERSTELLUNGEN)

Der andere Kommunikationspartner **stellt fest** oder **bestätigt, daß** eine denotierte Handlung **stattgefunden** hat / stattfinden wird bzw. **nicht** stattgefunden hat / stattfinden wird.
Es geht also lediglich um die **Existenz/Nichtexistenz** der in Frage stehenden Handlung, um ihre **Faktizität**.

*Приходил он когда-нибудь*  'Ist er jemals zu dir gekommen?'
*к тебе?*
*Платил он за свой билет?*  'Hat er für seine Karte bezahlt?'

**Erwarten** dagegen die Kommunikationspartner eine bestimmte Handlung, ist ihnen bekannt, daß diese **beabsichtigt** war, muß der vo. Aspekt stehen, denn hier wird eine *ganz bestimmte* Handlung eindeutig aktualisiert (referentieller Status: definit):

*Пришёл он к намеченному*  'Ist er zur vorgesehenen Zeit
*времени?*  (tatsächlich) gekommen?'
*Он уже заплатил за билет?*  'Hat er die Eintrittskarte schon
  bezahlt?'

*Он хотел же стать учителем -*  'Er wollte doch Lehrer werden -
*поступил он в институт?*  hat er sich immatrikulieren lassen?'

Manche Autoren fassen den Begriff des „abstrakten Konstatierens" sehr weit, so daß auch die präzisierenden Fragen „*Wann? Wo? Warum? Weshalb? Wer?*" darunter fallen:

*Где вы покупали апельсины?*  'Wo haben Sie die Apfelsinen
  gekauft?' (diese liegen in der
  Einkaufstasche)
*Когда вы получали пластинки?*  'Wann haben sie die Platten
  bekommen?'
*Как вы проводили праздники?*  'Wie habt ihr die Feiertage
*- Играли в футбол.*  verbracht? - Fußball gespielt.'
*Зачем ты приходил?*  'Weshalb warst du hier?'
*Кто строил Зимний дворец?*  'Wer hat den Winterpalast erbaut?'

In diesen Fällen trägt aber nicht das verbale Prädikat die *Satzbetonung*, sondern das jeweilige *Fragewort*. Es geht nicht um die Existenz/Nichtexistenz des (einmaligen) verbalen Sachverhalts - die ist bekannt -, sondern um eine *Konkretisierung* der Handlung und ihrer Umstände. Somit handelt es sich weniger um eine *abstrakte* als eher um eine *konkrete* Handlung. Das wird u.a. dadurch bestätigt, daß hier *auch der vo. Aspekt* in seiner *konkret-faktischen* Bedeutung möglich ist (siehe die *einmalig-konstatierende Handlung* unter 6.5.2, c) und *Aspektsynonymie*, Abschnitt 6.6).

### d) Situative Aktualisierung und referentieller Status des Prädikats und seiner Aktanten

Unter Aktualisierung verstehen wir das In-Beziehung-Setzen von sprachlichen Zeichen (Wörtern, Formen) mit der objektiven Realität. Damit wird jedoch noch nicht *explizit* zwischen allgemeinen und nicht-allgemeinen (einzelnen, spezifizierten) Aussagen unterschieden. Wir schließen in den Begriff der Aktualisierung ausdrücklich die Aufhebung der Allgemeinheit ein und bezeichnen das durch den Terminus **situative Aktualisierung:** Aktualisierte sprachliche Zeichen werden mit ganz *bestimmten, einzelnen, singulären* Dingen und Erscheinungen, Relationen und Prozessen oder Komplexen davon, mit *bestimmten, konkreten* Situationen, in Beziehung gesetzt - ihr **referentieller Status** ist **definit** (nicht zu verwechseln mit der sprachlichen, textuellen Bestimmtheit, die durch definite und indefinite Artikel, Pronomina usw. ausgedrückt wird!).

Zwischen Aktualisierung und Aspekt besteht eine asymmetrische Beziehung: Der **vo. Aspekt** bewirkt immer eine **situative Aktualisierung,** die situative Aktualisierung hingegen ist nur eine Voraussetzung für den vo. Aspekt, bedingt ihn aber nicht. **Nichtaktualisierung** erfordert zwingend den **unvo. Aspekt.** Vgl. dazu LEHMANN 1984: Der Aspekt besteht „in der Opposition der Bedeutungen 'Ausdruck von aktuellen Ereignissen' (perfektiver Aspekt ...) - 'kein Ausdruck von aktuellen Ereignissen' (imperfektiver Aspekt ...) ..."

Bei der abstrakt-konstatierenden Bedeutung des unvo. Aspekts ist die *Handlung* **nicht situativ aktualisiert** - sie bleibt abstrakt, verschwommen, vage, ist nicht auf der Zeitlinie lokalisiert. Sie erfordert obligatorisch den unvo. Aspekt. Ist dagegen die Unbestimmtheit aufgehoben, die Handlung (mehr oder weniger) situativ aktualisiert, dann sind beide Aspekte möglich - **Aspektsynonymie.** Dann handelt es sich jedoch um eine **abgestufte Konkretheit** - zwischen den beiden Polen *abstrakt - konkret, unbestimmt - bestimmt:*

*Вы покупали апельсины?*      'Haben Sie schon mal Apfelsinen
gekauft?' (nicht aktualisiert, Handlung und Objekt unbestimmt = abstrakt-konstatierende Bedeutung)

*Где вы покупали / купили а.?*      'Wo haben Sie die Apfelsinen
gekauft?' (Objekt aktualisiert, bestimmt, Handlung bestimmt, aber nicht lokalisiert = Übergang zwischen abstrakt-konstatierender und konkret-ablaufender / konkret-vollzogener Handlung)

*Кто покупал / купил апельсины?* 'Wer hat die Apfelsinen gekauft?'
(Objekt und Handlung aktualisiert, bestimmt, Subjekt unbekannt, aber bestimmt - Synonymie zwischen konkret-ablaufender und konkret-vollzogener Handlung)

### e) Kontextbedingungen:
Meistens setzt die abstrakt-konstatierende Bedeutung das Vorhandensein einer inneren Grenze im Verb und/oder im Kontext voraus, d.h. ein syntagmatisch terminatives Verb im terminativen Kontext. Die prototypische „констатация факта" besteht vorwiegend aus *unpräfigierten unvo. Verben* (Simplizia) in einem *terminativen Kontext,* meist in Gestalt eines Akkusativobjekts als extraverbaler innerer Grenze:

*Вы его там видели? -*      'Haben Sie ihn dort gesehen? -
*Видел, но только один или*      - Ja, aber nur ein oder zwei Mal.'

*два раза.*
*Вы уже пробовали московское мороженое?*
*Вам будут звонить, не отходите от телефона.*

'Haben Sie schon das Moskauer Eis probiert?'
'Man wird Sie anrufen, bleiben Sie am Apparat.'

## 6.5.2 Sonderformen der abstrakt-konstatierenden Handlung / Bedeutung

Neben der *eigentlich* abstrakt-konstatierenden Bedeutung (oder abstrakt-konstatierenden Bedeutung *im engeren Sinne*, siehe 6.5.1) können einige Sonderformen (Varianten) unterschieden werden:

**a) Die „Handlung mit annulliertem Resultat"** (действие с аннулированным результатом)
Die Zahl der Verben, bei denen dieser Sonderfall vorliegen kann, ist relativ gering. Es handelt sich meist um **antonymische Paare** von Verben der Bewegung im weitesten Sinne, mit den *paarigen Verben der Fortbewegung* als *Kern* (siehe oben, 6.5.1 a)). Diese Verben drücken eine *Bewegung in einer Richtung* aus, die durch die Distanz zum Redemoment für ungültig erklärt wird. Das impliziert somit die gegenläufige Bewegung:

*Вы сегодня вставали?*
*(= встали и легли)*
*Вы уже открывали окно?*
*( открыли и закрыли)*
*Приходил кто-нибудь?*
*(= пришёл и ушёл)*
*На прошлой неделе приезжали мои родители.*
*(= приехали и уехали обратно)*

'Waren Sie heute mal auf?'

'Hatten Sie heute schon mal das Fenster offen (aufgemacht)?'
'War jemand da?'

'Vorige Woche waren meine Eltern zu Besuch.'

Die gleiche Situation kann jeweils durch die beiden antonymischen Verben im vo. Aspekt (konkret-vollzogene Handlung) explizit wiedergegeben werden.

**b) Die abstrakt-konstatierende Bedeutung bei den indeterminierten Verben der Fortbewegung**
Eine ähnliche Situation kann durch die indeterminierten Simplizia der Verben der Fortbewegung bezeichnet werden, jedoch ist der Hintergrund völlig anders:

*Вчера мы ходили на концерт.*
*(= Мы были на концерте.)*
*Недавно он ездил в Москву.*
*(= Он был в Москве.)*

'Gestern waren wir im Konzert.'

'Neulich war er in Moskau.'

Die Bedeutung der indeterminierten Simplizia ist eine 'Bewegung nicht in einer Richtung', also entweder 'umher' (*по комнате*) oder 'hin und zurück' (mit Angabe des Zieles). Bei der angeführten Verwendung ist nur aus dem sprachlichen und situativen Kontext ersichtlich, daß es um eine *einmalige* Hin- und Zurückbewegung geht - niemand wird an einem Tag mehrmals ins Konzert gehen oder nach Moskau fahren. Es handelt sich demnach um eine „констатация факта" im engeren Sinne. Die anzunehmende Einmaligkeit bewirkt allerdings eine abgestufte *Konkretisierung*, so daß bei einer *beabsichtigen* bzw. *erwarteten* Bewegung auch der vo. Aspekt möglich wird (*Он ездил   съездил в Москву?*).

**c) Die einmalig konkret-konstatierende Bedeutung des unvo. Aspekts**
Der Übergangscharakter von Handlungen, deren *Einmaligkeit* bekannt ist oder vorausgesetzt werden kann, wurde oben bereits erwähnt (6.5 c)):

*Вы обедали / пообедали?*
*Где вы покупали / купили (эти) апельсины?*
*Когда вы получали / получили (эти) пластинки?*
*Как вы проводили   провели праздники?*
*Зачем ты приходил / пришёл?*
*Кто строил / построил Зимний дворец?*

Hier liegt „nur" ein Wechsel der **Perspektive** vor - Fokussierung des *Ergebnisses* oder Fokussierung des *Verlaufs*, wobei die allgemeine Aussage gleich bleibt. Wir haben es offensichtlich mit **Übergangserscheinungen** zu tun, wenn die *Einmaligkeit* der Handlung bekannt ist - die Handlung ist eher *konkret* denn *abstrakt*. Dieser abgestuften Konkretheit/Abstraktheit zwischen den beiden Polen versuchen manche Autoren durch entsprechende Termini Rechnung zu tragen:
- **abstrakt-vollzogene** Handlung (SCHELJAKIN / SCHLEGEL 1970),
- **единично-фактическая** функция НСВ (ŠELJAKIN 1989),
- **частно-фактическое** значение НСВ (ŠELJAKIN 1993),
- **общефактическое конкретное** значение НСВ (PADUČEVA 1991),
- **общефактическое акциональное** значение НСВ (ebenda).

Es ist fraglich, ob diese Handlungen / Bedeutungen / Funktionen überhaupt der „констатация действия как факта" zugerechnet werden sollten, wenngleich ein gewisser Grad von Abstraktheit sicher noch festzustellen ist. Wir schlagen daher vor, den Doppelcharakter dieser Handlungen / Bedeutungen durch den Terminus
- **konkret-konstatierende = einmalig-konstatierende Handlung / Bedeutung**

zum Ausdruck zu bringen.
Anders liegen die Dinge bei *Ansagen* wie

*Мы **передавали** последние*               'Wir brachten Nachrichten.'
*известия.*
*Вы слушали музыкально-лите-*               'Sie hörten ein musikalisch-
*ратурный концерт.*                          literarisches Konzert.'

Hier sollte bereits von einer *konkreten Prozeßbedeutung* ausgegangen werden.

## 6 Der Gebrauch der Aspekte (Gegenüberstellungen)

**d) Die neutrale (nichtqualifizierte) Bedeutung des unvo. Aspekts**
Vielfach fällt es schwer, bestimmte Verben des unvo. Aspekts einem bestimmten Handlungstyp oder einer bestimmten speziellen Bedeutung zuzuordnen. Will man dann diese „nichtqualifizierten" (und nicht bestimmbaren) Handlungen (неквалифицированное действие-состояние nach ŠACHMATOV) nicht in den „Abfalleimer" der abstrakt-konstatierenden Handlungen werfen, dann bietet sich ein Ausweg an, wie er von BONDARKO gewiesen wird: Er setzt an das Ende der Hierarchie von speziellen Bedeutungen des unvo. Aspekts die „neutrale (nichtqualifizierte) Bedeutung", ohne dies jedoch näher auszuführen:
„реляционное (значение ) (*Финляндия граничит с Россией*)
потенциально-качественное (*Он играет на скрипке, поёт и танцует*)
нейтральное („неквалифицированное") (*Я хочу есть; Я вам верю; Он не может ждать*)" (1995, 24).
Mit dieser *neutralen Bedeutung* des unvo. Aspekts könnten viele Verwendungen erklärt werden, die heute noch strittig sind.

**Zusatzinformation:** Zum Problem der abstrakt-konstatierenden Bedeutung des unvo. Aspekts hat es unter den Aspektologen teilweise heftige Diskussionen gegeben. Trotz zahlreicher Veröffentlichungen zu diesem Thema besteht weiterhin allgemeine Unsicherheit, welche Fälle dieser speziellen Bedeutung zuzuordnen sind. Offenbar sind ihre Merkmale nicht immer bekannt, werden teils nicht anerkannt oder auch einfach nicht beachtet. Manchmal scheint es, daß alle Aspektverwendungen, die nicht ohne weiteres zu erklären sind, unter die „констатация факта" subsumiert werden.
Unsere Beobachtungen laufen darauf hinaus, daß die abstrakt-konstatierende Bedeutung nur eine geringe Vorkommenshäufigkeit (Extension) aufweist, da sie an eine relativ große Anzahl von Merkmalen bzw. Bedingungen geknüpft ist (Intension). In den 3000 von uns analysierten Verben aus fortlaufenden Texten unterschiedlicher Funktionalstile (siehe SCHLEGEL 1999, 207ff.) kam die abstrakt-konstatierende Bedeutung nur bei 0,3 bis 2,0 %, die abstrakt-durative Bedeutung bei zusätzlichen 0,4 bis 1,1 % aller Verben vor - und zwar vorwiegend in der (fiktiven) mündlichen Kommunikation und fast ausschließlich in belletristischen, nicht aber in wissenschaftlichen oder offiziell-amtlichen Texten. Daher kann die abstrakt-konstatierende Bedeutung nicht als Massenerscheinung gewertet werden.
Die *existenzielle* Bedeutung (hat die Handlung überhaupt stattgefunden oder nicht?) betrachten wir als die *eigentlich abstrakt-konstatierende Bedeutung* des unvo. Aspekts, als die констатация факта *im engeren Sinne*. Die *konkret*-konstatierende Bedeutung (общефактическое конкретное: *Вы обедали?*) gehört bereits zur „Konstatierung einer Handlung als Fakt" im *weiteren* Sinne, ebenso die *Präzisierung von Details* einer erfolgten Handlung - handelnde Person, Ort, Zeit - in der „aktionalen" Bedeutung PADUČEVAS (*Где апельсины покупали?*) bzw. der „speziell-faktischen" Bedeutung bei ŠELJAKIN („частнофактическое": *Кто покупал эти билеты?* - siehe 1993, 142 russ.). Diese letzteren sind Grenzfälle, die bereits der konkreten Prozeßbedeutung zugerechnet werden können.
Ein anderer Diskussionsgegenstand ist die Frage nach der *Rolle des Bezugsmoments* in der abstrakt-konstatierenden Bedeutung. Der Umstand, daß ein Bezugsmoment nicht präzise lokalisiert werden kann (*Вы смотрели этот фильм? Ты сочинял когда-нибудь какие-нибудь стихи?*), wird dahingehend interpretiert, daß die Bezugsmomenttheorie nur die *Verlaufs*bedeutung erfasse, aber für die *abstrakt*-konstatierende Bedeutung, insbesondere beim

„annullierten Resultat", wie auch für alle „polytemporalen" Handlungen nicht anwendbar sei (RSG 2, 1988, 81f. u.a.). Analoge Beispiele nennt LEHMANN: „(19) *он открывал дверь* (zum Bezugszeitpunkt ist die Tür wieder zu); (20) *он приходил* (zum Bezugszeitpunkt ist er nicht mehr da)" (1984, 70). Der Denkfehler liegt hier darin, daß das Resultat nicht zum Bezugsmoment, sondern zum *Redemoment* („Sprechzeitpunkt") nicht mehr vorhanden / annulliert ist. Der unvo. Aspekt von *открывал, приходил* markiert die *zeitliche Distanz* des Sprechers zum Ausgesagten (vgl. MEHLIG 1995, 191; PADUČEVA 1991, 40ff.), die Handlung *hat stattgefunden* (das Fenster *wurde* in der Vergangenheit geöffnet, er *ist* dagewesen), obwohl der Augenschein dagegen spricht, da das Fenster *jetzt* (d.h. zum realen oder fiktiven Redemoment) geschlossen bzw. „er" nicht mehr anwesend ist. Der potentielle Bezugsmoment liegt also - nicht genau lokalisierbar - in der Vergangenheit, in der Distanz, es ergibt sich die Inferenz, daß der *Folgezustand* der Handlung *zum Redemoment* nicht mehr besteht, obwohl er in der Vergangenheit eingetreten war (vgl. LEHMANN 1984, 71).

## 6.5.3 Zusammenfassung: Merkmale der abstrakt-konstatierenden Handlung / Bedeutung:

Für den praktischen Sprachgebrauch können die **Merkmale** und **Bedingungen** der abstrakt-konstatierenden Handlung / Bedeutung in den folgenden **Merksätzen** zusammengefaßt werden:

Merksätze:

**Kriterium** der abstrakt-konstatierenden Handlung / Bedeutung ist
- die **Frage, ob** und
- die **Antwort** bzw. die **Feststellung, daß**
eine Handlung *stattgefunden / nicht stattgefunden* hat
oder *stattfinden / nicht stattfinden* wird.
Der **unvo. Aspekt ist in diesem Falle obligatorisch**:
*Вы читали вчерашнюю газету? - Конечно, читал. / Нет, не читал.*
*Ты будешь сдавать экзамен? - Да, буду. / Нет, не буду.*
*Мы никакой телеграммы не получали.*

Die **Fragen Wo? Wann? Wer?**
stellen eine **abgestufte Konkretisierung** und **Aktualisierung** zwischen abstrakt-konstatierender und konkret-ablaufender / konkret-vollzogener Handlung dar.
In diesen Fällen können **beide Aspekte** verwendet werden (**Aspektsynonymie**):
*Где / Когда вы покупали / купили (эти) апельсины?*
*Кто покупал / купил (эти) апельсины?*

Die angeführten Merkmale, Faktoren und Bedingungen ergeben in ihrer **Gesamtheit** das Wesen der abstrakt-konstatierenden Handlung / Bedeutung

einschließlich ihrer Sonderfälle, wenngleich die *gleichzeitige* Anwesenheit *aller* Merkmale nicht obligatorisch ist:
- **Faktizität, Satzakzent auf dem Verb** (auf dem Rhema),
- **Abstraktheit** (keine qualitative oder quantitative Charakterisierung),
- **Unbestimmtheit der Zeit** des Vollzugs (нелокализованность действия),
- **Isoliertheit** (meist Repliken eines Dialogs - direkte, indirekte, erzählte Rede),
- **Teilbarkeit/Wiederholbarkeit** der Handlung (кратность действия, der mono-/polytemporale Charakter der Handlung kann oft nicht bestimmt werden, diese sollte aber bis zum Beweis des Gegenteils als monotemporal gelten),
- **Resultativität** (oft Simplizia im terminativen Kontext),
- **Distanz zum Redemoment** (разобщённость действия с моментом речи),
- **Retrospektiver Orientierungspunkt** (ретроспективная точка отсчета).

## 6.6 Aspektsynonymie (Aspektkonkurrenz)

Nachdem wir in den Abschnitten 6.4 und 6.5 bereits mehrfach am Rande auf die Aspektsynonymie - oder Aspektkonkurrenz, wie sie oft bezeichnet wird - eingegangen sind, ist es nun an der Zeit, systematisierend zusammenzufassen und die gemeinsamen Grundlagen, Faktoren und Bedingungen herauszuarbeiten.

Von **Aspektkonkurrenz** wird - vornehmlich in der sprach*praktisch* ausgerichteten linguistischen Literatur - gesprochen, wenn der vo. und der unvo. Aspekt *gleiche* oder *ähnliche Funktionen* übernehmen können: Bezeichnung der begrenzten Wiederholung, der begrenzten Dauer, einer Gewohnheit, der Faktizität (Existenz, Vorhandensein/Fehlen = наличие/отсутствие) einer einmaligen Handlung und dgl. mehr. Wir gebrauchen in Anlehnung an ŠELJAKIN gleichberechtigt den Terminus **Aspektsynonymie**, der uns als *linguistischer* Terminus adäquater erscheint.

Die Aspektsynonymie kann nie vollständig sein - trotz der Übereinstimmung in der *wesentlichen Aussage* behält jeder Aspekt seine spezifischen Eigenarten, wodurch **Nuancen** in der subjektiven Interpretation aspektualer Situationen wiedergegeben werden. Diese Bedeutungsnuancen sind meist gering, so daß sie vom *Anfänger* zunächst vernachlässigt werden können. Für den aktiven Aspektgebrauch muß dann der *unvo. Aspekt empfohlen* werden, der nicht an besondere Bedingungen gebunden ist. Für den *Fortgeschrittenen* ist jedoch die Kenntnis auch der Bedeutungsschattierungen nicht unwesentlich.

Aspektsynonymie ist nur in bestimmten *situativen* und *sprachlichen* *Kontexten* möglich.

## 6.6.1 Aspektsynonymie und Kontext

Auf der Ebene des Sprachsystems - auf **paradigmatischer** Ebene - wird der Aspektgegensatz durch die *Allgemeinbedeutungen* beider Aspekte gebildet:
- **Vorzeitigkeit/Nichtvorzeitigkeit** der Handlung gegenüber dem Bezugsmoment,
- **Erreichtsein/Nichterreichtsein** der **Handlungsgrenze** zum Bezugsmoment,
- **Ganzheitlichkeit/Nichtganzheitlichkeit** der Handlung zum Bezugsmoment.

Diese privative Opposition beruht auf der Asymmetrie der Merkmale - das „markierte" Glied hat jeweils ein **begrenzendes** Merkmal, das „unmarkierte" Glied ein nichtbegrenzendes Merkmal (siehe Kap. 4).

Auf **syntagmatischer** Ebene ergeben sich als *kontextbedingte Varianten* der Allgemeinbedeutungen die *speziellen Aspektbedeutungen*. Der Kontext wirkt mit den Allgemeinbedeutungen zusammen: Der **terminative Kontext** *bestätigt* und *bekräftigt* die begrenzenden Merkmale des vo. Aspekts (Redundanz), oder er fügt den nichtbegrenzenden Merkmalen des unvo. Aspekts eine Begrenzung hinzu (Rekategorisierung). Der **aterminative Kontext** *bestätigt* die nichtbegrenzenden Merkmale des unvo. Aspekts (Redundanz), oder er *neutralisiert* die begrenzenden Merkmale des vo. Aspekts durch Nichtbegrenzung (Rekategorisierung). (Siehe auch Kap. 5.).

Es läßt sich folgende Gesetzmäßigkeit feststellen:

> Nur wenn der **Kontext** (die Situation) die **Funktion des einen Aspekts** übernimmt, kann auch der andere **Aspekt** an seine Stelle treten.

Zu den Funktionen des vo. **Aspekts** gehört es z.B., die **Begrenzung** einer Handlung zu kennzeichnen. Wenn aber in der begrenzt-wiederholten und der begrenzt-durativen Handlung eine Begrenzung bereits im Kontext erfolgt (*5 раз, весь день* usw.), dann kann eine nochmalige Begrenzung durch den vo. Aspekt entfallen und der unvo. Aspekt an seine Stelle treten.

Umgekehrt ist der Ausdruck der **Wiederholung** eine der Funktionen des **unvo. Aspekts**. Wenn aber eine Wiederholung bereits in bestimmten Kontexten ausgedrückt ist, die Begrenzung also neutralisiert wird, dann kann in der potentiell-terminativen Handlung sowie in wiederholten Handlungsketten auch der vo. Aspekt auftreten.

Diese Regel ist *nicht umkehrbar*, sie enthält eine *notwendige*, aber *nicht hinreichende* Bedingung für die Aspektsynonymie. Es ist sicher auch nicht richtig, *nur* von Redundanz zu sprechen, wenn die Funktionen von Kontext und Aspekt zusammenfallen. Gerade die **Übereinstimmung/Nichtübereinstimmung** von *Aspektfunktion* und *Kontext* schafft ja die stilistischen Bedeutungsnuancen, von den oben die Rede war.

## 6.6.2 Aspektsynonymie bei isolierten Handlungen

In den folgenden Fällen ist die **Voraussetzung** für die Aspektsynonymie ein **terminativer Kontext** - nur im terminativen Kontext ist eine Verwendung des vo. Aspekts möglich, und der unvo. Aspekt kann die gleichen Funktionen erfüllen, weil die begrenzenden Merkmale durch den Kontext hinzugefügt oder aufgrund unseres Weltwissens vorausgesetzt werden. Dabei sind nicht alle Merkmale gleichermaßen relevant - es geht hier vor allem um
* die **Einmaligkeit** (einschließlich der *summarischen/komplexen* Einmaligkeit),
* das Vorhandensein einer **Handlungsgrenze** (unabhängig davon, ob *erreicht* oder *nicht*),
* die **Ganzheitlichkeit** (Anfang, „Mitte" und Ende erreicht bzw. vorausgesetzt),
* die **Aktualisierung** der Handlung / aktionalen Situation (nach MEHLIG auch *determinierte Referenz*, d.h. Bezugnahme auf eine ganz *bestimmte* Handlung).

(Vgl. auch L.N. ŠVEDOVA 1984.)
Für diese Handlungen ist jedoch nur dann Aspektsynonymie möglich, wenn sie **isoliert** auftreten. Werden sie zu anderen Handlungen in Beziehung gesetzt (korrelative Handlungen), dann ordnen sie sich den allgemeinen Aspektregeln unter: Gleichzeitigkeit - unvo. Aspekt, Aufeinanderfolge - vo. Aspekt.

### a) Die begrenzt-wiederholte Handlung

Die quantitativ nicht begrenzte Handlung wird immer mit dem unvo. Aspekt wiedergegeben (*Они встречались каждый день* 'Sie trafen sich täglich.'). Ist jedoch die Handlung auf der Zeitlinie durch die **Anzahl der Wiederholungen begrenzt**, so können für die isolierte Handlung in Präteritum und Futur beide Aspekte gebraucht werden:
*Он читал прочитал телеграмму* 'Er las das Telegramm dreimal *три раза (несколько раз).* (mehrmals).'
Diese Möglichkeit besteht jedoch nicht unbeschränkt:
Der **vo. Aspekt** bezeichnet das dreimalige Lesen im *zusammenfassenden* Rückblick, *ganzheitlich* (in einem Zuge), *summarisch* (Einheit des Objekts, „summarische Einmaligkeit"), zeitlich *lokalisiert* (der Abschluß der Gesamthandlung kann auf der Zeitlinie fixiert werden, *determininierte* Referenz) und aus der „*Außenperspektive*". Die Handlung muß durch das Subjekt *kontrollierbar* sein und *reversibel* - nach dem Abschluß jeder Teilhandlung kann das Subjekt zum Ausgangspunkt zurückkehren, um von neuem zu beginnen.
**Schematische Darstellung:**

```
        (→ → →)  |
        ─────────┼─────
          BM     |  RM
```

Die begrenzt-wiederholte Handlung im unvo. Aspekt wird dagegen aus der „*Innenperspektive*" betrachtet - nicht zusammenfassend und rückblickend, sondern jede Wiederholung *einzeln*, für sich. Der Sprecher/Hörer versetzt sich in eine Zeit *parallel* zur Handlung („Psychisches Jetzt" nach LEHMANN), in eine Zeit, da der Abschluß der letzten Handlung noch nicht erfolgt ist. Die Wiederholung ist daher weder summarisch noch zeitlich lokalisiert (*indeterminierte* Referenz).

**Schematische Darstellung:**

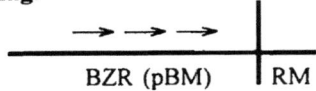

BZR (pBM)    RM

Diese Unterschiede zwischen dem vo. und dem unvo. Aspekt kommen noch deutlicher in den folgenden Beispielen zum Ausdruck:

... *первая его жена рожала 27 раз:* ...    '... seine erste Frau kam 27 Mal nieder ...'

... *жена его в новом браке рожала 6 раз* ...*(Мушкина 1997/8)*    '... seine Frau kam in der neuen Ehe 6 Mal nieder ...' (Muškina - die Rede ist von Mehrlingsgeburten)

... *Авдотья Максимовна родила графу одиннадцать детей.* *(Мариничева 1991 10)*    '... A.M. gebar dem Grafen elf Kinder.' (Mariničeva)

Einschränkend muß weiter erwähnt werden, daß die *multiplikativen* Verben, die zur Bezeichnung einer Reihe gleichartiger Akte dienen, *nicht* mit einer lexikalischen Begrenzung verbunden werden können. Es muß daher heißen:

*Она три раза кри'кнула / сту'кнула пры'гнула махну'ла рукой.*    'Sie rief / klopfte / sprang / winkte dreimal.' (semelfaktive Aktionsart)

Der Gebrauch der multiplikativen Verben *кричать, стучать* usw. wäre in diesen Sätzen falsch.

**b) Die begrenzt-durative (begrenzt-andauernde) Handlung**

Zeitlich nicht begrenzte andauernde Handlungen erfordern obligatorisch den unvo. Aspekt (*Волга течёт на юг* 'Die Wolga fließt nach Süden'; *Он водит грузовик = Он водитель грузовика* 'Er fährt einen LKW = Er ist LKW-Fahrer').

Ist jedoch die **Dauer** der Handlung **begrenzt**, was durch lexikalische Indikatoren ausgedrückt wird, so sind im Präteritum und Futur wiederum beide Aspekte möglich:

*Она жила' / прожила' 5 лет в деревне.*    'Sie lebte 5 Jahre auf dem Lande / hatte gelebt...'

## 6 DER GEBRAUCH DER ASPEKTE (GEGENÜBERSTELLUNGEN)

Он *будет служи'ть / прослу'жит*    'Er wird vier Jahre in der Flotte
*четыре года на флоте.*    dienen.'
Они *работали / поработали на*    'Sie arbeiteten nur einen Monat
*этом заводе только один месяц.*    in diesem Werk.'

Die zeitliche Perspektive der begrenzt-andauernden Handlung ist analog derjenigen der begrenzt-wiederholten Handlung:
Der vo. Aspekt bezeichnet den zusammenfassenden Rückblick vom Bezugsmoment auf die bereits abgeschlossene Dauer der Handlung, der unvo. Aspekt führt uns mitten in die noch andauernde Handlung hinein, die den ganzen denotierten Zeitabschnitt (Zeitraum) ausfüllt:

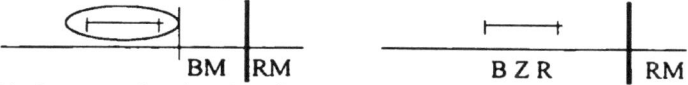

    BM   RM         BZR        RM

Die begrenzt-durative Handlung kann im vo. Aspekt nur durch Verben der *delimitativen* und der *perdurativen Aktionsart* ausgedrückt werden:
**Delimitative Verben**: *поиграть* 'eine Weile / ein wenig spielen' (mit der Nebenbedeutung 'relativ kurz'), ebenso *погулять, поговорить, поспать, позаниматься* ...
Mit den delimitativen Verben kann eine *kurze Dauer* auch *ohne* weitere lexikalische Indikatoren bezeichnet werden:
*Где вы были?*    'Wo wart ihr?
- *Мы погуляли в парке.*    - Wir sind eine Weile im Park spazieren
        gegangen.'
Mehrere aufeinanderfolgende delimitative Verben bezeichnen meist keine Aufeinanderfolge von Handlungen, sondern ein „Bündel" gleichzeitiger Handlungen, die während des gleichen begrenzten Zeitabschnitts vollzogen wurden:
*Мы с ним ещё постояли,*    'Wir haben mit ihm noch eine Weile
*поговорили, пошутили.*    gestanden, uns unterhalten, gescherzt.'
Wenn die kurze Dauer durch *немного* bezeichnet wird, muß in der Regel der vo. Aspekt der delimitativen Aktionsart gebraucht werden.
**Perdurative Verben**: *проработать весь вечер* 'die ganze Nacht hindurch arbeiten' (mit der Nebenbedeutung 'relative lange'), ebenso *проспать три часа, проездить несколько недель* 'mehrere Wochen hindurch umherfahren' (mehrere Wochen „verfahren"). Die perdurativen Verben müssen *immer* durch die *Angabe der Zeitdauer* präzisiert werden.
Wenn bei **resultativen** Verben das Resultat *nach einem Zeitraum* erreicht wird, so ist die Präposition *за* vor der Zeitangabe erforderlich:
*Он написал статью за три дня.*    'Er schrieb (verfaßte) den Artikel in
        3 Tagen.' (brauchte 3 Tage)
Vgl. dagegen:
*Он писал статью три дня.*    'Er schrieb 3 Tage an dem Artikel.'

## c) Die terminativ-potentielle Handlung

Potentielle Handlungen, die mit **aterminativen** Verben bezeichnet werden, also *Verläufe* bzw. *Zustände*, erfordern obligatorisch den unvo. Aspekt (*Он хорошо поём* 'Er singt gut = Er kann gut singen'). Wird hingegen das Subjekt durch **terminative** Verben charakterisiert - durch isolierte potentiell-terminative Handlungen -, so sind im *Präsens* beide Aspekte möglich:

*Он всегда находит найдёт выход*     'Er findet immer einen
*из положения.*     Ausweg.'

Die charakterisierenden Handlungen sind auf ein bestimmtes Ziel gerichtet und finden mit dessen Erreichung notwendig ihren Abschluß.

Der vo. Aspekt kennzeichnet die *Möglichkeit* oder *Neigung* des Subjekts, bei Vorhandensein bestimmter Bedingungen in bestimmten Situationen eine solche Handlung zu vollziehen. Das geschieht von Zeit zu Zeit, unregelmäßig, *sporadisch*. Man könnte daher beim Gebrauch des vo. Aspekts auch von einer „*potentiell-sporadischen*" Handlung sprechen.

Der unvo. Aspekt unterstreicht mehr eine *ständige Fähigkeit* oder *Möglichkeit* des Subjekts, die jeweilige Handlung auszuführen.

Zum Ausdruck potentiell-terminativer Handlungen dienen in der Regel **transitive Verben**:

*Он решает / решит любую задачу.*     'Er löst jede erdenkliche
    Aufgabe / kann ... lösen.'

*Она всегда делает / сделает всё,*     'Sie macht immer alles,
*о чём я прошу попрошу.*     worum ich sie auch bitte.'

Zuweilen sind auch **intransitive Verben** möglich:

*Мало ли что случается / случится*     'Dem Menschen kann alles
*с человеком.*     mögliche passieren.'

*Он всегда помогает / поможет*     'Er ist immer bereit, einem
*отставшему товарищу.*     zurückgebliebenen Kameraden zu helfen.'

Die potentiell-terminative Handlung des vo. Aspekts sollte nicht mit der einmaligen (monotemporalen) konkret-vollzogenen Handlung im Futur verwechselt werden (*Он решит эту задачу* 'Er wird diese Aufgabe lösen', referentieller Status: definit). Bei der *polytemporalen* potentiell-terminativen Handlung tritt der vo. Aspekt in seiner **anschaulich-exemplarischen Bedeutung** auf, d.h. ein Beispiel repräsentiert anschaulich eine ganze Reihe gleicher oder ähnlicher Situationen. Die anschaulich-exemplarische Bedeutung des vo. Aspekts wird gewöhnlich - bei einem nicht situativ-aktualisierten Objekt (referentieller Status: indefinit) - von lexikalischen Indikatoren begleitet, die den polytemporalen Charakter der Handlung deutlich machen: *всегда, любой* u.a. Der vo. Aspekt macht die Aussage *kategorisch*: 'Er löst auf jeden Fall jede Aufgabe'; 'Sie macht unbedingt alles, worum ich sie bitte'.

d) **Einmalige konkret-konstatierende - konkret-ablaufende - konkret-vollzogene Handlungen**
Die **abstrakt-konstatierende** Handlung erfordert obligatorisch den *unvo. Aspekt* (*Ты читал сегодняшнюю газету?*). Von allen konkreten Merkmalen dieser Handlung wird abstrahiert - Einmaligkeit oder Mehrmaligkeit, Lokalisierung in der Zeit, Vorliegen oder Fehlen eines Resultats werden als *unwesentlich* beiseite gelassen. Lediglich ihre *Faktizität*, ihre *Existenz/Nichtexistenz* macht den Informationsgehalt einer solchen Äußerung aus, die *Frage, ob* bzw. die *Feststellung, daß* eine Handlung irgendwann mindestens einmal ausgeführt worden ist.

Liegt jedoch durch den sprachlichen bzw. situativen Kontext eine *Begrenzung* der Handlung vor, ist also ihre *Einmaligkeit*, ihr *Resultat* bekannt oder können diese vorausgesetzt werden, dann konkurriert die (einmalige) **konkret-konstatierende** Handlung mit der (einmaligen) **konkret-ablaufenden** und der (einmaligen) **konkret-vollzogenen** in abgestufter Konkretheit/Abstraktheit, es sind beide Aspekte möglich (siehe Abschnitt 5.5):

- Es wird nach dem **Resultat** gefragt:

*Вы обедали / пообедали?*     'Haben Sie (schon) zu Mittag gegessen?'

*Ты голоден?*
*- Нет, я уже обедал / пообедал.*     'Bist du hungrig? - Nein, ich habe schon gegessen.'

*Вы уже принимали / приняли капли?*     'Haben sie schon die Tropfen eingenommen?'

*Ты уже ходил / сходил на почту?*     'Warst du schon auf der Post?'

*Вы ездили / съездили в Москву?*     'Waren Sie in Moskau?'

Aber nur:

*Как вы съездили в Москву?*     'Haben Sie die Reise nach Moskau gut überstanden?'

- Ein Resultat liegt vor, das **Subjekt** der Handlung wird **konkretisiert**:

*Кто строил построил Зимний дворец?*     'Wer hat den Winterpalast gebaut / erbaut?'

*Кто (из вас) покупал / купил билеты?*     'Wer (von euch) hat die Karten gekauft?'

*Кто писал / написал эту картину?*     'Wer hat dieses Bild gemalt?'

*Кто открывал / открыл окно?*     'Wer hat das Fenster aufgemacht?' (das Fenster ist offen)

Der unvo. Aspekt unterstreicht dabei das *Subjekt* der Handlung, der vo. Aspekt deren *Resultat*:

*Кто строил Зимний дворец? - Кто построил Зимний дворец?*

- Eine bekannte / vorausgesetzte **Handlung** wird **konkretisiert**:
  | | |
  |---|---|
  | *Где вы покупали / купили апельсины?* | 'Wo haben Sie die Apfelsinen gekauft?' |
  | *Где вы проводили / провели откпуск?* | 'Wo haben Sie den Urlaub verbracht?' |
  | *Какое лекарство ты сегодня принимал / принял?* | 'Welche Arznei hast du heute genommen?' |

  Die beiden Aspekt können dabei unterschiedliche Antwortern verlangen:
  *Как вы проводили праздники? - Мы играли в футбол, ходили на танцы, гуляли.*
  *Как вы провели праздники?- Спасибо, хорошо.*

- Aspektsynonymie bei den **Verben des Sprechens** und **Mitteilens**:
  | | |
  |---|---|
  | *Ты мне только что совсем другое говорил / сказал!* | 'Du hast mir doch eben etwas anderes gesagt!' |
  | *Он писал / написал мне, что не приедет.* | 'Er hat mir geschrieben, daß er nicht kommen wird.' |
  | *Она просила / попросила меня вернуть книгу.* | 'Sie hat mich gebeten, das Buch zurückzugeben.' |
  | *Вчера передавали / передали по радио, что будет дождь.* | 'Gestern wurde im Radio gemeldet, daß es regnen wird.' |

e) **Koinzidenz bei Verben des Sprechens**

Aspektsynonymie liegt häufig beim *Zusammenfall* von *Handlung* und *Sprechakt* vor (Koinzidenz):
| | |
|---|---|
| *Прошу / попрошу слова!* | 'Ich bitte ums Wort!' |
| *Ты неправильно поступил, вот что я тебе говорю / скажу!* | 'Du hast falsch gehandelt, das will / muß ich dir sagen!' |

Der Gebrauch des vo. Aspekts ist modal gefärbt, er unterstreicht die Handlung als einen Willensakt (*скажу = хочу / должен сказать*).

f) **Präsens / Futur bei den paarigen Verben der Fortbewegung**

Die *Absicht* oder *Bereitschaft* des Subjekts, eine *Ortsveränderung* zu vollziehen, kann durch beide Aspekte der *determinierten* Verben der Bewegung ausgedrückt werden. Dabei wird gleichsam die Zukunft in die Gegenwart einbezogen (unvo.) oder die Zukunft vorweggenommen (vo.):
| | |
|---|---|
| *Завтра он летит / полетит в Москву.* | 'Morgen fliegt er nach Moskau.' |
| *Что ты будешь делать завтра? - Я еду / поеду в город.* | 'Was wirst du morgen machen? - Ich fahre in die Stadt.' |

Der unvo. Aspekt macht die Aussage *bestimmter*, das Subjekt ist gewissermaßen bereits mit der Ausführung der Absicht befaßt und nicht mehr davon abzuhalten.

Zu beachten ist, daß *может быть* nur mit dem vo. Aspekt verbunden werden kann (*я, может быть, еду ...* wäre falsch).
Die Aspektsynonymie im Präsens / Futur beschränkt sich auf einige wenige paarige Verben der Fortbewegung, vor allem *идти, ехать, лететь*. Es muß davor gewarnt werden, auch bei anderen Verben das Präsens in Futurbedeutung zu verwenden, wozu deutschsprachige Lerner unter dem Einfluß ihrer Muttersprache neigen.

### 6.6.3 Aspektsynonymie bei korrelativen Handlungen

Die bisher betrachteten Formen der Aspektsynonymie / Aspektkonkurrenz waren an ein *isoliertes* Auftreten der Verbformen gebunden, da andernfalls der Aspekt jeweils durch die Gleichzeitigkeit (unvo.) oder Aufeinanderfolge (vo.) dieser Handlungen bestimmt würde. Die folgenden Fälle jedoch beziehen sich gerade auf **korrelative Handlungen**:

**a) Handlungsfolge mit nicht-wesentlichem Zusammenhang**
Wenn die Aufeinanderfolge einmaliger Handlungen als *wesentliche* Seite der Wiedergabe objektiver Prozesse konzeptualisiert wird, kann sie nur durch den vo. Aspekt bezeichnet werden (*Пришёл, увидел, победил*). Das „Weiterrücken" des Bezugsmoments wird durch den vo. Aspekt implizit verdeutlicht.
Wenn jedoch nicht der chronologische oder kausale *Zusammenhang* von Ereignissen und Verläufen im Fokus der Aufmerksamkeit steht (d.h. die natürliche Chronologie), sondern eine *Aufzählung* von Ereignissen und Verläufen, dann kann der Ausdruck der Aufeinanderfolge auch durch den Kontext übernommen werden:

*В субботу она сначала стирала / постирала бельё, потом писала / написала письмо, после чего занималась / позанималась с дочкой.*
'Am Sonnabend wusch sie zuerst Wäsche, dann schrieb sie einen Brief, und schließlich beschäftigte sie sich mit ihrer Tochter.'

Die Reihenfolge dieser gleichsam isolierten Handlungen wird durch Adverbiale vom Typ *сначала, потом, затем, после ...* usw. gekennzeichnet - ohne sie würden die Handlungen im unvo. Aspekt als gleichzeitig aufgefaßt. Diese Reihenfolge kann u.U. auch verändert werden, ohne daß sich der wesentliche Inhalt der Aussage verändert - im Gegensatz zur Handlungsfolge mit wesentlichem Zusammenhang, wo ein Vertauschen der Glieder in der Regel nicht möglich wäre (*\*Победил, увидел, пришёл* wäre sinnlos).
Die Wahl des Aspekts richtet sich bei nicht-wesentlichem Zusammenhang danach, welche Seite der einzelnen Handlungen hervorgehoben werden soll - der *Verlauf* (unvo.) oder das *Ergebnis* der Handlung (vo.). Sollen in ein und demsel-

ben Kontext beide Aspekte möglich sein, dann ist wiederum ein *terminativer Kontext* erforderlich.

Eine Erscheinungsform der Aufeinanderfolge von Handlungen mit nichtwesentlichem Zusammenhang ist vielfach in epischen Texten anzutreffen, wenn der Hörer/Leser (im „psychologischen Jetzt") den Helden gleichsam bei jeder einzelnen Handlung *begleitet*, den Verlauf dieser Handlungen „beobachtet", was den *unvo. Aspekt* bedingt:

| | |
|---|---|
| Вот так ... он **шёл** однажды по длинному коридору министерства ... | 'So ging er einst den langen Korridor des Ministeriums entlang ... |
| Самые неожиданные шумы министе'рской жизни <u>обдавали</u> его. <u>Доносился</u> треск машинок, и через открытую дверь он <u>видел</u> потолок и стены бюро, обтянутые кре'мовой тканью. | Die unerwartetsten Geräusche des Lebens und Treibens im Ministerium umgaben ihn. Entfernt war das Klappern der Schreibmaschinen zu hören, und durch die geöffnete Tür sah er Decke und Wände eines Büros, die mit einem cremefarbenen Stoff bezogen waren. |
| Потом <u>налетал</u> порыв тишины - это он <u>проходил</u> мимо приёмной начальника. | Dann brach Stille über ihn herein - er ging am Empfangszimmer eines Vorgesetzten vorüber. |
| В соседней комнате <u>шло</u> заседание. Дальше <u>был</u> зал столов на сорок, и за каждым <u>сидел</u> человек. | Im Nachbarzimmer war eine Sitzung in vollem Gange. Weiter kam ein Saal mit etwa vierzig Tischen, und an jedem saß ein Mensch ... |

Die Wirkung des „Dabeiseins" wird durch den unvo. Aspekt erzielt, durch konkret-ablaufende Handlungen, deren Aufeinanderfolge der Kontext vorgibt.

b) **Wiederholte Handlungsketten und Handlungspaare**
Gleichzeitige polytemporale Handlungen werden immer mit dem unvo. Aspekt wiedergegeben, ebenso wiederholte Handlungsketten und -paare im Präteritum und Futur (*Я часто вас спрашивала об этом ..., но вы не отвечали никогда.* [*Горький*] 'Ich habe Sie oft danach gefragt ..., aber Sie haben niemals geantwortet.' [Gorki]).

Im **nicht-aktuellen Präsens** können wiederholte Handlungsketten und Handlungspaare durch beide Aspekte wiedergegeben werden:

| | |
|---|---|
| Очков с полдюжины она себе достала, вертит очками так и сяк: <u>То</u> к темю их **прижмёт** (*прижимает*), <u>то</u> их на хвост **нанижет** | 'Sie hat ein halbes Dutzend Brillen sich verschafft; sie dreht die Brillen hin und her: mal drückt sie an den Scheitel sie, mal reiht sie auf dem Schwanz sie auf, |

## 6 DER GEBRAUCH DER ASPEKTE (GEGENÜBERSTELLUNGEN)

*(нанизывает),* mal beriecht,
*то их понюхает (нюхает),* mal beleckt sie diese -
*то их полижет (лижет) -* die Brillen wollen partout
*очки не действуют никак.* keine Wirkung zeigen.
*(Крылов)* (Krylov)

Wir haben es hier wieder mit der *anschaulich-exemplarischen Bedeutung* des vo. und des unvo. Aspekts zu tun (wie bei der terminativ-potentiellen Handlung, siehe Abschnitt 6.6.2 c)). Aus mehreren Handlungsketten wird jeweils *eine* Handlung, *ein* Akt hervorgehoben, der damit eine anschauliche Vorstellung von den anderen gleichgearteten Ereignissen gibt. Das *Typische* wird durch das *Konkrete* dargestellt, indem der Text eindeutig (*то ... то ...*) auf die Wiederholung verweist.

Der Gebrauch des einen oder anderen Aspekts ergibt sich aus deren jeweiliger Funktion bei der Darstellung einmaliger (monotemporaler) Handlungen:
Der vo. Aspekt in der wiederholten Handlungskette wird hergeleitet aus seiner Funktion in der *Handlungsfolge mit wesentlichem Zusammenhang.* Jeder Einzelakt ist ein unteilbares Ganzes, ein Ereignis, nach dessen Abschluß eine neue Einzelhandlung einsetzt:

*Он перевернул всё вверх* 'Er stellte alles auf den Kopf,
*ногами, расставил по-своему,* ordnete es auf seine Weise an,
*раздражнил, и пошла схватка.* provozierte, und schon begann
 die Rauferei.'

Wird diese Situation in einen Kontext mit Indikatoren der Wiederholung gestellt, so wandelt sie sich zum anschaulichen Beispiel für andere, gleichartige Situationen:

*Вот так всегда с Крыловым:* 'Und so ist es immer mit Krylov:
*перевернёт всё вверх ногами,* Er stellt alles auf den Kopf, ordnet
*расставит по-своему,* es auf seine Weise an, provoziert,
*раздражнит, и пошла схватка.* und schon beginnt die Rauferei.'
*(Гранин)* (Granin)

Durch die Einbettung in einen Kontext mit expliziten Indikatoren der Wiederholung (*Вот так всегда с Крыловым ...*) in Verbindung mit der Präsens-/Futurform des vo. Aspekts ergibt sich ein *nicht-aktuelles Präsens.*

Der Gebrauch des unvo. Aspekts leitet sich aus seiner *konkreten Prozeßbedeutung* her, die wiederholten Handlungen werden ebenfalls so dargestellt, als seien sie einmalig und konkret, jedoch nicht in ihrer Vollendung, sondern in ihrem Verlauf, als Prozeß:

*Вот так всегда с Крыловым:* 'Und so ist es immer mit Krylov:
*переворачивает всё вверх* Er stellt alles auf den Kopf, ordnet
*ногами, расставляет по-своему,* auf seine Weise an, provoziert,
*раздражнивает, и начинается* und schon beginnt die

*схватка.* Raufere*i.*'

Stilistisch erzeugt der vo. Aspekt den Eindruck der *Dynamik* und der *Bewegung* der Ereignisse, während der unvo. Aspekt eine *ruhige, beschauliche Beschreibung* bewirkt.

Der Vollständigkeit halber sei erwähnt, daß der vo. Aspekt des nicht-aktuellen Präsens bisweilen auch durch den vo. Aspekt des Präteritums mit Perfektbedeutung ersetzt werden kann, wenn aus dem Kontext hervorgeht, daß es sich um ein polytemporales Präsens handelt:

| | |
|---|---|
| *Грязь не сало: потёр (потрёшь), она и отстала (отстанет). (пословица)* | 'Schmutz ist kein Speck: man reibt - und weg ist er.' (Sprichwort). |
| *Весной, покуда лист ещё не распустился (распустится), а сок дерева уже бросился (бросится) из корня вверх и надулись (надуются) почки на ветвях, всего благонадёжнее срезывать удилища ... (Аксаков)* | 'Im Frühling, wenn sich das Laub noch nicht entfaltet, aber der Saft des Baumes schon aus der Wurzel nach oben steigt und die Knospen an den Zweigen schwellen, ist die günstigste Zeit, Angelruten zu schneiden.' (Aksakov) |

c) **Synonymie von unvo. Verb - Modalwort + vo. Verb in der Vergangenheit**

Abschließend soll noch auf einen Sonderfall der Aspektsynonymie / Aspektkonkurrenz hingewiesen werden:

| | |
|---|---|
| *Недавно мы посетили Олега, который уезжал / должен был уехать на следующий день за границу.* | 'Neulich besuchten wir Oleg, der am nächsten Tag ins Ausland fahren mußte.' |
| *Он много работал, так как через неделю выступал / должен был выступить с докладом.* | 'Er arbeitete viel, weil er in einer Woche einen Vortrag halten mußte / sollte.' |
| *Он бежал, так как опаздывал / мог опоздать на поезд.* | 'Er rannte, weil er sonst den Zug verpassen konnte.' |

Es geht jeweils um eine Handlung in der Vergangenheit, die auf eine andere Handlung folgen soll und eine modale Nuance des *Müssens, Wollens* oder *Könnens* hat. Durch den unvo. Aspekt wird die damalige Zukunft („Zukunft in der Vergangenheit) bereits in die damalige Gegenwart einbezogen. Faktisch liegt hier die Projektion einer Vergangenheitshandlung in die relative Zukunft vor.

### 6.6.4 Zusammenfassung:

Die oben angeführten Fälle der **Aspektsynonymie / Aspektkonkurrenz** können in folgender *Übersicht* zusammengefaßt werden:

## 6 DER GEBRAUCH DER ASPEKTE (GEGENÜBERSTELLUNGEN)

**Isolierte Handlungen:**

| Obligatorischer unvo. Aspekt | Aspektsynonymie | |
|---|---|---|
| | unvo. | vo. |
| Unbegrenzt-wiederholte Handlung | | Begrenzt-wiederholte Handlung |
| Unbegrenzt-durative Handlung | | Begrenzt-durative Handlung |
| Aterminativ-potentielle Handlung | | Terminativ-potentielle Handlung |
| Abstrakt-konstatierende Handlung | Konkret-konstatierende / konkret-ablaufende Hamdlung | Konkret-vollzogene Handlung |
| | Koinzidenz der Verben des Sprechens | |
| | Präsens / Futur der paarigen Verben der Fortbewegung | |

**Korrelative Handlungen:**

| Obligatorischer Aspektgebrauch | Aspektsynonymie | |
|---|---|---|
| | unvo. | vo. |
| Handlungsfolge mit wes. Zusammenhang (vo.) | Handlungsfolge mit nicht-wesentlichem Zusammenhang | |
| Sich wiederholende Handlungen (unvo.) | Wiederholte Handlungsketten und -paare im nicht-aktuellen Präsens | |
| | U/unvo. Verb der beabsiichtigten Handlung in der Vergangenheit | Modalverb + vo. Infinitv |

177

## 6.7 Indikatoren der Aspekte

Als Indikatoren des Aspekts (показатели) betrachten wir vor allem **Adverbien** und **Adverbiale**, die Ausdruck der aktionalen Situation sind und damit direkt oder indirekt einen bestimmten Aspekt bedingen. Häufig werden Aspektfehler gemacht, weil die Bedeutung und die Rolle dieser formalen Indikatoren unbekannt ist oder diese einfach übersehen werden.

Indikatoren der aktionalen Situation können zu einer Reihe von semantischen **Gruppen** zusammengefaßt werden:

### 6.7.1 Indikatoren des vo. Aspekts

**a)** Indikatoren des **Eintritts / Einsetzens** eines Ereignisses:

| | |
|---|---|
| *вдруг* | 'plötzlich' |
| *внеза'нно* | 'plötzlich' (gehobener Stil) |
| *неожи'данно* | 'unerwartet' |
| *сра'зу, сейча'с же* | 'sogleich, sofort' |
| *наконе'ц* | 'endlich, schließlich, letztendlich' |

**b)** Indikatoren des hervorgehobenen **Abschlusses** eines Ereignisses:

| | |
|---|---|
| *наконец* | 'endlich, schließlich, letztendlich' |
| *окончательно* | 'endgültig' |
| *по'лностью* | 'völlig, vollständig' |
| *совсе'м* | 'ganz, ganz und gar' |
| *соверше'нно* | 'vollkommen' (vgl. *не/совершенный вид*!) |

Diese Liste kann nicht vollständig sein. Es ist auch nicht erforderlich, sich mehr als die häufigsten Vertreter jeder Gruppe einzuprägen - entscheidend ist vielmehr das Erfassen ihres **gemeinsamen Merkmals**: Alle bezeichnen eine **Grenze** bzw. **Begrenzung**, mit der etwas *beginnt* oder *endet*. Mit den ersteren wird meist der Übergang von der statischen Beschreibung des Hintergrundes im unvo. Aspekt zur dynamischen Schilderung eines Geschehens vollzogen (vgl. Kap. 11):

*Они шли долго, и вдруг они*     'Sie gingen lange, und plötzlich
*увидели избушку в лесу.*     erblickten sie eine Hütte im Wald.'

Die zweiten sind charakteristisch für die *resultativen* Verben, oft bei Perfektbedeutung des vo. Aspekts:

*Ученики полностью овладели*     'Die Schüler haben / hatten sich den
*материалом.*     Stoff vollständig angeeignet.'
*Она совсем выздоровела и*     'Sie war ganz gesund geworden und
*работала с прежней энергией.*     arbeitete mit der früheren Energie.'

## 6.7.2 Indikatoren des unvo. Aspekts

**a)** Indikatoren eines **Prozesses / Verlaufs:**
*долго*           'lange'
*всё ещё*          'immer noch'
*как раз*          'gerade' (mit vo. Aspekt 'soeben')

**b)** Indikatoren eines **anwachsenden Prozesses:**
*всё сильне'е*         'immer stärker' (Komparativ)
*всё чаще*          'immer öfter, immer häufiger'
*всё больше*        'immer mehr, immer größer'
*больше и больше ...*   'mehr und mehr, größer und größer'
                                      (Verdoppelung des Komparativs)
*с каждым днём/годом* 'mit jedem Tag / Jahr ...'
*с каждой минутой*   'mit jeder Minute ...'
*из года в год*        'von Jahr zu Jahr'
*изо дня в день*      'von Tag zu Tag'

**c)** Indikatoren der **Wiederholung:**
*часто*                   'oft'
*редко*                  'selten'
*и'зредка*             'bisweilen, hin und wieder, von Zeit zu Zeit'
*обыкнове'нно, обы'чно* 'gewöhnlich, üblich'
*регуля'рно*            'regelmäßig'
*то и дело*            'ab und zu, immer wieder'
*ежедне'вно*          'täglich, jeden Tag'
*еже'годно*            'jährlich, jedes Jahr'
*каждый день / месяц* 'jeden Tag / Monat'
*часа'ми, днями, годами* 'stundenlang, tagelang, jahrelang ...'
                                       (Instrumental)

**d)** Indikatoren der **Dauer und/oder Wiederholung:**
*долго*                'lange'
*всегда'*              'immer'
*ве'чно*               'ewig'
*постоя'нно*         'ständig'
*бесконе'чно*       'endlos'

## 6.7.3 Indikatoren der Aspektsynonymie (Aspektkonkurrenz)

a) Indikatoren einer **begrenzten Dauer** (eines Zeitabschnitts):

| | |
|---|---|
| *три го'да, пять лет* | 'drei Jahre, fünf Jahre' |
| *круглый год* | 'ein ganzes Jahr' |
| *круглые су'тки* | 'volle (geschlagene) 24 Stunden' |
| *целый ме'сяц  день ...* | 'einen ganzen Monat / Tag ...' |
| *весь день, год* | 'den ganzen Tag, das ganze Jahr' |
| *(долго)* | ('lange') |

b) Indikatoren einer **begrenzten Anzahl von Wiederholungen**

| | |
|---|---|
| *один раз* | 'einmal' |
| *два раза, пять раз ...* | 'zwei Mal, fünf Mal' |
| *дважды, трижды ...* | 'zweimal / zweifach, dreimal / dreifach' |

Einer Erläuterung bedürfen nur einige dieser adverbialen Indikatoren:
**Как раз** 'gerade' verweist meist auf den *Verlauf* einer Handlung, doch kann es in der Bedeutung 'gerade, soeben' auch mit einer konkret-vollzogenen Perfekthandlung verbunden sein:

| | |
|---|---|
| Она <u>как раз</u> *рассказывала* о своих родителях, когда ... | 'Sie erzählte *gerade* von ihren Eltern (war gerade dabei), als ... |
| Она <u>как раз</u> *рассказала* о своих родилелях, когда ... | 'Sie hatte gerade von ihren Eltern erzählt, als ...' |

Eine gewisse Sonderstellung nehmen die Adverbialen mit der Bedeutung eines *Zeitabschnittes* ein. Sie kennzeichnen *begrenzt-durative* Handlungen, die meist durch den unvo. Aspekt wiedergegeben werden, aber auch den vo. Aspekt der perdurativen, seltener der deliminativen Aktionsart zulassen (siehe Abschnitt 6.6.2, b)):

| | |
|---|---|
| <u>Два года</u> она *работала* на птицеферме. | 'Zwei Jahre lang arbeitete sie auf einer Geflügelfarm.' |
| <u>Два года</u> она **проработала** на птицеферме, а потом ... | 'Zwei Jahre arbeitete sie (hatte sie gearbeitet) auf einer Geflügelfarm, und dann ...' |

Auch *долго* kann manchmal als unbestimmte Angabe eines Zeitabschnitts aufgefaßt werden:

| | |
|---|---|
| Снаряд <u>долго</u> **пролежал** в воде. | 'Das Geschoß hatte lange im Wasser gelegen.' |

## 6.8 Spezielle Aspektbedeutungen und Verneinung

Verben dienen zur Bezeichnung bestimmter Sachverhalte. Die Negation *не* vor dem Verb - gewissermaßen das umgekehrte Vorzeichen - bewirkt, daß durch die Aussage ein Sachverhalt festgestellt wird, der *verschieden* ist von dem durch das Verb ausgedrückten Sachverhalt. Wir müssen daher zunächst von den Funktionen beider Aspekte im *Indikativ ohne Verneinung* ausgehen.

Der unvo. Aspekt ohne Verneinung *nennt* eine Handlung als solche, ihre *Existenz*, ihre Faktizität, oder er *beschreibt* sie mit allen ihren materiellen Merkmalen - sie wird zum Bezugsmoment in ihrem *Verlauf*, in ihrer *Dauer* und in ihrer *Wiederholung* betrachtet. Die Verneinung einer Handlung im unvo. Aspekt bedeutet daher das *vollständige Fehlen* einer solchen Handlung, ihre Nicht-Existenz, bedeutet eine **generelle** oder **absolute Verneinung**:

Мы <u>никакой</u> телеграммы  'Wir haben überhaupt <u>kein</u> Telegramm
<u>не получали</u>.  erhalten.'
Брифинга сегодня  'Heute wurde <u>kein</u> Briefing (kurze
<u>не проводили</u>.  Pressekonferenz) durchgeführt.'
Он <u>не приходил</u> на брифинг.  'Er kam <u>nicht</u> zu dem Briefing.'

**Schematische Darstellung:**

Der vo. Aspekt ohne Verneinung drückt die *Ganzheitlichkeit* einer bestimmten, situativ aktualisierten Handlung zum Bezugsmoment aus - die Handlung hat zum Bezugsmoment Anfang, „Mitte" und Ende bereits durchlaufen, hat ihre innere *Grenze* erreicht, ist *abgeschlossen*, „vollendet". *Verneint* wird daher nicht die Handlung als solche, sondern nur die *Ganzheitlichkeit* zum Bezugsmoment. Das kann bedeuten:

1) Die Handlung wurde wohl *ausgeführt*, versucht (konative Handlung), hat aber ihr **Ziel**, ihr **Resultat nicht erreicht**. Die verwendeten Verben müssen eine gesonderte Hervorhebung von Verlauf und Abschluß zulassen:

Он так и *не решил* задачу  'Er hat die Aufgabe nicht gelöst
(хотя и <u>решал</u>).  (obwohl er es versucht hat).'
Когда отходит ваш поезд?  'Wann geht euer Zug? - Wir haben
- Мы <u>узнавали</u>, но так и  uns erkundigt, konnten es aber nicht
*не узнали*.  in Erfahrung bringen.'

2) Die Handlung wurde **beabsichtigt** oder **erwartet**, sie ist aber infolge bestimmter Umstände **nicht eingetreten**:

Она обещала быть на брифинге,  'Sie hatte versprochen, auf dem
но пока *не приехала*.  Briefing anwesend zu sein, ist aber
  bisher noch nicht angekommen.'

3) Das betrifft auch Verben mit der Bedeutung von **Handlungen, die** nur
**ganzheitlich** vorgestellt werden können und keine Hervorhebung von Phasen
erlauben, u.a. unpaarige Verben des vo. Aspekts (Perfektiva tantum):
*Он даже не крикнул, хотя*  'Er schrie nicht einmal, obwohl er
*почувствовал острую боль.*  heftigen Schmerz verspürte.'

Eine *situativ aktualisierte Handlung* im vo. Aspekt wird also *nicht vollständig*
verneint, sondern nur ihre Ganzheitlichkeit, ihre Abgeschlossenheit zum
Bezugsmoment. Die Handlung selbst - sofern sie sich in Phasen unterteilen läßt -
wurde entweder *begonnen* oder *beabsichtigt / erwartet*. Es kann daher von einer
**speziellen** (partiellen, relativen) **Verneinung** gesprochen werden:

**Schematische Darstellung:**
BM

Die Aspekte haben somit neben den bereits beschriebenen zwei weitere,
übergreifende Funktionen im Zusammenhang mit der **Verneinung**:

| Unvo. Aspekt: | **generelle** (absolute) **Verneinung,** |
|---|---|
| Vo. Aspekt: | **spezielle** (partielle, relative) **Verneinung.** |

Wird der Ausdruck dieser beiden Funktionen durch den **Kontext** übernommen,
dann kann jeweils auch der andere Aspekt gebraucht werden - **Aspektkonkurrenz / Aspektsynonymie**:
1) Das **absolute Fehlen** der Handlung, ihre Nicht-Existenz, ist aus dem Kontext
ersichtlich, statt des unvo. kann der vo. Aspekt stehen:
*Тишина, не шевельнётся*  '(Es ist völlige) Stille, kein Blatt
*(не шевелится) ни один*  bewegt sich.' (Čechov)
*лист. (Чехов)*
2) Der Kontext drückt die **Erwartung** oder **Absicht** einer Handlung aus, an die
Stelle des vo. kann auch der unvo. Aspekt treten:
*От него ждали объяснения, но он*  'Man erwartete von ihm eine
*не говорил / не сказал ни слова.*  Erklärung, aber er sagte kein Wort.'

Im Rahmen der beiden Hauptfunktionen der Aspekte mit Verneinung treten
die *gleichen speziellen Aspektbedeutungen* wie im affirmativen (bejahenden)
Indikativ auf. Die Verneinung zieht also keinen automatischen Wechsel vom vo.
zum unvo. Aspekt nach sich - der Einfluß der Verneinung bewirkt aber eine
*Verschiebung des proportionalen Anteils* der einzelnen speziellen Aspektbedeutungen am Gesamtvorkommen, eine Verschiebung vor allem zugunsten der
*abstrakt-konstatierenden* Handlung und damit des *unvo.* Aspekts.

## 6.8.1 Die generelle (absolute) Verneinung (unvo. Aspekt)

Die generelle Verneinung tritt uns vor allem in der *isolierten* abstrakt-konstatierenden Handlung entgegen, während konkret-ablaufende und polytemporale Handlungen meist *korrelativ* auftreten.

**a) Die verneinte abstrakt-konstatierende Handlung (unvo.)**
Es wird **festgestellt, daß** das Subjekt eine Handlung **nicht** ausgeführt hat oder nicht ausführen wird, weder einmal noch mehrmals, daß die Handlung nicht einmal begonnen oder beabsichtigt wurde, oder es wird **gefragt, ob** das nicht geschehen sei bzw. werde:

| | |
|---|---|
| *Ты сдавал вступительный экзамен?* | 'Hast du an der Aufnahmeprüfung teilgenommen?' - |
| *- Я не сдавал экзамена.* | 'Ich habe keine Prüfung abgelegt.' |
| *- Я не сдавал экзамен.* | 'Ich habe die Prüfung nicht abgelegt.' |
| *- Я не буду сдавать экзамена.* | 'Ich werde keine Prüfung ablegen.' |
| *- Я не буду сдавать экзамен.* | 'Ich werde die Prüfung nicht ablegen.' |

Es handelt sich hier um die bereits beschriebene abstrakt-konstatierende Handlung / Bedeutung (siehe 6.5) mit „negativem Vorzeichen". Wie jene, kommt sie nur als *isolierte* Handlung vor, also vorwiegend in der unmittelbaren Kommunikation, im Dialog. Es wird lediglich die **Nicht-Existenz** eines Sachverhalts *erfragt* oder *festgestellt*, seine Konkretisierung oder Beschreibung ist nicht möglich. Die Satzbetonung liegt immer auf der **finiten Verbform**.

Interessant ist, daß die affirmativen abstrakt-konstatierenden Handlungen oft in der *gleichen kommunikativen Funktion* mit Verneinung auftreten können:

| | |
|---|---|
| *Вы не смотрели этот фильм?* | 'Haben Sie diesen Film nicht gesehen?' (vgl. 'Haben Sie diesen Film gesehen?') |
| *Ты не читал эту книгу?* | 'Hast du dieses Buch nicht gelesen?' |
| *Вы его там не видели?* | 'Haben Sie ihn dort nicht gesehen?' |
| *Никто меня сегодня не спрашивал?* | 'Hat heute keiner nach mir gefragt?' |
| *Вы не пробовали московское мороженое?* | 'Haben Sie nicht das Moskauer Eis mal versucht / gekostet?' |

Die Antworten auf diese Fragen können *positiv* oder *negativ* ausfallen:

| | |
|---|---|
| *Смотрел. / Не смотрел.* | 'Ja. / Nein.' |

Zu beachten ist, daß sich der Aspekt nur bei einer Änderung der *kommunikativen Funktion* einer Aussage ändern kann:

| *Это ты разбил вазу?* | 'Hast du die Vase zerschlagen?' |
| | (*Konkretisierung* einer konkret-voll- |
| | zogenen Handlung) |
| *Я не разбивал (вазу).* | 'Ich war es nicht / Habe ich nicht.' |
| | (*Zurückweisung* einer Feststellung) |
| Vgl. dagegen: | |
| *Не я разбил вазу.* | 'Nicht ich habe die Vase zerschlagen |
| | (Verweis auf anderes Subjekt).' |

Die Änderung des Aspekts ist nicht unmittelbare Folge der Verneinung, sondern folgt aus der unterschiedlichen kommunikativen Funktion von Frage und Antwort - was leicht an der *Satzbetonung* zu erkennen ist:

... ты' разбил ... - не я' разбил, dagegen ... я не разбива'л ...

Hat die Handlung mit und ohne Verneinung die gleiche kommunikative Funktion, wird auch der gleiche Aspekt verwendet:

| *Ты (уже) отослал письмо?* | 'Hast du den Brief (schon) abgeschickt?' |
| *- Я его (ещё) не отослал.* | 'Ich habe ihn (noch) nicht abgeschickt.' |

Zu beachten ist weiterhin, daß von den paarigen Verben der Fortbewegung in der verneinten abstrakt-konstatierenden Bedeutung *nur das indeterminierte* Verb auftritt:

| *Мы никуда не ездили.* | 'Wir sind nirgendwo hingefahren.' |
| *Ты не ходил на это собрание?* | 'Warst du nicht auf dieser Versammlung?' |
| *Я не буду бегать за ней!* | 'Ich werde ihr doch nicht hinterher laufen!' |

**b) Die verneinte konkret-ablaufende Handlung (unvo.)**

Die verneinte konkret-ablaufende Handlung tritt in der Regel *nicht isoliert*, sondern im Rahmen *korrelativer gleichzeitiger* Handlungen auf. Zu einem bestimmten lokalisierbaren Zeitpunkt (Bezugsmoment) ist das Subjekt *nicht* mit der denotierten Handlung befaßt:

| *Они танцевали в полном* | 'Sie tanzten in völligem Schweigen, |
| *молчании, и он почти не сознавал,* | es kam ihm kaum zum Bewußtsein, |
| *что движется, и не слышал* | daß er sich bewegte, und er hörte die |
| *музыки.* | Musik nicht.' |

Die verneinte konkret-ablaufende Handlung wird oftmals durch adversative (entgegenstellende) Konjunktionen zu gleichzeitigen Handlungen in Beziehung gesetzt:

| *Когда мать заглянула в детскую,* | 'Als die Mutter ins Kinderzimmer |
| *сын не готовил уроки, а играл.* | schaute, machte der Sohn nicht |
| | Schulaufgaben, sondern spielte.' |

**c) Verneinte polytemporale Handlungen (unvo.)**

Wie zu erwarten, stehen wiederholte, durative und aterminativ-potentielle Handlungen auch in der Verneinung mit dem unvo. Aspekt:

| *Я не танцевал много лет.* | 'Ich habe viele Jahre nicht getanzt.' |

# 6 DER GEBRAUCH DER ASPEKTE (GEGENÜBERSTELLUNGEN)

| | |
|---|---|
| На его левой руке *не хватало* двух пальцев. | 'An seiner linken Hand fehlten zwei Finger.' |
| Она ничем *не отличалась* от любой другой девушки. | 'Sie unterschied sich durch nichts von einem beliebigen anderen Mädchen.' |
| Он никогда *не брался* за карандаш и бумагу, прежде чем *не проникался* проблемой настолько, что ... | 'Er griff niemals zu Bleistift und Papier, bevor er nicht so weit in das Problem eingedrungen war, daß ...' |

Als *Indikator* verneinter polytemporaler Handlungen tritt vielfach *никогда* auf, das stets den unvo. Aspekt voraussetzt, sofern es nicht mit *ни одного, ни одной* gekoppelt ist (*Он никогда не сделал ни одной ошибки* 'Er hatte niemals auch nur einen einzigen Fehler gemacht'). Andere Indikatoren polytemporaler Handlungen sind mit der Verneinung nur selten anzutreffen, z B. *иногда, часто, редко*:

| | |
|---|---|
| *Иногда* собака сама *не возвращалась, тогда нам приходилось* её искать. | 'Manchmal kam der Hund nicht von selbst zurück, dann mußten wir ihn suchen.' |

## 6.8.2 Die spezielle (partielle, relative) Verneinung (vo. Aspekt / Aspektkonkurrenz)

Die spezielle (auch partielle oder relative) Verneinung wird durch den vo. Aspekt ausgedrückt. Sie tritt als Verneinung einer *konkret-vollzogenen* Handlung auf - auch in der Handlungsfolge - sowie als verneinte *potentiell-terminative* Handlung.

### a) Die verneinte konkret-vollzogene Handlung (vo.)
Bis zu einem bestimmten Zeitpunkt (Bezugsmoment) ist das Ergebnis einer (konativen) Handlung noch **nicht eingetreten**, obwohl die Handlung *begonnen* bzw. *versucht* wurde:

| | |
|---|---|
| Он *сдавал* экзамен, но *не сдал*. | 'Er unterzog sich der Prüfung, hat sie aber nicht bestanden.' |
| Мы *вспоминали, вспоминали*, но так и *не вспомнили*. | 'Wir überlegten hin und her, aber wir konnten uns nicht erinnern.' |

Bis zum Bezugsmoment ist eine ganzheitliche Handlung noch **nicht eingetreten**, obwohl sie *beabsichtigt, erwartet* oder *vorausgesetzt* wurde:

| | |
|---|---|
| *В 7 часов* он ещё *не приехал*. | 'Um 7 Uhr war er noch nicht angekommen.' |

| *До сих пор* он *не ответил на моё письмо.* | 'Bis jetzt hat er auf meinen Brief noch nicht geantwortet.' |

Wenn der vo. Aspekt in seiner affirmativen Futurbedeutung die Überzeugung ausdrückt, daß die denotierte Handlung unbedingt eintreten wird, so wird mit der verneinten konkret-vollzogenen Futurhandlung die *Überzeugung* ausgedrückt, daß diese Handlung bzw. ihr Ergebnis nicht eintreten wird oder kann. Dadurch wird eine *modale* Schattierung des *Nicht-Könnens* oder *Nicht-Wollens* aufgelagert:

| *Я не поеду!* | 'Ich fahre nicht!' |
| *Ничего я тебе не дам!* | 'Nichts werde ich dir geben!' |
| *Эту задачу он не решит!* | 'Diese Aufgabe wird / kann er nicht lösen.' |
| *Я никак не пойму, что тебе нужно от меня.* | 'Ich verstehe absolut nicht, was du von mir willst.' |

Diese Aussagen müssen immer im Zusammenhang mit der kommunikativen Situation gesehen werden, aus der sich die Kommunikationsabsicht oder die Erwartungen des Sprechers ergeben.

Innerhalb **einmaliger Handlungsketten** (mit wesentlichem Zusammenhang) steht das verneinte Verb, wie auch alle übrigen, im vo. Aspekt. Das bedeutet hier, daß die gegebene Handlung bis zu einem bestimmten Zeitpunkt, nämlich dem Eintritt der folgenden Handlung, nicht erfolgt ist:

| *'Что с тобой? - спросила она. Он не ответил и отвернулся.* | 'Was ist mit dir?, fragte sie. Er antwortete nicht und wandte sich ab.' |
| *Он поблагодарил, но не стал продолжать разговор.* | 'Er dankte, aber er setzte das Gespräch nicht fort.' |

In **einmaligen Handlungspaaren** tritt vor allem die verneinte konkret-vollzogene Futurhandlung auf, mit deren Hilfe Konditionalsätze gebildet werden:

| *Если ты не придёшь, то я скажу родителям!* | 'Wenn du nicht kommst, sage ich es den Eltern!' |
| *Если она не подготовится, то (она) не сдаст экзамен.* | 'Wenn sie sich nicht vorbereitet, wird sie die Prüfung nicht bestehen.' |

**b) Die verneinte potentiell-terminative Handlung (Aspektkonkurrenz)**

Das *Fehlen* der *Fähigkeit, Möglichkeit* oder *Neigung* des Subjekts, bestimmte *terminative* Handlungen auszuführen, kann mit der verneinten potentiell-terminativen Handlung im vo. und unvo. Aspekt charakterisiert werden (Aspektsynonymie):

| *Русский так не говорит / не скажет.* | 'Ein Russe sagt so nicht / würde so nicht sagen.' |

| | |
|---|---|
| *Порядочный человек такого не делает не сделает.* | 'Ein anständiger Mensch tut so etwas nicht / würde ... nicht tun.' |
| *Он никогда никому не лжёт / не солжёт.* | 'Er lügt niemals jemandem etwas vor / würde niemals ... etwas vorlügen.' |

Die Aspektsynonymie wird durch den Kontext ermöglicht, der die Handlungen als *polytemporal* kennzeichnet. Der vo. Aspekt macht die Aussage kategorisch: 'Ein Russe würde *auf keinen Fall* so sagen.'

**Zusatzinformation:** Der Wechsel zwischen *affirmativer konkret-vollzogener* Handlung und *verneinter abstrakt-konstatierender* Handlung wird noch offensichtlicher im **Infinitiv, Imperativ** und **Konjunktiv** (siehe Kap. 9):

| | |
|---|---|
| *Встать!* | *Не вставать!* |
| *Стоит послушать этот концерт.* | *Не стоит слушать этот концерт.* |
| *Откройте дверь!* | *Не открывайте дверь!* |
| *Скажите ему об этом!* | *Не говорите ему об этом!* |
| *Я хочу, чтобы он приехал.* | *Я хочу, чтобы он не приезжал.* |
| *Вы бы лучше уехали!* | *Вы бы лучше не уезжали!* |

## 6.9 Die Neutralisierung des Aspektgegensatzes - historisches Präsens

Die Neutralisierung des Aspektgegensatzes hat im Russischen zwei Erscheinungsformen:
- **Zusammentreffen ähnlicher Funktionen** beider Aspekte in Gestalt der **Aspektsynonymie** (*Кто строил построил этот дворец?*, siehe Abschnitt 6.6): Es ist unwesentlich, ob die Handlungen in ihrem Verlauf bzw. ihrer Wiederholung *oder* mit ihrem Abschluß betont werden.
- Aufhebung des „starken", positiven, begrenzenden Merkmals bei der Überlagerung von **gegensätzlichen Funktionen** des vo. und des unvo. Aspekts, die einander eigentlich ausschließen. Im situativen und sprachlichen Kontext treffen Bedingungen zusammen, von denen die einen den vo., die anderen den unvo. Aspekt erfordern. So müssen etwa der *Verlauf* bzw. die *Wiederholung* (unvo.) und zugleich der *Abschluß* (vo.) von Handlungen ausgedrückt werden. Beide Funktionen muß dann *einer* der Aspekte übernehmen. Das kann natürlich nur der Aspekt sein, der nicht durch ein positives *begrenzendes* Merkmal gekennzeichnet ist - daher steht **in Positionen der Neutralisierung** stets der **unvo. Aspekt**.

Typisch für die **Neutralisierung des begrenzenden Aspektmerkmals** ist das **Praesens historicum**, das historische Präsens, als der übertragene Gebrauch (die Transposition) einer Tempusform. Die Kenntnis der Besonderheiten, die durch die Neutralisierung entstehen, ist für den Fremdsprachenlerner von großer praktischer Bedeutung. Bestimmte Regeln für den Gebrauch des vo. Aspekts, die für das Präteritum und das Futur gelten, sind im historischen Präsens aufgehoben: Viele *Indikatoren* des vo. Aspekts (*вдруг, сразу, наконец, совсем* u.a.) stehen hier mit dem unvo. Aspekt, *Resultat* bzw. *Abschluß* der Handlung sowie die *Aufeinanderfolge* einmaliger Handlungen werden mit dem **unvo. Aspekt** wiedergegeben.

Der *Terminus* kennzeichnet bereits das Wesen dieser grammatischen Erscheinung: Eine Information über *Vergangenes* erfolgt in der *Form des Präsens*:

| | |
|---|---|
| Вы знаете, что <u>вчера</u> со мной случилось? Я собирался идти за покупками. | 'Wißt ihr, was <u>gestern</u> mit mir passiert ist? Ich wollte gerade einkaufen gehen. |
| <u>Одеваюсь, беру</u> сумку, - вдруг звонок. Я <u>открываю</u> дверь, и кто <u>стоит</u> передо мной? Друг детства. | Ich <u>ziehe</u> mich an, <u>nehme</u> die Tasche - da <u>klingelt</u> es plötzlich. Ich <u>öffne</u> die Tür, und wer <u>steht</u> vor mir? Mein Jugendfreund.' |

Diese Form der „Vergegenwärtigung" vergangener Ereignisse ist charakteristisch für die mündliche Rede der unmittelbaren Kommunikation, entsprechend auch für die direkte Rede in ihrer künstlerisch bearbeiteten Form in literarischen Werken.

Vielfach wird das historische Präsens von Schriftstellern als eine *künstlerische Erzählweise* im *narrativen Register* genutzt, teils auch mit einem Ich-Erzähler, wie der folgende Ausschnitt aus der Erzählung *Голубое и зелёное* von KAZAKOV zeigt:

| | |
|---|---|
| Лиля, - <u>говорит</u> она глубоким грудным голосом и <u>подаёт</u> мне горячую маленькую руку. | 'Lilja, - sagt sie mit tiefer Bruststimme und gibt mir ihre heiße kleine Hand. |
| Я осторожно <u>беру</u> ее руку, <u>пожимаю</u> и <u>отпускаю</u>. | Vorsichtig nehme ich ihre Hand, drücke sie und lasse sie wieder los. |
| Я <u>бормочу</u> при этом свое имя ... | Ich murmele dabei meinen Namen ... |
| Рука, которую я только что отпустил, нежно <u>белеет</u> в темноте. | Die Hand, die ich soeben losgelassen habe, schimmert zart-weiß in der Dunkelheit. |
| „Какая необыкновенная, нежная рука!" - с восторгом <u>думаю</u> я. | „Was für eine ungewöhnliche, zarte Hand!", denke ich voller Begeisterung. |
| Мы <u>стоим</u> на дне глубокого двора ... *(Казаков)* | Wir stehen im Inneren eines tiefen Hofes ...' (Kazakov) |

Sowohl die konkret-vollzogenen als auch die konkret-ablaufenden Handlungen der Vergangenheit werden vertreten durch konkret-ablaufende Handlungen in der Gegenwart - der Aspektgegensatz ist neutralisiert. Der Widerspruch zwischen der

## 6 DER GEBRAUCH DER ASPEKTE (GEGENÜBERSTELLUNGEN)

*Temporalität des Kontextes* und der *invarianten Bedeutung der Tempusform* schafft die expressiven und emotionalen stilistischen Nuancen dieser Erzählweise. Das historische Präsens ruft die Illusion des „Dabeiseins" hervor, die Illusion, daß sich die Handlung tatsächlich im unmittelbaren Erlebnisbereich des Lesers abspielt - die „Abstandsmarkierung" des Präteritums wird zugunsten „erzählerischer Intimität" beseitigt (MEHLIG), die Ereignisse ziehen an uns vorüber wie in einem Film.

Im historischen Präsens treten auch solche Verben zur Bezeichnung *einmaliger* Handlungen auf, die sonst nur zur Charakterisierung *wiederholter* (polytemporaler) Handlungen verwendet werden dürfen, z.B. die unvo. Verben der Fortbewegung mit dem Präfix *при-*:

| | |
|---|---|
| *Прибегают дети и окружают отца.* | 'Die Kinder kommen angelaufen und umringen den Vater.' |
| *На дачу приезжают гости.* | 'Auf der Datscha kommen die Gäste an.' |

Das historische Präsens und das narrative Präteritum sind gegenseitig austauschbar, ohne daß sich die wesentliche Aussage dabei ändert:

| | |
|---|---|
| *Купил мужик три килограмма мяса, занёс домой и пошёл по своим делам.* | *Покупает мужик три килограмма мяса, заносит домой и идёт по своим делам.* |

Aus dem temporalen Kontext muß jeweils - explizit oder implizit - deutlich werden, daß es um Handlungen der Vergangenheit geht. Beachtet werden muß weiterhin, daß dabei im Präteritum wieder die Differenzierung zwischen einmaligen *Ereignissen* (vo.) und *Verläufen* (unvo.) in ihre Rechte tritt.

Sehr häufig findet sich bei lebendiger narrativer Darstellung, vor allem in Märchen und anderen Genres der *Folklore*, der *mehrfache* Übergang vom vo. Präteritum zum unvo. historischen Präsens, also ein Nebeneinander beider Formen:

| | |
|---|---|
| *Жил в том селе мужик, умный да хитрый. Решил он проучить жадного попа.* | 'In demselben Dorf lebte ein Bauer, klug und schlau. Der beschloß, dem geizigen Popen eine Lehre zu erteilen. |
| *- Погоди, - думает, - ...* | „Warte," denkt er, „ ..." |
| *Пришёл этот мужик в церковь, стал поближе к алтарю и слушает, что поп читает. Дождался мужик, когда поп кончил, и спрашивает: ...* | Da kam (einmal) dieser Bauer in die Kirche, stellte sich recht nahe an den Altar und hört zu, was der Pope predigt. Er wartete ab, bis der Pope fertig war, und fragt: „ ..." |
| *(Из сказки)* | (Aus einem Märchen) |

Bei einer solchen Mischung stehen im historischen Präsens vor allem Verben mit der Bedeutung des *Sprechens, Mitteilens, Denkens* und der *Sinneswahrnehmung*: *Он говорит, спрашивает, отвечает, кричит, думает, слышит, слушает, видит, смотрит, смеётся ...*
In Verbindung mit der Partikel *как* (oder *да как*) kann im historischen Präsens gelegentlich auch der vo. Aspekt auftreten:

| *Разъярился поп да как закричит: ..* | 'Da wurde der Pope wütend und beginnt doch zu schreien: ...' |
| *Слышит медведь, кто-то крышу ломает, взглянул в окошко да как заревёт: ...* | 'Der Bär hört, daß jemand das Dach demoliert, warf einen Blick aus dem Fenster und brüllt los: ...' |

Dieser Gebrauch des vo. Aspekts im historischen Präsens drückt das *plötzliche Einsetzen* einer Handlung von besonderer *Intensität* aus. In den meisten Fällen handelt es sich um Verben der *ingressiven* und der *semelfaktiven* Aktionsart. Solche Wendungen sind sehr expressiv, volkstümlich gefärbt, sie kommen nur in lebendiger Erzählung vor, in Märchen und dgl.

Dem Lerner muß empfohlen werden, innerhalb eines gegebenen Textes keinen Wechsel von historischem Präsens und narrativem Präteritum vorzunehmen sowie zunächst auf den Gebrauch des vo. Aspekts zur Bezeichnung des intensiven Einsetzens einer Handlung zu verzichten.

# 7 Grundregeln des aktiven Aspektgebrauchs

Authentische russischsprachige Texte nehmen keine Rücksicht auf die begrenzte Interimssprache eines Fremdsprachenlerners. Daher muß für die **rezeptiven Sprachtätigkeiten** *Lesen* und *Hören* nach Möglichkeit die gesamte Palette der speziellen Aspektbedeutungen und -funktionen zur Verfügung stehen. Beim **aktiven Aspektgebrauch**, d.h. in den **produktiven Sprachtätigkeiten** *Sprechen* und *Schreiben*, bewegt sich der Lerner in begrenzten Kommunikationsbereichen und hat *begrenzte* Kommunikationsabsichten bzw. Kommunikationsaufgaben zu bewältigen. Dafür kann er in gewissen *Grenzen* selbst bestimmen, welche sprachlichen Mittel er einsetzt, und sich auf diejenigen beschränken, die ihm zur gegebenen Zeit zugänglich sind.

Zur Entwicklung der aktiven Sprachbeherrschung können **Regeln** eingesetzt werden, die bei minimalen theoretischen Voraussetzungen zur richtigen Sprachverwendung führen sollen. Diese linguodidaktischen „Rezepte" sind *kognitive Strukturierungshilfen* (WISSNER-KURZAWA), Lernhilfen, die ein Ordnen des Stoffes ermöglichen, ihn transparent und übersichtlich machen sollen, was letztlich zum besseren Behalten und zur Verkürzung der Lernzeit führen müßte.

Aus diesem Grunde werden hier die Ergebnisse des Kapitels 6 (*Aspektgebrauch*) nicht in einem abschließenden Abschnitt, sondern zu **drei Grundregeln und einer Faustregel** in einem gesonderten Kapitel zusammengefaßt (nach SEROWY 1980; 1996; SCHLEGEL / SEROWY 1992). Mit diesen Grundregeln werden bis zu 90 % aller Fälle des produktiven Aspektgebrauchs der Lerner abgedeckt - sie gelten prinzipiell in allen Modi und im Infinitiv, wenn auch die Explikation hier nur für den Indikativ erfolgt. Sie können auf *Infinitiv*, *Imperativ* und *Konjunktiv* übertragen werden, wenn einige zusätzliche Faktoren beachtet werden (siehe Kap. 9 und 10).

## 7.1 Keine Wahl: Präsens - Dauer - Wiederholung → unvo.

Bevor über die Aspektwahl für bestimmte aktionale Situationen nachgedacht wird, kann für eine Reihe von Fällen der **vo. Aspekt ausgeschlossen** werden, so daß de facto keine Wahlmöglichkeit besteht. Der **unvo. Aspekt** ist **obligatorisch** in den folgenden Fällen:

## Grundregel 1

Für a) Handlungen im **Präsens** sowie b) bei betonter **Dauer** (Andauern) und
c) bei **Wiederholung** der Handlung wird der unvo. Aspekt verwendet:
a) *Что это ты там делаешь? - Пишу (письмо).*
b) *В 1990 году он переезжает в Москву.*
b) *Вчера он весь вечер рассказывал о своей поездке.*
c) *Уже в школе мы часто смотрели телепередачи на русском языке.*

Hier ist **keine Wahl** des Aspekts möglich, der unvo. Aspekt ist **obligatorisch**. Übrig bleiben nur nichtgegenwärtige einmalige Handlungen ohne Kennzeichnung ihrer Dauer (siehe Regel 2 und 3).

## 7.2 Einmalige isolierte Handlungen: Konkreter Verlauf (unvo.) - konkretes Ereignis/Vollzug (vo.)

Nach dem Ausschluß des *Präsens* und aller *wiederholten* und *andauernden* Handlungen bleiben nur **einmalige konkrete Handlungen** übrig, also aktionale Situationen, die *zeitlich* und *räumlich* lokalisiert werden können (situative zeitliche und räumliche Aktualisierung). Diese Handlungen können aus *zwei Perspektiven* betrachtet werden:
- aus der **Innenperspektive**, von innen heraus, innendeiktisch: der Zeitpunkt, von dem wir sprechen, der Bezugsmoment, liegt *inmitten* der Handlung, in ihrem Verlauf. Diese *konkret-ablaufende* Handlung bedingt den unvo. Aspekt;
- aus der **Außenperspektive**, von außen, außendeiktisch, ganzheitlich: die Handlung hat zum Bezugsmoment alle ihre *Phasen* - Anfang, „Mitte" und Ende - bereits durchlaufen, die Handlung ist zum Bezugsmoment bereits *abgeschlossen*, „*vollendet*". Diese *konkret-vollzogene* Handlung bedingt den vo. Aspekt.

Daraus folgt die zweite Grundregel:

## Grundregel 2

Bei **einmaligen konkreten** Handlungen (bestimmter Ort, bestimmte Zeit) steht
- der unvo. Aspekt, wenn die Handlung zum Bezugsmoment (noch) nicht abgeschlossen, unvollendet ist - **Prozeß, Verlauf**:
  *Что ты делал вчера вечером? (Чем ты занимался ...?)*

- der **vo. Aspekt**,
  wenn die Handlung zum Bezugsmoment abgeschlossen, vollendet ist - **Ereignis, Resultat**, zeitliche oder quantitative **Grenze**:
  *Что ты сделал вчера вечером? (Что ты успел сделать ...?)*

Neben der Einmaligkeit im engeren Sinne können hier auch drei weitere Erscheinungsformen der *Einmaligkeit im weiteren Sinne* auftreten, nämlich:
a) **summarische** Einmaligkeit - Summe von *Handlungen,* deren Intervalle als unwesentlich beiseite gelassen werden *(прочитал записку три раза),*
b) **komplexe** Einmaligkeit - Komplex bzw. Einheit von Objekten *(посетил пять музеев),*
c) **relative** Einmaligkeit - Verhältnis von Verb bzw. Zustandswort und Infinitiv *(всегда просила передать привет маме,* d.h. je eine Handlung im vo. Infinitiv pro Wiederholungsakt, siehe auch Abschnitt 9.4.6).

## 7.3 Korrelative Handlungen: Gleichzeitigkeit (unvo.) und Aufeinanderfolge (vo.)

Die einmaligen Handlungen können **isoliert** als konkret-vollzogene Ereignisse oder konkret-ablaufende Prozesse auftreten, sie können jedoch auch zueinander in Beziehungen treten:

### Grundregel 3

Bei **korrelativen** (aufeinander bezogenen) Handlungen steht
- zum Ausdruck **aufeinanderfolgender einmaliger Handlungen** - *Handlungsketten, Handlungspaare ("Sequenzen")* - der vo. Aspekt:
*Когда мы закончили работу, мы переоделись и пошли домой.*

- zum Ausdruck **gleichzeitiger Handlungen** *(parallele* Prozesse sowie *parallele* Dauer und Wiederholung nach Regel 1) der unvo. Aspekt:
*Когда мы заканчивали работу, мы шутили и смеялись.*

- zum Ausdruck von **partiell gleichzeitigen** Handlungen - **beide Aspekte**:
Ereignis - vo. Aspekt, Hintergrund - unvo. Aspekt *(Übergang* von der Aufeinanderfolge zur Gleichzeitigkeit und umgekehrt, *„Inzidenz"):*
*Когда мы заканчивали работу, пришел начальник цеха.*
*Когда мы закончили работу, все стояли вокруг и смотрели на нас.*

## 7.4 Zusammenfassende Faustregel: Zum BM einmalig und abgeschlossen → vo. Aspekt

Analysiert man die obigen Grundregeln nach *Gemeinsamkeiten* und *Unterschieden,* so kann festgestellt werden: Der vo. Aspekt ist nur unter der

Bedingung möglich, daß die Handlung **situativ aktualisiert** ist, indem sie einer *bestimmten Zeit* und einem *bestimmten Ort* zugeordnet werden kann (explizit oder implizit) - die Handlung ist somit zum Bezugsmoment sowohl einmalig als auch abgeschlossen:

## Faustregel:

Ist die Handlung **zum Bezugsmoment** sowohl **einmalig** als auch **abgeschlossen** (konkret-vollzogen), wird der **vo. Aspekt** verwendet.
In allen übrigen Fällen steht der unvo. Aspekt.

**Anmerkung:** Einige wenige Erscheinungsformen des vo. Aspekts werden nicht von den angeführten Grundregeln und damit der Faustregel erfaßt. Das ist insofern kein gravierender Nachteil, als ein Fremdsprachenlerner - besonders auf der Anfangs- und der Mittelstufe - kaum in die Verlegenheit geraten wird, stilistisch anspruchsvolle literarische Texte zu verfassen, in denen Erscheinungen wie wiederholte Handlungsfolgen im nicht-aktuellen Präsens (... *то ух понюхает, то ух положем* ...), begrenzt-durative und begrenzt-wiederholte isolierte Handlungen, terminativ-potentielle Handlungen, Koinzidenz bei Verben der Rede u.a. Formen der Aspektsynonymie ihren Platz haben. Solange keine ausreichende Sicherheit in den *Grundfragen* des Aspektgebrauchs erreicht ist, kann für alle schwierigen Fälle der Aspektsynonymie nur der Gebrauch des unvo. Aspekts empfohlen werden.

# 8 Algorithmen zum Aspekt

Regeln können auch in Form von Algorithmen gefaßt werden. Ein Algorithmus ist ein *Spezialfall* einer Regel bzw. eines Systems von Regeln. Wie die Regeln, so haben auch Algorithmen zum Aspekt die Funktion von *kognitiven Strukturierungshilfen*, welche dem Lernenden die Struktur der Zielsprache transparent machen sollen.

Ein **Algorithmus** ist eine exakte, eindeutig bestimmte Vorschrift zum Vollzug einer Reihe elementarer Operationen (oder von Systemen solcher Operationen), um Aufgaben einer bestimmten Klasse oder eines bestimmten Typs zu lösen (LANDA). Dieses Lösungsverfahren verläuft nach einem festen, reproduzierbaren Schema, ein Problem wird in einfache Teilschritte zerlegt und damit leichter lösbar gemacht. Eingabedaten werden schrittweise in Ausgabedaten umgewandelt. Vorgegeben sind dabei
- eine Menge von **Größen** (Eingabegrößen, Zwischengrößen, Endgrößen),
- eine Menge von **Grundoperationen** (Elementaroperationen, d.h. *ausführende* Operationen und *Prüf*operationen, denen meist *binäre Entscheidungen* zugrunde liegen) und
- eine Vorschrift, in welcher **Reihenfolge** welche Operationen auszuführen sind. (Nach LANDA 1969; KLAUS / LIEBSCHER 1976; HÖRZ et al. 1978; *Computer* 1992; *Schülerduden Informatik* 1997 u.a.)

Algorithmen bieten sich auch für eine gewisse *formalisierende Umsetzung von Aspektregeln* an. Die Eingabe- und Zwischendaten hierfür sind keine mathematischen Größen, die automatisch bzw. maschinell gewonnen werden könnten, sondern *elementare semantische Merkmale* und *Bedingungen* des situativen und sprachlichen Kontextes, die vorläufig nur über das Sprachgefühl und die Intuition der Sprachnutzer zugänglich sind. Daher ist nur eine teilweise Algorithmisierung der aspektualen Analyse und Synthese möglich, aber bereits die Zerlegung der Verarbeitung in *Teilschritte* bzw. *Teiloperationen* mit binären Entscheidungen in festgelegter Reihenfolge stellt einen großen Schritt in Richtung einer *Objektivierung* des Analyse- bzw. Synthesevorgangs dar.

Wir führen im folgenden einen *sprachpraktischen* Lehr- und Lernalgorithmus (nach SEROWY), einen *linguistischen* Analysealgorithmus (SCHLEGEL) und einen *situativ-aktionalen* Synthese-Algorithmus (ŠELJAKIN) an.

## 8.1 Lehr- und Lernalgorithmus

Die Funktionsweise eines Algorithmus kann am einfachsten an dem kompakten *sprachpraktischen* Lehr- und Lernalgorithmus zum Aspektgebrauch demonstriert werden, der von SEROWY entwickelt wurde (SCHLEGEL / SEROWY 1992). Dieser Algorithmus stellt eine Umsetzung der Grundregeln für den Aspektgebrauch dar (siehe Kapitel 7), bestimmt für deren schnelle und unkomplizierte Anwendung beim *Erlernen* des *elementaren* Aspektgebrauchs.

Dafür sind lediglich zwei Prüfoperationen notwendig, die jeweils eine Binärentscheidung erfordern:

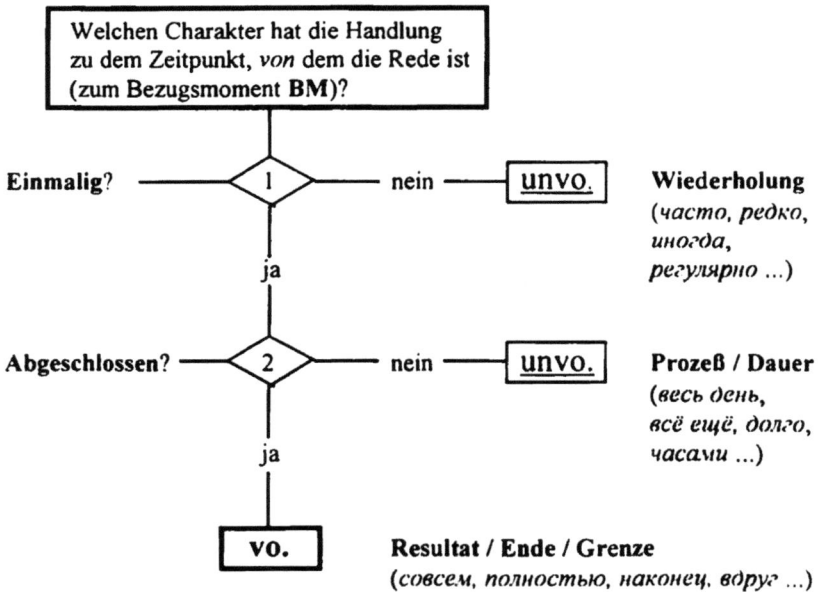

Die vorgegebenen **Eingangsgrößen** sind also die aktionalen Größen der aspektualen Situation - ist die Handlung zum Bezugsmoment *einmalig* oder *nichteinmalig*, *abgeschlossen* oder *nicht abgeschlossen*? Dabei ist zu beachten, daß die *Einmaligkeit im weiteren Sinne* in drei Erscheinungsformen auftreten kann (siehe auch Abschnitt 7.2, Grundregel 2), nämlich als

## 8 ALGORITHMEN ZUM ASPEKT

a) **summarische** Einmaligkeit (*прочитал записку три раза*),
b) **komplexe** Einmaligkeit (*посетил пять музеев*),
c) **relative** Einmaligkeit (*всегда просила передать привет маме*, vo. Infinitiv in Relation zu je einem Wiederholungsakt).

Die **Zwischengröße** *Weiß nicht* ist einem *Nein* gleichzustellen.
**Ausgangsgröße** (Ergebnis) ist jeweils der erforderliche Aspekt für eine gegebene Verbalhandlung.

**Beispiele zur sprachpraktischen Bestimmung des Aspekts:**

(1)  'Was hast du gestern nachmittag gemacht?'  *Что ты делал вчера после обеда?*

Antwort (Variante A):
'Ich habe an einem Artikel geschrieben.'
?Zum Bezugsmoment einmalig?           Ja.
?Zum Bezugsmoment abgeschlossen?      Nein.
→   unvo.           *Я писал статью.*

Antwort (Variante B):
'Ich habe einen / den Artikel geschrieben.'
?Zum Bezugsmoment einmalig?           Ja.
?Zum Bezugsmoment abgeschlossen?      Ja.
→   vo.             *Я написал статью.*

(2)  'Habt ihr Schach gespielt?'
?Zum BM einmalig?                     Weiß nicht.
→   unvo.           *Вы играли в ша'хматы?*

(3)  'Habt ihr eine Partie Schach gespielt?'
?Zum BM einmalig?                     Ja.
?Zum BM abgeschlossen?                Ja.
→   vo.             *Вы сыграли в ша'хматы?*

(4)  'Wer hat gewonnen?'
?Zum BM einmalig?                     Ja.
?Zum BM abgeschlossen?                Ja.
→   vo.             *Кто выиграл?*

(5)  'Hat er oft gewonnen?'
?Zum BM einmalig?                     Nein.
→   unvo.           *Он часто выигрывал?*

(6)   'Hast du das Gedicht / die neuen Vokabeln gelernt?'
      ?Zum BM einmalig?            Ja.
      ?Zum BM abgeschlossen?       Ja.
      → vo.                        *Ты выучил стихотворение /
                                   новые слова?*

(7)   'Er hat an der Universität studiert.'
      ?Zum BM einmalig?            Weiß nicht.
      ?Abgeschlossen?              Weiß nicht.
      → unvo.                      *Он учился в университете?*

(8)   'Hast du den Harry-Potter-Film gesehen?'
      ? Zum BM einmalig?           Weiß nicht.
      → unvo.                      *Ты смотрел фильм о Хэрри Поттере?*

Der Zweck eines solchen Algorithmus ist es, *anfänglich* als Richtschnur bei der aktuellen Sprachproduktion zu dienen. Er wird seine Dienste besonders in *Zweifelsfällen* leisten, und er soll in die *Gedankengänge* einführen, die in der Anfangsphase beim Erlernen des Aspektgebrauchs erforderlich sind: Ist die Handlung zum Bezugsmoment einmalig und abgeschlossen, erfolgt sie also zu einer bestimmten Zeit an einem bestimmten Ort (situative Aktualisierung)?

## 8.2 Linguistischer Analyse-Algorithmus

Einen gänzlich anderen Charakter hat der *linguistische* Analyse-Algorithmus zur Bestimmung der *aspektualen Eigenschaften* sowohl von isolierten Verben (Wörterbucheinheiten) als auch von Verben in Funktion, im aspektualen Kontext - also sowohl auf *paradigmatischer* Ebene (in begrenztem Umfang) als auch (vorwiegend) auf *syntagmatischer* Ebene (S. 199). Mit seiner Hilfe kann u.a. die aktionale Kategorisierung bestimmter Verben festgestellt, die Bedingungen für die Paarigkeit/Unpaarigkeit von Verben in terminativen/aterminativen Kontexten überprüft werden, wodurch wiederum die „Aspektpaar-Tauglichkeit" dieser Verben nach- oder zurückgewiesen wird.

# 8 ALGORITHMEN ZUM ASPEKT

**Analyse-Algorithmus zur semantischen Bestimmung der Aspektualität des russischen Verbs** (siehe SCHLEGEL 1999, 66)

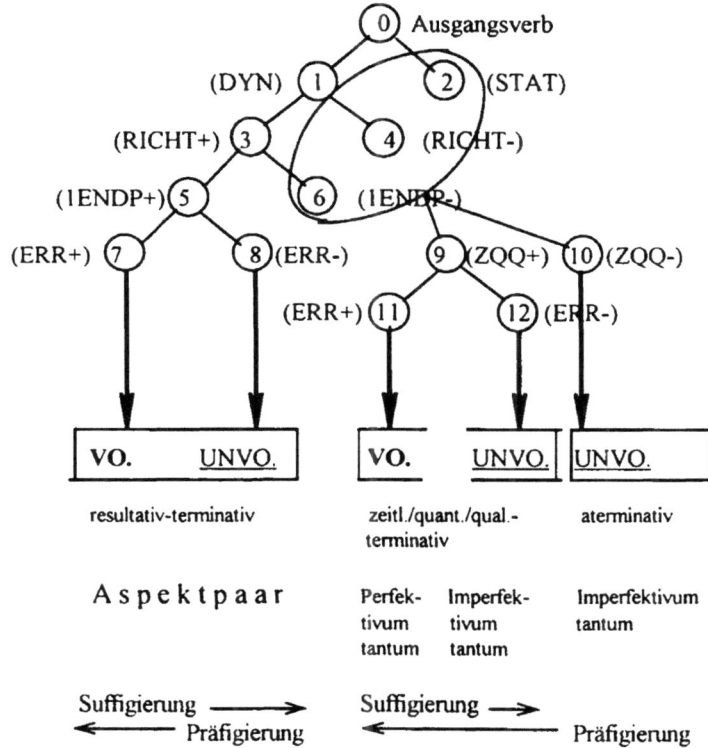

**Beispiel:**
*Algorithmische Analyse* der aktionalen Bedeutung des Verbs *писать* als isolierte Wörterbucheinheit (auf paradigmatischer Ebene):

(1) *писать*

**Binärentscheidungen nach dem Analyse-Algorithmus:**

⓪ ?Ist die Handlung (aktionale Situation) *dynamisch* (1) oder *statisch* (2)?
(mit Bewegung verbunden oder mit relativer Ruhe?)
Binärentscheidung: dynamisch = (DYN) → (1)

(1) ?Ist diese Bewegung *gerichtet* (3) oder *nicht gerichtet* (4)?
Binärentscheidung: nicht gerichtet = (RICHT-) → (4)

(4) ?Hat diese (nicht gerichtete) Bewegung eine *äußere Begrenzung* (9) oder *nicht* (10)?
Binärentscheidung: keine Begrenzung = (ZQQ-) → (10)
→ aterminativ, unvo.

Die algorithmische Analyse des Verbs *написать* ergibt dagegen (jetzt in verkürzter Schreibweise):

(2) *написать*
(DYN)(RICHT+)(1ENDP+)(ERR+) = 1-3-5-7 → terminativ, vo.

Aus der algorithmischen Analyse wird also ersichtlich, daß die Verben *писать* und *написать* einen unterschiedlichen Bestand an differentiellen semantischen Merkmalen haben, ihre lexikalische Bedeutung nicht identisch ist, so daß auf *paradigmatischer Ebene* (auf der Ebene des Sprachsystems) *kein* Aspektpaar vorliegt.
    Ein völlig anderes Bild kann sich aber auf *syntagmatischer Ebene* ergeben, auf der Ebene des Textes, im Textzusammenhang:

(3) Вчера вечером я только *писал* - больше ничего.
(DYN)(RICHT-)(ZQQ-) 1-4-10 → aterminativ, unvo.
'Gestern abend schrieb ich nur - sonst tat ich nichts.'
(4) Вчера вечером я *писал* статью.
(DYN)(RICHT+)(1ENDP+)(ERR-) 1-3-5-8 → terminativ, unvo.
'Gestern abend schrieb ich an einem Artikel.'
(5) Вчера вечером я *написал* статью.
(DYN)(RICHT+)(1ENDP+)(ERR+) 1-3-5-7 → terminativ, vo.
'Gestern abend schrieb ich einen Artikel / habe ich ... geschrieben.'

Sobald ein bestimmtes, identifizierbares, quantitativ aktualisiertes *Objekt* (hier: статью) zum Verb hinzutritt, erhält die Handlung sowohl eine *Richtung* (RICHT+) als auch einen *Endpunkt* (1ENDP+) dieser gerichteten Bewegung, eine innere *Grenze*. Diese innere Grenze ist zum Bezugsmoment entweder *erreicht* (ERR+), der Artikel ist fertig, oder noch *nicht* erreicht (ERR-), die Handlung ist noch im Gange, das Subjekt ist noch mit dem Schreiben befaßt. Durch die algorithmische Analyse wird somit sichtbar, daß sich die beiden Verben *писать* und *написать* im terminativen Kontext nur durch den Aspekt unterscheiden, in ihrer lexikalischen Bedeutung aber identisch sind und folglich ein *Aspektpaar* bilden - ein *funktionales*, *syntagmatisches*, kurz, ein „*annäherndes*" Aspektpaar, im Gegensatz zu den „*reinen*" Aspektpaaren:

(6) *выходи'ть*
    (DYN)(RICHT+)(1ENDP+)(ERR-)  1-3-5-8     → terminativ, unvo.
(7) *вы'йти*
    (DYN)(RICHT+)(1ENDP+)(ERR+)  1-3-5-7     → terminativ, vo.
(8) *Студенты выходили на улицу.*
    (DYN)(RICHT+)(1ENDP+)(ERR-)  1-3-5-8     → terminativ, unvo.
    'Die Studenten waren dabei, auf die Straße hinauszugehen.'
(9) *Студенты вышли на улицу.*
    (DYN)(RICHT+)(1ENDP+)(ERR+)  1-3-5-7     → terminativ, vo.
    'Die Studenten waren auf die Straße hinausgegangen.'
(10) *Окна выходили на улицу*
    (STAT)(ZQQ-)  2-10                        → aterminativ, unvo.
    'Die Fenster gingen (lagen) zur Straßenseite hinaus.'
(11) **Окна вышли на улицу.*                 = ungrammatisch
    *(DYN)(RICHT+)(1ENDP+)(ERR+) *1-3-5-7
    * 'Die Fenster hatten sich auf die Straße hinaus begeben.'

## Erläuterung der differentiellen semantischen Merkmale (DSM) der T/AT und des Aspekts

| Nr. | DSM | Semantik, Inhalt | Formaler Ausdruck |
|---|---|---|---|
| ② | (STAT) | a) **Räumliche Lage,**<br>b) **passive Beziehung,**<br>c) **Zustand des Subjekts**<br>a) *стоять, лежать, быть, находиться (где?)*<br>   *(гора) поднимается, (дорога) спускается*<br>b) *иметь, люби'ть, ви'деть, держа'ть, зави'сеть*<br>c) *желать, уметь, белеть, являться* | Vorwiegend Simplizia,<br>meist ohne Objekt |
| ① | (DYN) | a) **Ortsveränderung,**<br>b) **Aktivität/aktive Beziehung,**<br>c) **Zustandsänderung**<br>a) *ходить, е'здить, гулять, кататься*<br>b) *работать, говорить, думать, смотреть*<br>c) *богатеть, умнеть, краснеть, станови'ться (кем/чем?)* | Simplizia, meist ohne<br>Objekt / Zielangabe |

③ (RICHT+) **Richtung** Wurzelmorphem (Verben der
 a) der Ortsveränderung, Fortbewegung, Inchoativa),
 b) der Aktivität, Präfix,
 c) der Zustandsänderung Objekt / Lokalbestimmung,
 Postfix -*ся*
 a) *идти, ехать, выходи'ть, уезжать, приближаться*
 b) *брать, разрабатывать, останавливаться*
 c) *богатеть (→ богатый), станови'ться (учителем)*

⑤ (1ENDP+) a) **quantitativ bestimmtes** Objekt / Subjekt im Singular,
 **Objekt / Subjekt,** quantitativ aktualisiertes
 b) **Zielort,** Objekt / Subjekt im Plural,
 c) **Endzustand** des *Subjekts* aktualisierte Lokal-
 oder *Objekts* bestimmung (wohin?)
 a) *читать/прочитать роман Айтматова,*
 *говорить/сказать: - Я сделаю это.*
 b) *вы'йти выходи'ть из дома, идти' пойти' домой*
 c) *заболеть/заболевать (→ больной),*
 *покраснеть, поумнеть, стать инженером*

⑦ (ERR+) zum Bezugsmoment perfektiver Aspekt (vo.)
 **erreicht**
 *прочитать роман,*
 *прочитать (упомянутые прежде) романы,*
 *Гости приехали в прошлый четверг.*
 *Гости давно приехали, они сидят в кабинете.*

⑨ (ZQQBEGR+) oder in Kurzform (ZQQ+)
 a) **Zeitpunkt,** ingressive, finitive AA ...
 b) **Quantität,** delimitative, perdurative AA...
 c) neue **Qualität** der saturative, kumulative AA ...;
 **Umstände** der *Handlung* Temporalbestimmungen
 (Beginn oder Ende) (Zeitpunkte, Zeiträume)
 a) *заплакать, пойти, отвоевать(ся)*
 b) *поплакать, проплакать целый час*
 *сидеть полчаса - посидеть (немного)*
 *съездить, прыгнуть, бросить (один раз)*
 c) *засидеться, насмеяться, дозвониться ...*

## 8.3 Aktional-situativer Synthese-Algorithmus

Der von M.A. ŠELJAKIN (1969; 1970; 1983) vorgeschlagene Algorithmus soll auf möglichst kurzem, ökonomischen Wege in Zweierschritten von einer sprachlichen Aufgabenstellung zu ihrer Lösung führen - eine gegebene *Realsituation* ist in *sprachliche Form* zu fassen. Dazu muß zunächst die aspektual relevante Handlungssituation *analysiert* und daraus die entsprechende Aspektform (vo. oder unvo. Aspekt) abgeleitet, aufgebaut, *synthetisiert* werden. ŠELJAKIN nennt seinen Algorithmus daher **Synthese-Algorithmus**, wir präzisieren ihn mit dem Attribut **aktional-situativ**, weil er von Handlungstypen und aspektualen Situationen ausgeht.

Es ist weder möglich noch wünschenswert, daß der Lernende vor jedem Gebrauch eines Verbs alle Schritte des Algorithmus durchgeht, um den erforderlichen Aspekt zu finden. Der Algorithmus soll vielmehr *lehren*, in bestimmten *Kategorien* zu *denken*, die möglichen Sachverhalte (aspektuale bzw. aktionale Situationen) in ein relativ leicht *überschaubares System* zu bringen. Damit dient er dem Lernenden als sichere *Kenntnisgrundlage* für die sich entwickelnden *Fertigkeiten* im Aspektgebrauch, d.h. für die automatisierten Komponenten der bewußten Sprachtätigkeit. Das kann nicht mit einmaligem Durchlesen, auch nicht in wenigen Tagen erreicht werden. Es erfordert vielmehr beträchtliche und ausdauernde Anstrengungen, bis das *System* der *speziellen Aspektbedeutungen* samt ihren kontextuellen Bedingungen ebenso transparent wird wie die Morphemstruktur und damit die Aspektzugehörigkeit des Verbs. Die Lerntätigkeit in die richtigen Bahnen zu lenken - das ist der Zweck, den der Algorithmus erfüllen soll und kann.

Im folgenden geben wir zunächst einen **vereinfachten Algorithmus** aus, der die Aspektsynonymie bzw. Aspektkonkurrenz (siehe Abschnitt 6.6) *nicht* berücksichtigt (S. 205). Er kann in maximal vier binären Schritten abgearbeitet werden:

| Binärschritte zur Abarbeitung des vereinfachten Synthese-Algorithmus |
|---|

**Frage ①:** Ist die Handlung **monotemporal**
(nur einem Zeitpunkt auf der Linie der objektiven
Zeit zugeordnet, ohne Berücksichtigung ihrer Ausdehnung)?
                                      Wenn ja, → **Frage 2**
                oder
**polytemporal**
(Ausdehnung auf der Linie der objektiven Zeit -
Wiederholung oder Dauer)?      Wenn ja, → | **unvo.** |

**Frage ②:** Isolierte Handlung
(Einzelhandlung in der direkten oder indirekten Rede, in bestimmten Nebensätzen)?
                              Wenn ja, → **Frage 4**
oder
**korrelative** (aufeinander bezogene) Handlungen?
                              Wenn ja, → **Frage 5**

**Frage ④:** **Konkrete** Handlung (bestimmter Ort, bestimmte Zeit)?
                              Wenn ja, → **Frage 6**
oder
**abstrakte** Handlung
(unwesentlich, wann und wo, ob einmalig oder mehrmalig, abgeschlossen oder nicht.
„Gab es überhaupt ein solche Handlung?")?
                              Wenn ja, ⟶ | unvo. |

**Frage ⑤:** **Gleichzeitige** Handlungen?    Wenn ja; ⟶ | unvo. |
oder
**aufeinanderfolgende** Handlungen
(mit wesentlichem Zusammenhang)?
                              Wenn ja, ⟶ | vo. |

**Frage ⑥:** **Konkret-ablaufende** Handlung?
                              Wenn ja; ⟶ | unvo. |
oder
**Konkret-vollzogene** Handlung?
                              Wenn ja, ⟶ | vo. |

# 8 ALGORITHMEN ZUM ASPEKT

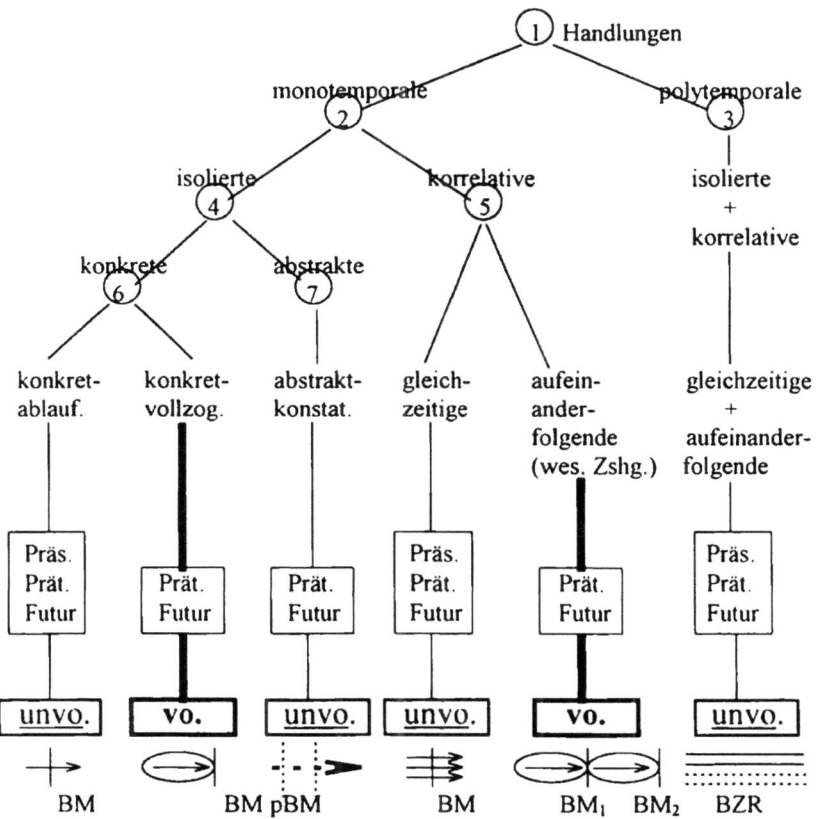

Nach dem gleichen Muster kann der *vollständige* Synthese-Algorithmus abgearbeitet werden (S. 206 - 207):

## Synthese-Algorithmus zur Bestimmung des Aspekts und der speziellen Aspektbedeutung
(nach SCHELJAKIN / SCHLEGEL 1970, 166f.; ŠELJAKIN 1969; 1983, 198ff.)

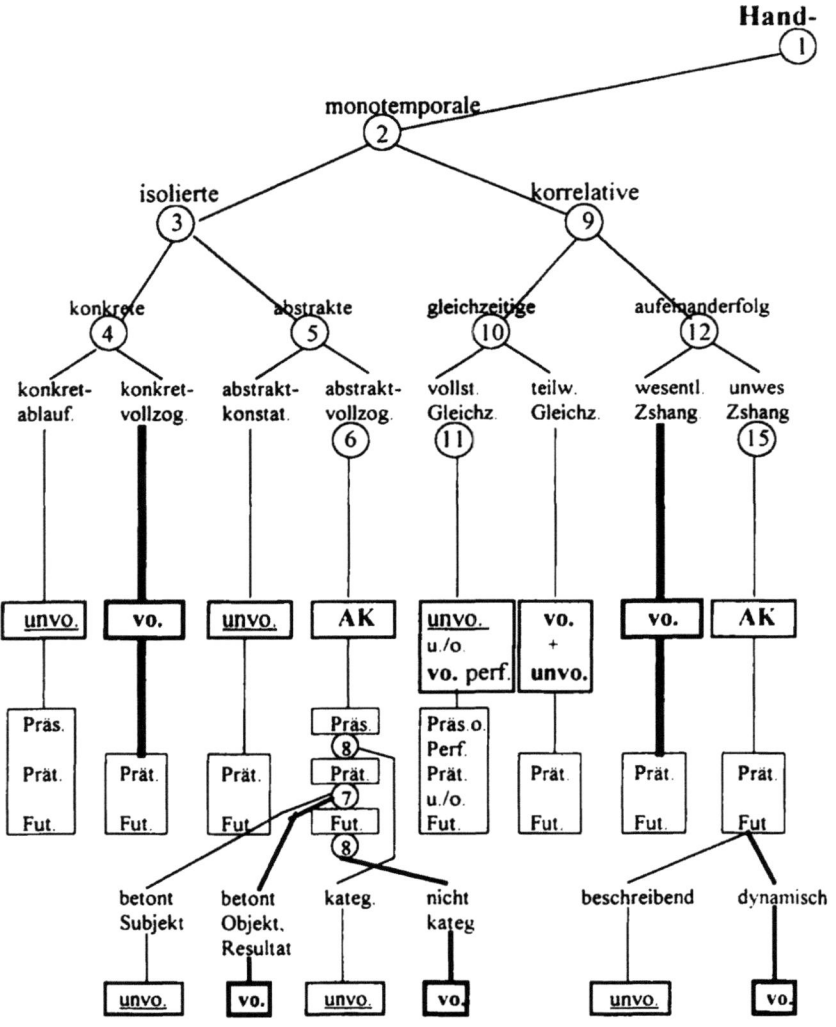

Legende  AK = Aspektkonkurrenz, -synonymie

# ALGORITHMEN ZUM ASPEKT

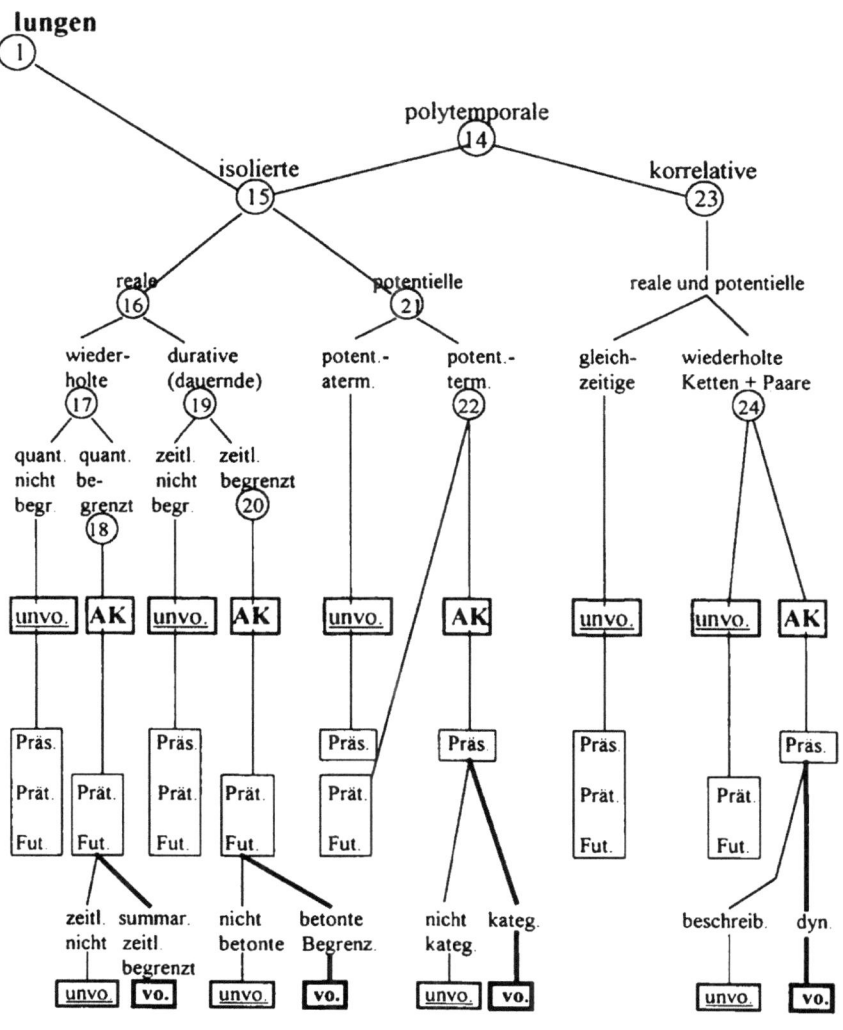

# 9 Der Aspektgebrauch im Imperativ, Konjunktiv und Infinitiv

In den Kapiteln 6 - 8 wurde der Aspektgebrauch im Indikativ dargestellt, der das Gesamtsystem aller Typen von Handlungen / aktionalen Situationen und der speziellen Aspektbedeutungen bzw. -funktionen umfaßt. In den anderen Modi - *Imperativ, Konjunktiv* - sowie im *Infinitiv* werden dagegen nur diejenigen Funktionen wirksam, die mit deren spezifischen grammatischen Bedeutungen vereinbar sind, wobei bestimmte weitere Bedingungen beachtet werden müssen. Dazu gehört in erster Linie, daß der Aspekt hier in besonderen *sekundär-deiktischen Mikrosystemen* wirksam wird. In diesen Mikrosystemen wirken *erstens* die gleichen Gesetzmäßigkeiten *wie im Indikativ* (vor allem der Aspektgebrauch bei Aufeinanderfolge und Gleichzeitigkeit korrelativer Handlungen sowie bei polytemporalen Handlungen). *Zweitens* ist bei *einmaligen* Handlungen im Infinitiv, Imperativ oder Konjunktiv jeweils die gleiche Abhängigkeit des Aspektgebrauchs vom *Sprachhandlungstyp* zu verzeichnen (siehe Kap. 10). Für bestimmte semantische Gruppen von Verben lassen sich klare Regeln formulieren (Aspektgebrauch nach Phasenverben u.ä.), für andere ist die Abhängigkeit von der aspektualen Situation entscheidend. *Drittens* schließlich erfolgt im *Infinitiv* eine scheinbare Aufhebung kanonischer Regeln durch die Wechselwirkung von abhängigen und unterordnenden Verben.

An dieser Stelle sollen vor allem die relativ eindeutigen Fälle in den Vordergrund gestellt werden. Die Bezugnahme auf Sprachhandlungstypen (SHT) erfolgt in Anlehnung an SEROWY 2000.

## 9.1 Sekundär-deiktische aktionale Mikrosysteme - innere Zeit

Im Imperativ, im Konjunktiv und im Infinitiv steht der Aspekt weitgehend außerhalb des aktionalen Beziehungsnetzes von Aufeinanderfolge und Gleichzeitigkeit beim Erzählen, Berichten und Beschreiben - Imperativ- und Konjunktivformen sowie Infinitivkonstruktionen bilden jeweils *isolierte aktionale Mikrosysteme*, die sich nicht unmittelbar am Redemoment ausrichten - dem primärdeiktischen Orientierungspunkt -, sondern jeweils am aspektualen Bezugsmoment. Wir bezeichnen daher diese relativ isolierten aktionalen Mikrosysteme („Handlungs-Mikrosysteme") als *sekundär-deiktisch*, sie drücken nicht die äuße-

## 9 ASPEKTGEBRAUCH IM IMPERATIV, KONJUNKTIV UND INFINITIV

re deiktische oder kalendarische Chronologie aus, sondern eine *innere Zeit* - die chronologischen Verhältnisse *innerhalb* der jeweiligen aktionalen Situation / Handlung.

Der **Imperativ** tritt vorrangig in der direkten Rede auf, wenn man von seinem übertragenen Gebrauch absieht (*Они гуляют - а я сиди и вкалывай* 'Sie bummeln (amüsieren sich), und ich kann/soll/muß hier sitzen und ranklotzen.'):

| | |
|---|---|
| *Он говорил / сказал /* | 'Er sagte / |
| *просил / попросил /* | bat / |
| *предупреждал / предупредил /* | warnte / |
| *запрещал / запретил:* | verbot:' |
| „*Передайте ему привет!*" | „Bestellen Sie ihm Grüße!" |
| „*Входите, входите, не стесняйтесь!*" | „Kommen Sie rein, kommen Sie rein, genieren Sie sich nicht" |
| „*Смотри не упади!*" | „Paß auf, daß du nicht fällst!" |
| „*Не закрывайте окно.*" | „Macht das Fenster nicht zu!" |

Es geht somit um einzelne, isolierte *Repliken* in der unmittelbaren Kommunikation, die keinen aktionalen Bezug zu ihrer sprachlichen Umgebung haben.

Im optativen **Konjunktiv** gilt das Gleiche - ein Wunsch oder eine Forderung wird in der direkten oder indirekten Rede geäußert:

| | |
|---|---|
| *Пришёл бы он!* | 'Käme er doch!' |
| *Если бы он пришёл!* | 'Wenn er doch käme:' |
| *Мы требовали, чтобы он пришёл.* | 'Wir verlangten, daß er kommt.' |

Für den hypothetischen Konjunktiv sind häufig geschlossene *Handlungspaare* charakteristisch:

| | |
|---|---|
| *Если бы он пришёл ко мне, я бы всё ему рассказал.* | 'Wenn er zu mir gekommen wäre, hätte ich ihm alles erzählt. / Wenn er zu mir käme, würde ich ihm alles erzählen.' |

Der **abhängige Infinitiv** bildet in einer **Infinitivkonstruktion** mit höchst unterschiedlichen subordinierenden Wörtern ein aktionales Mikrosystem:

- mit persönlichen Formen des Verbs: *начал писать, успеем пообедать;*
- mit Zustandswörtern (Prädikativen): *надо идти, стыдно плакать;*
- mit Substantiven: *мастер петь, умение писать;*
- mit Adjektiven: *готов бороться* usw.

Der **unabhängige Infinitiv** schließlich ist häufig das *Hauptsatzglied* oder *prädikative Zentrum* eingliedriger *Sätze*, der sog. *Infinitivsätze*, meist mit modalen Bedeutungsschattierungen, die auch vom Aspekt getragen werden:

| | |
|---|---|
| *Встать! Молчать!* | 'Aufstehen! Ruhe! (Maul halten!)' |
| *Не дви'гаться!* | 'Nicht bewegen!' |
| *Завтра е'хать.* | 'Morgen muß gefahren werden.' |
| *Здесь не пройти, не проехать.* | 'Hier kommt man nicht durch, weder zu Fuß noch mit Fahrzeug.' |
| *Вам начинать.* | 'Sie müssen anfangen.' |
| *Не' с кем поговорить.* | 'Es ist niemand da, mit dem man reden könnte.' |
| *(Нам) не'куда пойти.* | 'Es gibt nichts, wo wir hingehen könnten.' |

In all diesen relativ unabhängigen aktionalen Mikrosystemen wirkt sich in erster Linie die **aktionale Kategorisierung** des Verbs im Infinitiv aus: Sind es *Ereignisse*, oder sind es *Verläufe* und/oder *Zustände*, die, oft über die Vermittlung eines subordinierenden Wortes, in den Text eingegliedert werden sollen? Die *einmaligen Ereignisse* werden mit dem vo. Aspekt, *Prozesse/Verläufe* und *Zustände* in der Regel mit dem unvo. Aspekt wiedergegeben.

## 9.2 Der Aspektgebrauch im Imperativ

Der Imperativ ist ein **Modus der Aufforderung**. Die Aufforderung weist eine ganze Skala von Nuancen auf, die sich in mehreren Gruppen von **Sprachhandlungstypen** (SHT) realisieren:

| | | |
|---|---|---|
| BITTEN | ERLAUBEN | WARNEN |
| EINLADEN | ERMUNTERN | ABRATEN |
| VORSCHLAGEN | DRÄNGEN | UNTERSAGEN |
| ZURATEN | MODIFIZIEREN | VERBIETEN |
| INSTRUIEREN | ERUIEREN | (= BITTEN, VORSCHLAGEN, |
| FORDERN | | ANWEISEN, ANORDNEN, |
| ANWEISEN/ANORDNEN | | BEFEHLEN *etwas nicht* |
| BEFEHLEN | | *zu tun*) |

Diese Sprachhandlungstypen können durch besondere Ausdrucksmittel - intonatorische, lexikalische und morphologisch-syntaktische - ganz bestimmte modalexpressive Nuancen erhalten, unter denen neben der *Intonation* auch der *Aspekt* eine hervorragende Stelle einnimmt (siehe dazu auch Kap. 10).

## 9 ASPEKTGEBRAUCH IM IMPERATIV, KONJUNKTIV UND INFINITIV

Im Charakter der Aufforderung liegt es, daß sie in der Regel unmittelbar an eine bestimmte Person oder Personengruppe gerichtet ist, von der sofort oder in der ferneren Zukunft die Realisierung einer vom Verbalstamm bezeichneten Handlung erwartet wird. Daraus ergeben sich gewisse Einschränkungen sowohl für den Kreis der Handlungen, die im Imperativ vertreten sind, als auch für den Kreis der Verben, von denen er gebildet werden kann:

- Der *Imperativ im engeren Sinne* beschränkt sich auf die 2. Person, da eine Aufforderung gewöhnlich direkt an einen oder mehrere Gesprächspartner gerichtet ist.
- Mit dem Imperativ können *keine potentiellen* Handlungen bezeichnet werden, da diese lediglich der Charakterisierung des Subjekts dienen.
- Die Realisierung der Aufforderung kann erst mit oder nach dem Redemoment einsetzen, daher bezeichnet der Imperativ keine Handlungen in der Vergangenheit.
- Aus diesem Grunde weist der Imperativ *keine Zeitformen* auf. Zeitliche Beziehungen - das Verhältnis von Handlung und Bezugsmoment - können mit Hilfe des *Aspekts* gekennzeichnet werden.
- Bei bestimmten Verben ist auf Grund ihrer lexikalischen Bedeutung der Imperativ ungebräuchlich, so etwa von *хотеть* 'wollen', *победить* 'siegen' u.a.
- Der Imperativ *im weiteren Sinne* - der inklusive Imperativ der 1. Person Pl. (*пойдём; пойдёмте; поедем/те; давай те играть; идём те*), der Imperativ der 3. Person (*пусть придёт; пусть всегда будет Солнце; да здравствует свобода*), auf die wir hier nicht eingehen werden -, ordnen sich im Prinzip den gleichen Gesetzmäßigkeiten des Aspektgebrauchs unter.

Damit haben wir das Feld des Imperativs eingegrenzt.

Der **Imperativ der 2. Person** wird vom *Präsensstamm* der unvo. bzw. vom *Futurstamm* der vo. Verben gebildet. Er hat im Singular entweder eine Nullendung (*читай, потребуй, жалей; брось, плачь* - vgl. deutsches umgangssprachliches '*geh!*', '*schreib!*'), oder die **Endung** -и (*скажи', вы'учи, запо'мни*). Im Plural wird die Partikel -*те* angefügt.

Obwohl der Imperativ keine Tempusformen hat, kann die Imperativhandlung entweder der Zone des aktuellen und nicht-aktuellen *Präsens* zugeordnet werden (vo. und unvo. Aspekt, mit oder ohne lexikalische Indikatoren) oder der Zone des *Futurs* (nur vo. Aspekt, obligatorisch mit lexikalischen Indikatoren).

Der **Aspekt** dient in erster Linie dazu, zwei verschiedene Grundtypen von Imperativhandlungen zu kennzeichnen - **Ereignisse** (zum BM ganzheitliche Handlungen) einerseits und **Prozesse/Verläufe**, seltener **Zustände** (zum BM nicht-ganzheitliche Handlungen) andererseits. In Verbindung mit sprachlichem Kontext und außersprachlicher Situation wird durch diese Grundtypen außerdem eine Reihe von *modalen Nebeneffekten* erzielt.

Häufig können die in den genannten Sprachhandlungstypen enthaltenen Aufforderungen auch synonym (mit modalen Nuancen) durch den **Konjunktiv** und/oder den **Infinitiv** ausgedrückt werden - obligatorisch im gleichen Aspekt: *Купи мне эту книгу - Ты бы купил мне эту книгу / Тебе бы купить мне эту книгу - Я прошу тебя купить мне эту книгу* 'Kaufe mir dieses Buch' - 'Du solltest mir dieses Buch kaufen' - 'Ich bitte dich, mir dieses Buch zu kaufen'. Wir werden entsprechende Beispiele bei den jeweiligen Sprachhandlungstypen anführen.

Die Beschreibung der einzelnen Imperativhandlungen soll zunächst die „unproblematischen" Fälle erfassen, in denen eigentlich keine Wahlmöglichkeit besteht, um dann ausführlicher auf die relativ schwierigen monotemporalen Aufforderungshandlungen einzugehen:
- Polytemporale Imperativhandlungen (sich wiederholende und durative),
- korrelative monotemporale Imperativhandlungen (aufeinanderfolgende und gleichzeitige),
- Aufforderungen zur Realisierng von einmaligen Ereignissen,
- Aufforderungen zur Realisierung von Prozessen/Verläufen,
- Aufforderungen mit Verneinung.

## 9.2.1 Sich wiederholende und durative Imperativhandlungen

Polytemporale Handlungen - isolierte und korrelative - verlangen im Imperativ immer den unvo. Aspekt, wie auch im Indikativ, Konjunktiv und Infinitiv. Solche Aufforderungen haben meist den Charakter eines generellen Rates, einer allgemeingültigen Empfehlung - SHT VORSCHLAGEN, ZURATEN, EMPFEHLEN:

*Храните деньги в сберегательной кассе!*
*(Вы бы лучше хранили деньги в ..., советую вам хранить деньги в ...)*

'Deponieren Sie Ihr Geld auf der Sparkasse!'
('Sie sollten besser ... deponieren, Ich rate Ihnen ... zu deponieren.')

*Регулярно занимайтесь утренней зарядкой!*
*(Предлагаю вам регулярно заниматься ...)*

'Treibt regelmäßig Frühgymnastik!'
Ich schlage euch vor, regelmäßig Frühgymnastik zu treiben')

*Век живи, век учись.*
*Сначала думай, а под конец делай.*
*Хвали утро вечером.*

'Lerne dein ganzes Leben lang!'
'Denke zuerst, dann handle!'
'Lobe den Morgen erst am Abend!'

*На бога надейся, а сам не плошай.*　　'Hoffe auf Gott, aber mach selbst
*(Пословицы)*　　　　　　　　　　　keine Fehler!' (Sprichwörter)

Begrenzt-polytemporale Handlungen lassen - wie im Indikativ - Aspektkonkurrenz zu, wenn die Handlung dem aktuellen Präsens zugeordnet wird:

*Повторяйте повторите за мной*　　'Sprecht mir dieses Wort fünfmal
*это слово пять раз!*　　　　　　　　nach!'

## 9.2.2 Gleichzeitige und aufeinanderfolgende monotemporale Imperativhandlungen

Die Regeln für den Aspektgebrauch bei gleichzeitigen und aufeinanderfolgenden einmaligen Handlungen (Parallelitäten und Sequenzen) sind im Imperativ die gleichen wie im Indikativ, Konjunktiv und Infinitiv.

**Gleichzeitige Imperativhandlungen** sind relativ selten, da der Angesprochene nur in wenigen Fällen zwei einmalige Handlungen gleichzeitig ausführen kann:

*Сиди и пиши!*　　　　　　　'Sitz (bleib sitzen) und schreibe!'
*Молчи и слушай!*　　　　　　'Sei still und hör zu!'

Daher wird eine Aufforderung zur gleichzeitigen Ausführung mehrerer gleichzeitiger Handlungen entweder an verschiedene Personen gerichtet, oder die Imperativhandlung soll gleichzeitig mit einer anderen, nicht-imperativischen Handlung ausgeführt werden:

*Я буду говорить, а ты слушай!*　　'Ich werde sprechen, und du höre zu!'

In der Regel wird hier eine **vollständige Gleichzeitigkeit** ausgedrückt, der Gebrauch des **unvo. Aspekts** ist daher obligatorisch.

**Aufeinanderfolgende Imperativhandlungen** sind bedeutend häufiger als gleichzeitige. In *Betriebsanleitungen, Kochrezepten* u.ä. wird oft die Anweisung gegeben, mehrere einmalige Handlungen nacheinander auszuführen:

*Опусти'те деньги и*　　　　　　　'Werfen Sie das Geld ein und
*оторви'те билет!*　　　　　　　　　reißen Sie einen Fahrschein ab!'
*Захлопните дверь лифта и*　　　　'Schlagen Sie die Tür des Fahrstuhls
*нажмите кнопку!*　　　　　　　　　zu und drücken Sie auf den Knopf!'
*Зелёный салат нарезать и*　　　　'Grünen Salat klein schneiden und
*сложить в миску ...*　　　　　　　in einer Schüssel ablegen ...'
*Сварить мясной бульон, шпинат*　'Eine Fleischbrühe kochen, den
*перебрать, промыть ...*　　　　　　Spinat auslesen, durchwaschen ...'

Da das Subjekt erst die eine Handlung vollzogen haben muß, ehe es zur nächsten übergehen kann, ist der vo. **Aspekt obligatorisch.** Lediglich das letzte Glied kann - wie eine isolierte Handlung - auch im unvo. Aspekt stehen, wodurch nur der Beginn, aber nicht der Abschluß einer Handlung ausgedrückt wird.

### 9.2.3 Aufforderungen zur Realisierung von Ereignissen (konkret-vollzogene Imperativhandlungen)

Isolierte einmalige (monotemporale) Handlungen treten von allen Imperativhandlungen auf häufigsten auf. Gleichzeitig sind die möglichen sprachlichen Situationen und Sprachhandlungstypen äußerst fein differenziert, was für den nichtslawischen Fremdsprachenlerner die Aspektwahl stark erschwert. Es macht sich daher erforderlich, die vielfältigen Erscheinungsformen der speziellen Aspektbedeutungen zu untersuchen und nach konkret-vollzogenen (Ereignisse), konkret-ablaufenden (Prozesse/Verläufe) und abstrakt-konstatierenden Imperativhandlungen und Sprachhandlungstypen zu klassifizieren.

Die **konkret-vollzogene Imperativhandlung** ist ein **ganzheitliches Ereignis**, eine Handlung mit Anfang, Verlauf und Ende, ausgedrückt durch den *vo. Aspekt.* Da für den Imperativ jede Vergangenheitsbedeutung entfällt, spielt hier nur die *Futur*bedeutung des vo. Aspekts eine Rolle, die in *drei Varianten* auftritt:

#### a) Realisierung in der ferneren Zukunft
Die einmalige, ganzheitliche Handlung soll nicht unmittelbar im Anschluß an die Aufforderung realisiert werden, sondern in der ferneren Zukunft, gewöhnlich in *Abwesenheit* des Sprechers. Der vo. **Aspekt** ist **obligatorisch.** Vorwiegend liegen hier die Sprachhandlungstypen BITTEN, RATEN, EMPFEHLEN, ANORDNEN vor, seltener auch DROHEN:

| | |
|---|---|
| *Ты едешь в Москву? **Купи** мне, пожалуйста, книгу о русском искусстве!* | 'Du fährst nach Moskau? Kauf mir doch bitte ein Buch über russische Kunst!' |
| *Когда пойдёшь в библиотеку, **сдай** и мою книгу!* | 'Wenn du in die Bibliothek gehst, gib auch mein Buch mit ab!' |
| *Через неделю обязательно **придите** ещё раз!* | 'Kommen Sie in einer Woche unbedingt noch einmal wieder!' |
| *Если дело такое срочное, **позвоните** ему завтра!* | 'Wenn das so dringend ist, rufen Sie ihn doch morgen an!' |
| ***Прочитай** эту статью, тогда всё поймёшь!* | 'Lies diesen Artikel, dann verstehst du alles!' |
| ***Попробуй** только не приди завтра, тогда узнаешь!* | 'Versuch nur, morgen nicht zu kommen, dann ...!' |

## 9 ASPEKTGEBRAUCH IM IMPERATIV, KONJUNKTIV UND INFINITIV

Die fernere Zukunft *muß* zusätzlich zum *vo. Aspekt* durch die Situation bzw. durch **lexikalische Indikatoren** eindeutig bestimmt werden (*завтра, через неделю,* Datum usw.).

**b)   Realisierung in der nahen Zukunft**
Eine einmalige Handlung soll unmittelbar nach der Aufforderung realisiert und zum Abschluß gebracht werden, gewöhnlich in *Anwesenheit* des Sprechers.
Die Aufforderung hat meist die Form einer höflichen Bitte (SHT BITTEN), auch stilistisch neutrale Aufforderungen sind häufig. Für den Sprecher ist nur das Ergebnis, der Abschluß der Handlung von Belang, die Art der Ausführung wird dem Angesprochenen überlassen oder gesondert erläutert (siehe dazu Abschnitt c)). Auch hier ist der vo. Aspekt obligatorisch:

| | |
|---|---|
| *Передайте мне, пожалуйста, сахар!* | 'Bitte reichen Sie mir den Zucker!' |
| *Подержи мою сумку!* | 'Halt mal meine Tasche!' |
| *Будьте добры, откройте окно!* | 'Seien Sie so gut und öffnen Sie das Fenster!' |
| *Если можно, подвиньтесь немного вправо!* | 'Wenn es möglich ist, rücken Sie etwas nach rechts!' |
| *Пожалуйста, пересядьте на другое место!* | 'Bitte setzen Sie sich auf einen anderen Platz!' |

Der Arzt sagt in der Sprechstunde zu seinem Patienten:

| | |
|---|---|
| *Разденьтесь, пожалуйста!* | 'Bitte ziehen Sie sich aus!' |
| *Сядьте поближе!* | 'Setzen Sie sich näher heran!' |

Der vo. Aspekt verleiht der Aufforderung eine positive modale Färbung (*höfliche Bitte*). Wird er diesen Situationen durch den unvo. Aspekt ersetzt, so geht diese verloren und macht einer modalen Nuance des *Kategorischen* (SHT BEFEHLEN, DRÄNGEN) oder des *Familiären, Unzeremoniellen* Platz (siehe Abschnitt 9.2.4).

**c)   Der Abschluß einer im Vollzug befindlichen Handlung**
Diese Variante der Futurbedeutung des vo. Aspekts ist selten und kommt gewöhnlich bei aufeinanderfolgenden Handlungen vor:

| | |
|---|---|
| *Сделай уроки и приди ко мне!* | 'Mach die Hausaufgaben fertig und komm zu mir!' |
| *Допиши письмо и опусти его в ящик!* | 'Schreib den Brief (fertig) und steck ihn in den Briefkasten.' |

## 9.2.4 Aufforderungen zur Realisierung von Prozessen/Verläufen

Konkret-ablaufende Prozesse werden obligatorisch durch den unvo. Aspekt ausgedrückt. Dieser verbindet die Handlung eng mit dem handelnden Subjekt, wir sprechen jeweils von einem Zeitpunkt, zu dem das Subjekt unmittelbar mit der Ausführung der Handlung beschäftigt sein soll - der Bezugsmoment liegt inmitten der Handlung. Da der Imperativ keine Zeitformen besitzt, welche die Handlung in die Zukunft verlegen könnten, wird der Bezugsmoment maximal dem Redemoment angenähert, die Handlung in die Zone des aktuellen Präsens einbezogen. Das bedeutet, daß mit der *Ausführung* der Handlung *sofort* begonnen werden soll - *in Anwesenheit* des Sprechers.

Eine solche Annäherung des BM an den RM können wir in *drei Stufen* beobachten:
- Die Handlung ist bereits im Gange, nur ihr *Charakter* soll *verändert* werden,
- eine bereits durch die Situation vorbereitete, „*erwartete*" Handlung soll begonnen werden,
- die Ausführung einer „unerwarteten" Handlung soll *sofort, unverzüglich* in Angriff genommen werden.

**a)  Die zu realisierende Handlung ist bereits im Gange**
Mögliche Varianten:
- Der Handlung ist bereits im Gange, die Aufforderung ist auf eine *Veränderung* ihres Charakters gerichtet (SHT MODIFIZIEREN):

| | |
|---|---|
| *Читай медленнее!* | 'Lies langsamer!' |
| *Пишите разбо'рчивее!* | 'Schreibt deutlicher!' |
| *Говорите погромче, я вас плохо слышу!* | 'Sprecht lauter, ich höre euch schlecht!' |

- Es wird die *Anweisung* gegeben, *wie* eine bestimmte Handlung auszuführen ist (SHT PRÄZISIEREN):

| | |
|---|---|
| *Спишите эти слова с доски! Списывайте внимательнее!* | 'Schreibt diese Wörter von der Tafel ab! Schreibt sie sehr aufmerksam ab!' |
| *Сними картину! Как бы она не упала! Снимай осторожнее!* | 'Nimm das Bild ab! Daß es nur nicht herunterfällt! Nimm es ganz vorsichtig ab!' |

Hier ist oft eine doppelte Aufforderung zu beobachten. Mit der ersten wird die Bitte ausgesprochen, ein bestimmtes Ergebnis herbeizuführen. Der Bezugsmoment B₁ liegt daher nach der Handlung. Mit der zweiten Aufforderung kehrt man noch einmal zur Handlung selbst zurück, es wird angegeben, *wie* diese ausgeführt werden soll. Man bezieht sich also auf einen Zeitpunkt inmitten der Handlung (B₂), was obligatorisch den unvo. Aspekt erfordert.

## 9 ASPEKTGEBRAUCH IM IMPERATIV, KONJUNKTIV UND INFINITIV

- Die Handlung wurde unterbrochen, es wird zu ihrer *Fortsetzung* aufgefordert (SHT ERMUNTERN, ERLAUBEN), was oft noch durch die Verdoppelung der Imperativform unterstrichen wird:

  Почему вы замолчали? <u>Говорите!</u>  'Warum seid ihr still geworden? Sprecht ruhig!'
  <u>Разговаривайте, разговаривайте</u>, вы мне не мешаете!  'Unterhaltet euch nur, ihr stört mich nicht!'
  <u>Лежите, лежите</u>, я посижу с вами.  'Bleiben Sie nur liegen, ich werde mich ein wenig zu Ihnen setzen.'

- Die Handlung wurde bereits als *Versuch* unternommen, der Imperativ fordert zum vollständigen Vollzug auf (gleichfalls SHT ERMUNTERN, ERLAUBEN):

  <u>Входите, входите</u>, не стесняйтесь!  'Kommen Sie doch rein, genieren Sie sich nicht!'
  <u>Рассказывайте, рассказывайте</u>, я слушаю!  'Erzählen Sie doch, ich höre!'

  Die modale Bedeutung des ermunternden Erlaubens wird hier oft durch eine Verdoppelung der gegebenen Imperativform unterstrichen.

**b) Eine „erwartete" Handlung soll begonnen werden**
Die Handlung ist zwar noch nicht im Gange, doch ist sie durch die Kommunikationssituation bereits vorbereitet und motiviert - sie wird *erwartet*.

- Der Imperativ vermittelt keine sachlich neue Information, *welche* Handlung auszuführen ist, er stellt nur die Aufforderung dar, mit einer gegebenen Handlung zu *beginnen* (SHT STARTEN):

  Всё ясно? Тогда <u>пишите!</u>  'Alles klar? Dann schreibt!'
  Вы кончили читать? Теперь <u>задавайте</u> вопросы!  'Seid ihr fertig mit dem Lesen? Dann stellt jetzt Fragen!'
  Теперь мы прочитаем этот текст. Володя, <u>читай!</u>  'Wir wollen jetzt diesen Text lesen. Wolodja, lies!'
  <u>Говорите!</u>  'Sie können jetzt sprechen!' (Die Telefonistin hat eine Verbindung hergestellt.)

- Oft wird mit dem Imperativ im unvo. Aspekt ausgedrückt, daß die für die Ausführung *typische Zeit* angebrochen ist (SHT DRÄNGEN):

  <u>Вставай!</u> Уже семь.  'Steh auf! Es ist schon sieben!'
  Граждане, <u>сдавайте</u> книги, читальня закрывается.  'Bürger, geben Sie die Bücher ab, de Lesesaal schließt!'

  In diesem Falle kann der Imperativ auch durch *пора* + Infinitiv ersetzt werden, was gleichfalls den unvo. Aspekt voraussetzt: <u>Пора</u> вставать, уже семь! <u>Пора</u> сдавать книги, читальня закрывается!

- Der höfliche Gastgeber *ermuntert* seine Gäste (SHT ERMUNTERN):
  
  <u>Проходите, раздевайтесь!</u>   'Kommen Sie, legen Sie ab!
  <u>Садитесь</u>, пожалуйста.   Setzen Sie sich bitte!'
  Wenn die Kaffeetafel bereits gedeckt ist:
  <u>Ешьте, не стесняйтесь!</u>   'Essen Sie, genieren Sie sich nicht!'
  <u>Пейте</u> на здоровье!   'Trinken Sie nach Herzenslust!'
  (aterminative Prozesse)
  
  **Zusatzinformation:** Der SHT ERMUNTERN muß in solchen Situationen unbedingt unterschieden werden vom SHT BITTEN, der den vo. Aspekt bedingt:
  
  *Возьмите ещё кусочек пирога'!*   'Nehmen Sie doch noch ein Stück Kuchen!'
  *Вы'пейте ещё чашку кофе!*   'Trinken Sie (doch) noch eine Tasse Kaffee!'
  (terminative Ereignisse)

- Am Krankenbett wünscht man Genesung:
  
  <u>Выздоравливайте,</u>   'Werden Sie gesund,
  <u>поправляйтесь!</u>   erholen Sie sich wieder!'

c) **Eine „unerwartete" Handlung soll *unverzüglich* begonnen werden**

Die Handlung ist weder im Gange, noch ist sie durch die Kommunikationssituation vorbereitet und motiviert - sie ist „*unerwartet*". Da der unvo. Aspekt die weitgehende Annäherung des Bezugsmoments an den Redemoment bewirkt, folgt daraus die modale Bedeutung des *Unverzüglichen*, *Sofortigen*, das sich in folgenden Varianten äußert:

- Eine *sofortige* Handlung ist in der gegebenen Situation *motiviert* und *natürlich* (SHT DRÄNGEN):

  *Амбар, соседи, <u>отстаивайте</u>!*   'Rettet den Speicher, Nachbarn!
  *Перекинется огонь на амбар,*   Wenn das Feuer auf den Speicher
  *на сеновал -*   übergreift, auf den Heuschober -
  *наше всё дотла*   dann brennt das Unsere bis auf den
  *сгорит, и ваше*   Grund nieder, und auch das Eure
  *займётся!*   fängt Feuer!
  *<u>Рубите</u> крышу,*   Hackt das Dach zusammen,
  *сено ,- в сад!*   das Heu - in den Garten!
  *Григорий, сверху <u>бросай</u>,*   Grigorij, wirf von oben,
  *что ты на землю мечешь!*   was wirfst du auf die Erde!
  *Яков, <u>не суетись,</u>*   Jakow, lauf nicht ziellos umher,
  *<u>давай</u> топоры людям, лопаты.*   gib den Leuten Beile und Schaufeln.
  *Батюшки-соседи, <u>беритесь</u>*   Liebe Nachbarn, macht euch ge-
  *дружней, бог нам на помочь!*   meinsam ans Werk, Gott helfe uns!'
  *(Горький: Детство)*   (Gorki: Meine Kindheit)

In dieser Situation - einer Feuersbrunst - ist das Drängen auf eine sofortige, un-

verzügliche Handlung motiviert und natürlich, der Gebrauch des unvo. Aspekts ist daher stilistisch neutral.
Hierher dürfte auch ein Teil der militärischen Kommandosprache gehören, soweit Befehle nicht durch andere Formen wiedergegeben werden (z.B. durch den Infinitiv: *Встать! Отставить!* ):

| | |
|---|---|
| *Стройся!* | 'Antreten!' |
| *Равняйсь!* | 'Richt euch!' |

Eine Verallgemeinerung ist hier allerdings nicht möglich.

- Ist eine sofortige, unverzügliche Aktion nicht durch die Situation bedingt und motiviert, dann wirkt die Aufforderung entweder *kategorisch*, *ungeduldig* oder *familiär*, *unzeremoniell*:

| | |
|---|---|
| *Выверните карманы!* | 'Leert die Taschen aus! |
| *Ну, живо! Что я вам говорю?* | Na, ein bißchen dalli! Was habe ich |
| *Выворачивайте!* | euch gesagt? Ihr sollt die Taschen |
| *(Н. Островский)* | ausleeren!' (N. Ostrovskij) |

**d) Eine Erlaubnis wird erteilt**
Der unvo. Aspekt dient auch zum Ausdruck einer *Erlaubnis* mit verschiedenen Untertönen - von der *wohlwollenden*, *ermunternden* bis zur *duldenden* oder gar widerstrebenden Erlaubnis (*ermunterndes / duldendes / widerstrebendes* ERLAUBEN):

| | |
|---|---|
| *Можно я ещё поиграю на дворе?* | 'Darf ich noch auf dem Hof spielen? |
| *- Играй, играй!* | - Spiel nur!' |
| *Ну, я пойду. - Иди, иди!* | 'Nun, ich gehe. - Geh ruhig!' |
| *Хотел бы я остаться у вас. - Ну* | 'Ich möchte bei euch bleiben. - |
| *что же, оставайся!* | Nun denn - bleib nur. |

Auch hier muß das *ermunternde* bzw. *duldende* (unvo.) vom *bittenden* ERLAUBEN (vo.) unterschieden werden:

| | |
|---|---|
| *Разрешите проводить вас?* - | 'Darf ich Sie begleiten? - Na gut, |
| *Ну ладно, провожайте (НСВ).* | begleiten Sie mich (... Sie dürfen.)' |
| *Разрешите проводить вас? - Да,* | 'Darf ich Sie begleiten? - Ja bitte, |
| *пожалуйста, проводите (СВ)* | begleiten Sie mich, |
| *меня, уже темно.* | es ist schon dunkel.' |

## 9.2.5 Abstrakte Imperativhandlungen

Abstrakte Handlungen (die abstrakt-konstatierende Bedeutung des unvo. Aspekts, „констатация факта") lassen eine qualitative Charakterisierung nicht zu. Sie tragen keine Information über den Charakter und den Verlauf der Hand-

lung, es geht lediglich um ihre *Faktizität* - um die Frage, *ob* das Subjekt eine bestimmte Handlung ausgeführt hat / ausführen wird oder nicht. Die logische Satzbetonung liegt auf dem Verb.
Im Imperativ ist die abstrakt-konstatierende Bedeutung des unvo. Aspekts relativ selten:

| | |
|---|---|
| *Заходи'те!* | 'Kommen Sie doch mal vorbei!' |
| *Пиши'!* | 'Schreib mal!' (beim Abschied) |
| *Звони'те!* | 'Ruft ruhig mal an'" |

Es wird nicht gesagt, *wann, wie oft, wie* etwas getan werden soll, und oftmals ist die Aufforderung auch nicht ernst gemeint - eine höfliche Floskel. In jedem Falle ist der *unvo. Aspekt obligatorisch*.

## 9.2.6 Der Imperativ mit Verneinung

Der verneinte Imperativ weist nur zwei Hauptvarianten auf - die **Warnung** vor unerwünschten Folgen und das **Verbot** im weitesten Sinne.

**a)     Die Warnung vor negativen Ereignissen - vo. Aspekt**
Mit Hilfe des verneinten Imperativs im vo. Aspekt soll ein Gesprächspartner gewarnt und damit vor möglichen negativen Ereignissen bewahrt, „behütet" werden (daher der Arbeitsterminus des Sprachhandlungstyps „*behütendes* WARNEN"):

| | |
|---|---|
| *Не упади, здесь скользко!* | 'Fall nicht, hier ist es glatt.' |
| *Не потеряй деньги!* | 'Verlier das Geld nicht!' |
| *Не забудьте закрыть дверь на ключ!* | 'Vergeßt nicht die Tür abzuschließen!' |

Die Warnung kann verstärkt werden durch *смотри, смотрите*, ohne daß dadurch eine Änderung im Aspektgebrauch eintritt:

| | |
|---|---|
| *Смотри не простудись!* | 'Paß auf, daß du dich nicht erkältest!' |
| *Смотрите, не ушибитесь!* | 'Passen Sie auf, daß Sie sich nicht stoßen!' |

**b)     Das Verbot im weitesten Sinne**
In kategorischer oder abgemilderter Form wird die Aufforderung ausgesprochen, eine bestimmte Handlung zu unterlassen, weil sie unerwünscht, unnötig oder verboten ist. Hier liegen die Sprachhandlungstypen ABRATEN, UNTERSAGEN, VERBIETEN vor, die ihrerseits Äquivalente sind für die noch differenzierteren SHT BITTEN, VORSCHLAGEN, ANWEISEN/ANORDNEN, BEFEHLEN *etwas nicht zu tun*.

| | |
|---|---|
| *Не открывай, пожалуйста, окно!* | 'Bitte laß das Fenster zu!' |
| *Не покупай для меня билета, у меня нет времени идти в кино!* | 'Kaufe für mich keine Karte, ich habe keine Zeit ins Kino zu gehen!' |

# 9 ASPEKTGEBRAUCH IM IMPERATIV, KONJUNKTIV UND INFINITIV

*Не подсказывайте!*  'Sagt nicht vor!'
*Не ходите на улицу!*  'Geht nicht auf die Straße!'

Die absolute Verneinung kann je nach der Kommunikationssituation ein *generelles Verbot* oder einen *Einzelfall* ausdrücken. Wenn für die oben aufgeführten Sprachhandlungstypen der verneinte *Infinitiv* verwendet wird, erhalten die Aufforderungen einen kategorischen Charakter (Verbot): *Не открывать окно; Не подсказывать; На улицу не ходить!*

An dieser Stelle muß noch einmal nachdrücklich auf den apektmäßien Unterschied zwischen **Aufforderungen**, *etwas einmal* zu tun, und **Aufforderungen**, *etwas nicht* zu tun, hingewiesen werden:

| SHT BITTEN, RATEN, ANWEISEN, BEFEHLEN *etwas einmal zu tun:* | SHT BITTEN, RATEN, ANWEISEN, BEFEHLEN *etwas nicht zu tun* (= ABRATEN, UNTERSAGEN, VERBIETEN): |
|---|---|
| Опустите, пожалуйста! (монету) | Не опускайте, пожалуйста! |
| Скажите ему об этом! | Не говорите ему об этом! |
| Расскажите, пожалуйста, сказку! | Не рассказывайте сказок! |
| Купите себе этот словарь! | Не покупайте этот словарь! |
| Возьмите с собой зонтик! | Не берите с собой зонтик! |
| Откройте учебники! | Не открывайте учебники! |
| Встать! | Не вставать! |

## 9.2.7 Zusammenfassender Algorithmus

Diese Zusammenfassung wird in Form eines Algorithmus vorgenommen, der zugleich die Struktur und den Inhalt des Kapitels widerspiegelt.

Der Algorithmus (S. 222) ist von oben nach unten abzuarbeiten: Liegt das angegebene Merkmal vor ( + ), dann ist der jeweilige Aspekt rechts abzulesen. Liegt es nicht vor ( - ), muß das darunterliegende Merkmal geprüft werden.

# Imperativhandlungen (Algorithmus)

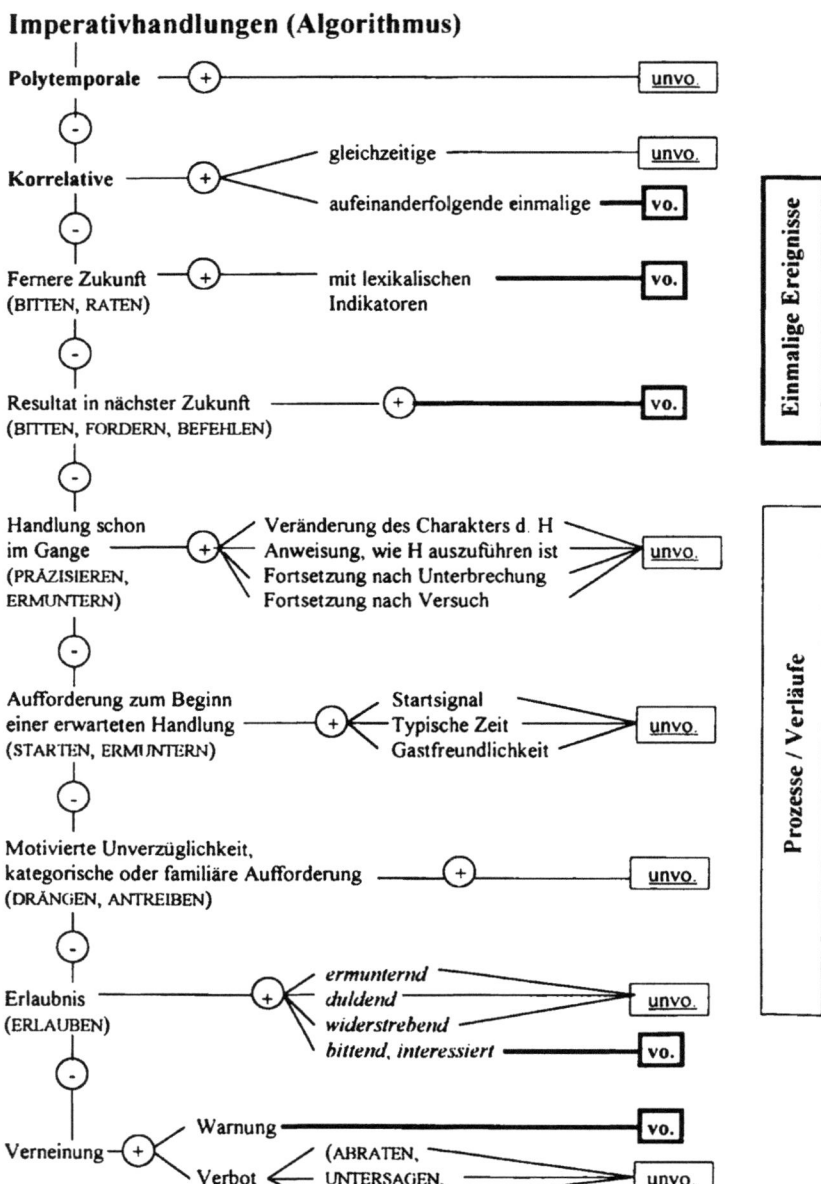

## 9.3 Der Aspektgebrauch im Konjunktiv

Der Aspektgebrauch im Konjunktiv ist relativ eindeutig: Zum Ausdruck **einmaliger** Handlungen wird vorwiegend der vo. Aspekt gebraucht (konkretablaufende Handlungen sind im Konjunktiv selten), zum Ausdruck **sich wiederholender** und **durativer** (polytemporaler) Handlungen dient der unvo. Aspekt. Vom Standpunkt der *Sprachhandlungstypen (SHT)* wiederholen sich im optativen Konjunktiv die Gesetzmäßigkeiten des *Imperativs* (siehe Abschnitt 9.2).

Zum Konjunktiv zählen alle Konstruktionen, welche die Partikel *бы (б)* und eine Verbform auf *-л* (Präteritalform, ursprüngliches л-Partizip) enthalten: *открыл бы, если бы открыл, чтобы открыл ...*

Eine Konjunktivkonstruktion hat gewöhnlich eine doppelte **Funktion**, sie ist
1) **Hypothese** eines Sachverhalts oder **Wunsch** nach diesem Sachverhalt,
2) **Feststellung des Negats** dieses Sachverhalts in Vergangenheit und Gegenwart oder **Annahme, Vermutung** dieses **Negats** für die Zukunft.

**Beispiel:**
*Если бы он пришёл ...*     'Wenn er gekommen wäre ...'

In dieser Konjunktivkonstruktion sind enthalten
1) die **Hypothese** „Wenn er gekommen wäre, dann ... " und
2) die **Feststellung** „Er ist nicht gekommen".

Ebenso:
*Хотя бы он пришёл вовремя!*     'Wenn er doch rechtzeitig käme!'

Darin sind enthalten
1) der **Wunsch** „Er soll rechtzeitig kommen",
2) die **Annahme** bzw. **Vermutung** „Er wird nicht rechtzeitig kommen".

Der Konjunktiv bezeichnet also keineswegs nur Irrealitäten, enthält nicht nur eine subjektive Bewertung der Wirklichkeit, sondern er stellt gleichzeitig immer reale oder angenommene (gedachte) Sachverhalte fest. Daraus erklärt sich, daß der Aspektgebrauch im Konjunktiv den gleichen Regeln wie im Indikativ und im Imperativ unterworfen ist.

In den folgenden Abschnitten sollen einige der wichtigsten Fälle des Aspektgebrauchs im Konjunktiv untersucht werden, ohne daß dabei Vollständigkeit angestrebt wird. Dazu müssen zunächst der **optative** und der **hypothetische Konjunktiv** unterschieden werden.

## 9.3.1 Der Aspektgebrauch im optativen Konjunktiv

Mit dem optativen oder voluntativen Konjunktiv (Konjunktiv des Wunsches) wird die denotierte Handlung als *zweckmäßig* oder *wünschenswert* dargestellt. Diese Modalität erfährt die verschiedensten Abstufungen - *Bedürfnis, Notwendigkeit, Rat, Wunsch* u.a. Mit dem optativen Konjunktiv wird eine **indirekte Aufforderung** ausgesprochen, der Aspektgebrauch entspricht daher dem des Imperativs.

Der optative Konjunktiv kommt entweder in selbständigen Sätzen vor - mit oder ohne Konjunktion - oder er wird durch Hauptsätze eingeleitet, die aber seinen Charakter nicht verändern:

| | |
|---|---|
| *Ты бы пришёл на митинг!* | 'Du solltest zum Meeting kommen!' |
| *Требовали, чтобы ты пришёл на митинг.* | 'Sie haben gefordert, daß du zum Meeting kommst.' |
| *Ты бы не приходил на митинг!* | 'Du solltest nicht zu dem Meeting kommen!' |
| *Все желали, чтобы ты не приходил на митинг.* | 'Alle wünschten, daß du nicht zu dem Meeting kommst.' |

Die Aspektwahl erfolgt für Haupt- und Nebensatz selbständig: Im Hauptsatz ist sie den allgemeinen Regeln (siehe Kap. 7) untergeordnet, im Nebensatz und im selbständigen Konjunktivsatz gelten die Regeln für den Imperativ (2. Person) oder für den Indikativ (in der 1. und 3. Person).

**a) Der optative Konjunktiv in der 2. Person**
   **(Aspektregeln des Imperativs)**

Der optative Konjunktiv der 2. Person drückt eine höfliche, „sanfte" *Aufforderung* aus (SHT BITTEN, VORSCHLAGEN, EMPFEHLEN). Er steht daher dem *Imperativ* sehr nahe und unterliegt den *gleichen Aspektregeln* wie dieser. Das gilt auch dann, wenn der Konjunktiv in ein Satzgefüge als *indirekte Rede* eingegliedert ist:

- **Polytemporale Handlungen (Wiederholung / Dauer) - unvo. Aspekt**

| | |
|---|---|
| *Вы бы соблюдали диету!* | 'Sie sollten Diät halten!'' |
| *Врач посоветовал ей, чтобы она соблюдала диету.* | 'Der Arzt riet ihr, sie sollte Diät halten.' |
| *(= Соблюдайте диету!)* | ('Halten Sie Diät!') |

- **Gleichzeitige Handlungen (Parallelitäten) - unvo. Aspekt**

| | |
|---|---|
| *Ты бы сидел и читал, а не играл!* | 'Du solltest sitzen und lesen, aber nicht spielen!' |
| *Учительница велела, чтобы он сидел и читал, а не играл.* | 'Die Lehrerin verlangte, daß er sitzen und lesen, aber nicht |

## 9 Aspektgebrauch im Imperativ, Konjunktiv und Infinitiv

(= *Сиди и читай, а не играй!*)
spielen sollte.'
('Sitz und lies, und spiele nicht!')

- **Aufeinderfolgende einmalige Handlungen (Sequenzen) - vo. Aspekt**
*Ты бы выключил свет и лёг спать!*
'Du solltest das Licht ausmachen und dich schlafen legen!'
*Мать сказала, чтобы он выключил свет и лёг спать.*
'Die Mutter sagte, daß er das Licht ausknipsen sollte und sich schlafen legen.'
(= *Выключи свет и ляг спать!*)
('Knips das Licht aus und leg dich schlafen!')

- **Fernere und nächste Zukunft - vo. Aspekt**
*Ты бы купил мне билет в театр?*
'Würdest du mir eine Theaterkarte kaufen?'
*Я очень хочу, чтобы ты купил мне билет в театр.*
'Ich hätte sehr gern, daß du mir eine Theaterkarte kaufst.'
(= *Купи мне, пожалуйста, билет в театр!*)
('Kauf mir bitte eine Theaterkarte!')

- **Handlung bereits im Gange - unvo. Aspekt**
*Ты бы говорил медленнее!*
'Du solltest langsamer sprechen!'
*Он просил, чтобы она говорила медленнее.*
'Er bat, daß sie langsamer sprechen sollte.'
(= *Говорите медленнее!*)
('Sprechen Sie langsamer!')

- **Absolute Verneinung (SHT ABRATEN, BITTEN) - unvo. Aspekt**
*Вы бы не ходили туда!*
'Sie sollten nicht dort hingehen!'
*Мы просим, чтобы вы не ходили туда.*
'Wir bitten, daß ihr nicht dort hingeht.'
(= *Не ходите туда!*)
('Geht nicht dort hin!')

b) Der optative Konjunktiv in der 1. und 3. Person (Aspektregeln des Indikativs)
- **Einmaliges Ereignis - vo. Aspekt:**
*Пришёл бы он сегодня!*
*Если бы он сегодня пришёл!*
'Wenn er doch heute kommen würde!'

- **Wiederholung und Dauer:**
*Приходил бы он каждый день!*
*Хоть бы он приходил каждый день!*
'Wenn er doch (wenigstens) jeden Tag kommen würde!'

- **Absolute Verneinung:**
  *Хотя бы он не приходил!*   'Wenn er doch nur nicht kommen würde!'

Die gleichen Typen von Konjunktivhandlungen wiederholen sich in Satzgefügen mit den Konjunktionen *чтобы, как бы, лишь бы*. Die *Hauptsätze* können nach folgenden Gesichtspunkten eingeteilt werden:

- Hauptsätze mit **Verben** des **Wünschens**:

  | | |
  |---|---|
  | Мы *хотели*, *чтобы он скоро пришёл*. | 'Wir wollten, daß er bald kommen sollte.' |
  | Она *желает*, *чтобы он приходил каждый день*. | 'Sie wünscht, daß er jeden Tag kommen soll(te).' |
  | Нам *хотелось бы*, *чтобы эту книгу читали*. | 'Wir möchten, daß dieses Buch gelesen wird.' |
  | Мы *хотели*, *чтобы он не приходил*. | 'Wir wollten, daß er nicht kommen sollte.' |

- Hauptsätze mit **Zustandswörtern** (Prädikativen) des **Wünschens** oder der **Notwendigkeit**:

  *Важно, чтобы он скоро пришёл.*  'Es ist wichtig, daß er bald kommt.'
  *Необходимо (нужно, желательно), чтобы он приходил каждый день.*  'Es ist notwendig (nötig, wünschenswert), daß er jeden Tag kommt.'

- **Finalsätze:**
  *Я вышел на улицу, чтобы прошла головная боль.*   'Ich ging auf die Straße hinaus, damit der Kopfschmerz vergehen sollte.'

- Hauptsätze mit **Verben** der **Befürchtung** (eine Sonderform des verneinten Wunschsatzes, die gesondert eingeprägt werden muß) - SHT BEFÜRCHTEN:

  | | |
  |---|---|
  | *Я боюсь, как бы (чтобы) он не (!) простудился.* | 'Ich fürchte, *daß* (!) er sich erkältet.' |
  | *Мы беспокоились, как бы (чтобы) погода не (!) испортилась.* | 'Wir waren beunruhigt (besorgt), *daß* (!) sich das Wetter verschlechtern könnte.' |

  Diese für Deutsche gewöhnlich schwer verständliche Konstruktion geht auf den *isolierten* Wunsch zurück:

  *(Я боюсь:)*   *Как бы он не простудился!*
  *(Мы беспокоились:)*   *Как бы погода не испортилась!*

  Es wird also der Wunsch nach dem Nicht-Eintreten der befürchteten Handlung ausgesprochen.

# 9 ASPEKTGEBRAUCH IM IMPERATIV, KONJUNKTIV UND INFINITIV

Allen vier angeführten Gruppen von Satzgefügen ist gemeinsam, daß im Haupt- und Nebensatz *verschiedene Subjekte* auftreten, wodurch die Konstruktion *бы* + **Präteritumsform** des Verbs bedingt ist. Bei *gleichem Subjekt* in Haupt- und Nebensatz steht statt des Präteritums der *Infinitiv* des Verbs - die Aspektregeln werden dadurch nicht berührt:

*Я вышел на улицу,* ***чтобы***     *Я вышел на улицу,* ***чтобы***
*прошла головная боль.*     ***подышать*** *свежим воздухом.*

## 9.3.2 Der Aspektgebrauch im hypothetischen Konjunktiv

Der hypothetische Konjunktiv (Konjunktiv der Annahme, der Vermutung) kommt in zwei Erscheinungsformen vor - in *unabhängigen Konjunktivsätzen* und als von anderen hypothetischen Handlungen *abhängiger Konjunktiv*.

**a) Der unabhängige hypothetische Konjunktiv**
Eine hypothetische Handlung erscheint als Folge bestimmter *realer* Voraussetzungen (isolierte Hypothese):
(1) *Из него вышел бы хороший*     'Aus ihm würde ein guter
    *учитель.*     Lehrer werden / wäre geworden.'
(2) *Я не замечал,* ***чтобы*** *он*     'Ich habe nicht bemerkt, daß er
    *когда-нибудь* ***отсутствовал.***     jemals gefehlt hätte.'
Die hypothetische Handlung kann sich dabei auf die Zukunft beziehen (1), oder sie wird durch eine verneinte Haupthandlung (abstrakt-konstatierende Bedeutung des unvo. Aspekts) in die Vergangenheit verwiesen (2).

**Zukunft:**
Der Sprecher drückt die Überzeugung aus, daß eine bestimmte - meist einmalige Handlung - vollzogen bzw. nicht vollzogen werden könnte:
*Она это* ***поняла*** *бы.*     'Sie würde das verstehen.'
*Нет такого металла, который бы*     'Es gibt kein Metall, das eine solche
***выдержал*** *такую температуру.*     Temperatur aushalten würde.'
Das Verb der hypothetischen Handlung steht im vo. Aspekt. Der Vergleich mit dem vo. Futur liegt nahe:
*Она это* ***поняла*** *бы.*     *Она это* ***поймёт.***
*... который* ***бы вы'держал*** *...*     *... который* ***вы'держит*** *...*
Das Futur drückt die Überzeugung aus, daß die Handlung unbedingt eintreten *wird*, der Konjunktiv dagegen, daß sie eintreten *kann*. Daher besteht auch die Möglichkeit, in den obigen Beispielen *мочь* einzufügen, das ebenfalls mit dem vo. Aspekt verbunden wird: .
*Из него* ***мог бы выйти*** *хороший учитель.*
*Нет ... металла, который* ***мог бы выдержать*** *такую температуру.*

Hypothetische Futurhandlungen kommen auch in Satzgefügen vor, deren Hauptsatz Zweifel an der Möglichkeit der Handlung ausdrückt (SHT ANZWEIFELN):

*Я сомневаюсь, чтобы вам это удалось.*   'Ich bezweifle, daß Ihnen das gelingt.'

*Я не думаю, чтобы он так скоро приехал.*   'Ich denke nicht, daß er so bald kommen wird.'

**Vergangenheit:**
Die Haupthandlung verneint die hypothetische Nebenhandlung, die somit als *potentielle* Handlung qualifiziert wird:
(1) *Я ещё не слышал, чтобы так хорошо пели.*   'Ich habe noch nicht gehört, daß jemand so gut singt/gesungen hätte.'
(2) *Он не помнил, чтобы она когда-нибудь плакала.*   'Er erinnerte sich nicht, daß sie jemals geweint hätte.'
(3) *Мы никогда не слышали, чтобы он говорил / сказал подобное.*   'Wir haben nie gehört, daß er so etwas gesagt hätte.'
(4) *Мы ещё не встречали человека, который бы обижался / обиделся на неё.*   'Wir haben noch keinen Menschen getroffen, der ihr etwas übel genommen hätte.'
(5) *Не проходило дня, чтобы он не заходил / зашёл к нам.*   'Es verging kein Tag, an dem er uns nicht aufgesucht hätte.'

Der Aspektgebrauch unterliegt den Regeln für *potentielle Handlungen*:
Potentiell-*aterminative* Handlungen stehen stets im unvo. Aspekt - (1) und (2), potentiell-*terminative* Handlungen lassen *Aspektkonkurrenz / Aspektsynonymie* zu - (3) bis (5).

**b)   Handlungspaare im Konjunktiv**
Der von anderen hypothetischen Handlungen abhängige hypothetische Konjunktiv tritt auf in **Ursache-Folge-Beziehungen** des Typs
  'Wenn Sachverhalt $S_1$ (nicht) wäre, wäre $S_2$ (nicht)'
oder in einem seiner *Transforme*:
  'Ohne (mit) $S_1$ wäre $S_2$ (nicht)',
  'Es wäre $S_1$, wurde aber verhindert durch $S_2$',
  'Nehmen wir an, daß S (nicht) sei'.
Bedingende und bedingte Handlung formieren sich zu **Handlungspaaren**, ihr Aspekt entspricht den *Regeln des Indikativs*:
- Einmaliges Ereignis (konkret-vollzogene Handlung)   - vo. Aspekt
- einmaliger Prozeß / Verlauf (konkret-ablaufende H)   - unvo. Aspekt
- sich wiederholende und andauernde Handlungen   - unvo. Aspekt
- potentiell-terminative Handlungen   - Aspektkonkurrenz

## 9 ASPEKTGEBRAUCH IM IMPERATIV, KONJUNKTIV UND INFINITIV

**Beispiele** für die wichtigsten **Paar-Kombinationen**:

**Bedingende Handlung:** **Bedingte Handlung:**
(1) **vo.** (einmaliges Ereignis) **vo.** (einmaliges Ereignis)
 *Если бы он пришёл ко мне,* *я бы всё ему рассказал.*
 'Wenn er zu mir gekommen wäre (käme), hätte ich ihm alles erzählt (würde ich alles erzählen).'
(2) **vo.** (einmaliges Ereignis) **unvo.** (sich wiederholende H)
 *Если бы он сдал экзамен на* *он получал бы повышенную*
 *„отлично",* *стипендию.*
 'Wenn er die Prüfung mit *Sehr gut* bestanden hätte (bestehen würde), erhielte er (würde er erhalten) ein Leistungsstipendium.'
(3) **unvo.** (sich wiederholende H) **unvo.** (sich wiederholende H)
 *Если бы ты занимался спортом* *ты так часто не болел бы.*
 *каждый день,*
 'Wenn du jeden Tag Sport treiben würdest (getrieben hättest), wärst du nicht so oft krank (gewesen).'
(4) **unvo.** (Zustand) **vo.** (einmaliges Ereignis)
 *Если бы она любила детей,* *она этого не сделала бы.*
 'Wenn sie Kinder liebte, hätte sie das nicht getan (würde ... nicht tun).'
(5) **vo.** (einmaliges Ereignis) **unvo.** (einmaliger Verlauf)
 *Если бы ты прочитал всю* *ты бы сегодня отвечал*
 *литературу,* *лучше.*
 'Wenn du die ganze Literatur gelesen hättest, würdest du heute besser antworten.'
(6) **Aspektkonkurrenz** **Aspektkonkurrenz**
 (potentiell-terminative H) (potentiell-terminative H)
 *Кто бы ни приходил / пришёл* *всем она оказывала /*
 *к ней,* *оказала бы помощь.*
 'Wer auch immer zu ihr käme (gekommen wäre), sie würde allen Hilfe erweisen (hätte ... erwiesen).'

Zwar besitzt der Konjunktiv keine Zeitformen - wie jedoch aus den Beispielen ersichtlich, können die hypothetischen Handlungen durch den Kontext allen drei Zeitstufen zugeordnet werden. Dabei beschränkt sich der vo. Aspekt wie auch im Indikativ auf Präteritum und Futur.

**c) Verneinung des hypothetischen Konjunktivs**
Die Verneinung hat bei hypothetischen Handlungen keinerlei Einfluß auf den Aspektgebrauch, auch bei einem Wechsel des „Vorzeichens" (affirmativ - negativ) ändert sich der Aspekt nicht:

+ , +   *Если бы он пришёл, мы закончили бы работу.*
+ , -   *Если бы он пришёл, мы не закончили бы работу.*
- , +   *Если бы он не пришёл, мы закончили бы работу.*
- , -   *Если бы он не пришёл, мы не закончили бы работу.*

Das ist auch bei der isolierten Hypothese der Fall:
+   *Из него вышел бы хороший учитель.*
-   *Из него не вышел бы хороший учитель.*
+   *Она это поняла бы.*
-   *Она это не поняла бы.*

### 9.3.3 Zusammenfassender Algorithmus

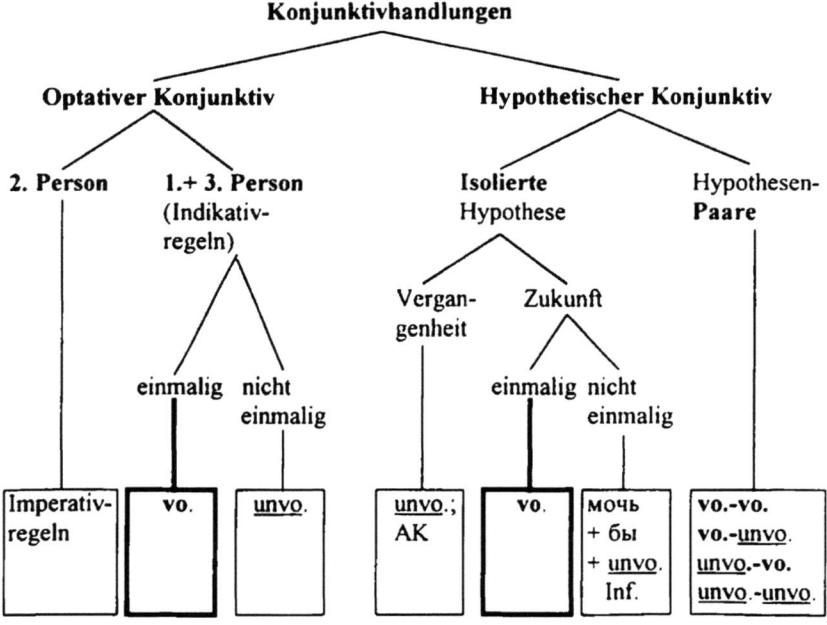

## 9.4 Der Aspektgebrauch im Infinitiv

Der Infinitiv ist gleichsam der „Nominativ" des Verbs - seine allgemeinste, abstrakteste Form, seine Nennform, Grundform, Wörterbuchform, die nur ein Minimum an grammatischer Information enthält. Da er keine Zeit-, Personal- und Modusformen aufweist, tritt er als „reiner" Repräsentant der lexikalischen Verbbedeutung auf. Die darin enthaltene *aktionale Komponente* findet ihren grammatischen Ausdruck in den beiden einzigen morphologischen Kategorien des Infinitivs - im *Aspekt* und im *Genus verbi (Diathese)*.

In der Position des Infinitivs steht daher das russische Verb in einem „minimalen Kontext", in dem sich die Invarianten und Varianten der aktionalen und grammatischen Bedeutung beider Aspekte besonders deutlich zeigen - das ganzheitliche *Ereignis* im vo. Aspekt, der *Verlauf* oder *Zustand* einer zum Bezugsmoment (noch) nicht abgeschlossenen Handlung im unvo. Aspekt

Der **unabhängige Infinitiv** hat prädikative Funktion und stellt in der Regel das einheitliche *Hauptsatzglied* oder *prädikative Zentrum* eines eingliedrigen Satzes dar (*Встать! Что делать? Нам вместе работать*), seltener das Subjekt eines zweigliedrigen Satzes (*Курить - здоровью вредить*). Er fügt sich - wie auch der Imperativ und Konjunktiv - nicht in die aktionale Textstruktur von gleichzeitigen und aufeinanderfolgenden Handlungen ein, steht also aspektmäßig weitgehend *isoliert* da (siehe Abschnitt 9.4.8).

Der **abhängige Infinitiv** tritt in verschiedenen Funktionen auf - meist als Bestandteil des zusammengesetzten Prädikats, abhängig von *kausativen, Phasen-* und *Modalverben* (*приказал встать / начал рассказывать / хотел писать стихи*), als Adverbialbestimmung des Zweckes (*приехал учиться*) oder nichtkongruierendes Attribut (*говорил о своём намерении уехать*). Seine **aspektmäßige Kombinierbarkeit** ist von vielfältigen, meist *semantischen* Faktoren abhängig:
1) Manche subordinierenden (unterordnenden) Wörter bestimmen den Aspekt des abhängigen Infinitivs *automatisch* - sie setzen *entweder* ein einmaliges Ereignis (*успел одеться*) *oder* einen Prozeß/Verlauf bzw. Zustand (*продолжал рассказывать*) als Infinitivhandlung voraus (in einigen Fällen ist auch Aspektsynonymie möglich). Solche subordinierenden Wörter sind den situativen und sprachlichen Kontexten gleichzustellen, welche die Aspektwahl für die persönlichen Formen des Indikativs bestimmen. Das subordinierende Wort und der abhängige Infinitiv bilden zusammen eine **syntaktisch-semantische Einheit mit lexikalisch bedingter Aspektwahl** für den Infinitiv. Das unterordnende Verb selbst ordnet sich in die Aspektstruktur des Textes ein (in die Gleichzeitigkeit und Aufeinanderfolge der Handlungen) und ist damit den allgemeinen Aspektregeln unterworfen. Lexikalisch bedingte Aspektwahl liegt auch vor, wenn das abhängige Verb aspektmäßig unpaarig ist (Imperfektiva und Perfek-

tiva tantum). Solche Verben können sich nicht mit allen unterordnenden Verben verbinden.

2) Andere unterordnende Wörter lassen für den abhängigen Infinitiv eine selbständige Aspektwahl zu, entsprechend der situativen Aufgabenstellung des Infinitivs. Dadurch entstehen **Infinitivfügungen mit situativ bedingter Aspektwahl** für den Infinitiv (*Он хочет получить / получать этот журнал* 'Er will diese Zeitschrift einmal / wiederholt erhalten'). Der Infinitiv wird also in seinem eigenen situativen Kontext betrachtet, der entweder neben dem situativen Kontext des subordinierenden Wortes besteht oder das unterordnende Wort mit einschließt. Die Selbständigkeit der Aspektwahl für den Infinitiv im Rahmen seines situativen Kontextes ist unterschiedlich: Der Aspekt kann bereits durch *ein* situatives Merkmal hinreichend festgelegt sein (Einmaligkeit - Nicht-Einmaligkeit), es kann auch die Berücksichtigung weiterer situativer Merkmale notwendig werden (konkreter Verlauf oder konkretes resultatives Ereignis).

3) Weder die lexikalisch noch die situativ bedingte Aspektwahl für den Infinitiv kommen in *reiner* Form vor. Die lexikalischen Eigenschaften der subordinierenden Wörter schließen bestimmte aktionale Situationen aus (Phasenverben können nicht mit ganzheitlichen Ereignissen verbunden werden), die aktionalen Situationen bedingen ihrerseits bestimmte lexikalische Eigenschaften der Verben (aterminative Verben können nicht im vo. Aspekt auftreten), so daß sich eine **gegenseitige, reziproke Abhängigkeit** von unterordnendem und abhängigem Verb ergibt. Darüber hinaus wird die Aspektwahl durch weitere Faktoren überlagert - durch *spezielle* Eigenschaften von paarigen *Verben der Fortbewegung* und *kausativen* Verben, durch die *Verneinung* oder negative Charakteristik des unterordnenden oder des abhängigen Verbs, durch die *Terminativität* des abhängigen Verbs als Voraussetzung für Aspektkonkurrenz.

Der Aspektgebrauch im Infinitiv birgt somit infolge seiner *Komplexität*, seiner schwer überschaubaren wechselseitigen Abhängigkeiten für Lehrende und Lernende besondere Schwierigkeiten. Der Gegenstand ist relativ schwer zu fassen und zu *systematisieren*. Wir beschränken uns daher nach der folgenden einführenden Problemanalyse auf eine begrenzte Anzahl von **prototypischen Gebrauchsweisen**, die durch *Analogiebildungen* auch auf ähnlich gelagerte Fälle übertragen werden können, ohne dabei Vollständigkeit anzustreben.

## 9.4.1 Der abhängige Infinitiv:
### Die Infinitivfügung als multidimensionale Schnittstelle

Jede Infinitivfügung ist ein *Knotenpunkt* lexikalischer, morphologisch-syntaktischer, pragmatisch-modaler und situativ-aktionaler *Abhängigkeiten* und *Wechselwirkungen*. Hier kreuzen sich die Semantik des unterordnenden Worts und des abhängigen Infinitivs, ihrer beider aspektualer Charakter (aktionale Kategorisierung) und die sie überlagernde aktionale Situation, die subjektive Modalität sowie bestimmte Bedingungen für Aspektkonkurrenz / Aspektsynonymie, die jeweils miteinander verträglich, *kompatibel* sein müssen, sich vielfach gegenseitig bedingen und voraussetzen oder aber auch *ausschließen*. Zu diesem Wechselspiel der Kräfte in der Infinitivfügung gehören vor allem:

**a) Die lexikalisch-grammatische Einheit der Infinitivfügung**

Der abhängige Infinitiv bildet zusammen mit seinem unterordnenden Wort - meist ebenfalls einem Verb - in lexikalischer wie auch grammatischer Hinsicht eine Einheit, die als eine Art „zusammengesetzten Verbs" zu betrachten ist. In einer solchen *Infinitivfügung* treten die gleichen semantischen Komponenten auf wie in einer synonymen persönlichen Verbform, es erfolgt jedoch eine *Umverteilung* dieser Komponenten:

| | | | |
|---|---|---|---|
| Lexikalische Bedeutung + unvo. Aspekt: | плака- | | плакать |
| Beginn der Handlung + vo. Aspekt: | за- | | нача- |
| Tempus, Person, Genus und Numerus: | (плака)-ла | (нача)-ла | (привык)-ла |
| Indikator der Wiederholung: | всегда | привык- | привычка |

**b) Die lexikalische Bedeutung des unterordnenden Wortes**
   **(lexikalische und pragmatisch-modale Dimension)**
Die unterordnenden Wörter lassen sich vorrangig drei Bedeutungen zuordnen:
- **Phasenbedeutung:**
  - einen **Prozeß beginnen:** *начать/начинать*
  - einen **Prozeß fortsetzen:** *продолжать*
  - einen **Prozeß beenden:** *кончить/кончать*
  - sowie als Gegensatz:
  - ein **Resultat (nicht) erreichen:** *успеть, удаться, суметь, забыть*

- **Modale Bedeutung:** *Subjektive Modalität,* d.h. das Verhältnis des Subjekts zur Handlung (seinem prädikativen Merkmal), das sich annähernd mit folgenden **Modalverben** wiedergeben läßt (einschließlich ihrer vielfältigen Varianten, Modifikationen und synonymen Ausdrücke):

  | | | |
  |---|---|---|
  | **wollen** | (nicht wollen): | *хотеть(ся), желать* |
  | **sollen** | (nicht sollen): | *должен, надо, обязательно* |
  | **müssen** | (nicht müssen / brauchen): | *должен, нужно, необходимо* |
  | **dürfen** | (nicht dürfen): | *мочь, можно, возможно* |
  | **können** | (nicht können): | *мочь, уметь, умение, способность* |

- **Kausative Bedeutung** (Bedeutung des Verursachens, Bewirkens - die Handlung soll / kann / muß / darf vom grammatischen *Objekt* ausgeführt werden):

  | | |
  |---|---|
  | **bitten:** | *просить, упрашивать, уговаривать, убеждать (кого?)* |
  | **befehlen:** | *приказывать, велеть (кому?)* |
  | **raten / abraten:** | *советовать / отсоветовать (кому?)* |
  | **erlauben / verbieten:** | *разрешать / запрещать (кому?)* |

Diese drei grundlegenden Bedeutungen werden überwiegend durch Verben ausgedrückt - durch *Phasenverben, Modalverben* und *kausative Verben* sowie durch gleichbedeutende *Zustandswörter, Adjektive* und *Substantive*.

c) **Subjektbezogenheit und Objektbezogenheit**
Die Handlung führt entweder das grammatische *Subjekt* oder das grammatische *Objekt* aus:
- **Der subjekt-bezogene abhängige Infinitiv**
Das grammatische **Subjekt** beginnt, setzt fort und beendet einen Prozeß selbst (Phasenbedeutung), es **will / darf / soll / muß / kann die Handlung selbst ausführen** (subjektive Modalität):

  *Она начинает / продолжает / кончает читать.*
  *Он хочет / может / должен уехать.*
  *Ему надо / нужно / необходимо вернуться.*

In subjekt-bezogenen Infinitiven ist die funktionale Verwendung gegenüber dem Indikativ eingeschränkt (u.a. ist kein Präteritum möglich).

- **Der objekt-bezogene abhängige Infinitiv**
Das grammatische **Objekt** wird **veranlaßt / aufgefordert**, die vom Infinitiv bezeichnete Handlung **zu vollziehen / nicht zu vollziehen** (kausative Verben):

  *Он просит дочку приехать.*
  *Он советует / разрешает / приказывает больному встать.*
  *Он запрещает ему вставать.*

## 9 ASPEKTGEBRAUCH IM IMPERATIV, KONJUNKTIV UND INFINITIV

Die funktionale Verwendung ist gegenüber dem Indikativ in objekt-bezogenen Infinitiven erweitert (u.a. durch zahlreiche modale Nuancen der Aussage).

**d) Situationsbezogenheit (situativ-aktionale Dimension)**
Im Grundsatz entscheidet die *aktionale Situation / Kategorisierung* über den *Aspektgebrauch im abhängigen Infinitiv:*
- einmalige Handlung als ganzheitliches Ereignis — vo. Aspekt,
- mehrmalige H \ polytemporale
  betont andauernde H〉Handlungen
  generelle H ⁄
- Prozeß
- abstrakt-konstatierende Nennung der H

— unvo. Aspekt.

Die Freiheit der Verbindung dieser aktionalen Situationen (Handlungstypen) mit bestimmten Typen von unterordnenden Wörtern und damit die *Freiheit der Aspektwahl* kann in unterschiedlichem Maße eingeschränkt sein: Eine relativ uneingeschränkte Verbindungsfreiheit gibt es nach *Modalverben* und *kausativen* Verben (situativ bedingte Aspektwahl), die strengste Restriktion und damit eindeutige Aspektwahl bewirken die *Phasenverben* (lexikalisch bedingte Aspektwahl). Zwischen diesen beiden extremen Polen liegen gestufte Restriktionen und Modifikationen, die im weiteren - beginnend mit der relativ größten Verbindungsfreiheit - in folgenden Modulen im Detail dargestellt werden sollen:
- *Situativ* bedingter Aspektgebrauch im abhängigen Infinitiv (Modalverben und analoge Wortarten, siehe 9.4.2),
- paarige Verben der *Fortbewegung* als unterordnende Wörter (9.4.3),
- *kausative* Verben als unterordnende Wörter (objektbezogene Infinitivhandlungen mit *imperativischer* Bedeutung, 9.4.4),
- *lexikalisch* bedingter Aspektgebrauch (*Phasenverben* und synonyme Ausdrücke, 9.4.5),
- terminative Verben und *Aspektkonkurrenz* (9.4.6),
- *Verneinung* und negative Charakteristik der Infinitivfügung (9.4.7),
- Aspektgebrauch im *unabhängigen* Infinitiv (9.4.8).

## 9.4.2 Zum situativ bedingten Aspektgebrauch im abhängigen Infinitiv

Eine Reihe von Infinitivfügungen läßt eine relativ selbständige Aspektwahl für den Infinitiv zu - der Aspekt des Infinitivs wird also nicht automatisch durch das unterordnende Wort bestimmt, sondern durch seine eigene situativ-kommunikative Aufgabenstellung, während das unterordnende Wort sich in die Aspektstruktur (Gleichzeitigkeit oder Aufeinanderfolge) des Textes einordnet. Dieser **situationsbedingte Aspektgebrauch** im abhängigen Infinitiv stellt die maximal mögliche Freiheit der Aspektwahl dar. Er liegt vor beim Ausdruck *modaler* Bedeutungen (siehe unten) und nach *kausativen* Verben (siehe 9.4.4).

**a)** **Sprachmittel zum Ausdruck modaler Bedeutungen** (*Wunsch, Möglichkeit, Notwendigkeit, Verpflichtung* usw.):
* **Modalverben und Verben mit analoger Funktion**

| | | |
|---|---|---|
| **Wollen, Wünschen** | *хоте́ть, захоте́ть* | 'wollen, beginnen zu wollen' |
| | *хо́чется, хоте́лось* | 'das Bedürfnis haben' |
| | *жела́ть* | 'wünschen' |
| | *мечта́ть* | 'träumen' |
| | *наде́яться* | 'hoffen' |
| | *предпочита́ть* | 'vorziehen, präferieren' |
| **Absicht, Vorhaben:** | *намерева́ться* | 'beabsichtigen' |
| | (*наме́рен, -а, -ы*) | |
| | *собира́ться* | 'sich anschicken' |
| | *ду́мать* | (hier) 'beabsichtigen' |
| | *реши́ть* | 'beschließen, sich entscheiden' |
| | *договори́ться* | 'vereinbaren' |
| | *усло́виться* | 'sich verabreden' |
| | *осме́литься* | 'sich erkühnen' |
| | *взду́мать* | 'auf den Gedanken kommen' |
| | *заду́мать* | 'sich vornehmen' |
| | *зате́ять* | 'sich vornehmen, aushecken' (iron.) |
| **Möglichkeit, Erlaubnis** | *мочь* | 'können, dürfen' |
| | *иметь право* | 'das Recht haben' |
| **Streben, Versuch:** | *стреми́ться* | '(an)streben' |
| | *по/стара́ться* | 'sich bemühen' |
| | *по/пыта́ться* | 'versuchen' |

# 9 ASPEKTGEBRAUCH IM IMPERATIV, KONJUNKTIV UND INFINITIV

|  | *по/пробовать* | 'probieren, versuchen' |
|---|---|---|
| **Notwendigkeit (unpersönliche Verben):** | | |
|  | *сле'дует* | 'man muß' |
|  | *надлежи'т* | 'man muß' (offiz.) |
|  | *предстои'т* | 'es steht bevor' |
|  | *пришло'сь / придётся* | 'man mußte / wird müssen' |
|  | *приходи'лось / прихо'дится* | 'man mußte / muß' (wiederholt) |
| **Gewohnheit** | *привыка'ть/привы'кнуть* | 'sich (an)gewöhnen' |
|  | *разучиться* | 'verlernen' |
| **Negative Einstellung zur Handlung:** | | |
|  | *боя'ться (боя'знь)* | 'sich fürchten (Furcht)' |
|  | *ис/пугаться* | 'erschrecken' |
|  | *страши'ться* | 'Angst haben, fürchten' |
|  | *стыди'ться* | 'sich schämen' |
|  | *по/стесня'ться* | 'sich genieren' |

- **Zustandswörter (Prädikative)**
  *ну'жно (бы'ло, бу'дет)*  'es ist nötig (war, wird sein)'
  *на'до, на'добно (было, будет)*  'es ist nötig / notwendig (...)'
  *необходи'мо (было, будет)*  'es ist nowendig, erforderlich (...)'
  *жела'тельно (было, будет)*  'es ist wünschenswert (...)'
  *мо'жно, возможно (было, будет)*  'es ist möglich / man darf (...)'
  *нельзя', невозможно (было, будет)*  'es ist unmöglich / man darf nicht (...)'
  *при'нято (было, будет)*  'es ist üblich (...)'

- **Adjektive**
  *до'лжен, должна', должны'*  '... muß, ist verpflichtet ...'
  *обя'зан, -а, -ы*  'verpflichtet'
  *вы'нужден, -а, -ы*  'gezwungen, genötigt'

- **Substantive**
  *уме'ние (писать и читать)*  'Fertigkeit, Fähigkeit, Können'
  *спосо'бность*  'Fähigkeit'
  *сво'йство*  'Eigenschaft'
  *привы'чка*  'Gewohnheit'

### b) Einmaligkeit / Nichteinmaligkeit der Infinitivhandlung

Wenn keine lexikalischen Indikatoren vorhanden sind, ist nach den angeführten unterordnenden Wörtern der *Aspekt* das einzige *Unterscheidungsmerkmal* für die Einmaligkeit / Nichteinmaligkeit (monotemporale / polytemporale Handlungen):

*Я хочу получить / получать этот журнал.*
'Ich will diese (eine) Zeitschrift haben.'
'Ich will diese Zeitschrift (ständig) beziehen.'
*Я надеюсь встретиться / встречаться с вами.*
'Ich hoffe Sie einmal zu treffen.'
'Ich hoffe mit Ihnen (häufig) zusammenzutreffen.'
*Он обещал писать / написать нам из санатория.*
'Er versprach, uns aus dem Sanatorium (mehrfach, überhaupt) zu schreiben.'
'Er versprach, uns mal aus dem Sanatorium zu schreiben.'

Beziehen sich möglicherweise vorhandene *Indikatoren* der Dauer oder Wiederholung (*часто, всегда*) auf den *Infinitiv*, so steht dieser obligatorisch im unvo. Aspekt. Wenn sich diese Indikatoren jedoch auf das *unterordnende Verb* beziehen, so erstreckt sich ihre Bedeutung auf das aktionale Mikrosystem als Ganzes. Der abhängige Infinitiv kann dann auch im *vo. Aspekt* in seiner *anschaulich-exemplarischen* Bedeutung stehen (*Aspektkonkurrenz*, siehe auch Abschnitt 9.4.6):

*Я каждый раз хотел вам помочь / помогать, но не решался.*

**Beispiele mit Zustandswörtern, Adjektiven und Substantiven:**

| | |
|---|---|
| *Необходимо прийти вовремя.* | 'Es ist notwendig rechtzeitig zu kommen.' (konkreter Einzelfall) |
| *Необходимо приходить вовремя.* | 'Es ist notwendig rechtzeitig zu kommen.' (allgemeine Pflicht) |
| *Принято было собираться после спектакля.* | 'Es war üblich, sich nach der Vorstellung zu versammeln.' (Gewohnheit) |
| *Принято было „обмыть / обмывать" каждую премьеру.* | 'Es war üblich, jede Premiere zu „begießen".' (anschaulich-exempl.) |
| *Он должен был явиться на собрание.* | 'Er sollte zu der Versammlung erscheinen.' (konkreter Einzelfall) |
| *Все обязаны приходить на собрания.* | 'Alle sind verpflichtet, zu Versammlungen zu erscheinen.' (allgemeine Pflicht) |

## 9 ASPEKTGEBRAUCH IM IMPERATIV, KONJUNKTIV UND INFINITIV

**Beispiele mit situativen Einschränkungen der Aspektwahl:**

| | |
|---|---|
| Он *умеет писать*. | 'Er kann schreiben.' (Fähigkeit, Nullobjekt) |
| Он *хочет может / должен написать* научную статью. | 'Er will / kann / muß *einen* wissenschaftlichen Artikel schreiben.' (einmaliges Ereignis, quantitativ aktualisiertes Objekt) |
| Ему *нужно надо отвечать* на мои письма. | 'Er muß auf meine Briefe antworten.' (Plural = Wiederholung) |
| Ему *нельзя вставать* - он болен. | 'Er *darf* nicht aufstehen - er ist krank.' (absolute Verneinung - abstraktkonstatierende Bedeutung) |
| Они *имели привычку бросать* окурки на' пол. | 'Sie hatten die Angewohnheit, ihre Zigarettenstummel auf den Boden zu werfen.' (ständige Eigenschaft) |

### 9.4.3 Verben der Fortbewegung als unterordnende Wörter

Eine *Sonderstellung* unter den subjektgebundenen unterordnenden Wörtern nehmen die **paarigen Verben der Fortbewegung** mit einem **finalen Infinitiv** (Infinitiv des Zwecks) ein. Hier ist die situationsgebundene Aspektwahl so stark eingeschränkt, so daß sie schon eher als lexikalisch bedingt angesehen werden kann (siehe die Fälle a - d):

**a)    Unvo. Simplizia + unvo. Infinitiv**
Der unvo. Infinitiv folgt in der Regel auch bei *einmaligen* Handlungen:

| | |
|---|---|
| Я *иду обедать*. | 'Ich gehe Mittag essen.' |
| Он *идёт получать* зарплату. | 'Er geht sein Gehalt holen.' |
| Она *ведёт* ребёнка к врачу *сдавать* анализы. | 'Sie bringt das Kind zum Arzt, um Analysen abzugeben.' |
| | (determinierte Verben der Bewegung) |
| Они *ездили осматривать* город. | 'Sie waren die Stadt ansehen.' (Sie sind bereits zurückgekehrt) |
| Вчера мы *ходили собирать* грибы. | 'Gestern waren wir Pilze sammeln.' |
| | (hin und zurück - indeterminierte Verben der Bewegung in abstrakt-konstatierender Bedeutung) |
| Вчера *приезжал* мой друг *поздравлять* с днём рождения. | 'Gestern war mein Freund da, um mir zum Geburtstag zu gratulieren.' |
| | (präfig. Verben - Bewegung mit annulliertem Resultat) |

**b)   Determinierte vo. Verben mit *no-* / *npu-* + Aspektkonkurrenz**
Die determinierten Verben der Bewegung mit *no-* (*пойти, поехать, полететь* usw.) *при-* (*прийти, приехать, прилететь* usw.) können beim Ausdruck einmaliger Handlungen mit beiden Aspekten verbunden werden.

*Он пошёл в магазин*        'Er ging ins Geschäft, um einen
*покупать    купить костюм.*  Anzug zu kaufen.'

Beide Präfixe haben *resultative* Bedeutung und stellen somit einen Mikrokontext dar, der das *Streben* nach Zielerreichung ausdrückt.

**c)   Präfigierte Verben mit *под-*, *в-* + vo. Aspekt**
Die Präfixe   *под-* und   *в-*   markieren eine *kurze Dauer* der Infinitivhandlung und ziehen daher den *vo. Aspekt* nach sich:

*Она подошла к нам*          'Sie trat an uns heran, um uns zu
*поздороваться.*              begrüßen.'

*Он вошёл посмотреть за детьми.* 'Er ging hinein, um nach den
                                  Kindern zu sehen.'

**d)   Präfigierte Verben mit dem Präfix *у-* + unvo. Aspekt**
Das Präfix *у-* signalisiert eine Handlung, welche eine Abwesenheit von relativ *langer Dauer* nach sich zieht. Solche Verben werden daher mit dem unvo. Aspekt verbunden:

*Он уехал учиться.*           'Er fuhr (weg) zum Studium.'

**e)   Übrige Verben der Bewegung:**
**einmalige Handlungen - vo., polytemporale Handlungen - unvo.**
Alle übrigen Verben der Fortbewegung sind gegenüber der *Dauer* der Handlung *neutral*, so daß die Aspektwahl echt situationsgebunden ist:

*Он вы'шел покурить сигарету.*   'Er ging hinaus, um eine Zigarette
                                  zu rauchen.'

*Я с теми, кто вышел строить и*  'Ich bin mit denen, die ausgezogen
*месть в сплошной лихорадке*      sind zu bauen und auszufegen in
*бу'день. (Маяковский)*           einem einzigen Fieber der
                                  Werktage.' (M.)

## 9.4.4 Der objekt-bezogene abhängige Infinitiv nach kausativen Verben / Zustandswörtern (Aspektregeln des Imperativs)

Relativ freie situationsgebundene Aspektwahl besteht auch nach *kausativen* Verben und Zustandswörtern: Das grammatische **Objekt** wird **veranlaßt / aufgefordert**, die vom Infinitiv bezeichnete Handlung zu vollziehen, die funktio-

## 9 ASPEKTGEBRAUCH IM IMPERATIV, KONJUNKTIV UND INFINITIV

nale Verwendung ist gegenüber dem Indikativ in objekt-bezogenen Infinitiven *erweitert* (u.a. durch zahlreiche modale Nuancen der Aussage).

### a) Sprachmittel
- **Kausative Verben als unterordnende Wörter**

**Bitte, Rat:** *пригласить/приглашать (кого)* — 'einladen'
*по/просить (кого)* — 'bitten'
*упросить/упрашивать (кого)* — 'lange und inständig bitten'
*уговорить/уговаривать (кого)* — 'überreden'
*умолить/умолять (кого)* — 'anflehen'
*по/советовать (кому)* — 'raten, zuraten'
*по/рекомендовать (кому)* — 'empfehlen'

**Befehl:** *приказать/приказывать (кому)* — 'befehlen'
*велеть СВ + НСВ (кому)* — 'befehlen, fordern, lassen'
*по/требовать (от кого)* — 'fordern'
*заставить/заставлять (кого)* — 'zwingen'
*принудить/принуждать (кого)* — 'zwingen'
*предписать/предписывать (кому)* — 'vorschreiben'
*поручить/поручать (кому)* — 'auftragen'

**Erlaubnis:** *разрешить/разрешать (кому)* — 'erlauben'
*отпустить/отпускать (кого)* — 'gehen lassen'
*дать/давать (кому)* — hier: 'lassen'

- **Prädikative und unpersönliche Verben als unterordnende Wörter**

Das **grammatische Objekt** (= semantisches Subjekt) steht im **Dativ**:

*ну'жно, на'до, на'добно (кому)* — 'es ist nötig, notwendig'
*необходи'мо (кому)* — 'es ist notwendig'
*сле'дует, сле'довало (кому)* — 'man muß(te), es gehört(e) sich'
*надлежи'т, надлежа'ло (кому)* — 'es obliegt / oblag'
*предстои'т, предстоя'ло (кому)* — 'es steht / stand bevor'
*пришло'сь, придётся (кому)* — 'man mußte / wird müssen' (einmal)
*приходи'лось, прихо'дится (кому)* — 'man mußte / muß' (mehrmals)

Der **Handlungsträger** (semantisches Subjekt) ist auch **grammatisches Subjekt**:

*до'лжен, должна', должны'* — 'er / sie muß / müssen'
*обя'зан, -а, -ы* — 'ist verpflichtet'
*вы'нужден, -а, -ы* — 'ist genötigt, gewungen'

### b) Aspektgebrauch im abhängigen Infinitiv nach Kausativa (Aspektregeln des Imperativs)

Infinitivfügungen mit kausativen Verben / Zustandswörtern sind **Transforme** von **Imperativen**:

*Он попросил её: „Объясни мне одну сложную проблему."*
*Он попросил её объяснить ему*     'Er bat sie, ihm ein kompliziertes
*одну сложную проблему.*     Problem zu erklären.'

*Мы пригласили её: „Зайди на минутку!"*
*Мы пригласили её зайти на*     'Wir luden sie ein, für eine Minute
*минутку.*     hereinzukommen.'

*Нам советуют: „Храните деньги в сберкассе!"*
*Нам советуют хранить деньги*     'Man rät uns, das Geld auf der
*в сберкассе.*     Sparkasse zu deponieren."

*Сначала думай, а под конец делай. (пословица)*
*Нужно сначала думать, а под*     'Zuerst muß man denken und dann
*конец делать.*     handeln.'

Für den **Aspektgebrauch** gelten daher im wesentlichen die **Regeln im Imperativ**, obwohl eine völlige Übereinstimmung nicht erwartet werden kann:

- **Einmaliges Ereignis** im aktuellen Präsens / in unmittelbarer Zukunft (konkret-vollzogene Handlung) - **vo. Aspekt:**
  *Он попросил меня открыть дверь.* 'Er bat mich, die Tür zu öffnen.'.
  *Нужно открыть дверь.*     'Man muß die Tür öffnen.'
  *Врач велел ему раздеться.*     'Der Arzt ließ ihn sich ausziehen.'
  *Меня убедили поступить*     'Man hat mich überzeugt, mich in
  *в университет.*     der Uni immatrikulieren zu lassen.'
  *Нам надо вернуть эти*     'Wir sollen / müssen diese Bücher in
  *книги в библиотеку.*     die Bibliothek zurückgeben.'

- **Einmalige Handlungen in der ferneren Zukunft - vo. Aspekt:**
  *Она уговорила меня поехать*     'Sie überredete mich, in der näch-
  *в Берлин на следующей неделе.*     sten Woche nach Berlin zu fahren.'
  *На следующей неделе мне нужно*     'In der nächsten Woche mußte ich
  *было поехать в Берлин.*     nach Berlin fahren.'

- **Polytemporale Handlungen - unvo. Aspekt:**
  *Мы попросили врача приходить*     'Wir baten den Arzt, täglich zu dem
  *каждый день к больному.*     Kranken zu kommen.'
  *Врачу нужно было каждый день*     'Der Arzt mußte täglich den
  *приходить к больному.*     Kranken besuchen.'
  *Мне посоветовали регулярно*     'Man riet mir, regelmäßig Morgen-
  *заниматься утренней зарядкой.*     gymnastik zu treiben.'

- Beginn, Unverzüglichkeit, kategorische Aufforderung - vorwiegend unvo. Aspekt:

| | |
|---|---|
| *Пора, вам нужно идти.* | 'Es ist Zeit, Sie müssen gehen.' |
| *Нужно было немедленно вызывать врача.* | 'Man mußte unverzüglich einen Arzt rufen.' |

Die Teilung der unterordnenden Wörter nach ihren semantischen Eigenschaften wird bei einmaligen Handlungen im aktuellen Präsens / in der nächsten Zukunft nicht konsequent eingehalten. Neben der Semantik wirken weitere Faktoren - Intonation, lexikalische Umgebung, Gesamtsituation u.a. Eine entscheidende Rolle spielt jedoch in jedem Fall die Opposition von *einmaligem* ganzheitlichem Ereignis und *nicht-einmaligen* Infinitivhandlungen.

## 9.4.5 Zum lexikalisch bedingten Aspektgebrauch im abhängigen Infinitiv

Mit dem vo. Aspekt wird die *Ganzheitlichkeit* einer Handlung / eines Ereignisses, das *Erreichtsein* der Handlungsgrenze zum Bezugsmoment, seine *Vorzeitigkeit* gegenüber dem Bezugsmoment ausgedrückt. Wenn daher in einer Infinitivfügung das unterordnende Wort auf Grund seiner Semantik oder seiner grammatischen Form ein *ganzheitliches Ereignis* bedingt, so steht der Infinitiv im vo. Aspekt (*успел позавтракать, забыла отправить письмо*)

Wenn dagegen das unterordnende Wort auf Grund seiner Semantik den *Verlauf* bzw. eine *Phase* der Infinitivhandlung, ihre *Wiederholung* bzw. *betonte Dauer* oder ihre *absolute Verneinung* voraussetzt, dann steht der Infinitiv im unvo. Aspekt (*начал продолжал ко'нчил рассказывать; привычка рано вставать; запрети'л выходи'ть из комнаты* u.a.).

In beiden Fällen ist die Aspektwahl lexikalisch bedingt. Jedoch kann nicht nur das unterordnende Wort der bestimmende Faktor bei der lexikalisch bedingten Aspektwahl sein - der „Aspektzwang" kann auch vom abhängigen Infinitiv ausgehen, wenn es sich hierbei um ein Perfektivum oder Imperfektivum tantum handelt (*не успел опомниться* CB, *нужно полагать* HCB). Es sei daran erinnert, daß alle *syntagmatisch aterminativen* Verben zu den Imperfektiva tantum gehören.

### 9.4.5.1 Infinitivfügungen mit Phasenbedeutung (unvo.)

Eine Gliederung des Handlungsverlaufs in einzelne Phasen (Beginn - Mitte - Ende) als Erscheinungsform der Nicht-Ganzheitlichkeit zum Bezugsmoment läßt nur der unvo. Aspekt zu. Daher können alle unterordnenden Wörter (Verben,

Substantive, Zustandswörter u.a.), die auf den *Anfang*, das *Ende* oder den eigentlichen *Verlauf* einer Handlung hinweisen, nur mit einem Infinitiv des unvo. Aspekts verbunden werden.

**a)** **Der Beginn der Handlung (unvo. Infinitiv)**
- **Phasenverben mit der Bedeutung des Beginnens:**

| | |
|---|---|
| *начать/начинать* | *Оратор на'чал говорить.* |
| | 'Der Redner begann zu sprechen.' |
| *стать* | *Он вошёл и стал рассказывать.* |
| | 'Er kam herein und begann zu erzählen.' |
| *приня'ться/приниматься* | *Она сразу приняла'сь читать новую книгу.* |
| | 'Sie machte sich sofort daran, das neue Buch zu lesen.' |

- In Verbindung mit dem Infinitiv nehmen auch **andere Verben** die Bedeutung des **Beginnens** an:

| | |
|---|---|
| *сесть/садиться* | *После работы он сразу сел обедать.* |
| | 'Nach der Arbeit setzte er sich gleich zum Mittagessen.' |
| *посади'ть/сажать* | *Мальчика посадили готовить уроки.* |
| | 'Den Jungen setzte man an die Schularbeiten.' |
| *лечь/ложиться* | *Мы сразу легли спать.* |
| | 'Wir legten uns sogleich schlafen.' |
| *уложить/укладывать* | *Ребёнка уложили спать в 8 часов.* |
| | 'Das Kind wurde um 8 Uhr schlafen gelegt.' |
| *броситься* | *Противник бросился бежать.* |
| | 'Der Gegner wandte sich zur Flucht.' |
| *понравиться* | *Мне понравилось работать в школе.* |
| | 'Die Arbeit in der Schule begann mir zu gefallen.' |

- Den Beginn der Handlung markieren auch die Partikeln *давай/те*, *(и) ну*:

| | |
|---|---|
| *Давайте купаться!* | 'Los, wollen wir jetzt baden!' |
| *Он подошёл ко мне и ну расспрашивать.* | 'Er trat an mich heran und begann sofort, mich auszufragen.' |

- Ein **Orientierungspunkt** kennzeichnet den Beginn der Handlung:

| | |
|---|---|
| *Нам пора ехать.* | 'Es ist Zeit, daß wir (los)fahren.' |
| *Теперь можно входить.* | 'Jetzt kann man hineingehen.' |
| *С завтрашнего дня вам* | 'Von morgen an müssen Sie |

## 9 ASPEKTGEBRAUCH IM IMPERATIV, KONJUNKTIV UND INFINITIV

*нужно работать*  selbständig arbeiten.'
*самостоятельно.*

**b) Das Ende der Handlung (unvo. Infinitiv)**
- **Phasenverben** mit der Bedeutung des **Aufhörens**:

кончить/кончать     *Оратор кончил докладывать.*
                              'Der Redner hörte auf vorzutragen.'
перестать/переставать   *Он **перестал** приходить на вечеринки.*
                              'Er hörte auf, zu den Partys zu kommen.'
прекратить/прекращать   *Она **прекратила** заниматься с детьми.*
                              'Sie hörte auf, mit den Kindern zu lernen.'
бро'сить/броса'ть      *Я давно **бросил** курить.*
                              'Ich habe das Rauchen längst aufgegeben.'

- **Zustandswörter (Prädikative)** mit der Bedeutung des **Aufhörens**

*достаточно*         *Достаточно об этом говорить!*
*довольно*           'Genug davon gesprochen!'
*по'лно*             *Хватит вам издеваться надо мной!*
*хва'тит*             'Nun reicht's - ihr habt genug euern
                        Spott mit mir getrieben / mich verhöhnt!'

**c) Der Verlauf der Handlung**
    (Parallelität von unvo. unterordnendem Verb + unvo. Infinitiv)
- **Phasenverben** mit der Bedeutung des **Fortsetzens** (unvo.):

*продолжать*       *Несмотря на протесты он продолжал*
                  *рубить деревья.*
                  'Ungeachtet der Proteste fuhr er fort, die
                  Bäume zu fällen.'

- **Gleichzeitiger Ablauf** der Handlungen einer Infinitivfügung:

*мешать*             *Шум мешал нам работать.*
                  'Der Lärm störte uns beim Arbeiten.'
*помогать*         *Она помогала мне убирать комнату.*
                  'Sie half mir das Zimmer aufzuräumen.'
*заставлять*       *Время заставляло спешить.*
                  'Die Zeit zwang zur Eile.'

Anmerkung: Wenn diese unterordnenden Verben im vo. Aspekt auftreten, steht in der Regel auch der abhängige Infinitiv im vo. Aspekt: *Шум помешал мне написать статью; Она помогла мне решить задачу; Это заставило меня задуматься.*

- Verben, die den **psychischen Zustand des Subjekts** zum BM bezeichnen:
*хотеть*          *Я очень хочу есть пить.*
                  'Ich habe großen Hunger / Durst.'
*хочется, хотелось*  *Мне хотелось спать.*
                  'Ich war müde.'

Anmerkung: Die vo. Verben *захотеть, захотеться* (ingressive AA) drücken den Beginn des Zustands aus:
*Я очень захотел есть пить.*      'Ich bekam großen Hunger / Durst.'
*Мне вдруг захотелось спать.*     'Plötzlich wurde ich müde.'

### 9.4.5.2 Infinitivfügungen mit Resultatsbedeutung (vo. + vo.)

Bestimmte vo. unterordnende Verben mit der Bedeutung des *Resultatserreichens* erfordern einen abhängigen vo. Infinitiv, der ein solches *einmaliges Ereignis* mit Resultat beinhaltet (Aspektformel vo. + vo.).

a) Verben, die **positive Resultate** markieren:
*суметь*    'es fertigbekommen, zustande bringen'
*смочь*     'können, schaffen, es fertigbekommen, zustande bringen'
*успеть*    'es (rechtzeitig) schaffen, zuwege bringen'
*удаться*   'gelingen' (nur *удало'сь, уда'стся* gebräuchlich)

b) Verben zur Bezeichnung **negativer Resultate**:
*забыть*    'vergessen'
*опоздать*  'zu spät kommen'

Die Infinitivfügungen als Ganzes haben jeweils die Funktion einer konkret-vollzogenen Handlung:

**Aorist- und Perfektbedeutung**
*Он сумел*
*Он смог*
*Он успел*          *достать билеты.*
*Ему удалось*       *(= Он достал билеты.)*
*Он не забыл*
*Он не опоздал*

**Futurbedeutung**
*Мы успеем*
*Мы сможем*         *закончить работу*
*Мы сумеем*         *(= Мы закончим работу).*
*Нам удастся*

## 9 ASPEKTGEBRAUCH IM IMPERATIV, KONJUNKTIV UND INFINITIV

**Anmerkung:** Nach den unvo. Formen kann der abhängige Infinitiv im vo. oder im unvo. Aspekt stehen (Aspektkonkurrenz, siehe auch 6.6):
   *Он всегда успевает выполнить / выполнять задание.*
   *Нам всегда удавалось достать / доставать билеты в театр.*
   *Она иногда забывала ответить / отвечать.*
Der unvo. Infinitiv unterstreicht die Wiederholung, der vo. Infinitiv hebt einen einzelnen Akt der Wiederholung hervor (anschaulich-exemplarische Bedeutung des vo. Aspekts).

### 9.4.5.3 Infinitivfügungen mit einem Perfektivum bzw. Imperfektivum tantum

Wie erwähnt, kann der Aspektzwang auch vom abhängigen Infinitiv ausgehen, wenn dieser nur in einer Aspektform vertreten ist (einaspektige Verben, одновидовые глаголы), wobei zwischen unterordnendem Verb (z.B. einem Phasenverb) und abhängigem Infinitiv oft eine deutliche Wechselwirkung besteht:

**a) Aterminative Verben (Imperfektiva tantum) als abhängige Infinitive**
Hierzu gehören vor allem einaspektige Simplizia (Verben der Nullstufe im Grundmodell der systemhaften Aspektbildung) im aterminativen Kontext, d.h. ohne Objekt (mit „Nullobjekt").

| | |
|---|---|
| *Оратор начал / кончил говорить.* | 'Der Redner begann / hörte auf zu sprechen.' |
| *Она сразу принялась читать.* | 'Sie begann sogleich zu lesen.' |
| *Они преспокойно продолжали писать.* | 'Sie fuhren in aller Seelenruhe fort zu schreiben.' |
| *Можете идти!* | 'Sie können (dürfen) gehen!' |
| *Нам пора ехать.* | 'Es ist Zeit, daß wir fahren.' |
| *Тебе нужно больше работать.* | 'Du mußt mehr arbeiten.' |

Aus den Beispielen ist ersichtlich, daß ein großer Teil der angeführten Verben bereits unter der Rubrik „Aspektgebrauch nach Phasenverben" auftrat. In vielen Fällen ist also der unvo. Aspekt des Infinitivs sowohl seitens des unterordnenden Verballexems als auch des abhängigen Infinitivs bedingt - eine **Affinität auf Gegenseitigkeit**.

Besonders hervorgehoben werden sollen hier auch Verben mit der Bedeutung **mentaler Zustände** (des Meinens, Dafürhaltens, Vermutens, Behauptens usw.), die häufig als abhängige Infinitive auftreten:

| | |
|---|---|
| *полагать* | *Можно полагать, что ...* 'Man kann annehmen, daß ...' |
| *считать* | *Надо считать гипо'тезу доказанной.* 'Die Hypothese ist als bewiesen anzusehen.' |

| | |
|---|---|
| *понимать* | *Как это понимать?* |
| | 'Wie ist das zu verstehen (aufzufassen)?' |
| *утверждать* | *Нельзя утверждать, что ...* |
| | 'Man kann nicht behaupten, daß ...' |
| *исходить* | *Нужно исходить из создавшегося положения.* |
| | 'Man muß von der entstandenen Lage ausgehen.' |
| *иметь в виду'* | *Следует иметь в виду, что ...* |
| | 'Man muß (sollte) in Betracht ziehen, daß ...' |

b) **Perfektiva tantum als abhängige Infinitive**

Hierzu gehören die meisten Aktionsarten des vo. Aspekts, die von aterminativen Verben gebildet sind:

*закричать, полежать, продержать что-либо неделю, кри'кнуть, раскричаться, оказаться, опо'мниться, очути'ться*

## 9.4.6 Terminativität des abhängigen Infinitivs als Voraussetzung für Aspektkonkurrenz / Aspektsynonymie

In einigen Fällen kann der abhängige Infinitiv zur Bezeichnung ein und derselben Situation in beiden Aspekten auftreten (Aspektkonkurrenz / Aspektsynonymie), obwohl das *unterordnende* Wort bzw. lexikalische *Indikatoren* auf eine polytemporale Situation hinweisen (Dauer, Wiederholung, Fähigkeit).

Die *Bedingungen* und *Voraussetzungen* der Aspektkonkurrenz bzw. Aspektsynonymie im **Indikativ** wurden oben (6.6) bereits dargestellt:

- Übernahme einer *Aspektfunktion* durch den *Kontext* - entweder die *Begrenzung* der Handlung als Funktion des vo. Aspekts oder die *Wiederholung* als Funktion des unvo. Aspekts,
- (syntagmatische) Terminativität des Verbs als wichtigste Voraussetzung für den vo. Aspekt.

Der terminative Kontext kann beim unvo. Aspekt die *Begrenzung* der Handlung allein übernehmen, der aterminative Kontext kann die Begrenzung durch den vo. Aspekt aufheben, *neutralisieren*.

Das gilt im Prinzip auch für die **Infinitivfügung**. Hier müssen jedoch zwei verschiedene Kontexte unterschieden werden, die miteinander in Wechselwirkung stehen - der **Kontext des unterordnenden Verbs** und der **Kontext des abhängigen Infinitivs**.

Beziehen sich möglicherweise vorhandene *Indikatoren* der Dauer oder Wiederholung (*часто, всегда*) auf den *Infinitiv*, so steht dieser obligatorisch im unvo. Aspekt. Wenn sich diese Indikatoren jedoch auf das *unterordnende Verb*

## 9 ASPEKTGEBRAUCH IM IMPERATIV, KONJUNKTIV UND INFINITIV

beziehen, so kann der abhängige Infinitiv in seinem eigenen Kontext auch im *vo.* Aspekt stehen (*anschaulich-exemplarische* Bedeutung - *Aspektkonkurrenz*):

| Kontext des unter- | Kontext des abhängigen |
| --- | --- |
| ordnenden Verbs | Infinitivs |

*Я каждый раз хотел вам помочь / помогать, но не решался.*

'Ich wollte euch jedesmal helfen, wagte es aber nicht.'

In der Regel geht es hier um die Aspektkonkurrenz im abhängigen Infinitiv, jedoch kann in Einzelfällen auch das unterordnende Verb in beiden Aspekten auftreten. Von den im Indikativ möglichen Varianten der Aspektkonkurrenz treten in der Infinitivfügung vorwiegend diejenigen der *potentiellen Bedeutung* auf, weswegen hier von einer *beschränkten* Aspektkonkurrenz gesprochen werden muß.

**Erscheinungsformen:**
a)   *мочь, можно* 'können, imstande / in der Lage sein'
Potentielle Handlungen dienen der Charakterisierung des Subjekts. Während *Fertigkeiten* und *Fähigkeiten* durch aterminative und daher unvo. Verben bezeichnet werden (*Он умеет читать и писать* - aterminativ-potentielle Bedeutung), setzt die *Möglichkeit* des Subjekts, ein bestimmtes *Ziel / Resultat* zu erreichen, einen *terminativen* Kontext voraus.
• **Aspektformel: unvo. + AK:**

| *Я могу поднимать  поднять* | 'Ich kann 30 kg mit einer Hand |
| *30 кг одной рукой.* | heben.' |
| *Эта столовая может (способна)* | 'Dieser Speiseraum kann bis zu |
| *пропускать  пропустить до* | tausend Menschen an einem Tag |
| *тысячи человек в день.* | abfertigen.' |
| *Он всегда готов угощать /* | 'Er ist immer bereit, euch alles |
| *угостить вас всем, что у него* | vorzusetzen, was er hat.' |
| *есть.* | |

Der *unvo.* Aspekt unterstreicht die *ständige Eigenschaft* einer Person bzw. eines Gegenstandes, mit dem *vo.* Aspekt wird die *Möglichkeit* des Subjekts charakterisiert, die Handlung von Fall zu Fall - *sporadisch* - durchzuführen. Daher wird man zum Ausdruck einer gelegentlichen Handlung den *vo.* Aspekt vorziehen (*Я всегда могу помочь вам*), zur Bezeichnung einer ständigen Eigenschaft den *unvo.* Aspekt (*Столовая может пропускать до тысячи человек в день*), wobei das Verb kein konkretes, situativ aktualisiertes, sondern ein verallgemeinertes Objekt nach sich zieht (aterminativer Kontext).

- **Aspektformel unvo. + AK oder vo. + vo.**
Im Präsens ist - nach den Regeln der potentiellen Bedeutung im Indikativ - auch Aspektkonkurrenz für das unterordnende Wort möglich. Der Gebrauch des vo. Aspekts erfordert dann allerdings auch obligatorisch den vo. Infinitiv:

    *Я всегда могу поднимать /*     'Ich kann jederzeit 30 kg mit einer
    *поднять 30 кг одной рукой.*     Hand stemmen.'
oder  *Я всегда смогу поднять 30 кг*
    *одной рукой.*
    *Она всегда может находить /*     'Sie ist jederzeit in der Lage, einen
    *найти выход из положения.*     Ausweg zu finden.'
oder  *Она всегда сможет найти выход*
    *из положения.*
    *Он может и прощать /*     'Er kann auch einen Fehler
    *простить ошибку.*     verzeihen.'
oder  *Он сможет и простить ошибку.*

- **Substantive in potentieller Bedeutung:**
    *способность выражать /*     'die Fähigkeit, psychische Zustände
    *выразить психические состояния*     auszudrücken'
    *готовность жертвовать /*     'die Bereitschaft sich zu opfern'
    *пожертвовать собой*

- **Verneinung** und **Aspektkonkurrenz** in der potentiellen Bedeutung:
    *Я не могу поднять / поднимать*     'Ich kann nicht 30 kg mit einer Hand
    *30 кг одной рукой.*     heben.'(allgemeine Unmöglichkeit)
Die Verneinung hat keinen Einfluß auf den Aspektgebrauch.

**b)** *мочь, можно* **'können, die Möglichkeit haben'**
Das Modalverb *мочь* und seine Synonyme treten auch dann in potentieller (qualitativ-charakterisierender) Bedeutung auf, wenn damit nicht das Subjekt, sondern die *objektiven Umstände charakterisiert* werden, welche die Handlung ermöglichen:

    *В универмаге можно купить /*     'Im Warenhaus kann man
    *покупать всё.*     alles kaufen.'
    *Ты можешь прийти приходить*     'Du kannst jederzeit zu mir
    *ко мне в любое время.*     kommen.'

Der unvo. Aspekt unterstreicht hier die *Wiederholung*, der vo. Aspekt hebt eine Einzelhandlung als *Beispiel* hervor (anschaulich-exemplarische Bedeutung des vo. Aspekts).

## 9 ASPEKTGEBRAUCH IM IMPERATIV, KONJUNKTIV UND INFINITIV

**c)    любить, нравиться  -  Vorliebe, Neigung des Subjekts**
Bei Vorliegen bestimmter Bedingungen führt das Subjekt gern bestimmte Handlungen aus:

| | |
|---|---|
| *В выходны'е дни он лю'бит лежать полежать в саду.* | 'An freien Tagen liegt er gern im Garten.' |
| *Ей нравилось говорить / поговорить с людьми', слушать / послушать их рассказы.* | 'Ihr gefiel es, mit den Menschen zu reden, ihren Erzählungen zuzuhören.' |
| *Мы любим прыгать прыгнуть с вышки.* | 'Wir springen gern vom Sprungturm.' |
| *Он лю'бит вы'пить / выпива'ть.* | 'Er trinkt gern einen.' |

Die Aspektkonkurrenz in der Infinitivfügung erstreckt sich nur auf einige semantisch korrelierende Verben, deren vo. Aspekt eine zeitliche Begrenzung beinhaltet:

| | |
|---|---|
| *стоять / постоять* | 'stehen / eine Weile stehen' (unvo. aterminatives Verb / delimitative AA) |
| *прыгать прыгнуть* | 'mehrfach springen, hüpfen / einmal springen' |
| *выпивать выпить* | 'trinken, einen über den Durst trinken' (umgangsspr.) |

(*Ständige Eigenschaft* des Subjekts vs. *sporadische, gelegentliche* Ausführung der Handlung.)

Die Funktion von *любить, нравиться* kann auch durch **Substantive** übernommen werden:

| | |
|---|---|
| *Ему доставляло удовольствие дразнить / подразнить собаку.* | 'Es bereitete ihm Vergnügen, den Hund zu ärgern.' |
| *Он большой любитель выпивать выпить.* | 'Er ist ein großer Liebhaber von alkoholischen Getränken.' |

Auf die **Verneinung** von *любить, нравиться* folgt nur der unvo. Aspekt:

| | |
|---|---|
| *Он не люби'л говорить об этом.* | 'Er sprach nicht gern darüber.' |
| *Ей не нравилось сидеть дома.* | 'Sie mochte nicht zu Hause sitzen.' |

**d)    Unvo. Verb  -  Modalwort + vo. Verb**
Eine Handlung in der Vergangenheit soll auf eine andere folgen und hat eine modale Nuance des *Müssens, Wollens* oder *Könnens* (siehe diesen Sonderfall der Aspektkonkurrenz auch im Abschnitt 6.6.3, c)):

| | |
|---|---|
| *Он много работал, так как через неделю выступал / должен был выступить с докладом.* | 'Er arbeitete viel, da er eine Woche später einen Vortrag halten mußte / sollte.' |

e) **Determinierte vo. Verben mit** *по- / при-* **+ Aspektkonkurrenz**
Die determinierten Verben der Bewegung mit *по-* (*пойти, поехать, полететь* usw.) *при-* (*прийти, приехать, прилететь* usw.) können beim Ausdruck einmaliger Handlungen mit beiden Aspekten verbunden werden.

*Он пошёл в магазин*              'Er ging ins Geschäft, um einen
*купить / покупать костюм.*       Anzug zu kaufen.'

Beide Präfixe haben *resultative* Bedeutung und stellen somit einen Mikrokontext dar, der das *Streben* nach Zielerreichung ausdrückt.

f) Nach den unvo. Formen von *успеть, удаться, забыть* (siehe 9.4.5.2) kann der abhängige Infinitiv im vo. *oder* im unvo. Aspekt stehen (Aspektkonkurrenz):

*Он всегда успевает выполнить /*    'Er kann immer rechtzeitig den
*выполнять задание.*                 Auftrag erfüllen.'
*Нам всегда удавалось достать /*     'Es gelang uns immer, Theaterkarten
*доставать билеты в театр.*          zu beschaffen.'
*Она иногда забывала ответить*       'Sie vergaß bisweilen zu antworten.'
*отвечать.*

(Unterstreichung der *Wiederholung* durch den unvo. Aspekt bzw. eines *einzelnen Aktes* der Wiederholung durch den vo. Aspekt in anschaulich-exemplarischer Bedeutung).

g) **Verneinung zielstrebiger Handlungen**
Nach der Verneinung von unterordnenden Wörtern, die zielstrebige Handlungen des Subjekts ausdrücken, kann der Infinitiv entweder im vo. oder im unvo. Aspekt stehen:

*не стараться / стараться не*        'sich nicht bemühen / sich bemühen
                                      nicht zu ...'
*не стремиться / стремиться не*      'nicht streben nach / danach streben
                                      nicht zu ..."
*не иметь намерения*                 'nicht die Absicht haben'
*не хотеть*                          'nicht wollen'

*Он не старался доставать*           'Er bemühte sich nicht, Theater-
*достать билеты в театр.*            karten zu beschaffen.'
*Он старался не выдавать*            'Er war bemüht, sich seine Erregung
*выдать своего волнения.*            nicht anmerken zu lassen.'

## 9.4.7 Verneinung und negative Charakteristik in der Infinitivfügung

Wie im Indikativ, müssen auch in Infinitivfügungen zwei Funktionen der Verneinung unterschieden werden - die *generelle* bzw. *absolute* Verneinung und die *spezielle* oder *partielle, relative* Verneinung (vgl. Abschnitt 6.8). Der Verneinung gleichzustellen ist eine *negative* Charakteristik durch das unterordnende Wort (*запретить, отказаться, бесполезно, разве можно ...*).

### 9.4.7.1 Die generelle (absolute) Verneinung (unvo.)

Mit Hilfe des unvo. Aspekts wird in der Regel die *Existenz* einer Handlung überhaupt (ihre *Faktizität*) verneint - meist durch die *abstrakt-konstatierende* Bedeutung des unvo. Aspekts -, seltener ihr Fehlen zu einem konkreten Zeitpunkt (Bezugsmoment). Die absolute Verneinung einer Infinitivhandlung kann in *vier situativen Erscheinungsformen* zusammengefaßt werden:

**a) „nicht brauchen" (unvo. Infinitiv)**
Das Subjekt hat die *Erlaubnis* bzw. das *Recht*, die Handlung zu unterlassen; die Handlung ist *unnötig* (fehlende Notwendigkeit).
**Sprachliche Mittel:**
*мочь, можно / иметь право / разрешается* + *не* + unvo. Infinitiv
Die Negation steht beim Infinitiv, nicht beim unterordnenden Wort:

| | |
|---|---|
| Ему разрешили *не приходить* в школу. | 'Man erlaubte ihm, nicht zur Schule zu kommen.' |
| Она *могла не сдавать* экзамен. | 'Sie brauchte die Prüfung nicht abzulegen.' |
| *Можно не вставать!* | 'Sie brauchen nicht aufzustehen!' |
| *Можете* его *не искать*, он пришёл сам. | 'Ihr braucht ihn nicht zu suchen, er ist von selbst gekommen.' |

**b) „nicht sollen" (unvo. Infinitiv)**
Infinitivfügungen mit *kausativem* Charakter, der Handlungsträger soll zur Unterlassung der Handlung veranlaßt werden. Sprachmittel sind:
- **Kausative Verben:**

| | |
|---|---|
| Родители *запретили* ребёнку *выходить* на улицу. | 'Die Eltern verboten dem Kind, auf die Straße zu gehen.' |
| Меня *отговорили подавать* заявление. | 'Man redete mir aus, einen Antrag zu stellen.' |
| Ему *отсоветовали* ехать. | 'Man hat ihm abgeraten zu fahren.' |

*Он просил её не уходить.* 'Er bat sie, nicht wegzugehen.'

- **Zustandswörter (Prädikative)**, welche die subjektive Meinung des Sprechers zum Ausdruck bringen, daß die Infinitivhandlung **nicht nowendig** bzw. **nicht wünschenswert** sei.
Handlungsträger meist im Dativ, 1. bis 3. Person:

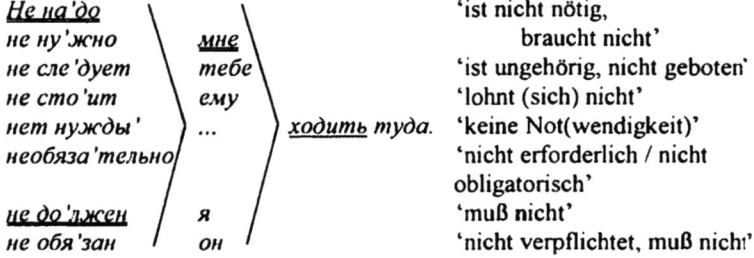

| | | | |
|---|---|---|---|
| *Не на'до* | | | 'ist nicht nötig, |
| *не ну'жно* | *мне* | | braucht nicht' |
| *не сле'дует* | *тебе* | | 'ist ungehörig, nicht geboten' |
| *не сто'ит* | *ему* | | 'lohnt (sich) nicht' |
| *нет нужды* | ... | *ходить туда.* | 'keine Not(wendigkeit)' |
| *необяза'тельно* | | | 'nicht erforderlich / nicht obligatorisch' |
| *не до'лжен* | *я* | | 'muß nicht' |
| *не обя'зан* | *он* | | 'nicht verpflichtet, muß nicht' |

- **Zweifel an der Zweckmäßigkeit der Handlung:**

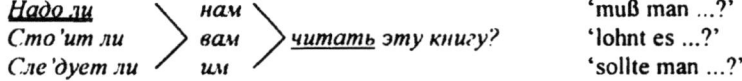

| | | | |
|---|---|---|---|
| *Надо ли* | *нам* | | 'muß man ...?' |
| *Сто'ит ли* | *вам* | *читать эту книгу?* | 'lohnt es ...?' |
| *Сле'дует ли* | *им* | | 'sollte man ...?' |

- **Zustandswörter (Prädikative), die eine Negation enthalten:**

| | | | |
|---|---|---|---|
| *Не'зачем* | *мне* | *говорить об этом.* | 'es gibt keinen |
| *Не' к чему* | *тебе* | | Grund' |

- **Zustandswörter (Prädikative) der negativen Bewertung:**

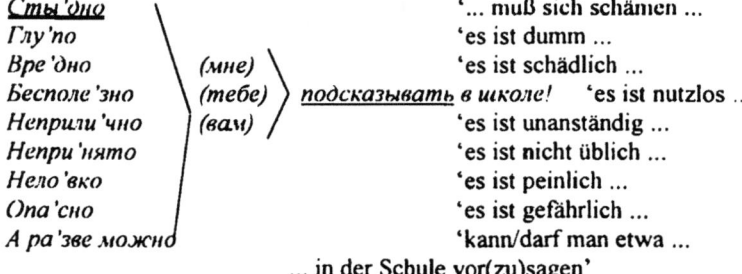

| | | | |
|---|---|---|---|
| *Сты'дно* | | | '... muß sich schämen ... |
| *Глу'по* | | | 'es ist dumm ... |
| *Вре'дно* | *(мне)* | | 'es ist schädlich ... |
| *Бесполе'зно* | *(тебе)* | *подсказывать в школе!* | 'es ist nutzlos .. |
| *Неприли'чно* | *(вам)* | | 'es ist unanständig ... |
| *Непри'нято* | | | 'es ist nicht üblich ... |
| *Нело'вко* | | | 'es ist peinlich ... |
| *Опа'сно* | | | 'es ist gefährlich ... |
| *А ра'зве можно* | | | 'kann/darf man etwa ... |

... in der Schule vor(zu)sagen'

- **Negation bzw. negative Bewertung durch Frageintonation:**

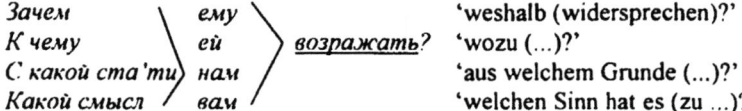

| | | | |
|---|---|---|---|
| *Зачем* | *ему* | | 'weshalb (widersprechen)?' |
| *К чему* | *ей* | *возражать?* | 'wozu (...)?' |
| *С какой ста'ти* | *нам* | | 'aus welchem Grunde (...)?' |
| *Какой смысл* | *вам* | | 'welchen Sinn hat es (zu ...)? |

# 9 ASPEKTGEBRAUCH IM IMPERATIV, KONJUNKTIV UND INFINITIV

- **Adverbiale Bitte / Empfehlung / Rat** mit *лучше не:*
  *Лучше не спрашивать!* 'Lieber (besser) nicht fragen!'
  *Лучше не вмешиваться!* 'Lieber nicht einmischen!'

c) „nicht wollen" (unvo. Infinitiv)
*Weigerung* des Subjekts, die Handlung auszuführen, Ausdruck der (möglicherweise starken) *Abneigung.*
Sprachliche Mittel:

| | | | |
|---|---|---|---|
| *не хотеть* | 'nicht wollen' | *не в настрое'нии* | 'nicht in der Stimmung' |
| *не хотеться* | 'kein Bedürfnis haben' | *не располо'жен* | 'nicht geneigt' |
| *не мочь* | 'nicht können' | *неохо'та (кому?)* | 'keine Lust' |
| *и не думать* | 'nicht dran denken' | *нет охо'ты (у кого?)* | 'keine Lust' |
| *избега'ть* | 'vermeiden' | *нет сил* | 'keine Kraft (Kräfte)' |
| | | *нет желания* | 'kein Bedürfnis' |
| | | *лень (кому?)* | 'zu faul sein' |

Beispiele:
*Я не хочу здесь оставаться.* 'Ich will hier nicht bleiben.'
*Слышать об этом не хочу!* 'Ich will davon nichts hören!'
*Не хочется отвечать на такие вопросы!* 'Auf solche Fragen möchte ich (man) nicht anworten.'
*Я их терпеть не мог.* 'Ich konnte sie nicht ausstehen.'
*Я и не думаю возвращаться туда.* 'Ich denke nicht daran, dorthin zurückzukehren.'
*Я не в настроении рассказывать анекдоты.* 'Ich bin nicht in der Stimmung, Anekdoten zu erzählen.'
*Мне неохота писать сегодня сочинение.* 'Ich habe keine Lust, heute den Aufsatz zu schreiben.'
*Она избегает разговаривать со мной.* 'Sie vermeidet es, mit mir zu sprechen.'

d) „nicht mehr wollen" (unvo. Infinitiv)
*Verzicht* des Subjekts auf eine urspünglich *beabsichtigte* Handlung:
*решить не* 'beschließen, nicht zu ...'
*договориться не* 'vereinbaren, nicht zu ...'
*обещать не* 'versprechen, nicht zu ...'

*Мы решили не выступа'ть.*
'Wir beschlossen, nicht aufzutreten (obwohl wir es ursprünglich vorhatten).'

## 9.4.7.2 Die spezielle (partielle, relative) Verneinung: Unmöglichkeit - vo. Aspekt

Das Subjekt ist infolge *objektiver Ursachen* nicht in der Lage, bestimmte resultative Handlungen auszuführen.
**Sprachliche Mittel zum Ausdruck der (objektiven) Unmöglichkeit:**
- Verb oder Prädikativ mit der Bedeutung der Unmöglichkeit - *не мочь, нельзя, невозможно:*

| | |
|---|---|
| *Ничего определённого он не мог нам сказать.* | 'Er konnte uns nichts Bestimmtes sagen.' |
| *Здесь нельзя проехать, мост разрушен.* | 'Es ist unmöglich hier durchzukommen, die Brücke ist zerstört.' |

- Synonyme von *не мочь: затрудняться, нет сил*:

| | |
|---|---|
| *Я затрудняюсь вам это объяснить.* | 'Ich bin nicht in der Lage, Ihnen das zu erklären.' |
| *У него не было сил подняться.* | 'Er hatte nicht die Kraft, sich zu erheben.' |

- Zeitraum, während dessen der Vollzug unmöglich war:

| | |
|---|---|
| *Она долго не могла заснуть.* | 'Sie konnte lange nicht einschlafen.' |

- Verstärkung durch Adverbialbestimmungen des Typs *никак не, ни за что, никаким образом*:

| | |
|---|---|
| *Я никак не могу решить эту проблему.* | 'Ich kann dieses Problem einfach nicht lösen.' |
| *Он ничем не может вам помочь.* | 'Er kann Ihnen in keiner Weise helfen'. |

## 9.4.8 Zum Aspektgebrauch im unabhängigen Infinitiv

Als das einheitliche *Hauptsatzglied* oder *prädikative Zentrum* eines eingliedrigen Satzes (Infinitivsatzes) drückt der unabhängige Infinitiv in der Regel die gleichen modalen Bedeutungen aus wie die sog. *Zustandswörter* oder *Prädikative* vor dem abhängigen Infinitiv (siehe 9.4.2 - 9.4.7): **Möglichkeit** (*можно, возможно*), **Unmöglichkeit** (*нельзя, невозможно*), **Notwendigkeit** (*надо, необходимо*), **Verbot** (*нельзя, запрещено*), **Wunsch** (*желательно*), außerdem eine ganze Palette weiterer modaler Nuancen, wie **Befürchtung, Zweifel, Unentschlossenheit** u.a. Dank dieser modalen Vielfalt, seiner Prägnanz und Emotionalität ist der Infinitivsatz äußerst *produktiv* und verleiht der Rede ein typisches russischsprachiges *Kolorit.* Der Aspektgebrauch darin hängt wiederum - wie auch beim abhängigen Infinitiv - vom **referentiellen Status** der denotierten Handlung (aktionalen Situation) ab - eine *einmalige konkrete,* also räumlich und zeitlich lokalisierte Handlung (ein Ereignis) wird durch den **vo. Aspekt** ausgedrückt, *generelle, sich wiederholende* und *betont andauernde* Handlungen durch den **unvo. Aspekt.** Die **modalen Bedeutungen** des unabhängigen Infinitivs können nur aus dem Satz- bzw. Textzusammenhang erschlossen werden, aus der *Kommunikationsabsicht (Intention)* und dem *Sprachhandlungstyp (SHT).*

An dieser Stelle sollen einige typische Abhängigkeiten von Kommunikationsabsicht, SHT und Aspekt festgehalten werden:

**a)    Polytemporale (sich wiederholende und andauernde) Handlungen: unvo. Aspekt**

Sie treten besonders häufig in Sprichwörtern und Redensarten auf, meist in Ursache-Folge-Beziehungen, oft ausgedrückt durch *aterminative Simplizia*:

Жале'ть вина, не вида'ть (НСВ!) гостe'й.
    'Wenn man mit dem Wein knausert, wird man keine Gäste haben.'
Многого желать, добра не видать.
    'Vieles zu wollen führt zu nichts Gutem.'
Службу служить, другу не дружить.
    'Dienst ist Dienst, und Schnaps ist Schnaps.'
Волко'в бояться, в лес не ходи'ть.
    'Wenn man vor Wölfen Angst hat, sollte man nicht in den Wald gehen.'
Двум смертя'м не бывать, а одной не минова'ть.
    'Zwei Tode kann man nicht sterben, und einem kann man nicht entgehen.'
Бояться смерти - на свете не жить.
    'Wenn man den Tod fürchtet, kann man auf der Welt nicht leben.'
Из спасиба шубы не шить.
    'Aus einem Dankeschön kann man keinen Pelzmantel nähen.'
Чему быть, тому не миновать.
    'Was sein soll, dem (Schicksal) kann man nicht entrinnen.'
Скучен день до вечера, коли делать нечего.
    'Langweilig ist der Tag bis zum Abend, wenn man nichts zu tun hat / nichts zu tun ist.'
Мёд есть, в улей лезть.
    'Will man Honig essen, muß man in den Bienenstock kriechen.'
За всё браться, ничего не сделать.
    Wenn man alles anfängt, wird nichts fertig.'
На'скоро делать, переделывать.
    'Was man auf die Schnelle macht, muß man noch einmal machen.'

*Пар любить, баню топить.*
'Wenn man den Dampf liebt, muß man das Bad heizen.'
(Übersetzungen zumeist nichtidiomatisch)

Diese Bedeutungen kommen selbstverständlich auch in nichtidiomatischer Rede vor:

| | |
|---|---|
| *Нам вместе работать.* | 'Wir müssen zusammen arbeiten.' |

**b)   Einmalige konkrete Handlungen (Ereignisse) - vo. Aspekt**
- **Aufforderung, Befehl**

| | |
|---|---|
| *Встать!* | 'Auf (Aufstehen)!' |
| *Отставить!* | 'Kommando zurück!' |
| *Всем собраться у входа!* | 'Alle am Eingang sammeln!' |
| *Наградить Егорова М.А. за ...* | 'Auszuzeichnen ist Jegorow M.A für ...' |

- **Rat**

| | |
|---|---|
| *Лучше вам уйти!* | 'Sie sollten besser gehen!' |
| *Заняться бы тебе спортом!* | 'Du solltest anfangen Sport zu treiben!' |

- **Kochrezepte, Betriebsanleitungen und dgl.**

| | |
|---|---|
| *Кисе'ль я'блочный* | 'Apfel-Kissel' (Süßspeise) |
| *Хорошо промытые яблоки наре'зать тонкими ломтиками, положить в кастрюлю, залить 2 стаканами воды и поста'вить вари'ть..* | Gut gewaschene Äpfel in dünne Scheiben schneiden, in einen Kochtopf geben, mit 2 Glas Wasser übergießen und zum Kochen aufsetzen.' |

- **Wunsch**

| | |
|---|---|
| *Мне поговорить бы с начальником.* | 'Ich möchte / müßte mit dem Chef sprechen.' |
| *Поспать бы теперь!* | 'Jetzt ein Weilchen schlafen!' |

- **Objektive Unmöglichkeit (relative, partielle Verneinung)**

| | |
|---|---|
| *Здесь не пройти не проехать.* | 'Hier kommt man nicht zu Fuß und nicht mit einem Fahrzeug durch.' |
| *Здесь ни убавить ни прибавить.* | 'Hier kann man weder etwas wegnehmen noch hinzufügen.' |
| *Тебе не решить этой задачи!* | 'Du kannst diese Aufgabe nicht lösen.' |
| *Пословицы не обойти не объехать.* | 'Um ein Sprichwort kommst du (man) nicht herum.' |

## 9 ASPEKTGEBRAUCH IM IMPERATIV, KONJUNKTIV UND INFINITIV

- **Befürchtung (mit Verneinung)**
  *Только не простудиться!*     'Bloß nicht erkälten!'
  *Только (как бы) не упасть!*     'Nur nicht fallen!'

- **Zweifel, Unentschlossenheit (Frage mit Verneinung)**
  *Не пойти ли нам в театр?*     'Sollten wir nicht ins Theater gehen?'

c) **Prozeß/Verlauf - unvo. Aspekt**
- **Beginn, Einsetzen der Handlung (vor allem mit Verben der Bewegung)**
  *Что делать?*     'Was tun?'
  *Мне теперь идти (= Мне пора).*     'Ich muß jetzt gehen (Es ist Zeit).'
  *Нам уезжать в три часа.*     'Wir müssen um 3 Uhr fahren.'

- **Unverzüglichkeit, kategorischer Befehl** (SHT BEFEHLEN / DRÄNGEN)
  *Молчать!*     'Ruhe!'

- **Einverständnis** (SHT ERLAUBEN)
  *Быть так!*     'So soll es sein!'
  *Быть по-твоему!*     'Es soll sein, wie du wünschst!'
  *Так и быть!*     'So soll es denn auch sein!'

d) **Generelles Fehlen der Handlung (absolute Verneinung)**
- **Verbot, Unzulässigkeit** (SHT VERBIETEN)
  *Не двигаться!*     'Nicht bewegen / Keine Bewegung!'
  *Не возражать!*     'Keine Widerrede!'
  *Не разговаривать!*     'Keine Unterhaltung!'
  *Этому не бывать!*     'Das wird / darf nicht geschehen!'

- **Unnötigkeit, Fehlen der Notwendigkeit**
  *Им к морозам не привыкать.*     'Die brauchen sich an Fröste nicht erst zu gewöhnen.'
  *Как я рад: не ходить больше туда.*     'Wie ich mich freue: Ich brauche dort nicht mehr hinzugehen.'

Auch im unabhängigen Infinitiv - in Infinitivsätzen - stehen sich die bereits aus dem Imperativ und dem abhängigen Infinitiv bekannten *Oppositionen* von konkret-faktischer Bedeutung des vo. Aspekts und der abstrakt-konstatierenden Bedeutung des unvo. Aspekts in Gestalt der SHT BEFEHLEN / VERBIETEN gegenüber:

**Konkrete Aufforderung - konkretes** und/oder **generelles Verbot**
*Войти!* - *Не входить!*         'Hereinkommen! - Nicht hereinkommen!'
*Отступить!* - *Не отступать!*   'Rückzug! - Keinen Schritt zurück!'

## 9.4.9 Zur Komplexität der Aspektwahl im Infinitiv (Zusammenfassung)

Wie aus den obigen Beschreibungen ersichtlich, wirken beim Aspektgebrauch im Infinitiv äußerst heterogene Faktoren zusammen. Diese Faktorenkomplexion ergibt sich aus der *Überschneidung der Kontexte* von unterordnendem Wort (meist einem Verb) und abhängigem Infinitiv sowie aus der aspektuell isolierten Position des unabhängigen Infinitivs. Der *unabhängige* Infinitiv unterliegt im wesentlichen den gleichen Gesetzmäßigkeiten wie der *abhängige* Infinitiv, infolge des Fehlens eines unterordnenden Worts, das ihn in die Aspektstruktur des Textes mit ihren Sequenzen und Parallelitäten einbinden könnte, steht er jedoch aspektmäßig ebenso isoliert wie der Imperativ und teilweise der Konjunktiv.

In der folgenden **schematischen Darstellung** (S. 261) sollen die oben beschriebenen vielfältigen (progressiven und regressiven) Abhängigkeiten und Wechselwirkungen sichtbar gemacht werden: Phasenverben und synonyme Lexeme / Konstruktionen sowie die absolute Verneinung erfordern einen abhängigen Infinitiv im *unvo. Aspekt* (progressive Wirkung), diese Anforderungen können jedoch nur von bestimmten Verben und/oder aktionalen Situationen erfüllt werden (aterminative Verben, polytemporale Situationen), die demzufolge ihrerseits „Ansprüche" an das unterordnende Wort anmelden (regressive Wirkung). Gleiches ist bei einem auf die Erreichung eines *konkreten Ziels* gerichteten Wunsch, Rat oder Befehl zu verzeichnen - diese erfordern einen abhängigen Infinitiv im *vo. Aspekt*, der sich seinerseits meist nur mit unterordnenden Wörtern von ganz bestimmtem Charakter verbindet. Aspektkonkurrenz / Aspektsynonymie wiederum ist an *syntagmatisch terminative* Verben gebunden, ob als abhängiger Infinitiv oder, selten, unterordnendes Verb. Zwar könnte man meinen, daß der Fremdsprachenlerner bei Aspektkonkurrenz nicht viel falsch machen könne, da ja beide Aspekte möglich sind - der Teufel steckt aber auch hier im Detail der feinen Nuancen, auch bei der Abgrenzung vom obligatorischen Aspektgebrauch. Die schematische Übersicht kann daher eine gewisse Systematik für die Eingliederung in bereits bekannte Gesetzmäßigkeiten vermitteln. Zu beachten ist, daß jeweils *beide* Seiten (die rechte wie die linke) mit der mittleren Spalte (dem erforderlichen Aspekt) durch Pfeile verbunden sein müssen, damit die Kombination Gültigkeit besitzt.

# 9 ASPEKTGEBRAUCH IM IMPERATIV, KONJUNKTIV UND INFINITIV

## Aspektwahl für den abhängigen und unabhängigen Infinitiv
(Zusammenfassende Übersicht)

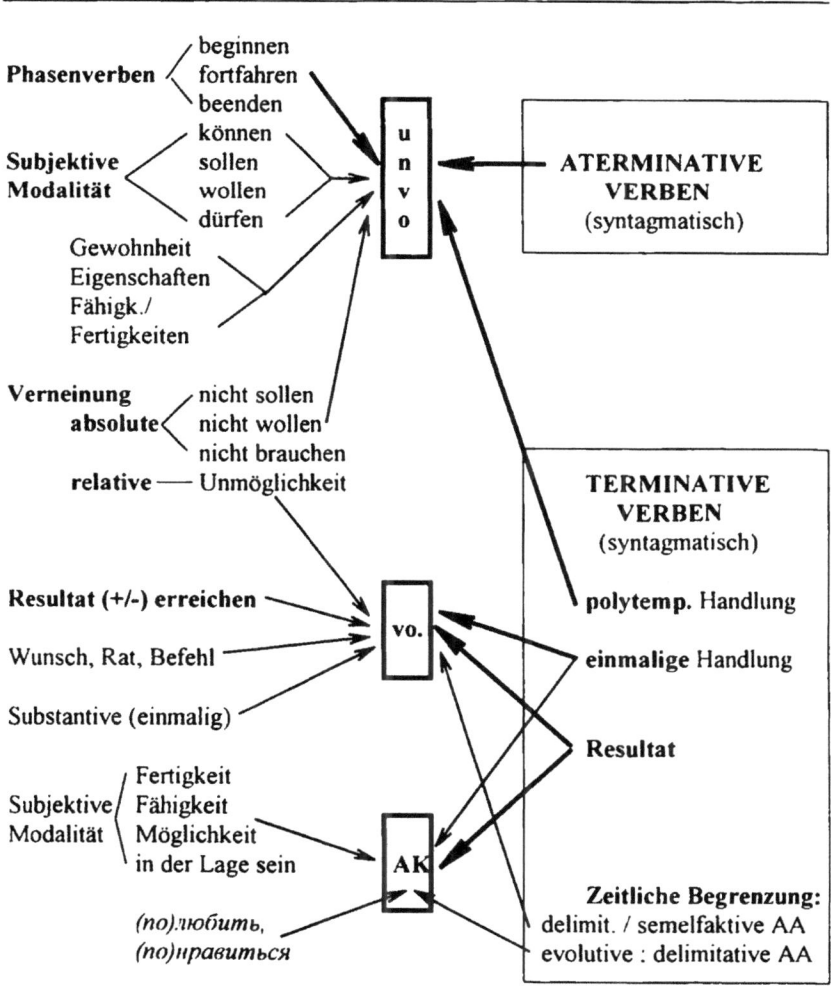

Legende: **Fettdruck** = Faktor hat Vorrang.
Achtung! Nur *die* Aspektwahl ist gültig, die von *beiden* Seiten gestützt wird!

# 10 Aspekt und Sprachhandlungstypen (SHT)

Wir haben den Aspekt bisher vorwiegend aus *systemlinguistischer Sicht* untersucht - strukturell-semantisch (Aspektbildung) und funktional-semantisch (allgemeine und spezielle Bedeutungen und Funktionen). Im Sinne des multidimensionalen und multimodalen Herangehens ist es nunmehr geboten, zusammenfassend auch eine *kommunikationslinguistische* (oder *pragmalinguistische*) Sprachbetrachtung einzubeziehen, die wir bisher nur am Rande in Gestalt verschiedener *Sprachhandlungstypen (SHT)* gestreift haben. Der pragmalinguistische Ansatz setzt ein anderes *Ordnungsprinzip* voraus: Wenn unser Ausgangspunkt bisher der Aspekt aus der Sicht der Morphologie und Syntax, der Lexik(ologie) und Wortbildung war, seine Rolle im Indikativ, Imperativ, Konjunktiv und Infinitiv, wobei Textsorten und Sprachhandlungstypen nur beiläufig zur ergänzenden und präzisierenden Erklärung herangezogen wurden, so müssen hier gerade diese zum *Gerüst* der Darstellung werden: Wie funktioniert der Aspekt im *Text*? Welche *Sprachhandlungstypen* bilden die *aktionale Struktur* einer *Textsorte*, und welchen Aspekt bedingen sie vorzugsweise? Das funktional-kommunikative (pragmalinguistische) Herangehen (siehe SEROWY 1988; 1994; 2000) ist eine wertvolle Ergänzung besonders für die Aspektwahl in isolierten Äußerungen im Indikativ, vor allem aber im Imperativ, Konjunktiv und Infinitiv, die eine weitergehende Differenzierung verlangen.

## 10.1 Text - Textsorte - Sprachhandlungstyp - Aspekt

Als **Text** verstehen wir ein ganzheitliches *Produkt der Sprachtätigkeit*, das in der Kommunikation zwischen Sprecher und Hörer, Schreiber und Leser ausgetauscht wird. Seine Definition differiert je nach Ziel und Gesamtkonzeption des Forschers - das Phänomen Text ist zu komplex, als daß eine einheitliche und allgemein akzeptierte Definition gefunden werden könnte. Zu den bekanntesten **Textualitäts-Kriterien** (Kriterien der Texthaftigkeit) gehören nach DE BEAUGRANDE / DRESSLER 1981 die grammatische *Kohäsion*, die inhaltliche *Kohärenz*, die *Intentionalität* (Kommunikationsabsicht des Textproduzenten), die *Akzeptabilität* (Erwartungshaltung des Rezipienten), die *Informativität*, die *Situationalität* (Angemessenheit in einer Kommunikationssituation) und die *Intertextualität* (Zusammenhang mit anderen Texten). Weiter werden angegeben *Makro-* und *Mikrostruktur* mündlicher und schriftlicher Texte, *Grenzsignale* u.a.m.

## 10 ASPEKT UND SPRACHHANDLUNGSTYPEN

Die ungeheure Vielfalt konkreter *Textexemplare* muß durch *Klassifizierung* auf eine überschaubare Menge von Grundmustern zurückgeführt und - wenn möglich - lehrbar gemacht werden. Diesem Zweck dienen Versuche einer texttypologischen Einteilung in „Textsorten", „Textmuster", „Gebrauchsformen", „текстовые жанры" u.a.

**Aspektrelevante Prototypen** sind aus unserer Sicht folgende **Gruppen von Textsorten**:
**Narrative Textsorten (Genres):** Roman, Novelle, Erzählung, Fabel, Anekdote, Sprichwort, Aphorismus;
**wissenschaftliche Textsorten:** Vortrag, Diskussionsbeitrag, Rezension, Annotation, wissenschaftlicher (Zeitschriften)artikel, Lehrbuch, Semesterarbeit, Diplomarbeit, Dissertation, Monographie;
**Textsorten der Massenmedien:** Rundfunk- bzw. Fernsehnachricht, Zeitungsnotiz, Kommentar, Leitartikel, Feuilleton;
**Textsorten des Alltags:** persönlicher Brief, Lebenslauf, Antrag, Wetterbericht u.v.a.

Wir schließen uns inhaltlich und weitgehend auch terminologisch den Auffassungen von W. SCHMIDT, MICHEL, WILSKE, LEWANDOWSKI, BUSSMANN, VATER, BIRKENMAIER / MOHL und insbesondere KRAUSE 2000 und SEROWY 2000 an und verstehen unter **Textsorten** *Klassen von Texten* mit bestimmten Eigenschaften - überindividuelle Sprech- oder Schreibakttypen, kommunikative Sprachverwendungs- und Textgestaltungsmuster, die in immer wiederkehrenden Kommunikatonshandlungen sozial-historisch entstanden sind (tradiert) und somit einzelsprachliche Erscheinungen mit geringfügig bis stark ausgeprägter Normierung und mehr oder weniger deutlicher Kulturkomponente darstellen.

Texte sind **strukturiert** - sie haben mindestens eine inhaltlich-thematische oder *propositionale Struktur* und eine *aktionale* oder *(Sprach-)Handlungsstruktur*. So kann z.B. die *Proposition* 'Aufforderung, das Fenster zu öffnen' in folgenden *Sprachhandlungen* realisiert werden, unabhängig vom Modus (Indikativ, Imperativ, Konjunktiv) oder Infinitiv:

| | |
|---|---|
| *Открой, пожалуйста, окно!* | SHT BITTEN |
| *Ты бы лучше открыл окно.* | SHT RATEN, EMPFEHLEN |
| *Открыть окно!* | SHT BEFEHLEN |
| *Открывай, наконец, окно!* | SHT DRÄNGEN |
| *Можно открыть окно? - Открывай!* | SHT ERLAUBEN (*ermunternd, duldend, widerstrebend*) |
| *Ты бы лучше не открывал окно.* | SHT ABRATEN |
| *Окно не открывать!* | SHT VERBIETEN |

Prototypen sprachlich-kommunikativen Handelns oder **Sprachhandlungstypen** (auch *Sprechakte, Kommunikationsverfahren*) sind *aktionale Strukturelemente von Textsorten*, also sprachlich-kommunikative Bezugsgrößen, welche den fremdsprachendidaktisch notwendigen Grad der *Konkretisierung* und *Differenzierung* der aktionalen *Situation* und des kommunikativ-pragmatischen *Bedingungsgefüges* erlauben. Sie werden bestimmt, abgegrenzt und differenziert durch **funktional-kommunikative Merkmale (FKM)**, die oftmals in binärer Opposition stehen (vgl. MICHEL 1985, 39ff., 43 ff.):

**FKM der Einstellung des S/S zum Kommunikationsgegenstand**, wie z.B.

'sachbetont' - 'subjektbetont'
'distanzierend' - 'identifizierend'
'rational' - 'emotional'

**FKM der gedanklichen Verarbeitung** des Kommunikationsgegenstands durch den S/S, wie z.B.

'generalisierend' - 'individualisierend'
'entfaltet' - 'ganzheitlich'
'ablaufend' - 'vollzogen'

Diese letzten FKM stellen ein *Verbindungsglied*, eine *Schnittstelle* zwischen dem funktional-semantischen und dem funktional-kommunikativen Beschreibungsansatz für den Verbalaspekt dar, sie sind ein Pendant zu den semantischen Merkmalen bzw. Semen der Verballexeme. Während sich diese auf die *Semantik / semantischen* Funktionen der Verballexeme beziehen, geht es bei den FKM um die (meist zeitweiligen) *kommunikativen* Funktionen dieser Lexeme. Es ist unschwer zu erkennen, daß 'generalisierend', 'entfaltet', 'ablaufend' auch typisch für den *unvo.* Aspekt sind, 'individualisierend', 'ganzheitlich', 'vollzogen' hingegen für den vo. Aspekt. Das wird von SEROWY noch unterstrichen, indem er SHT mit den FKM *'Handlungsvollendetsein (-ergebnis) fokussierend'* und *'Handlungsverlauf (-prozeß) fokussierend'* gegenübergestellt (2000, 181). Bestimmte SHT präferieren (bevorzugen) also einen ganz bestimmten Aspekt.

Einige Beispiele sollen die erwähnte Konkretisierung und Differenzierung des Aspektgebrauchs durch SHT illustrieren (vgl. SEROWY 2000, 178f.): Wie sagt man „richtig"? Welcher Unterschied besteht zwischen den folgenden Aspektverwendungen?

(1) *Я не взяла этих денег.* oder *Я не брала этих денег.*
(2) *Войдите!* oder *Входите!*
(3) *Не опоздайте!* oder *Не опаздывайте!*
(4) *Вы прочитали эту книгу?* oder *Вы читали эту книгу?*
(5) *Ты можешь не прийти.* oder *Ты можешь не приходить.*

Keiner dieser Sätze ist agrammatisch, von diesbezüglich befragten muttersprachlichen Informanten wird man oft eine salomonische Antwort erhalten - „Можно так и так!"

Prinzipiell gilt auch hier die Einteilung in ganzheitliche Ereignisse und mehrphasige Prozesse/Verläufe. Doch dieses Raster ist zu grob für die Gegebenheiten, die es hier zu unterscheiden und zu erklären gilt. Daher stellen Informanten möglicherweise auch Gegenfragen: „In welcher *Situation* soll *welche Kommunikationsabsicht* durch *welche Sprachhandlung* ausgedrückt werden?" Dann stellt sich sehr schnell heraus, daß es hier nicht um unwesentliche, synonyme Nuancen geht, nicht um Aspektkonkurrenz, sondern um *verschiedene kommunikativ bedeutsame Sprachhandlungen*:

| | Vo. Aspekt: | | Unvo. Aspekt: |
|---|---|---|---|
| (1) | MITTEILEN | vs. | ABSTREITEN, ZURÜCKWEISEN |
| (2) | BITTEN, AUFFORDERN | vs. | ERMUNTERN, DRÄNGEN |
| (3) | *behütend* WARNEN | vs. | BITTEN, *etwas nicht zu tun*, UNTERSAGEN |
| (4) | SICH-VERGEWISSERN, ÜBERPRÜFEN, *ob eine geplante Handlung stattgefunden hat* | vs. | ERUIEREN, *ob eine Handlung überhaupt stattgefunden hat* |
| (5) | *befürchtend* ANZWEIFELN | vs. | ERLAUBEN, *etwas nicht zu tun, etwas* ERLASSEN |

Textsortenwissen und Sprachhandlungswissen gehören zum (meist intuitiven) kollektiven Wissen einer Sprachgemeinschaft, der Sprachgebrauch wird beim Muttersprachler auch durch das Textsorten- und Sprachhandlungswissen gesteuert (TS- und SHT-Kompetenz und -Performanz). Für den Fremdsprachenlerner kann die Aspektwahl auf der Grundlage der Bezugsmomenttheorie gelehrt und erklärt sowie in letzter Instanz durch das Wissen um Textsorten (TS) und Sprachhandlungstypen (SHT) ergänzt und präzisiert werden. Eine *Übersicht* und *Zusammenfassung* der wichtigsten aspektrelevanten Komplexe von SHT (nach SEROWY 2000, 189) am Ende dieses Kapitels (Abschnitt 10.3) soll die Systematisierung dieses Wissens, das Bewußtmachen von Gesetzmäßigkeiten erleichtern.

## 10.2 Funktional-kommunikative Regeln zum Aspektgebrauch
(nach SEROWY 2000)

Aus den bisher festgestellten Gesetzmäßigkeiten lassen sich **funktional-kommunikative Regeln** ableiten, die für den *fortgeschrittenen* Fremdsprachenlerner eine wesentliche Entscheidungshilfe bei der Aspektwahl sein können. Sie gelten für **einmalige** Handlungen in *Vergangenheit* und *Zukunft*, gleichermaßen im *Indikativ* wie auch im *Imperativ, Konjunktiv* und *Infinitiv*. (Es sei daran erinnert, daß für Handlungen a) im *Präsens* sowie b) bei betonter *Dauer* (Andauern) und c) bei *Wiederholung* der Handlung nach *Grund*regel 1 (Abschnitt 7.1) immer der **unvo.** Aspekt verwendet wird, so daß hier *keine Aspektwahl* im eigentlichen Sinne möglich ist.)

## 10.2.1 Korrelative informierende Sprachhandlungstypen:
BERICHTEN / ERZÄHLEN vs. BESCHREIBEN

An den Anfang der funktional-kommunikativen Aspektregeln stellen wir die *Opposition* von BERICHTEN / ERZÄHLEN einerseits und BESCHREIBEN andererseits. Gründe für diese vorgezogene Stellung sind:
- Diese komplexen (d.h. aus einfachen zusammengesetzten) Sprachhandlungstypen beruhen auf *korrelativen* Handlungen (aufeinanderfolgenden - gleichzeitigen) und können daher relativ eindeutig bestimmt werden;
- die Oppositon wird bereits abgedeckt durch *Grundregel 2* (Abschnitt 7.2: Aufeinanderfolge und Gleichzeitigkeit einmaliger Handlungen - vo. und unvo.);
- sie wird im weiteren ausführlich bei der Analyse der *Aspektstruktur* russischsprachiger *Texte* behandelt werden (Kap. 11).

Die SHT BERICHTEN und ERZÄHLEN bestehen jeweils in der Information über ein komplexes, individualisiertes, in der Zeit ablaufendes Geschehen, über eine Kette von *Ereignissen*. Ihre Unterschiede liegen vor allem in den FKM 'sachbetont' vs. 'erlebnisbetont und emotional', 'authentisch' vs. 'authentisch und/oder fiktiv'. Der SHT BESCHREIBEN ist dagegen 'individualisierend' oder 'generalisierend', es werden *Vorgänge* (FKM 'prozessual') oder *Dinge* beschrieben (FKM 'statisch').

**Regel 1:**

a) Beim BERICHTEN und ERZÄHLEN - es handelt sich um aufeinanderfolgende *Ereignisse!* - wird der vo. Aspekt gebraucht (siehe *Grund*regel 2),
b) beim BESCHREIBEN von gleichzeitigen und/oder sich wiederholenden *Zuständen* und *Prozessen/Verläufen* der **unvo.** Aspekt (siehe *Grund*regel 3).

a) *Шквалом* ***сорвало*** *крышу. Жильцы тут же* ***попытались поднять*** *работников ДЕЗ.* ***Пришли*** *сразу.* ***Влезли*** *на крышу, однако* ***закрепить*** *железные листы* ***не смогли.*** *Через 15 минут* ***ушли.*** (SHT BERICHTEN)

*Одна девочка* ***ушла*** *из дома в лес. В лесу она* ***заблудилась*** *... Девочка* ***взяла*** *самую большую ложку и* ***похлебала*** *из самой большой чашки ... Она* ***полезла*** *на большой стул и* ***упала****; потом* ***села*** *на средний ...*
(Л.Н. Толстой) (SHT ERZÄHLEN)

b) *Уж небо осенью* <u>*дышало,*</u>         <u>*Ложился*</u> *на поля туман,*
*Уж реже солнышко* <u>*блистало,*</u>      *Гусей крикливых караван*
*Короче* <u>*становился*</u> *день.*          <u>*Тянулся*</u> *к югу.*
*Лесов таинственная сень*            <u>*Приближалась*</u>
*С печальным шумом* <u>*обнажалась.*</u>   *Довольно скучная пора ...*
*(А.С. Пушкин)*                       (SHT BESCHREIBEN)

Die übrigen funktional-kommunikativen Aspektregeln betreffen vor allem *isolierte* Sprachhandlungen / Sprachhandlungstypen, die in ihren eigenen Mikro-(kon)text eingebunden sind - zumeist in bestimmte *Repliken* eines Dialogs.

### 10.2.2 Isolierte informierende Sprachhandlungstypen: MITTEILEN, FESTSTELLEN, BEHAUPTEN, VERMUTEN - ergebnisbezogen vs. verlaufsbezogen, positiv vs. negativ

Allen informierenden SHT gemeinsam ist die Angabe von *Sachverhalten*. Unterschiede bestehen im Grad des *Nachdrucks* (MITTEILEN - FESTSTELLEN, BEHAUPTEN), im Vorhandensein einer *Beweisgrundlage* (MITTEILEN, FEST-STELLEN - BEHAUPTEN) bzw. im subjektiven Anspruch auf *Wahrheitsgehalt*. Entscheidend für den Aspektgebrauch ist einerseits die *Ergebnis-* bzw. *Ereignis*bezogenheit (vo.), andererseits die *Verlaufs-* bzw. *Prozeß*bezogenheit der Äußerung, vor allem beim PRÄZISIEREN (unvo.), drittens die *absolute Verneinung* durch die SHT ABLEHNEN, SICH-WEIGERN, ABSTREITEN, ZURÜCKWEISEN (unvo.):

**Regel 2:**
a) Beim *ergebnis*bezogenen MITTEILEN, FESTSTELLEN, BEHAUPTEN, VERMUTEN - es geht um *Ereignisse!* - wird der vo. Aspekt verwendet,
b) beim *verlaufs*bezogenen MITTEILEN, FESTSTELLEN, BEHAUPTEN, VERMUTEN sowie beim PRÄZISIEREN - es geht um Prozesse/Verläufe! - der unvo. Aspekt,
c) beim ABLEHNEN / SICH-WEIGERN, ABSTREITEN / ZURÜCKWEISEN - d.h. bei *absoluter Verneinung* konkreter und/oder genereller Prozesse/Verläufe - ebenfalls der unvo. Aspekt.

a) *Экзамены все сдала, приеду в среду.* (SHT MITTEILEN)
*Видите, я так и знал, она всё-таки пришла.* (SHT FESTSTELLEN)
*Я уверен, что они нас не обманули / обманут / обманули бы.*
(SHT BEHAUPTEN / VERMUTEN)
*Он должен вот-вот прийти.* (SHT VERMUTEN)
b) *Я уже возвращался с занятий, когда вспомнил об этом.*
(SHT MITTEILEN)
*Отличные фрукты, правда? Я их на рынке покупала, сама выбирала.*
(SHT PRÄZISIEREN)
c) *Не хочу встречаться с ним завтра.* (SHT ABLEHNEN)
*- Почему ты взял эти деньги? - Не брал я их, клянусь, не трогал!*
(SHT ABSTREITEN/ZURÜCKWEISEN)

## 10.2.3 Aktivierende (auffordernde) Sprachhandlungstypen

Allen **ergebnisbezogenen** aktivierenden SHT gemeinsam ist die Aufforderung zu einer ganzheitlichen *künftigen* Handlung. Unterschiedlich ist der Grad der *Verbindlichkeit* (BITTEN - BEFEHLEN), der *Nachdruck* (BITTEN, RATEN, VORSCHLAGEN - FORDERN, ANWEISEN, BEFEHLEN), an *Unterstellungsverhältnis* gebunden (BITTEN - ANORDNEN, BEFEHLEN), die *Interessengebundenheit* (BITTEN im Interesse des S/S, RATEN im Interesse des H/L, FORDERN auf *Sachzwang* beruhend). Trotz dieser Unterschiede wird vorzugsweise der vo. Aspekt verwendet.

**Verlaufsbezogene** aktivierende SHT beinhalten eine „Einmischung" in einen im Gange befindlichen oder unmittelbar bevorstehenden Prozeß, die Einflußnahme auf den Adressaten, wie er die Handlung als solche ausführen soll. Daher ist der Gebrauch des unvo. Aspekts obligatorisch:

**Regel 3:**

a) Bei einer *Aufforderung*, eine einmalige Handlung auszuführen, ein *Ereignis* herbeizuführen, d.h. beim BITTEN, ZURATEN, VORSCHLAGEN, ANORDNEN/ANWEISEN, (AUF)FORDERN, BEFEHLEN, wird der vo. Aspekt gebraucht,
b) beim STARTEN, MODIFIZIEREN, DRÄNGEN, ERMUNTERN - es handelt sich um *Prozesse/Verläufe!* - der unvo. Aspekt.

a) *Простите, вы не скажете, как пройти в центр?* (SHT BITTEN)
*Это правило обязательно вы'учите.* (SHT ANORDNEN)
*Советую вам бросить курить.* (SHT ZURATEN)
*Давайте подарим ему газонокосилку.* (SHT VORSCHLAGEN)
*Вставьте дискету с драйвером мыши, щелкните по кнопке Start, затем вы'берите Run.* (SHT ANWEISEN)
*Ты немедленно пойдёшь и извинишься!* (SHT FORDERN)
*Приказано, чтобы все явились на оперативное совещание!* (SHT BEFEHLEN)
b) *Приготовились? Тогда можно писать.* (SHT STARTEN)
*Второй абзац нам прочитает Лена ... Ты бы читала громче, мы тебя еле слышим.* (SHT MODIFIZIEREN)
*Вы бы заканчивали, уже поздно!* (SHT DRÄNGEN)
*А-а, наши гости. Входите, входите, раздевайтесь, ... проходите вот сюда, садитесь. Чувствуйте себя как дома!* (SHT ERMUNTERN)

## 10.2.4 Obstruierende (hemmende) Sprachhandlungstypen

Beim SHT *behütendes* WARNEN (nicht zu verwechseln mit einem *drohenden* Warnen, dem SHT DROHEN!) mahnt der S/S den H/L zur Vorsicht. Es soll vermieden werden, daß unbeabsichtigt ein **unerwünschtes Ereignis** mit all seinen unangenehmen Folgen eintritt bzw. ausgelöst wird, der vo. Aspekt ist obligatorisch.

Die SHT BITTEN, RATEN, VORSCHLAGEN, ANORDNEN, BEFEHLEN *etwas nicht zu tun* sind gleichzusetzen dem ABRATEN, UNTERSAGEN und VERBIETEN - d.h. einer **absoluten Verneinung**. Diese kann sich sowohl auf *konkrete Einzelfälle* beziehen als auch - weitaus häufiger - ein *generelles Verbot* usw. darstellen, das obligatorisch den unvo. Aspekt erfordert.

### Regel 4:

a) Beim *behütenden* WARNEN vor negativen *Ereignissen* wird der vo. Aspekt verwendet,
b) beim BITTEN bzw. VORSCHLAGEN, *etwas nicht zu tun*,
beim ABRATEN, UNTERSAGEN, VERBIETEN - d.h. bei *absoluter Verneinung*
konkreter und/oder genereller *Prozesse/Verläufe* - der unvo. Aspekt.

a) *Осторожно, вазу разобьёшь  Не разбил бы ты нечаянно вазу / Смотри, не разбей вазу / Так ты можешь вазу разбить!*
(SHT *behütendes* WARNEN)
b) *Не уходи теперь, пожалуйста.* (SHT BITTEN)
*Я предлагаю не делать из этого проблемы.* (SHT VORSCHLAGEN)
*Не советую тебе вставать завтра так поздно  Советую тебе, не вставать завтра так поздно.* (SHT ABRATEN)
*Не открывайте пока ваши учебники!* (SHT UNTERSAGEN)
*Рота, не отступать  не отступай!* (SHT VERBIETEN)

## 10.2.5 Garantierende (zusichernde) Sprachhandlungstypen - ERLAUBEN - VERSPRECHEN - DROHEN

Die SHT VERSPRECHEN und DROHEN *etwas einmal zu tun* erfordern logischerweise den vo. Aspekt. Schwieriger ist jedoch die Differenzierung beim SHT ERLAUBEN: Ist der S/S selbst an der zu erlaubenden Handlung interessiert, hat also diese konkrete, einmalige Erlaubnis bereits eine Nuance des Bittens (SHT *bittendes* ERLAUBEN), so ist ebenfalls der vo. Aspekt angezeigt. Die Erlaubnis kann jedoch auch mit einem *ermunternden* Unterton erteilt werden (vgl. den SHT ERMUNTERN - unvo.), unter Umständen aber auch nur *zögernd, widerstrebend,* die betreffende Handlung wird nur *geduldet* - dann steht der **unvo**. Aspekt (SHT *ermunterndes* bzw. *duldendes, widerstrebendes* ERLAUBEN).

**Regel 5**

a) Beim *bittenden* ERLAUBEN (der S/S ist selbst an der Handlung interesssiert), beim VERSPRECHEN und DROHEN, *etwas einmal zu tun*, wird der **vo**. Aspekt gebraucht,
b) beim *ermunternden, duldenden, widerstrebenden* ERLAUBEN der **unvo**. Aspekt.

a) *Можно открыть окно? - Да, пожалуйста, **откройте**, мне тоже душно.* (SHT *bittendes* ERLAUBEN)
*Ой, книгу я забыла, завтра обязательно **куплю, принесу** - обещаю!* (SHT VERSPRECHEN)
*Погоди, я тебе **покажу**, где раки зимуют!* (SHT DROHEN)
b) *Можно войти? Может, я некстати ... - **Входи, входи, не стесняйся**!* (SHT *ermunterndes* ERLAUBEN)
*Разрешите, я позвоню домой? - **Звоните**, вы мне не мешаете.* (SHT *duldendes, gleichgültiges* ERLAUBEN)
*Можно закурить? - А здесь вообще разрешается? Ну ладно, **курите**, раз вам так хочется.* (SHT *widerstrebendes* ERLAUBEN)

## 10.2.6 Interrogative (fragende) Sprachhandlungstypen

Echte Fragesätze können als *Entscheidungsfragen* oder *Ergänzungsfragen* auftreten.

**Entscheidungsfragen** haben das Ziel, einen durch die Proposition vorgegebenen Sachverhalt als *zutreffend, existent* oder als *nicht* zutreffend, nichtexistent zu bestimmen, sie haben kein Fragewort und werden mit *Ja* oder *Nein* bzw. deren Äquivalenten beantwortet. Geht es darum, ob ein *geplanter* bzw. *erwarteter* Sachverhalt (Handlung) bereits *eingetreten* oder noch nicht eingetreten ist (SHT SICH-ÜBERZEUGEN, VERGEWISSERN), steht der **vo**. Aspekt in seiner konkret-vollzogenen Bedeutung. Wird dagegen nach der *Existenz* („Faktizität") eines solchen Sachverhalts gefragt (Ist eine solche Handlung überhaupt einmal ausgeführt worden oder nicht? - SHT ERUIEREN), dann liegt die abstrakt-konstatierende Bedeutung des **unvo**. Aspekts vor.

**Ergänzungsfragen** beginnen mit einem *Fragewort*. Damit wird nach einem dem S/S unbekannten Bestandteil eines Sachverhalts gefragt - nach einer Person, einer Sache, einem Umstand, einer (Verbal)Handlung. Der Aspekt des Verbs in der Ergänzungsfrage ist bei syntagmatischer Aterminativität immer der *unvollendete*, bei syntagmatischer Terminativität besteht *Aspektkonkurrenz*. Dennoch ist hier die **Tendenz** zu beobachten, daß bei *verlaufs*bezogenen Fragen, also der Frage nach dem *Subjekt*, nach *Ort*, *Zeit* und *Umständen* der *Handlung*, der **unvo.** Aspekt vorzuziehen ist (*кто, где, когда, как?* - vgl. den SHT PRÄZISIEREN), während beim *ergebnis*bezogenen Fragen nach dem *Objekt*, dem *Zweck* bzw. *Ziel* u.ä. gewöhnlich der **vo.** Aspekt steht (*кого/что, зачем, с какой целью?*).

**Regel 6**

**Entscheidungsfragen:**
a) Beim *ergebnisbezogenen* FRAGEN, d.h. beim SICH-ÜBERZEUGEN, beim ÜBERPRÜFEN, <u>ob</u> *etwas Geplantes, Erwartetes (schon) getan wurde*, wird der **vo.** Aspekt verwendet,
b) beim *verlaufsbezogenen* FRAGEN, beim ERUIEREN, <u>ob</u> *etwas überhaupt getan wurde*, der **unvo.** Aspekt.

**Ergänzungsfragen:**
Beim FRAGEN mit terminativen Verben besteht **Aspektkonkurrenz**.
Tendenzen für den Aspektgebrauch:
a) Beim *ergebnisbezogenen* FRAGEN nach dem *Objekt*, nach dem *Zweck* ist der **vo.** Aspekt vorzuziehen (Fragewörter *кого/что, зачем, с какой целью?*)
b) beim *verlaufsbezogenen* FRAGEN, d.h. beim PRÄZISIEREN des *Subjekts*, des *Orts*, der *Zeit*, der *Umstände* der *Handlung*, ist der **unvo.** Aspekt vorzuziehen (Fragewörter *кто, когда, где, как?*).

**Entscheidungsfragen:**
a) *Ты сдала экзамен? - (Да, конечно,) сдала. (Нет,) не сдала.*
*Приехала она? Вы её встретили? Привезла она подарок?*
b) *Ты сдавала экзамен на водительские права? Ну а как? Сдала?*
*Приходил кто-нибудь без меня?*
*Встречались мы с вами когда-нибудь?*

**Ergänzungsfragen:**
a) *Что ты купила (достала) на рынке? Фрукты?*
*Почему (зачем) ты купила такую массу помидоров?*
b) *Когда, где, у кого ты покупала эти яблоки?*
*Кто их выбирал, ты или продавщица?*

Die folgende *Zusammenfassung* und *Übersicht* soll noch einmal die wichtigsten linguodidaktisch relevanten Beziehungen zwischen Aspekt und Sprachhandlungstypen (SHT) demonstrieren:

## 10.3 Zusammenfassung:
### Aspektrelevante Redeabsichten / Sprachhandlungstypen
(nach SEROWY 2000, 189)

| SHT | mit vo. Aspekt | mit unvo. Aspekt |
|---|---|---|
| 1. **Informierende** (Indikativ, meist *isolierte* SHT) | *Ergebnisbezogenes* MITTEILEN FESTSTELLEN BEHAUPTEN VERMUTEN | *Verlaufsbezogenes* MITTEILEN FESTSTELLEN BEHAUPTEN VERMUTEN |
| (*korrelative* SHT) | BERICHTEN ERZÄHLEN | BESCHREIBEN |
| 2. **Aktivierende** (Imperativ, Konjunktiv; Infinitiv, selten Indikativ) | BITTEN VORSCHLAGEN EMPFEHLEN ZURATEN (*etwas* EINLADEN *einmal* FORDERN *zu tun*) ANWEISEN ANORDNEN BEFEHLEN | BEGINNEN / STARTEN ERMUNTERN DRÄNGEN MODIFIZIEREN |
| 3. **Obstruierende** (hemmende, bzw. negativ aktivierende - *etwas nicht zu tun*) | *Behütendes* WARNEN | ABRATEN UNTERSAGEN VERBIETEN (= BITTEN, VORSCHLAGEN, ANWEISEN, ANORDNEN, BEFEHLEN *etwas nicht zu tun*) |
| 4. **Garantierende** (zusichernde) | *bittendes* ERLAUBEN VERSPRECHEN DROHEN (*etwas einmal zu tun*) | *ermunterndes* ERLAUBEN *duldendes* ERLAUBEN *widerstrebendes* ERLAUBEN |
| 5. **Interrogative** | SICH-ÜBERZEUGEN ÜBERPRÜFEN (*ob etwas Bestimmtes schon getan wurde*) | ERUIEREN (*ob etwas überhaupt irgendwann je getan wurde*) |

# 11 Zur Aspektstruktur ausgewählter russischsprachiger Texte / Textsorten

Der russische Verbalaspekt muß sowohl im *deiktischen* als auch im *narrativen* Register untersucht werden, was uns zur zusammenfassenden Analyse der Aspektstruktur russischsprachiger Texte führt. Das schließt zugleich weitere Dimensionen im Hintergrund ein, nämlich
* den Aspektgebrauch im *Infinitiv* (siehe Abschnitt 9.4) und
* den Zusammenhang von *Aspektgebrauch* und *Textsorten / Sprachhandlungstypen* (TS / SHT, vgl. dazu Kap. 10).

## 11.1 Der narrative Text als Grundlage für die Analyse der Aspektstruktur

Mit den Sprachhandlungstypen (SHT) bzw. Kommunikationsverfahren (KV) wurden verschiedene *Komponenten* von Texten auf ihren Zusammenhang mit dem Aspektgebrauch analysiert. Nunmehr muß dem im größeren sprachlichen Zusammenhang, im *Text als Ganzem*, nachgegangen werden, um bestimmte Gesetzmäßigkeiten des Aspektgebrauchs in einigen ausgewählten Textsorten aufzufinden und *lehrbar zu machen*, was in jedem Falle *didaktische Vereinfachungen* bedingt und einschließt.

Unter den Sprachhandlungstypen (siehe Kap. 10) hat sich bereits ein *Gegensatzpaar* herauskristallisiert, das für das Funktionieren des Aspekts in größeren Zusammenhängen von besonderer Bedeutung ist - die SHT ERZÄHLEN / BERICHTEN einerseits und der SHT BESCHREIBEN andererseits. Im Text als ganzheitlichem Phänomen mit all seinen textkonstituierenden Eigenschaften spielen diese Sprachhandlungstypen gleichfalls eine herausragende Rolle, sie unterliegen jedoch in situativen und sprachlichen *Kontext* einer Reihe von Modifizierungen und Ergänzungen.

Von den konkreten Einheiten der Rede (parole), den *Textvorkommen*, sind für die Sprachausbildung an der Gemeinsprache in erster Linie *narrative Texte* im weitesten Sinne von Interesse. In narrativen Texten sind alle Komponenten bzw. Elemente der Aspektstruktur enthalten, die auch für andere Textklassen relevant, dort aber nicht in vollem Umfang vertreten sind. Vielmehr tritt meist ein bestimmtes Element als das *dominierende* auf, während die anderen entweder gar nicht oder als untypische Randerscheinung figurieren.

Unter **narrativen Texten** verstehen wir solche Texte, die bestimmte Aktionen (oder Handlungen) und Ereignisse wiedergeben, welche in einer chronologisch oder kausal bedingten Reihenfolge angeordnet sind und die sich meist einem (mehr oder weniger interessanten) Ereignis als *Textthema* unterordnen (vgl. BUSSMANN 1990, 512). Wir unterscheiden dabei narrative Texte im engeren und im weiteren Sinne:

Als narrative Texte **im engeren Sinne** betrachten wir solche, die einem *literarischen Genre* zugeordnet werden können - literarische Textsorten (TS) von der Anekdote über Fabeln, Märchen, Kurzgeschichten und Erzählungen bis hin zu Novellen (повести) und vielschichtigen, mehrbändigen Romanen.

**Im weiteren Sinne** gehören dazu u.a. auch *Alltagserzählungen* („Was ich gestern erlebt habe"), längere *monologische* Bestandteile im Rahmen eines Dialogs, bestimmte Zeitungsberichte und Reportagen (zwischen den SHT ERZÄHLEN und BERICHTEN besteht bezüglich des Aspekts kein Unterschied). Von besonderer Bedeutung für unser Anliegen - die Aspektstruktur von Texten lehrbar zu machen - sind auch die sog. *Nacherzählungstexte* für den Sprachunterricht - ein leider fast in Vergessenheit geratenes höchst effektives didaktisch-methodisches Mittel, das die offensichtliche Schere zwischen der *rezeptiven* und der angestrebten, aber leider nur selten erreichten *produktiven* Sprachkompetenz schließen helfen kann, indem es eine *reproduktive* Zwischenstufe bildet. Anhand solcher anekdotenartiger Nacherzählungstexte sollen im folgenden die vier Elemente bzw. Komponenten der Aspektstruktur narrativer Texte erläutert werden.

## 11.2 Die Elemente der Aspektstruktur narrativer Texte

Bei der Analyse von Aspektbedeutung und Aspektgebrauch sind immer *isolierte* und *korrelative* Handlungen (Verben) zu unterscheiden. Naturgemäß haben wir es im Text als ganzheitlichem Phänomen in der Regel mit *korrelativen* Handlungen zu tun, also mit Handlungen, die gegenseitig aufeinander bezogen sind, die entweder *nacheinander* auftreten als **Handlungsfolge** in Form von Handlungsketten oder Handlungspaaren oder *gleichzeitig* verlaufende Handlungen in einem **beschreibenden Block** darstellen.

Diese beiden Formen korrelativer Handlungen, die SHT ERZÄHLEN / BERICHTEN und BESCHREIBEN / SCHILDERN (siehe Kap. 10, nicht zu verwechseln mit dem *literarischen Genre* *Erzählung* bzw. den Textsorten *Beschreibung* und *Schilderung!*) bilden denn auch die **Grundkomponenten** oder **Grundelemente der Aspektstruktur** eines narrativen Textes. Wir bezeichnen sie als **1. dynamische Elemente** (Sequenzen) und **2. beschreibende Elemente** (Parallelitäten). Die ersteren bringen die Erzählung voran, verkörpern die Progression, die zweiten „verweilen beim Augenblick", bilden zeitweilige relative Ruhepunkte.

Die komplexen Sprachhandlungstypen ERZÄHLEN und BESCHREIBEN / SCHILDERN können durch folgende *funktional-kommunikative Merkmale (FKM)* charakterisiert und differenziert werden:

| SHT ERZÄHLEN: | SHT BESCHREIBEN / SCHILDERN: |
|---|---|
| 'subjektbezogen' | 'sachbezogen, sachgemäß' |
| 'erlebnisbetont' | 'sachbetont' / 'erlebnisbetont' |
| 'dynamisch' | 'statisch' oder 'dynamisch' |
| 'individualisierend' | 'individualisierend' oder 'generalisierend' |
| 'einmaliges Geschehen' / 'als einmalig aufgefaßtes G.' | 'wiederholbares Geschehen', 'Gegenstand' oder 'Zustand' |
| 'real' oder 'fiktiv' | 'wesentliche Merkmale' |
| 'spannungserzeugend' | 'räumliche / zeitliche / funktionale Anordnung' |
| 'vergangen' | |

(Vgl. W. SCHMIDT 1981, 109ff./89ff.)

Jede Analyse eines auch nur einfachen narrativen Textes zeigt jedoch sofort, daß diese Grundelemente nicht in reiner Form vorkommen, sondern durchsetzt sind von weiteren, untergeordneten Elementen - nämlich **3. abhängigen Elementen** (vor allem abhängigen Infinitiven) und **4. isolierten Elementen** (direkte/indirekte Rede, Relativ- und andere Nebensätze). Betrachten wir diese vier Elemente der Aspektstruktur im einzelnen:

## 11.2.1 Dynamische Elemente

Die Grundlage jeder narrativen Struktur ist die folgerichtige Entwicklung der Ereignisse auf der Linie der Zeit, wie ein Ausschnitt aus dem bekannten Märchen von Lev Tolstoj zeigt:

| | |
|---|---|
| *Водяной* | '**Der Wassermann** |
| *Мужик уронил топор в реку,* | Einem Bauern war das Beil in den Fluß gefallen, |
| *с горя сел на берег* | vor Kummer setzte er sich ans Ufer |
| *и стал плакать.* | und begann zu weinen. |
| *Водяной услыхал,* | Das hörte ein Wassermann, |
| *пожалел мужика,* | er bekam Mitleid mit dem Bauern, |
| *вынес ему из реки золотой топор* | brachte ihm aus dem Fluß ein goldenes Beil und spricht: |
| *и говорит:* | |
| [- *Твой это топор?*] | „Ist das dein Beil?"' |

Schematische Darstellung der Aspektstruktur:

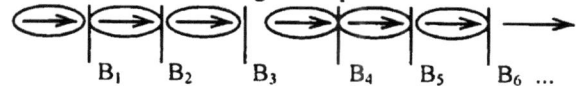

**Legende**: Pfeil = Handlung, Ellipse = Ganzheitlichkeit der Handlung im vo. Aspekt, senkrechter Strich = Bezugsmoment auf der Linie der Zeit, Aneinanderreihung der Ellipsen mit Pfeil = Handlungskette in „analoger" Darstellung. Weitere Kennzeichnung: *relevante* Aspektformen - Fettdruck der vo. **Form**, Unterstreichung der unvo. Form, Unterlegung der abhängigen Elemente, [isolierte Elemente] in eckigen Klammern.

Hier haben wir in fast reiner Form die Aufeinanderfolge von Handlungen - eine Handlungskette, eine *Sequenz* - in der für die Erzählung typischen Tempusform, dem Präteritum, oft auch *episches Präteritum* genannt. (Das Präsens braucht hier nicht betrachtet zu werden, da der Aspektgegensatz im historischen Präsens neutralisiert ist und nur der ipf. Aspekt gebraucht wird, das Futur kann aus inhaltlich-logischen Gründen vernachlässigt werden). Es geht um einmalige Handlungen, von denen jede für sich abgeschlossen ist, also zum Bezugsmoment (dem Zeitpunkt, von dem wir sprechen) Anfang, „Mitte" und Ende durchlaufen hat, bevor die nächste Handlung beginnen kann. Der Bezugsmoment rückt damit jeweils auf der Linie der Zeit um ein entsprechendes Stück vor: $B_1$, $B_2$, $B_3$ usw. Solche zum Bezugsmoment abgeschlossenen aufeinanderfolgenden Handlungen werden mit dem **vo. Aspekt** wiedergegeben.

Die linear fortschreitende Erzählung muß aber nicht nur das *Nacheinander*, sondern auch das *Nebeneinander* in der realen oder fiktiven Welt wiedergeben. Daher wird der „rote Faden" häufig von anderen Elementen unterbrochen, dann aber immer wieder aufgenommen und jeweils zu einem relativen Abschluß geführt. (Im obigen Textbeispiel mit der fast reinen Aufeinanderfolge von Handlungen sind bereits ein abhängiger Infinitiv = „**abhängiges Element**" und ein Zitat der direkten Rede = [„isoliertes Element"] enthalten.). Die typische, wichtigste Form der Unterbrechung des Nacheinanders aber ist das *Nebeneinander* in Gestalt von *Beschreibungen*.

## 11.2.2 Beschreibende Elemente

Beschreibende Elemente sind „Blöcke" von gleichzeitigen Handlungen, *Parallelitäten*. Es wird beschrieben, was alles zur gleichen Zeit, zum gleichen Bezugsmoment / Bezugszeitraum vor sich geht. Wir haben es nicht mit einer Folge von fortschreitenden Bezugsmomenten zu tun, welche die Entwicklung ausmachen, sondern nur mit *einem* Zeitpunkt oder Zeitabschnitt von einer gewissen Ausdehnung.

Auf die Frage, was zu einem bestimmten Zeitpunkt / Zeitabschnitt alles *gleichzeitig* geschieht, antwortet der **unvo. Aspekt** - er gibt an, womit sich das Subjekt unmittelbar beschäftigt, der Bezugsmoment liegt mitten im Geschehen. Daher kann der unvo. Aspekt zur Einbettung der Handlungsfolge in die gegebenen *Umstände* dienen, zur Beschreibung des **Hintergrundes**, vor dem sich das eigentliche Geschehen abspielt.

In reiner Form, als längere Passage, begegnen uns die beschreibenden Elemente vor allem in der Epik:

*M. Горький: Старуха Изергиль (отрывок)*
... *Они <u>шли</u>, <u>пели</u> и <u>смеялись</u> ... Ветер <u>тёк</u> широкой, ровной волной, но иногда он точно <u>прыгал</u> через что-то невидимое и, <u>рождая</u> сильный порыв, <u>развевал</u> волосы женщин ...*
*Это <u>делало</u> женщин странными и сказочными. Они <u>уходили</u> всё дальше от нас, и ночь и фантазия <u>одевали</u> их всё прекраснее. Кто-то <u>играл</u> на скрипке, девушка <u>пела</u> мягким контральто, <u>слышался</u> смех ...*

(Die Unterstreichungen der unvo. Verbalformen symbolisieren gleichsam die Ausdehnung, Erstreckung der Handlungen in der Zeit.)

In der Regel *wechseln* beschreibende Blöcke mit dynamischen Elementen, besonders häufig sind sie am Anfang von narrativen Texten anzutreffen, als Einführung in die Situation, als *Exposition*:

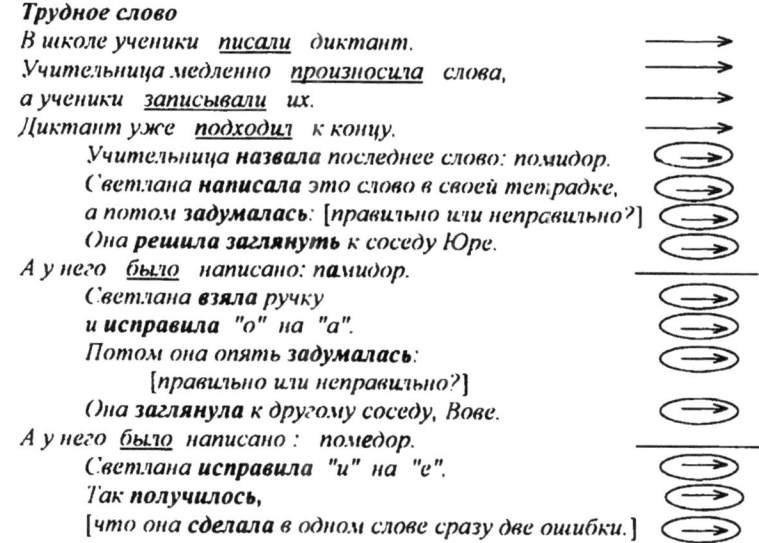

*Трудное слово*
*В школе ученики <u>писали</u> диктант.*
*Учительница медленно <u>произносила</u> слова,*
*а ученики <u>записывали</u> их.*
*Диктант уже <u>подходил</u> к концу.*
   *Учительница **назвала** последнее слово: помидор.*
   *Светлана **написала** это слово в своей тетрадке,*
   *а потом **задумалась**: [правильно или неправильно?]*
   *Она **решила заглянуть** к соседу Юре.*
*А у него <u>было</u> написано: помидор.*
   *Светлана **взяла** ручку*
   *и **исправила** "о" на "а".*
   *Потом она опять **задумалась**:*
   *[правильно или неправильно?]*
   *Она **заглянула** к другому соседу, Вове.*
*А у него <u>было</u> написано : помедор.*
   *Светлана **исправила** "и" на "е".*
   *Так **получилось**,*
   *[что она **сделала** в одном слове сразу две ошибки.]*

(Aus technischen Gründen muß hier die Handlungskette nicht waagerecht, sondern senkrecht angeordnet werden, die Bezeichnung und Numerierung der einzelnen Bezugsmomente $B_1$, $B_2$, $B_3$ ... wurde weggelassen. Nachdem hier das Prinzip deutlich geworden ist, können bei den weiteren Illustrationstexten die Schemazeichnungen entfallen.)

Nach der Exposition in Form einer Situationsbeschreibung im unvo. Aspekt erfolgt der Übergang zur dynamischen Handlungskette, beginnend mit *назвала*. Auch in der Handlungskette sind vereinzelt Beschreibungen eingestreut (*было*). Solche Übergänge sind häufig, und zwar in beiden Richtungen:

a)  Vor dem Hintergrund einer Zustandsbeschreibung beginnt sich ein komplexes Geschehen zu entwickeln -
Typ „**фон - наступление**" (Hintergrund - Einsetzen der Handlung, partielle Gleichzeitigkeit):

*Однажды знаменитый русский композитор*
*Бородин пригласил к себе друзей.*
*Гости веселились,*                           Hintergrund
*пели,*
*танцевали.*
*К концу вечера композитор поднялся*    Einsetzen der neuen
*и стал прощаться ...*                        Handlung

b)  Eine dynamische Entwicklung mündet in eine neuerliche, meist relativ kurze Beschreibung der neuen Situation (des neuen Zustands) -
Typ „**конец действия - фон**" (Ende der Handlung - neuer Hintergrund, d.h. gleichfalls eine partielle Gleichzeitigkeit):

*Ирина приехала из института домой.*
*Она поднялась по лестнице на третий этаж,*
*вошла в квартиру.*
*Она сняла пальто*
*и открыла дверь в кухню.*
*Там она увидела всю семью:*                  (Ende der Handlungskette)
*Мама мыла посуду,*                            (neuer Hintergrund)
*папа давал указания,*
*брат вытирал посуду,*
*сестрёнка убирала её в шкаф,*
*а бабушка подметала осколки.*

Im "Idealfalle" wechseln sich also dynamische und beschreibende Elemente im narrativen Text ab.

## 11.2.3 Abhängige Elemente

Als abhängige Elemente treten vor allem Verben im *Infinitiv* auf, die von anderen Verben, Adjektiven, Zustandswörtern oder Substantiven abhängen (abhängiger Infinitiv, siehe Abschnitt 10.4). Es sind zwei Erscheinungsformen zu unterscheiden:

1) **Lexikalisch bedingter Aspektgebrauch** -
der Aspekt des abhängigen Infinitivs ist eindeutig durch das unterordnende Wort bestimmt. Hierher gehören

a) **Phasenverben**, d.h. Verben des *Beginnens, Fortfahrens* und *Beendens*, die den unvo. Aspekt nach sich ziehen (eine Phase, d.h. Beginn, „Mitte" oder Ende, bedeutet Nichtganzheitlichkeit, sie schließt daher die Ganzheitlichkeit des Ereignisses, also den vo. Aspekt, aus):

*стал плакать,*
*начать/начинать, приняться/приниматься рассказывать ...*
*приехать учиться, сесть писать ...*
*продолжать, оставаться, мешать заниматься ...*
*кончить/кончать, перестать/переставать, бросить выполнять ...*

b) **Verben, die ein Resultat voraussetzen** und daher einen abhängigen Infinitiv im vo. Aspekt erfordern:

*успеть, удаться, забыть выполнить обещание*
*суметь, смочь высвободиться*

2) **Situativ bedingter Aspektgebrauch** -
der Aspekt des abhängigen Infinitivs wird nicht vom unterordnenden Verb bestimmt, er bildet vielmehr mit seiner Umgebung einen selbständigen Kontext, in dem er sich den allgemeinen Aspektregeln des Indikativs bzw. des Imperativs unterordnet:

*Я хочу получить / получать этот журнал.*
*Мы надеемся встретиться / встречаться с вами.*
*Вам надо зайти / заходить к нам.*

Die Regel für die Aspektwahl in diesen aktionalen Mikrosystemen ist einfach: **Einmaligkeit** der Infinitivhandlung erfordert den vo. Aspekt, **Mehrmaligkeit / Polytemporalität / Faktizität** den unvo. Aspekt. Die lexikalische Füllung dieser Infinitivkonstruktionen macht in der Regel die *subjektive Modalität* aus - insbesondere das *Wollen, Sollen, Müssen, Dürfen, Können* (siehe Abschnitt 9.4).

## 11.2.4 Isolierte Elemente

Isolierte *Elemente* der Aspektstruktur - nicht zu verwechseln mit isolierten Handlungen! - sind vor allem
- die direkte (wörtliche) Rede,
- die indirekte Rede,
- erlebte Rede, Gedanken,
- der Inhalt bestimmter Relativ- und anderer Nebensätze.

Diese isolierten Elemente stellen jeweils einen „**Text im Texte**" dar, einen *Mikrotext*. Der Grund hierfür ist ein *Perspektivenwechsel*, den wir am deutlichsten in der direkten Rede erkennen: Es gilt nicht mehr das deiktische Zentrum (das *Ich - Jetzt - Hier*) im Zeigfeld des Autors oder Erzählers, sondern jede „erzählte Figur" erhält ihr Eigenleben, ihr eigenes Zeigfeld mit deiktischem Zentrum, ihre eigene *Ich-Jetzt-Hier-Origo* (BÜHLER 1934; RAUH 1978). Meist wird das direkt durch den Autor/Erzähler signalisiert, z.B. durch

*говорит, сказал, отвечает, возразил, вздохнул ...,*

in anderen Fällen, etwa Witzen und Anekdoten, werden die Repliken meist ohne solche Signale aneinandergereiht. Vgl.:

*- Возмутительно! Ваша собака **съела** моего цыплёнка!*
*- Спасибо, что вы **предупредили** меня. Сегодня она не полу'чит ужина!*

Die erste erzählte Figur drückt „ihre" Vergangenheit aus, die zweite „ihre" Vergangenheit und Zukunft - jeweils aus der Perspektive ihres eigenen *Ich - Jetzt - Hier*, ihres deiktischen Zentrums.
Gleiches kann auch im historischen Präsens dargestellt werden:

*Два старика **вспоминают** свою молодость.*
*[- Ради меня одна прелестная девушка **рисковала** своей жизнью,] - говорит со вздохом один.*
*[- Как это?]*
*[- Она сказала,[[ что скорее **прыгнет** в Рейн, чем **выйдет** за меня замуж.]] ]*

Der Autor „vergegenwärtigt" das Geschehen durch das historische Präsens, die erste Figur erzählt von ihrer Vergangenheit, bringt dabei eine weitere Figur ins Spiel, die wiederum aus ihrer Perspektive in (ihre) Zukunft weist. Hier liegt gewissermaßen ein „Text im Text des Textes" vor, ein isoliertes Element 2. Ordnung. Zugleich wird sichtbar, daß für die *indirekte* Rede („sie sagte, daß sie eher in den Rhein springen werde ...") der gleiche Perspektivenwechsel in ein eigenes Zeigfeld der Figur vor sich geht wie in der direkten Rede.

Inhaltlich stellen die isolierten Elemente zumeist bestimmte **Sprachhandlungstypen (SHT)** dar, welche zur Differenzierung und Nuancierung des Aspektgebrauchs herangezogen werden können (siehe Kap. 10) - die *informierenden* SHT MITTEILEN, FESTSTELLEN, BEHAUPTEN, VERRMUTEN, aber auch (im „Kleinformat") ERZÄHLEN, BERICHTEN und BESCHREIBEN, die *aktivierenden* SHT BITTEN, RATEN, FORDERN, BEFEHLEN und STARTEN, ERMUNTERN, DRÄNGEN, die *obstruierenden* SHT *behütend* WARNEN, ABRATEN, VERBIETEN, die *ermunternden* SHT ERLAUBEN, VERSPRECHEN, DROHEN, die *interrogativen* SHT FRAGEN, SICH-ÜBERZEUGEN, ÜBERPRÜFEN, ERUIEREN und dgl. mehr.

## 11.3 Das Zusammenwirken der Komponenten in der Aspektstruktur narrativer Texte

Das Zusammenspiel aller vier Elemente der Aspektstruktur eines narrativen Textes soll an der folgenden Anekdote verdeutlicht werden:

*Дорожка испорчена*
*Однажды Бабель* **уговорил** *нескольких своих друзей-литераторов* **поехать** *с ним на бега. Он* <u>был</u> *страстным лошадником, и ему захотелось* **приобщить** *к этой своей страсти приятелей.* **Собрались, поехали.** *И вдруг -* **хлынул** *дождь.*
*[-* **Ничего** *не* <u>поделаешь.</u> <u>Возвращаемся,</u> *] -* **вздохнул** *Бабель.*
*Друзья* **удивились,** *что он так* **испугался** *дождя.* **Стали** <u>уговаривать</u> *его* <u>не отменять</u> *поездку,* <u>приводя</u> *обычные в таких случаях резоны: [ не сахарные, мол, не* **растаем.** *Да и дождь, судя по всему,* **зарядил** *не долго, скоро* **кончится.** *]*
*[ - Да не в нас дело, ] -* **объяснил** *Бабель.[ - Дорожка-то уже* **испорчена.** *Так что настоящих бегов сегодня уже* <u>не будет.</u> *]*
*Тут с ним, понятно,* <u>спорить</u> *никто не* **стал.** *Но один из компании ... этим объяснением не* **удовлетворился.**
*[ - Я* <u>не понимаю,</u> *] -* **сказал** *он. [- Если дорожка* **испорчена,** *так ведь она* **испорчена** *для всех лошадей одинаково. Значит, лучшая лошадь всё равно* **прибежит** *первой?]*
*[ - Вы ничего* <u>не понимаете</u> *в лошадях,] -* **сказал** *Бабель, [ - но вы кое-что* <u>смыслите</u> *в литературе. Итак,* **представьте!** *[[***Объявлен** *конкурс на лучший рассказ.* <u>Участвуют:</u> *Лев Толстой, Чехов, Потапенко, Ефим Зозуля ...]] По логике вещей первую премию должен* **завоевать** *Толстой. Верно? Ну, может быть, Чехов ... А теперь* **вообразите,** *[[ что по условиям конкурса пишущего* **подвешивают** *за ноги к потолку.* **Завязывают** *ему глаза. Рот* **затыкают** *кляпом. Правую руку* **заламывают** *назад и* **приматывают** *верёвкой к спине ... Ну и так далее ...]] При таких условиях на первое место вполне* <u>может</u> **выйти** *Ефим Зозуля ... Теперь,* <u>надеюсь,</u> *вы* **поняли,** *[[ что такое испорченная дорожка?]] ]* •
*[Ещё бы им было этого не* **понять!***] Нарисованная Бабелем картина* <u>была</u> *хорошо им знакома. По собственному грустному опыту. (Венедикт Сарнов: Перестаньте удивляться!)*

**Legende:**
Fettdruck: **vo. Aspekt**
Unterstreichung: <u>unvo. Aspekt</u>
Eckige Klammer: [ isoliertes Element 1. Ordnung ] = direkte/indirekte Rede, erlebte Rede, lyrische Abschweifungen und dgl.

Doppelklammer: [[ isoliertes Element 2. Ordnung ]] = direkte/indirekte Rede usw. innerhalb isolierter Elemente 1. Ordnung

Schattierung: abhängiges Element = abhängiger Infinitiv, Partizip, Adverbialpartizip

## 11.4 Aspektuale Strukturmuster weiterer Textsorten

In didaktischer Vereinfachung läßt sich somit feststellen, daß die Grundstruktur narrativer Texte aus vier Elementen besteht - aus *dynamischen* und *beschreibenden Grundelementen*, modifiziert und ergänzt durch *abhängige* und *isolierte* Elemente.

Diese Grunderkenntnis ist vor allem für die *produktiven* Sprachtätigkeiten von Bedeutung, der Fremdsprachenlerner hat damit einen Leitfaden, an dem er sich bei der Produktion eines narrativen Textes zunächst orientieren kann. Später werden mit zunehmender Sprachkompetenz weitere sprachliche Mittel hinzukommen, welche die Lernersprache (Interimssprache) bereichern (in die Handlungskette im vo. Aspekt eingestreute Präsensformen, Perfektbedeutung des vo. Aspekts in Beschreibungen u.a.). In den *rezeptiven* Sprachtätigkeiten wird der Lerner für die Aspektstruktur sensibilisiert - das erleichtert es ihm vor allem in literarischen Texten, die verschiedenen Erzählebenen richtig zu interpretieren.

Alles in allem kann mit Hilfe der Analyse der Aspektstruktur von ganzheitlichen Texten eine wichtige *Dimension des Aspektgebrauchs* erschlossen und lehrbar gemacht werden - die stärkere Determinierung des Aspektgebrauchs in korrelativen Handlungen. Das bietet die Möglichkeit, die in Übungen oftmals herrschende Subjektivität der muttersprachlichen Informanten („*Можно так и так ...*") zu überwinden und eine relative Eindeutigkeit des Aspektgebrauchs durch die Einbettung der Handlung in den situativen bzw. sprachlichen Kontext herzustellen.

Auch andere Textsorten weisen die gleichen Elemente der Aspektstruktur auf - allerdings meist nur selektiv, mit jeweils einem *dominierenden* Aspekt. Daraus ergeben sich bestimmte **aktionale bzw. aspektuale Strukturmuster von Textsorten** (vgl. auch SEROWY 2000, 197ff.):

Der **wissenschaftliche** und **wissenschaftlich-technische Fachtext** hat in der Regel *beschreibenden* Charakter, der die dominierende Verwendung des unvo. Aspekts bedingt, wobei allerdings die Perfektbedeutung des vo. Aspekts eine bedeutende Rolle spielt (SHT BESCHREIBEN - unvo. / vo.):

### СОЦИОСЕМАНТИКА

...

*В русском языке существуют несколько десятков глаголов и отглагольных существительных, которые обозначают асимметричные отношения между людьми:*

*(а) арестовать, благоволить, велеть, ... распекать, экзаменовать и под.
(б) апеллировать, ... грубить, ... ослушаться ... и под.
Слова этого типа <u>обозначают</u> такие действия или отношения, участники которых <u>обладают</u> разным социальным статусом или <u>выполняют</u> разные социальные роли.* (Совр. русский язык, 1999)

In **Fachtexten historisch-chronologischen Inhalts** wiederum herrscht die *Aufeinanderfolge* der Handlungen im **vo.** Aspekt vor (SHT BERICHTEN):

*Французская революция 1789-99
Король Людовиг XVI **созвал** в мае 1789 генеральные штаты. Депутаты от 3-го сословия ... **объявили** себя 17 июня 1789 Национальным, а 9 июля - Учредительным собранием. Попытка разгона собрания **вызвала** народное восстание; штурм 14 июля 1789 Бастилии **явился** началом Французской революции. В августе 1789 **принята** Декларация прав человека и гражданина. После низвержения монархии в результате восстания 10 августа 1792 ... политическое руководство **перешло** к жирондистам, которым <u>противостояли</u> якобинцы ... 22 сентября 1792 **учреждена** республиканская форма правления. В январе 1793 ... **был казнён** Король Людовик XVI ... Восстание 31 мая - 2 июня 1793 **привело** к установлению якобинской диктатуры. Правительство якобинцев ... **обеспечило** победу над вторгшимися во Францию войсками ..., радикально **разрешило** аграрный вопрос. Однако ограничительный режим и террор якобинцев **подорвали** их социальную базу. Термидорианский ... переворот 1794 **низверг** якобинскую диктатуру. Власть **сосредоточилась** в руках крупной буржуазии. В 1795 **установлен** режим Директории. Государственный переворот восемнадцатого брюмера (1799) <u>знаменовал</u> окончание революции.* (БЭС школьника, 1999)

Die **TS Zeitungsmitteilung** über das aktuelle Zeitgeschehen besteht wie die **TS Kurznachrichten** im Radio oder Fernsehen ebenfalls *vorwiegend* aus *dynamischen* Elementen (SHT BERICHTEN oder ANKÜNDIGEN, vo. Aspekt):

*Теннис. Нью-Хэйвен. Первую крупную победу после возвращения в большой спорт **одержала** в прошлое воскресенье знаменитая Штеффи Граф. 29-летняя теннисистка **стала** сильнейшей на турнире ВТА в Нью-Хэйвене. В финале она уверенно **переиграла** Яну Новотну. 17-летняя Анна Курникова **проиграла** в 1/8 финала Аманде Кётцер.* (Русская Германия)
*„Три тенора". Концерт с таким названием ОРТ **покажет** 10 июля. В нем **примут** участие Хосе Каррерас, Пласидо Доминго, Лучано*

*Паваротти, которые **выступят** в Париже на чемпионате мира по футболу.* (Музыкальная правда)

**Koch-** und **Backrezepte** als Zubereitungsanweisungen (SHT ANWEISEN) werden zu ca. 85 % mit dem vo. Aspekt formuliert, als Beschreibung des Zubereitungsprozesses (SHT BESCHREIBEN) dagegen zu 95 % im unvo. Aspekt, vgl.:

*Картофельные котлеты*
   *Сварить картофель в мундире, воду слить, а картофель **оставить** на слабом огне ... Не **давая** картофелю остыть, **очистить** его и **размять** деревянным пестиком. В полученное пюре **добавить** 1 ст. ложку масла, желтки яиц, тщательно **вымешать**, **сформовать** из него котлеты. Обвалять их в муке или сухарях, а затем **обжарить** с обеих сторон в масле. Отдельно к котлетам **подать** сметану или грибной соус.* (Книга о вкусной и здоровой пище, 1977, 223)

Vgl. mit der *Beschreibung* der Handlungen:
   *Картофель **варят** в мундире, воду **сливают**, а картофель **оставляют** на слабом огне ... **очищают** ... **разминают** ... **добавляют** ...*

**Inhaltsangeben von literarischen Werken** (Werkfabeln, Geschehensüberblicke) erfolgen zu ca. 80 % im Präsens und damit im **unvo. Aspekt:**

*„Горе от ума" А.С. Грибоедова (пересказ из комедии)*
   *Чацкий <u>решает</u> узнать у Софии, кого она <u>любит</u>. <u>Входит</u> София. На вопрос Чацкого она <u>отвечает</u>, что <u>любит</u> весь свет, и <u>упрекает</u> Чацкого в излишней резкости и желчности. Чацкий <u>решает</u> „притвориться" и <u>начинает</u> хвалить Молчалина, чтобы узнать мнение Софии о нём. Он <u>допускает</u>, что у Молчалина <u>могут</u> <u>быть</u> многие достоинства, но тот не <u>может</u> её <u>любить</u> сильнее его. В ответ на его страстную речь София <u>замечает</u> про себя, что она нехотя **свела** его с ума. София <u>советует</u> Чацкому лучше **узнать** Молчалина, чтобы **увидеть** его достоинства: скромность, молчаливость, умение <u>не поддаваться</u> своим чувствам. <u>Слушая</u> перечисление достоинств Молчалина, Чацкий не <u>видит</u> в них ни одного сто'ящего. Он <u>решает</u>, что София Молчалина не <u>уважает</u> и не <u>ценит</u>. Тогда Чацкий <u>заговаривает</u> о Скалозубе, но о том София сразу <u>говорит</u>, что это „герой не её романа".*
(Агекян / Волчек / Высоцкая (2000): *Вся русская литература в пересказе для школьников.* Минск.)

**TS Übungsanweisung** (aktivierender SHT ANWEISEN, vorwiegend vo.):
*Прочитайте (Прослушайте) информационное сообщение. Опустите те части текста, которые, по-вашему, содержат второстепенную информацию. Подготовьте сообщение-пересказ: назовите тему, укажите источник, передайте содержание текста. К отдельным пунктам плана запишите ключевые слова.*

**TS Wegeauskunft** (aktivierender SHT EMPFEHLEN - vorwiegend vo.):
*Главный почтамт? Лучше всего сядете на 5-й автобус, доедете до вокзала, пересядете на 11-й, выйдете на третьей остановке и пройдёте метров сто по направлению движения. У светофора свернёте направо и там же увидите слева старое, зеленоватое здание. Это главный почтамт.*

**TS Verbotsschild** (obstruierender SHT VERBIETEN - unvo.)
*Не высовываться! Не сори'ть! Без стука не входи'ть! В туалете не курить! Курить воспрещается! Трогать товар запрещается!*

Dergleichen Verbote können auch in der **TS Betriebsanleitung** vorkommen:
*ВОСПРЕЩАЕТСЯ
1. Допускать к пользованию ... плитой детей ...
2. Загромождать плиту посторонними предметами ...
3. Привязывать к газовым трубам ... верёвки ...
4. Стучать по ... горелкам металлическими ... предметами ...
5. Ставить тяжести на открытую дверцу ...
6. Становиться на плиту или ставить на неё тяжёлые баки ...*

Im Gegensatz zu den oben angeführten Textsorten, die mehr oder weniger **typisierte aktionale / aspektuale Strukturmuster** mit *einem* dominierenden Aspekt enthalten, weisen andere Textsorten das ganze Spektrum von aspektualen Strukturelementen auf. Dazu gehören neben den eingangs beschriebenen *narrativen* vor allem *dramatische* Textsorten.
**Dramatische Werke** enthalten - einschließlich der Regieanweisungen - durchgehend „**isolierte Elemente**" in der von uns vertretenen Terminologie, was natürlich nicht den Zusammenhang und die wechselseitige Beeinflussung der verschiedenen Repliken in Abrede stellen soll:

*М. Горький: На дне* (отрывок)
Сатин (приподнимаясь на нарах). *Кто это бил меня вчера?*
Бубнов. *А тебе не всё равно?*
Сатин. *Положим, так ... А за что били?*
Бубнов. *В карты играл?*
Сатин. *Играл ...*

Бубнов. *За это и били ...*
Сатин. *М-мерзавцы ...*
Актёр (высовывая голову с печи). *Однажды тебя совсем убьют ... до смерти ...*
Сатин. *А ты болван.*
Актёр. *Почему?*
Сатин. *Потому что - дважды убить нельзя.*
Актёр (помолчав). *Не понимаю ... почему - нельзя?*
Клещ. *А ты слезай с печи-то, да убирай квартиру ... чего нежишься?*
Актёр. *Это дело не твоё.*
Клещ. *А вот Василиса придёт - она тебе покажет, чьё дело ...*
Актёр. *К чорту Василису! Сегодня баронова очередь убираться ...*
Барон (выходя из кухни). *Мне некогда убираться ... Я на базар иду с Квашней.*
Актёр. *Это меня не касается ... иди хоть на каторгу ... а пол мести твоя очередь ... я за других не стану работать ...*
Барон. *Ну чорт с тобой! Настёнка подметёт ... Эй, ты, роковая любовь! Очнись!* (Отнимает книгу у Насти.)
Настя (вставая). *Что тебе нужно? Дай сюда! Озорник! А ещё барин!*
Барон (отдавая книгу). *Настя! Подмети пол за меня - ладно?*
Настя (уходя в кухню). *Очень нужно ... как же!*
Квашня (в двери из кухни - Барону). *А ты иди. Уберутся без тебя ...*
Актёр! *тебя просят, - ты и сделай ... не переломишься, чай!*
Актёр. *Ну ... всегда я ... не понимаю ...*

Hier ist ein ständiger **Perspektivenwechsel** zu beobachten - einerseits aus der Sicht der verschiedenen handelnden Personen, die jeweils von *ihrem* deiktischem Zentrum (*Ich - Jetzt - Hier*) ausgehen, andererseits der Wechsel der *Zeitstufen*, der innen- oder außendeiktischen Perspektive, der objektiven und subjektiven *Modalität* und der *Sprachhandlungstypen*.

Die gleichen Perspektivenwechsel liegen auch in narrativen Texten mit großen Anteilen an direkter oder indirekter Rede vor (vgl. oben, Text *Дорожка испорчена*).

Zu den Besonderheiten der einzelnen Textsorten sind noch weitere detaillierte Untersuchungen notwendig.

# 12 Aspektualität - Temporalität - Modalität

Mit diesem letzten Kapitel kehren wir zu unserem Ausgangspunkt zurück. Wir haben als die Grundmechanismen des russischen Aspektsystems den unlöslichen Zusammenhang und die Wechselwirkung zwischen der aktionalen Kategorisierung der Verben - Zustände, Prozesse/Verläufe und Ereignisse -, den Aktionsarten, der Terminativität/Aterminativität, dem Kontext und der zeitlichen Einordnung der aktionalen Situation (Handlung) in ein spezielles Koordinatensystem der subjektiven Orientierung skizziert. Der Zusammenhang und die Wechselwirkung von sprachlichen Einheiten unterschiedlicher Sprachebenen beim Ausdruck bestimmter sprachlicher Kategorien aber macht das Wesen der sog. funktionalsemantischen Kategorien und Felder aus.

Unter einer **funktional-semantischen Kategorie (FSK)** verstehen wir in Anlehnung an BONDARKO die Gesamtheit der sprachlichen Mittel verschiedener Ebenen, die einzeln oder durch ihr Zusammenwirken auf der Grundlage einer wesentlichen - möglichst universellen - Invariante die gleiche *semantische Funktion* ausüben (z.B. den Ausdruck temporaler, aspektualer, modaler und sonstiger Beziehungen). Die funktional-semantische Kategorie ist durch *Inhaltsplan* und *Ausdrucksplan* gekennzeichnet. Während der Inhaltsplan durch eine einheitliche Begriffskategorie (понятийная категория nach MEŠČANINOV) gekennzeichnet ist, gehören die Mittel des Ausdrucksplans verschiedenen Ebenen (уровни), Seiten (аспекты) und Abstraktionsstufen der Sprache an.

Die Wirkungssphäre der funktional-semantischen Kategorie - der *Intension* - ist das **funktional-semantische Feld (FSF)** - die *Extension* -, das seinerseits in Felder und *Mikrofelder* unterschiedlicher Größenordnung gegliedert werden kann. Der Umfang des funktional-semantischen Feldes, sein *Inventar* an morphologischen, syntaktischen, wortbildenden, lexikalischen und im weitesten Sinne kontextuellen Mitteln muß für jede Einzelsprache konkret ermittelt werden. Das einzelsprachliche FSF ist strukturiert, seinen *Kern* bildet in vielen Fällen (jedoch nicht als Bedingung) eine grammatische Kategorie, in der die semantische Invariante ihren am stärksten spezialisierten und obligatorischen Ausdruck findet. Zur *Peripherie* gehören vor allem lexikalische Mittel des Kontextes, aber auch weitere grammatische Mittel in uneigentlicher Funktion.

Die grammatische Kategorie des *Aspekts* ist der *Kern* des funktional-semantischen Feldes der **Aspektualität**, das zugleich in die FSF der **Temporalität**, mit dem *Tempus* als Kern, und der **Modalität**, mit dem *Modus* als Kern, hinein-

wirkt. Für jede dieser eng verbundenen FSK muß die semantische Zone bestimmt werden, in der alle Sprachmittel verschiedener Ebenen wirksam werden:
Die semantische Zone der **Aspektualität** ist die *Begrenztheit/Nichtbegrenztheit* (ŠELJAKIN) der Verbalhandlung / aktionalen Situation, d.h. die aktionale Struktur dieses sprachlichen Mikrosystems, seine *innere Zeit*.
Die semantische Zone der **Temporalität** ist die zeitliche Einbettung dieses Mikrosystems der Verbalhandlung in ein Koordinatensystem der subjektiven Orientierung, mit dem *Ich - Jetzt - Hier* des Sprechers als *deiktischem Zentrum*, d.h. das *Verhältnis der Verbalhandlung zum Redemoment*, die *äußere Zeit*.
Die semantische Zone der **Modalität** ist das *Verhältnis der Handlung zur Wirklichkeit*, ihre Realität/Irrealität, aus der Sicht des Sprechers.
Durch ihre Komponenten *Verbalhandlung* (aktionale Situation), *Sprecher* und *Wirklichkeit* stehen diese drei FKS / FKF in engem, unlösbarem Zusammenhang und dialektischer Wechselwirkung.

## 12.1 Das funktional-semantische Feld der Aspektualität

Mit der Begrenztheit/Nichtbegrenztheit der Verbalhandlung als *semantischer Zone* der Aspektualität und den *Grundmechanismen* des russischen Aspektsystems (Kap. 2) wurden bereits wesentliche Dimensionen der Aspektualität skizziert.
Es ist nunmehr noch erforderlich, diese durch Quer- und Längsschnitte (Ebenen und Felder) zu präzisieren und zu einer differenzierten Definition zusammenzufassen. Wir stellen dabei das FSF der Aspektualität als eine *Pyramide* dar, die wir (auch aus schreibtechnischen Gründen) als ein Segment des kreisförmigen Feldes mit Kern und Peripherie auffassen.
Diese Pyramide ist (schematisch) einerseits durch „horizontale" sprachliche Ebenen, andererseits durch „vertikale" funktional-semantische Felder und Mikrofelder stratifiziert:

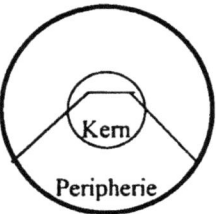 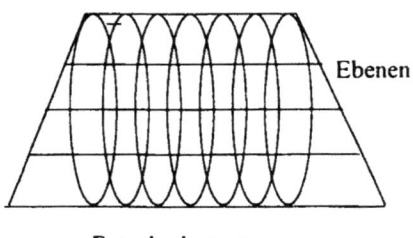

## 12 ASPEKTUALITÄT - TEMPORALITÄT - MODALITÄT

### a) Die Erscheinungsformen der Begrenztheit/Nichtbegrenztheit („Feld der Limitativität")

Durch alle Ebenen der Aspektualität - im Längs- und im Querschnitt - ziehen sich Sprachmittel, die eine Begrenzung der Verbalhandlung ausdrücken, während andere eine solche Begrenzung entweder ausschließen oder neutralisieren:

| Ebene: | Begrenztheit: | Nichtbegrenztheit: |
|---|---|---|
| Grammatische Ebene (morph.-gramm.) | vo. Aspekt (Grenze erreicht) | unvo. Aspekt (Grenze nicht erreicht bzw. nicht vorhanden) |
| Grammatisch-semantische Ebene (syntakt.-gramm.) | Terminativität (Grenze vorhanden, innere / äußere Grenze, = term. Kontext) | Aterminativität (Grenze nicht vorhanden oder neutralisiert, = aterm. Kontext) |
| Lexikalisch-semantische Ebene | terminative Aktionsarten (AA des vo. Aspekts) | aterminative Aktionsarten (AA des unvo. Aspekts) |
| Lexikalische Ebene | Ereignisse (Anfang + Ende) | Verläufe („Mitte"), Zustände |

Mit dem dominierenden Feld der Limitativität überlappen sich weitere Felder der Aspektualität (und Temporalität) - vor allem die Felder der *Ereignisse*, der *Verläufe*, der *Zustände* und der *Relationen*, das Feld der *zeitlichen Lokalisiertheit/Nichtlokalisiertheit* und das Feld der *Taxis*, aber auch die Mikrofelder der *Dauer*, der *Wiederholung*, der *Phasenhaftigkeit*, der *Perfektivität* (der Perfektbedeutung). (Vgl. auch BONDARKO 1990, PARMENOVA 2000.)

### b) Paradigmatische und syntagmatische Ebene

Im horizontalen Schnitt (Querschnitt) müssen auf jeder Ebene paradigmatische und syntagmatische Mittel unterschieden werden:

| Paradigmatik: | Syntagmatik: |
|---|---|
| Allgemeinbedeutungen (Vorzeitigkeit: H vor BM, Gleichzeitigkeit: H = BM) | Spezielle Bedeutungen (im term./aterm. Kontext: lexikalische Begrenzer und Aspektindikatoren, nichteigentl. gramm. Mittel) |

| paradigmatische T/AT | syntagmatische T/AT |
| (isolierte Wörterbucheinheiten | (extraverbale Grenze durch *term.* |
| als term./aterm. Gesamtheit) | Kontext, Neutralisierung der Grenze |
| | durch *aterminativen* Kontext) |

**Aktionsarten** — **Pseudo-Aktionsarten**
(isolierte Wörterbucheinheiten — (synonyme Umschreibungen, z.B.
als term./aterm. Vielfalt) — *сидеть некоторое время* =
*посидеть*)

**Verballexeme** — **nichtverbale lexikalische Mittel**
(Wörterbucheinheiten und — (Adverbien, Adjektive,
ihre aktionale Kategorisierung) — Substantive, sonstige)

c) **Fließende Grenzen zwischen den Ebenen der Aspektualität**
In vertikaler Richtung bestehen zwischen den einzelnen Ebenen der Aspektualität wegen deren Komplexität keine strengen Grenzen, die Wirkungen jeder Ebene reichen weit in die jeweils höhere bzw. tiefere Ebene hinein:

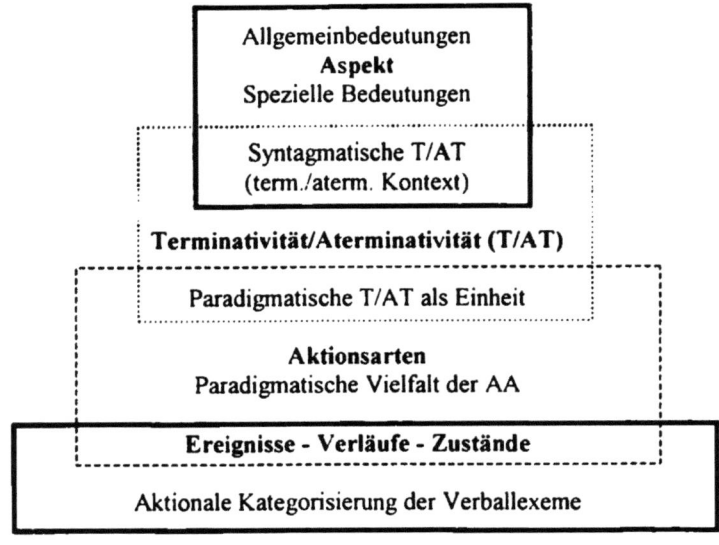

So beruhen die speziellen Aspektbedeutungen auf dem terminativen/aterminativen Kontext und damit auf der syntagmatischen T/AT. Die Aktionsarten (im weitesten Sinne) stellen gleichzeitig die paradigmatische T/AT dar, wobei die ersteren als die Vielfalt der einzelnen verbalen Gruppierungen und die letztere als die Gesamtheit aller terminativen bzw. aterminativen AA aufgefaßt werden sollte. In den Aktionsarten spiegelt sich gleichzeitig die aktionale Kategorisierung der Verballexeme nach Ereignissen, Verläufen und Zuständen wider.

d) **Komplexe Darstellung des FSF der Aspektualität**
Aus der Beschreibung der einzelnen Ebenen geht hervor, daß das Verb als Mittelpunkt der Aspektualität auf allen Ebenen sowohl *paradigmatisch* als auch *syntagmatisch* betrachtet werden muß, wobei im ersteren Falle die potentiellen semantisch-syntaktischen „Anschlüsse", im letzteren Falle diejenigen mehr oder weniger konkretisierten Kontextelemente bzw. selektiven Strukturmodelle einbezogen werden, welche die paradigmatische Bedeutung *präzisieren, verstärken, ergänzen, modifizieren* oder auch *neutralisieren*. Damit wird aber klar, daß auch zwischen den verbalen und den sogenannten „nichtverbalen" (неглагольные) Mitteln der Aspektualität keine scharfe Grenze gezogen werden kann. Es gibt lediglich Unterschiede, wieweit eine gegebene nichtverbale Erscheinung bereits grammatikalisiert und als fester Bestandteil in ein selektives Strukturmodell eingegangen ist.

Um die nichtverbalen lexikalischen und grammatischen Mittel (d.h. die Syntagmatik der Aspektualität) auch in der Zeichnung explizit auszuweisen, kann die *Pyramide* der aspektualen Abstraktionsstufen (nach KOŠEVAJA 1972, 42) unter Berücksichtigung der Punkte a) bis c) wie folgt modifiziert werden (der Bereich der Aspektualität ist durch doppelte Umrandung gekennzeichnet):

**Ebenen (Abstraktionsstufen) des FSF der Aspektualität -
Paradigmatik und Syntagmatik**

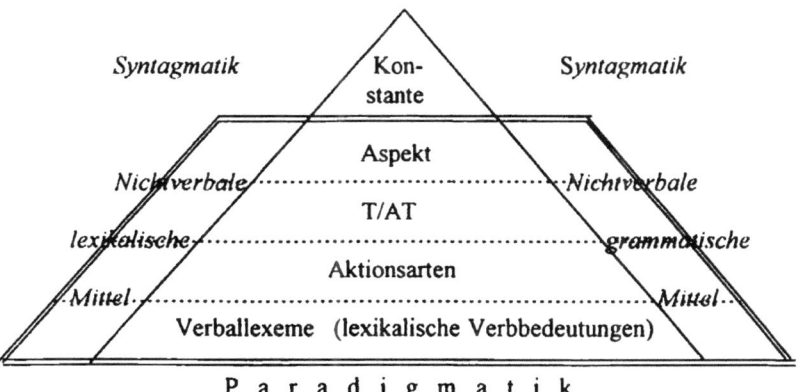

Zusammenfassend können wir nunmehr eine **präzisierte Definition** der Aspektualität als funktional-semantische Kategorie (Intension) und als funktional-semantisches Feld im Russischen (Extension) vorschlagen (vgl. auch SCHLEGEL 1999, 2000):
Die **Aspektualität** ist eine **funktional-semantische Kategorie**, die sich im Bereich der Verbalhandlung um das universelle semantische Merkmal der *Begrenztheit/Nichtbegrenztheit* gruppiert.
Das **funktional-semantische Feld** der Aspektualität umfaßt in Inhalts- und Ausdrucksplan die *Gesamtheit* der einzelsprachlichen Mittel, die auf verschiedenen Ebenen und Abstraktionsstufen der Sprache die *semantische Funktion* haben,
- den Verlauf der Verbalhandlung und ihre Verteilung in der Zeit,
- das Vorhandensein/Fehlen einer Handlungsgrenze,
- die Erscheinungsformen dieser Grenze sowie
- das Erreichtsein/Nichterreichtsein der Grenze zum aspektualen Bezugsmoment

auszudrücken.

**Zum funktional-semantischen Feld der Aspektualität** gehören im Russischen
- der **Aspekt** als morphologischer *Kern*

sowie - als nähere und weitere *Peripherie* -
- die **Terminativität/Aterminativität (T/AT)**,
- die **Aktionsarten (AA)** des russischen Verbs,
- die konkreten **Verbalstämme** (Verballexeme),

jeweils einschließlich ihrer aspektuell relevanten Kontexte.

Als verschiedene *Stufen der sprachlichen Abstraktion* bilden diese
- die **grammatische** Ebene,
- die **grammatisch-semantische** Ebene,
- die **lexikalisch-semantische** Ebene,
- die **lexikalische** Ebene der Aspektualiät,

in denen sich die dialektisch-widersprüchliche Einheit und wechselseitige Durchdringung von Konkretem und Abstraktem, von Lexik und Grammatik äußert.

Auf jeder dieser Abstraktionsstufen bzw. Ebenen müssen wiederum *Paradigmatik* und *Syntagmatik* unterschieden werden:
Die **paradigmatische Ebene der Aspektualität** umfaßt nur das *Verballexem als Wörterbucheinheit* (den Verbalstamm). Von aspektualer Relevanz sind hierbei
- seine aktionale Kategorisierung nach Ereignissen, Verläufen und Zuständen,
- seine morphologische Struktur (das Verhältnis von Wurzelmophem und wort- bzw. formbildenden Affixen),
- die konkrete lexikalische und aspektuell relevante abstrakte Bedeutung seiner isolierten Bestandteile,

- die konkrete und abgestuft abstrakte Komplexbedeutung des Verballexems,
- die potentiellen Anschlußstellen (Fügungspotenzen) des Verballexems.

Auf der **syntagmatischen Ebene** tritt der Verbalstamm in semantisch-syntaktische Wechselwirkung mit heterogenen sprachlichen - vor allem nichtverbalen - Mitteln aller Abstraktionsebenen. In dieser Wechselwirkung findet die aspektuale Semantik des Verbs in der Regel ihre *Bestätigung, Präzisierung, Verstärkung* und *Ergänzung*. Stehen diese sprachlichen Mittel jedoch im Widerspruch zu bestimmten aspektualen Merkmalen des Verbs, so können sich aus deren *Neutralisierung* qualitativ neue aspektuale Eigenschaften und Verhaltensweisen des Verbs ergeben (seine Rekategorisierung).

Als *syntagmatische, periphere*, aber unabdingbare Faktoren der Aspektualität werden auf einer oder auch mehreren Abstraktionsebenen wirksam
- semantisch-syntaktische **Strukturmodelle** (direktes Objekt, „dynamische" Lokalbestimmung, Temporalbestimmungen; Infinitivkonstruktionen, Satzverbindungen und Satzgefüge; bestimmte Typen ihrer lexikalischen Füllung);
- das **Tempus**;
- das **Postfix** *-ся*;
- **grammatische** Mittel der **Aktualisierung/Nichtaktualisierung** (Singular oder Plural von Objekt bzw. Subjekt, Attribute u.a.);
- **lexikalische** Mittel der **Aktualisierung/Nichtaktualisierung** (Numeralia, Demonstrativ- und Indefinitpronomen, Adverbien, insbesondere mit temporaler Bedeutung usw.).

Der Einheit der Aspektualität im Inhaltsplan stehen somit außerordentlich heterogene formale Mittel im Ausdrucksplan gegenüber.

## 12.2 Aspektualität und Temporalität - Analogien und Unterschiede

Die FSK und das FSF der *Temporalität* stellen eine optimale Beschreibungsgrundlage für die grammatische Kategorie des Tempus dar, das als morphologischer Kern in seinen Wechselbeziehungen mit grammatischen und lexikalischen Mitteln aller Ebenen erfaßt werden kann, welche die gleiche *semantische Funktion* aufweisen - nämlich die *Lokalisierung / Relationierung von aktionalen Situationen in der Zeit*.

Die Kategorie des russischen *Verbalaspekts* steht ebenso in Zusammenhang mit dem Begriff des Bezugsmoments (siehe oben), wie die *Tempuskategorie* in Zusammenhang mit dem Begriff des Redemoments steht. Aus diesem Grunde ergeben sich bei einer Analyse aus *ontologischer, logischer, psychologischer* und *grammatischer* Sicht für Tempus und Aspekt, Temporalität und Aspektualität eine Reihe von essentiellen *Analogien* und *Unterschieden*:

**Tempus** und **Aspekt** sind *deiktische* Kategorien - das Tempus im *engeren* Sinne, mit dem Redemoment als Koordinatenausgangspunkt für die äußere Zeit, der Aspekt im *weiteren* Sinne, mit dem Bezugsmoment (der Referenzzeit) als Koordinatenausgangspunkt für die innere Zeit - einem Zeitpunkt / Zeitraum, der vom Redemoment verschieden sein, aber auch mit diesem zusammenfallen kann.

Der **Redemoment** ist also der *primäre deiktische Orientierungspunkt* im Zeitmodell der russischen Sprache, Koordinatenausgangspunkt ist der Sprecher als natürliches Zentrum der sprachlichen Situation mit seinem *Ich - Jetzt - Hier*. Der Redemoment ist der Zeitpunkt, z u dem gesprochen wird. Redemoment und Tempus bilden die *Deixis in engerem Sinne* oder *primäre Deixis*.

Der **Bezugsmoment** ist ein *sekundärer deiktischer Orientierungspunkt* im Zeitmodell der russischen Sprache. Koordinatenausgangspunkt ist nicht das *Ich - Jetzt - Hier* des Sprechers, sondern ein anderer Zeitpunkt/Zeitraum, der vom Redemoment verschieden sein kann - der Zeitpunkt/Zeitraum, v o n dem gesprochen wird, auf den referiert wird, der Zeitpunkt/Zeitraum der *Ereignisse* (im weiteren, nichtterminologischen Sinne). Bezugsmoment und Aspekt bilden eine *Deixis im weiteren Sinne* (vgl. ERZINKJAN 1988, 22) oder *sekundäre Deixis*.

Beide deiktischen Orientierungspunkte müssen klar jeweils als **außersprachliche** Koordinatenausgangspunkte einerseits und als deren Widerspiegelung im russischen Aspekt-Tempus-System, als **grammatischer** Rede- bzw. Bezugsmoment anderseits unterschieden werden:
**Ontologisch** sind sowohl der RM als auch der BM Elemente der *objektiven Zeit*. RM wie auch BM verschieben sich *dynamisch* auf der Zeitlinie - der „wandernde" RM bildet damit die *Linie* des (sprechenden) *Subjekts*, der „wandernde" BM die *Linie* der *Ereignisse*. Als **logische Konstrukte** können RM und BM auch jeweils als *statische* Orientierungspunkte aufgefaßt werden, zu denen die Verbalhandlung / aktionale Situation im zeitlichen Verhältnis der *Vorzeitigkeit /  Gleichzeitigkeit / Nachzeitigkeit* steht. Von diesen logisch vorhandenen Möglichkeiten werden durch das *Tempus* alle drei in Gestalt der *Allgemeinbedeutungen* des Präteritums (H vor RM), des Präsens (H = RM) und des Futurs (H nach RM) genutzt, in den Allgemeinbedeutungen des Aspekts hingegen nur zwei - die Vollendungsstufe des vo. Aspekts (H vor BM) und die Verlaufsstufe des unvo. Aspekts (H = BM). Beide zusammen ergeben das speziell russische *Aspekt-Tempus-System* mit seinen *Aspekttempora*.

RM und BM werden jeweils entweder in den Zeitabschnitt, in dem die Handlung vor sich geht, *eingeschlossen* (Präsens bzw. unvo. Aspekt - fehlende Begrenzung) oder aus ihm *ausgeschlossen* (Präteritum, Futur bzw. vo. Aspekt - Begrenzung), wodurch die Einordnung der Handlung in das Koordinatensystem der subjektiven Orientierung *zweistufig* erfolgt: eine allgemeine Lokalisierung (Groborientierung) durch das Tempus (Zeitstufe - äußere Zeit), eine Präzisierung (Feinorientierung) durch den Aspekt (innere Zeit).

## 12 ASPEKTUALITÄT - TEMPORALITÄT - MODALITÄT

**Anmerkung**: Diese zweifache Orientierung an RM und BM wurde - offensichtlich aus dem Spanischen entlehnt (*Estoy leyendo*) - im Esperanto zu logischer Perfektion gebracht:
*Mi estas leganta.*     'Ich lese gerade (bin lesend).'
*Mi estas leginta.*     'Ich habe meine Lektüre beendet (bin lesend gewesen).'
*Mi estas legonta.*     'Ich habe vor zu lesen (werde lesend sein).'
Dies kann in den Zeitstufen der Vergangenheit und Zukunft wiederholt werden, so daß in der Verlaufsstufe des Aktivs insgesamt neun verschiedene Aspekttempora zur Verfügung stehen:
*Mi estis leganta / leginta / legonta.*     'Ich las gerade (war lesend) / hatte gelesen / hatte vor zu lesen.'
*Mi estos leganta / leginta / legonta.*     'Ich werde gerade lesen / gelesen haben / beabsichtigen zu lesen ...'
Diese werden noch durch weitere neun Formen der Vollendungsstufe im Passiv ergänzt:
*Li estas ( estis, estos) lavata (lavita, lavota) ...*     'Er wird gerade gewaschen ...'

**Psychologisch** gesehen sind RM und BM nicht „Nullpunkte", sondern die *Gegenwartssituation* des *Sprechers* auf der Linie des Subjekts bzw. die Gegenwartssituation der *Ereignisse* auf der einheitlichen Linie der Ereignisse.

Die **Widerspiegelung** der tatsächlichen, realen Orientierungspunkte *in der Sprache* erfolgt in Gestalt des **grammatischen Redemoments** bzw. des **grammatischen Bezugsmoments**, jeweils als Element des sprachlichen Systems. Das Verhältnis von H und RM bzw. BM hat sich in den Allgemeinbedeutungen beider Kategorien *verselbständigt, objektiviert*, ihre syntagmatischen, kontextbedingten Varianten sind entsprechend spezielle Tempus- bzw. Aspektbedeutungen. Zwischen Allgemeinbedeutungen, speziellen Bedeutungen und konkreter Sprachverwendung besteht ein Verhältnis des Allgemeinen, Besonderen und Einzelnen in der Sprache.

Die Allgemeinbedeutungen beider Kategorien werden auch dann wirksam, wenn der reale RM bzw. BM unwesentlich ist oder nicht bestimmt werden kann - also auch bei (unbegrenzt) andauernden, wiederholten oder potentiellen Handlungen: Bedingung ist nur, daß sich der jeweilige Orientierungspunkt *innerhalb* der denotierten Handlung befindet (im nichtaktuellen Präsens bzw. bei polytemporalen Handlungen).

Auch bei *übertragenem Gebrauch* bleiben die invarianten Merkmale erhalten, durch den Kontrast zwischen historisch entstandener Allgemeinbedeutung und Temporalität bzw. Aspektualität des Kontextes entstehen besondere stilistische und modale Schattierungen.

Die Verflechtungen und Wechselwirkungen, Analogien und Unterschiede der Aspektualität und Temporalität finden ihren Ausdruck auch in den peripheren Bereichen dieser FSK / FSF.

Dabei muß offensichtlich eine Temporalität im engeren und im weiteren Sinne unterschieden werden:

Unter der *Temporalität im engeren Sinne* verstehen wir die primäre deiktische Relationierung von aktionalen Situationen hinsichtlich des realen oder fiktiven *Redemoments* (der Sprech- bzw. Äußerungszeit), d.h. eine *zeitliche Deixis im engeren Sinne.* Hierzu gehört im Russischen vor allem die Tempuskategorie bei indikativischem *absolutem* Tempusgebrauch als der morphologische Kern des FSF, aber auch zahlreiche äußerungszeitbezogene Konkretisatoren (*вчера, завтра, в прошлом году* usw.).

Die *Temporalität im weiteren Sinne* hingegen beinhaltet eine Relationierung von aktionalen Situationen nicht nur bezüglich des Redemoments, „zur deiktischen 'Jetzt'-Origo", sondern auch zu *anderen zeitlichen „Bezugspunkten", „Bezugszeiten"* oder *„Bezugsgrößen"* (P. SCHMIDT 1995, 35, 44, 46 u.a.), und damit eine *zeitliche Deixis im weiteren Sinne* (vgl. ERKZINKJAN 1988, 44 u.a.). Unter den Begriff der erweiterten Temporalität fällt zusätzlich der *relative* Tempusgebrauch im Russischen, ebenso wie die relativen *Tempora* (Perfekt, Plusquamperfekt, Futur II = Futur Perfekt) in „Tempus-Sprachen" sowie die „nähere" und „weitere" Peripherie (BONDARKO 1990, 43ff. russ.).

Für die „anderen" (sekundär-deiktischen) Orientierungspunkte - „Bezugspunkte", „Bezugszeiten", „Bezugsgrößen" oder deren lateinisch-französisch-englischen Äquivalente „Referenzpunkt", „Referenzzeit", „Referenzmoment" (point/time of reference, reference time) - werden wir, ausgehend von unserer Gesamtkonzeption des Aspekt-Tempus-Systems, den Terminus *temporaler Bezugsmoment* verwenden, als einen korrelativen Terminus zum *aspektualen* Bezugsmoment.

BONDARKO (1990, 44ff. russ.) rechnet zur *näheren Peripherie* die analytischen passiven Kurzformen der Partizipien mit ihrem Paradigma (*был рассмотрен - рассмотрен - будет рассмотрен*), die partizipialen Langformen (*рассмотревший, рассмотренный - рассматривающий, рассматриваемый*), die Iterativa vom Typ *говаривал, едал, живал, хаживал*, die verblosen syntaktischen Konstruktionen mit Präsensbedeutung (*Брат - учитель; Мать - в саду; Ночь тиха; Некому работать; Холодно; Ночь.*). Zur *weiteren Peripherie* gehören Adverbialpartizipien (*читая - прочитав*), syntaktische Konstruktionen mit modaler Futurimplikation (*Уйдите! Построиться! Отдохнуть бы! Помочь тебе?*), lexikalische adverbiale Indikatoren (*сейчас, завтра, через две недели, год тому назад, давно*), Konstruktionen mit den temporalen Konjunktionen *когда, пока, в то время как, как только, едва ...*, sonstige kontextuelle Mittel (*тогдашний, в более поздних произведениях* u.v.a.). Interessant ist in diesem Zusammenhang, daß beispielsweise die Tempusbedeutung der Adverbialpartizipien durch den Aspekt ausgedrückt wird - ein weiteres Zeugnis für die weitreichenden Analogien zwischen Tempus und Aspekt.

Die Sprachmittel der Temporalität gehen somit weit über den Rahmen des eigentlichen Tempus hinaus. Die Temporalität kann daher - wie die Aspektualität - gegliedert werden nach *sprachlichen Ebenen* (von der morphologisch- und syntaktisch-grammatischen bis zur lexikalischen) und funktional-semantischen Feldern und Mikrofeldern. Die peripheren, vor allem lexikalischen Mittel der letzteren sind im Sammelwerk „Temporalität und Tempus" (H. JACHNOW / M.

WINGENDER [Hrsg.] 1995) tiefgründig nach unterschiedlichen Kriterien untersucht und aufgelistet worden:
JACHNOW (1995, 112ff., insbesondere 126f.) klassifiziert die *Temporalitätsträger* (TTR) nach formalen und referentiellen Klassen, nach ihrer Potenz im Text (absolut - relational, redeereignisrelational - textrelational), nach der Informationspräzision (exakt - vage), nach voller und partieller Temporalität.
PLOTNIKOV (1995, 157ff.) untersucht die temporale Lexik in den slawischen Sprachen nach ihrer logisch-begrifflichen, thematischen, innersprachlichen, assoziativen und typologischen *Organisation*.
LEHMANN / RAUCHENECKER (1995, 199ff.) nehmen eine Analyse der *temporalen Implikationen* nichttemporaler Kategorien vor, die sich auf narrative (ikonische, aktionale, natürliche) und deiktische Chronologie, kalendarische Lokalisierung, „Temporalitätsgehalt" von Substantiven u.a. sowie auf Modalität und Dauer der prototypischen aktionalen Gestalten (Ereignis, Verlauf, Zustand) gründen.
GIRKE (1995, 224ff.) unterscheidet als temporale Einheiten auf *Satzebene* absolute Lokalisatoren *(в тридцать девятом году)*, Posle-Adverbiale *(после завтрака, после ванны, после войны ...)*, Gleichzeitigkeitsadverbiale *(в то время когда)* und Tageszeitadverbiale *(утром, днем, на следующее утро, ...)*, während WEISS (1995, 245ff.) die Mittel der zeitlichen *Lokalisierung* und das „*Textrelief*" in narrativen Texten untersucht.
KLIMONOW (1995, 273) verfolgt die historische Herausbildung der Tempus-Systeme vom Urslawischen her, KOSTA (1995, 297) die Forschungsgeschichte und Forschungssituation der Temporalitätsproblematik.
Viele der peripheren (insbesondere nichtverbalen) Sprachmittel der Temporalität wirken gleichzeitig in die Sphäre der Aspektualität hinein.

## 12.3 Aspektualität und Modalität

Obwohl eine umfangreiche linguistische Literatur vorliegt, ist die internationale Linguistik noch weit von einem allgemein anerkannten Modalitätsbegriff entfernt. Es ist schwer, „zwei Autoren zu finden, welche die Modalität gleichermaßen auffassen würden" (BONDARKO 1990, 67).
Wir gehen weitgehend konform mit den Autoren, welche die Modalität als eine semantische bzw. funktional-semantische Kategorie auffassen (z.B. VINOGRADOV 1947 und 1975, ZOLOTOVA 1973, BONDARKO 1990, BUSSMANN 1990, PARMENOVA 2000 u.a.), wobei wir jedoch mit LEWANDOWSKI 1990, JACHNOW 1994, FRIES 2000 eine Erweiterung des Modalitätsbegriffs um die *pragmatische* (kommunikative) Dimension für erforderlich halten (*funktional-kommunikative Modustypen* bei BONDARKO 1990, 90). Das ergibt sich auch mit Notwendigkeit aus dem Zusammenhang von Modus/Modalität/SHT und Aspekt/Aspektualität, wie er vor allem von ŠELJAKIN 1990 und SEROWY 2000 nachgewiesen wird. Der

ebenen- und feldübergreifende Charakter der pragmalinguistischen Sprachhandlungstypen in der Interpretation von SEROWY (SHT, siehe Kap. 10) zeigt sich in zahlreichen Parallelen und Gemeinsamkeiten mit Modi und Modalität.

## 12.3.1 Ebenen und Felder/Mikrofelder der Modalität

Ungeachtet aller Unterschiede in den Details der Modalität sowie bezüglich Umfang und Einbeziehung der Erscheinungen ist ein gemeinsames semantisches Merkmal aller „modalen Objekte" die „Sicht des Sprechers".
Analog zu den FSK / FSF der Aspektualität und Temporalität kreuzen sich im Komplex der Modalität feldübergreifende sprachliche Ebenen unterschiedlicher Abstraktionsstufe mit ebenenübergreifenden modalen Feldern und Mikrofeldern.

Zur Systematisierung können in erster Linie die **sprachlichen Ebenen** dienen, denen die einzelnen Sprachmittel zugeordnet werden müssen (vgl. z.B. HARWEG 1994):

| Sprach- bzw. Abstraktionsebenen: | Sprachmittel des Ausdrucksplans: |
|---|---|
| **1) Grammatische Ebene:** (flexionale Modalität) | Verbalmorphologische Ebene des Modus: Indikativ - Imperativ - Konjunktiv |
| **2) Grammatisch-semantische Ebene** (syntaktische Modalität) | Infinitivsätze (unabhängiger Infinitiv), aspektual-modale Beziehungen, grammatische Mittel in nichteigentlicher Funktion |
| **3) Lexikalisch-semantische Ebene** (lexematische Modalität) | Gruppierungen von Schaltwörtern, welche die subjektive Modalität ausdrücken: a) Ausdruck der Mutmaßung, des Zweifels an der Authentizität der Äußerung b) Ausdruck der Überzeugtheit, Sicherheit hinsichtlich der Authentizität |
| **4) Lexikalische Ebene:** (lexematische und derivationale Modalität) | Modalverben, modale Prädikative, Adjektive und Adverbien |
| **5) Phonematisch-graphematische Ebene** (phonematisch-graphematische Modalität) | Intonation (prosodisch), Interpunktion, Wortstellung |

Die Stratifizierung kann sich aber auch auf verschiedene **Typen** bzw. **Schichten von Beziehungen** stützen (siehe ZOLOTOVA 1973, RSG 3 1989, JACH-NOW 1994, PANFILOV 1994, BUSSMANN 1990 u.a.):

| Beziehungstypen / -ebenen: | Inhaltsplan und Ausdrucksplan: |
|---|---|
| 1) **Objektive, obligatorische** oder **prädikative Modalität** (Grundmodalität) | Verhältnis von **Inhalt** der Äußerung und **Wirklichkeit** (Realität/Irrealität) aus der Sicht des Sprechers *Sprachmittel*: Indikativ - Konjunktiv - Imperativ |

(Die Überlagerung der Grundmodalität durch
- die kommunikative *Zieleinstellung* des Sprechers und
- durch die *Affirmativität/Negativität* der Aussage

[siehe *Modale Felder*] schafft reguläre Modifikationen dieses Defaults.)

| | |
|---|---|
| 2) **Subjektive** oder **fakultative Modalität** | Verhältnis des **Sprechers** zum **Inhalt** (zur Authentizität) der Äußerung *Sprachmittel*: Schaltwörter und -fügungen, Partikeln, Interjektionen u.a. |
| 3) **Innersyntaktische Modalität** | Verhältnis des **Subjekts** (Agens) zu seiner **Handlung** *Sprachmittel*: Modalverben, modale Prädikative, Adjektive, Adverbien |

Diese sich horizontal erstreckenden Ebenen bzw. Schichten der Modalität werden vertikal gekreuzt einerseits von ebenenübergreifenden **modalen Feldern** und **Mikrofeldern** unterschiedlicher Größenordnungen, andererseits von der **Paradigmatik/Syntagmatik**, d.h. von der Einbeziehung/Nichteinbeziehung des modalen Kontextes:

**Modale Felder:**

- Feld der Realität/Irrealität (als dominierender Komplex aller modalen Felder)
- Feld der kommunikativen Einstellung (коммуникативная установка)
- Feld der Affirmativität/Negativität (утвердительность/отрицательность)
- Feld der Aktualität/Potentialität (актуальность/потенциальность)
- Feld der subjektiven Wertung (оценочность)
- Feld der Authentizität (достоверность)

(in Anlehnung an BONDARKO 1990, 59ff. und PARMENOVA 2000, 63ff.)

**Modale Mikrofelder:**
- Wollen (Optativität, желательность)
- Sollen (повелительность, желательность)
- Müssen (Notwendigkeit, необходимость, долженствование)
- Können (objektive Möglichkeit, объективная возможность)
- Dürfen (subjektive Möglichkeit, субъективная возможность)

Die Systematisierung der Modalität bei ZOLOTOVA (1973, 140ff.) scheint durch ihre Übersichtlichkeit für eine lernerfreundliche Darstellung vom Standpunkt der Fremdsprachendidaktik am besten geeignet. Ausgehend vom realen / irrealen Verhältnis der Äußerung zur Wirklichkeit als der invarianten Bedeutung („semantischen Zone") der Modalität unterscheidet sie drei Typen von semantisch-syntaktischen Beziehungen, nämlich
- das subjektiv-objektive Verhältnis des *Äußerungsinhalts* zur *Realität*, seine Übereinstimmung/Nichtübereinstimmung mit der Wirklichkeit,
- das Verhältnis des *Sprechers* (des Subjekts) zum *Äußerungsinhalt*, der Grad seiner Überzeugtheit von dessen Realität / Irrealität, seine Vermutungen, Unsicherheit, Zweifel,
- das Verhältnis des *Subjekts* (Agens) zu seiner *Handlung* - es *will, kann, soll, muß, darf* handeln / nicht handeln.

Die kommunikative Einstellung (*Aussage/Assertion - Frage - Aufforderung*) sowie die *Affirmativität/Negativität* sind als reguläre Modifikationen dieser modalen Defaults anzusehen.

### 12.3.2 Modus / objektive Modalität und Aspekt
(vgl. ŠELJAKIN 1987, 110-122)

Der **Modus** als objektive Grundmodalität - also Indikativ, Imperativ und Konjunktiv - ist der *morphologische Kern* der funktional-semantisch-pragmatischen Kategorie. Bei seiner Überlagerung durch *Aussage-, Frage- Aufforderungssätze* ergibt sich eine teilweise Übereinstimmung, die außerdem ihren Ausdruck in einer kommunikativen, pragmatischen Kategorie findet - in *informierenden, interrogativen* und *aktivierenden Sprachhandlungstypen (SHT)*. Eine Reihe von Beispielen soll das Zusammenspiel der FSK Aspektualität, Temporalität und Modalität illustrieren, ohne daß damit Vollständigkeit angestrebt würde:

Der **Indikativ** ist obligatorisch an das Tempus gebunden, realisiert sich also im russischen *Aspekt-Tempus-System*. Ohne weitere Indikatoren ist der Indikativ Ausdruck der *Realität*, im engeren Sinne der *Aktualität* oder *Faktizität* (als Korrelat zur Potentialität).

## 12 ASPEKTUALITÄT - TEMPORALITÄT - MODALITÄT

a) Das **unvo. aktuelle Präsens** ist der *Kern* des FSF Modalität - die aktuelle, beobachtbare, unmittelbar erlebte *Realität* oder *Faktizität*, die Aktualität im engeren Sinne (*Что это ты там делаешь? - Пишу письмо.*), im Gegensatz zur Aktualität im weiteren Sinne in der Vergangenheit, die aus der Erinnerung reproduziert wird (*Что ты делал вчера вечером? - Писал письмо.*) und der Zukunft (*Что ты будешь делать завтра вечером? - Буду писать письмо.*).
b) Alle **Futurformen**, insbesondere die vo. Präsens-Futur-Formen, weisen ein gewisses Maß an **Potentialität** auf. Die Zukunftsbedeutung wird überlagert von modalen Schattierungen der *Absicht*, der *Willensäußerung*, der *Entschlossenheit*, der *Überzeugtheit* oder der *Vermutung* sowie der *Möglichkeit* (*Он решит эту задачу. Он решит любую задачу = Он может решить любую задачу.*).
c) Formen des **vo. Futurs** können **Imperativfunktionen** übernehmen (*Ты сейчас же пойдёшь и извинишься!*).
d) Die **anschaulich-exemplarische** Bedeutung des vo. Aspekts liegt im Mikrofeld der (sporadischen) **Möglichkeit** (*Он, бывало, придёт, сядет у окна и закурит.*).

Der **Imperativ**, der **optative Konjunktiv** und der imperativisch gebrauchte unabhängige **Infinitiv** haben keine Tempusformen. Sie sind Ausdruck der *Irrealität* - etwas Wünschenswertes, Notwendiges soll in der Zukunft „realisiert", zur Realität gemacht werden. Für den Aspektgebrauch gelten daher die Regeln für den Imperativ, für die *aktivierenden* Sprachhandlungstypen:
a) Der **Beginn** bzw. die **Unverzüglichkeit** sowie die **Veränderung** eines einmaligen *Prozesses* (SHT STARTEN, ERMUNTERN, DRÄNGEN, PRÄZISIEREN, MODIFIZIEREN) verlangen den unvo. Aspekt (*Входите, входите! Говорите погромче! Говори же!*).
b) Eine *Einschränkung* gibt es beim **optativen Konjunktiv** - der unvo. Aspekt kann keine Unverzüglichkeit ausdrücken, nur einen *Wunsch* bezüglich eines bereits ablaufenden Prozesses (SHT MODIFIZIEREN: *Ты бы писал разборчивее!*).
c) Die SHT BITTEN und RATEN *etwas einmal zu tun* erfordern in der Regel den vo. Aspekt (*Передайте, пожалуйста, соль! Не могли бы вы передать сахар?*).
d) Ein **Zustand** wird gefordert - unvo. Aspekt, ein **Ereignis** wird gefordert - vo. Aspekt, in beiden Fällen drückt der unabhängige Infinitiv eine *kategorische* Aufforderung aus (*Сидеть! Молчать! Встать! Сесть!*)
e) Das gilt auch für periphere Mittel des **Wünschens** (die Partikel *бы, да, пусть, -ка*) sowie die Intonation (*Теперь поспать бы! Да здравствует именинник! Пусть он войдёт!*)

Der Imperativ ist durch seine semantisch-pragmatischen Funktionen besonders aktiv in den interkategorialen Wechselwirkungen (Modalität - Temporalität - Aspektualität).

**Der hypothetische Konjunktiv** (siehe Abschnitt 9.3.2) tendiert zu zwei Funktionen des Aspekts - Vermutung und Einmaligkeit/Nichteinmaligkeit:
a) Bei einer **Vermutung** geht die Tendenz zum vo. Aspekt (*Из него вышел бы хороший учитель*. 'Aus ihm wäre ein guter Lehrer geworden / würde ... werden.').
b) **Einmalige** hypothetische Handlungen verlangen den vo. Aspekt, **nichteinmalige** Handlungen den unvo. (*Если бы ты занимался спортом, ты так часто не болел бы; Если бы он сдал экзамен на отлично, он получил бы золотую медаль.*).

(Zu den regulären Modifikationen der Grundproposition durch die kommunikative Einstellung und Negation siehe 12.3.5.)

## 12.3.3 Subjektive Modalität und Aspekt

Ohne spezielle sprachliche Indikatoren gilt der Default der objektiven Modalität. Die *subjektive* Modalität lagert sich mit *fakultativen* sprachlichen Mitteln der Grundmodalität auf - meist in Gestalt von *Schaltwörtern* und deren Synonymen, mit deren Hilfe die Authentizität, Richtigkeit, Glaubwürdigkeit, Quelle der Äußerung *bestätigt, bezweifelt* oder emotionell und qualitativ *bewertet* wird. Diese fakultativen Modalitätsträger sind verschiedene „Punkte auf einer Linie zwischen *Ja* und *Nein*, zwischen Assertion und Negation" (ZOLOTOVA 1973, 150), jedoch nicht zwischen Realität und Irrealität:
a) Modale Schaltwörter und -konstruktionen und ihre Synonyme mit der Bedeutung der **Unsicherheit**, des **Zweifels**, der **Vermutung**, die sich auf den ganzen Satz oder nur einen Teil davon beziehen (allgemeine - spezielle oder partielle subjektive Modalität) und in Kommata eingeschlossen werden: *может быть, возможно, вероятно, очевидно, пожалуй, по-видимому, по-моему*, aber auch modale Partikeln wie *будто, как будто, словно, точно, как бы* sowie *вряд ли, едва ли, небось* u.a.
b) Modale Schaltwörter und -konstruktionen mit der Bedeutung der **Überzeugtheit** von der Wahrheit der Aussage (**Verstärker** der Realitätsaussage): *конечно, разумеется, несомненно, безусловно, действительно, в самом деле* und dgl.

Die subjektive Modalität ändert nicht die Grundmodalität der Aussage und hat auch *keinen Einfluß auf den Aspekt.*

## 12.3.4 Innersyntaktische Modalität und Aspekt

Das Verhältnis des Agens zu seiner Handlung (sein Wollen, Sollen, Müssen, Können, Dürfen usw.) wird durch *modale Modifikatoren* ausgedrückt, die - mit Ausnahme von *мочь/смочь* - meist keine korrelativen Aspektformen haben:
- **Modalverben**: *хотеть, желать, мочь*
- modale **Zustandswörter** (Prädikative): *можно, возможно, желательно, нужно, надо, необходимо*
- Kurzformen des **Adjektivs**: *должен, обязан, намерен*
- einige **Substantive**: *не дурак (выпить), мастер (сочинять* 'flunkern' *)* und dgl.

Diese **lexikalische Modalität** überlagert die prädikative Grundmodalität, verändert diese aber nicht, vgl. *Он мог учиться, но ...* (Realität), *Он мог бы учиться, но ..;. Он должен был бы учиться ...* (Irrealität). Die Möglichkeit, Notwendigkeit usw. wird entweder als Realität oder Irrealität dargestellt.

Den innersyntaktischen Konstruktionen sind Infinitivsätze (der unabhängige Infinitiv) gleichzusetzen, diese sind jedoch in der Regel expressiver: *Мне работать - Мне надо / Я должен / Я хочу работать*. Gleiches gilt für unpersönliche Sätze: *Можно ехать; Хочется / хотелось / хотелось бы спать.*
Der **Aspekt** hat dabei gewöhnlich folgende **Funktionen**:
a) Unterscheidung von *einmaligen / nichteinmaligen* Handlungen (vo. - unvo.):
*Завтра я должен отвезти его багаж на вокзал / Я всегда должен отвозить багаж гостей на вокзал.*
b) *Allgemeine Erlaubnis /* Berechtigung und *allgemeines Verbot* (unvo.):
*Он может делать что хочет / Ему разрешается делать всё, что ему хочется.*
*Курить воспрещается. Ей нельзя выходить по вечерам.*

## 12.3.5 Reguläre Modifikationen der Grundmodalität

Ausgangsmodell der Grundmodalität, ihr Default, ist der affirmative Aussagesatz. Die **Proposition** als deskriptive Basis jeder Äußerung informiert über einen bestimmten Sachverhalt (Sachlage, положение дел), die sich mit jeder kommunikativen **Zieleinstellung** (Assertion - Frage - Aufforderung) verbinden kann. Deren **modaler Rahmen** wird von allen Bedeutungen gebildet, welche die Beziehungen des Subjekts zur Proposition zum Inhalt haben (siehe oben).

### a) Aussage - Frage - Aufforderung
Fragesatz und Aufforderungssatz (sowie deren Verneinung, siehe unten) sind jeweils reguläre strukturell-semantische Modifikationen des Ausgangsmodells:

*Он пришёл. Пришёл он? Пусть он придёт!* (konkret-vollzogen)
*Он заходил к нам. Заходил он к вам? Заходите к нам. Не заходите к нам.* (abstr.-konst.)
*Он приходил к нам по субботам. Приходил он к вам по субботам? Приходите к нам по субботам!* (Wiederholung)
Die Aspektwahl wird durch die kommunikative Zieleinstellung nicht beeinflußt, eine bestimmte aktionale *Situation* bedingt jeweils den einen oder den anderen Aspekt, ob im *Aussage-*, *Frage-* oder *Aufforderungssatz*. Eine andere Sache ist, daß sich die Proportionen (die statistische Häufigkeit) der einzelnen speziellen Aspektbedeutungen verschieben können (z.B. steht bei Verneinung häufiger die abstrakt-konstatierende Bedeutung des unvo. Aspekts als in affirmativen Sätzen).

**b) Affirmativität (Bejahung) - Negativität (Verneinung)**
Die Affirmation als Default benötigt keinerlei Indikatoren, während eine Negation immer durch negative Partikeln, Prädikative oder andere negative Charakteristiken (*не/нет, нельзя, не-*) gekennzeichnet werden muß:
*Он пришёл* vs. *Он не пришёл.*

Der **Aspekt** hat dabei im **Mikrofeld der Negativität** eine Reihe von wesentlichen **Funktionen**:
- **Absolute (allgemeine) Verneinung** - unvo. Aspekt, meist in abstrakt-konstatierender Bedeutung:
 *(Тебе) не надо / не нужно / нельзя / не следует / не стоит / не имеет смысла рассказывать об этом.*
 *Ты не обязан / не должен писать ему.*
 *Ей незачем с ним встречаться. Зачем об этом спрашивать?*
 *Чему тут радоваться? Не ночевать же здесь!*
- **Relative (partielle) Verneinung** - vo. Aspekt:
 *Он сдавал экзамен, но не сдал.*
- Unterscheidung von *behütendem* WARNEN (vo.) - VERBIETEN (unvo.) im Imperativ, auch als *präventives - prohibitives* Warnen bezeichnet (*Не упади; Не урони ключ* - *Не уходи теперь; Не списывай у соседа!*)
- Unterscheidung von *nicht können* = objektive **Unmöglichkeit** (vo.) - *nicht dürfen* = **Verbot** (unvo.):
 *Здесь нельзя (невозможно) пройти / Здесь нельзя (запрещается) проходить.*
- Bedeutung des **ungerechtfertigten Verbots**:
 *Я и слова не скажи ему.* 'Und ich soll ihm kein Wort sagen.'
 *Всех распугал, никто не подойди.* 'Alle hat er abgeschreckt, keiner soll ihm nahekommen.'

## 12.3.6 Die Modalität als komplexes (funktional-)semantisch-pragmatisches Phänomen

Die Modalität gehört zu den wichtigsten FSF mit prädikativem Kern, was auch in der umfassenden Definition von JACHNOW deutlich wird:
„Die Modalität ist eine *universale pragmatisch-semantische Kategorie* der Sprache. Mit ihr werden aussageinhärent und abhängig von *Sprecher-Hörer-Konstellation* und *Redeintention* der *Wirklichkeitsanspruch* der im propositionalen Teil der Aussage wiedergegebenen Sachverhalte und die Einstellung des Sprechers zu diesen mitgeteilt. Die dabei verfolgten illokutiven Ziele finden einen mehr oder weniger expliziten Ausdruck.
Die Realisierung der Modalinhalte erfolgt über konstitutiv *obligatorische* und *fakultative* Einheiten, die eine kotextuelle Wechselwirkung zueinander eingehen können.
Die kommunikative Relevanz der Kategorie zeigt sich in ihrer *performatorischen Omnipräsenz* und darin, daß sie auf allen Ebenen der Sprache manifestiert ist (grammatische Morpheme, Wortbildungsmorpheme, Lexeme, Phraseologismen, Intonationen, Satzgliedpositionen). Alle modalen Mittel einer Sprache bilden gemeinsam deren *Modalfeld"* (1994, 62. Kursiv von mir - H.S.).

\* \*
\*

Damit kann die Analyse von Modalität, Temporalität und Aspektualität abgeschlossen werden - sie macht die Wechselwirkung, Verflechtung und gegenseitige Überlagerung ihrer semantischen Zonen sichtbar: die *Realität/Irrealität* der Verbalhandlung bzw. aktionalen Situation mit ihrer *inneren Struktur*, mit ihrer Begrenzung/Nichtbegrenzung und mit ihrer *äußeren Einbettung* in ein Koordinatensystem der subjektiven Orientierung (innere Zeit und äußere Zeit).

# Anhang

## A1 Definitionen (Glossar)

**Erscheinungsformen der Bedeutung:**
**Bedeutung** - verallgemeinertes Abbild von materiellen und ideellen Gegenständen, Erscheinungen und Prozessen der objektiven Realität sowie deren Eigenschaften und Beziehungen im Bewußtsein der Angehörigen einer Sprachgemeinschaft, das - historisch entstanden und sozial bedingt - an bestimmte materielle Träger (Lautkörper, Formative) gebunden ist. Bedeutung ist in sprachlicher Form fixierter Bewußtseinsinhalt.

**Grammatische Kategorie** - System von mindestens zwei Reihen grammatischer Formen und Bedeutungen (= Paradigma), die sich auf der Grundlage eines kategorisierenden semantischen Merkmals gegenüberstehen und zugleich bedingen und ausschließen (Kategorie des Tempus, des Aspekts, des Modus, der Diathese, der Person, Kategorie des Genus, Kasus, Numerus, der Belebteit/Nichtbelebtheit usw.).

**Kategoriale Bedeutung** - übergreifende Bedeutung einer (grammatischen) Kategorie (Verhältnis von Handlung und Redemoment für das Tempus, Verhältnis von Handlung und Bezugsmoment für den Aspekt, Verhältnis von Handlungsrichtung und Subjekt für das Genus verbi, Verhältnis des Sprechers zum Geltungsgrad seiner Aussage für den Modus usw.)

**Funktional-semantische (semantische) Kategorie** - Gesamtheit der sprachlichen Mittel unterschiedlicher Ebenen (grammatischer, lexikalischer, wortbildender usw.), die einzeln oder durch ihr Zusammenwirken auf der Grundlage einer wesentlichen, möglichst universellen semantischen Invariante die gleiche *semantische Funktion* ausüben (z.B. Ausdruck temporaler, aspektualer, modaler, quantitativer, kausaler usw. Beziehungen). Die funktional-semantische Kategorie kann als Grundlage für den interlingualen Vergleich (Vergleich verschiedener Sprachsysteme) dienen.

**Allgemeinbedeutung** der Glieder einer grammatischen Kategorie - *semantische Invariante*, die allen ihren kontextuell bedingten Varianten oder speziellen Bedeutungen gemeinsam ist. Sie ist in historischer und logischer Sicht das Ergebnis einer mehrstufigen Abstraktion: Bedeutungen grammatischer Formen in einer unendlichen Vielzahl konkreter (sprachlicher und situativer) Kontexte → ihre Bedeutungen in *systematisierten* Kontexten → *paradigmatische* Bedeutungen isolierter grammatischer Formen.

**Spezielle Bedeutungen** einer grammatischen Kategorie - syntagmatische, kontextbedingte *Varianten* einer invarianten paradigmatischen Allgemeinbedeutung, Realisationen der

Allgemeinbedeutung in verschiedenen Kontexten. Allgemeine und spezielle Bedeutungen stehen zueinander im dialektischen Wechselverhältnis von Allgemeinem und Besonderem bzw. Einzelnem, bei umgekehrt-proportionaler Abhängigkeit von Intension und Extension: Je geringer die Anzahl der differentiellen semantischen Merkmale (Allgemeinbedeutung), desto größer die Extension (alle Wörter / Konstruktionen mit einer gegebenen grammatischen Bedeutung), und umgekehrt: Je größer die Anzahl der semantischen Merkmale, desto geringer die Anzahl der Wörter / Konstruktionen, welche diese spezielle Bedeutung aufweisen.

**Grund- oder Hauptbedeutung** - typischste, gebräuchlichste spezielle Bedeutung innerhalb einer grammatischen Kategorie, im Gegensatz zu den weniger gebräuchlichen und untypischen peripheren Bedeutungen.

**Standard-Aspektbedeutungen** - ausgewählte spezielle *Aspekt*bedeutungen mit wenigen, unkomplizierten, leicht reproduzierbaren semantischen Merkmalen, Ergebnis einer didaktisch orientierten Vereinfachung bzw. Reduktion des Systems der speziellen Aspektbedeutungen mit Hilfe bestimmter Kriterien: statistische Häufigkeit, Eindeutigkeit der Abgrenzung, Relevanz für den Apektgebrauch, Bestand an gegensätzlichen (differentiellen) semantischen Merkmalen, die auf der Grundlage eines *allgemeinen Defaults* (der Allgemeinbedeutungen der Aspekte) jeweils eine *dominante Opposition* bilden (Vorzeitigkeit vs. Gleichzeitigkeit von H und BM; Einmaligkeit vs. Nichteinmaligkeit der H; Betonung vs. Nichtbetonung der Dauer der H; aktuelle vs. potentielle H; konkrete vs. abstrakte H).

**Default** (engl.) - Grund- oder Standardfunktion einer sprachlichen Einheit, die *ohne Veränderung* in eine größere Konfiguration (Einheit höherer Ebene) eingeht, wenn sie nicht durch *Kontextfaktoren* (Umweltfaktoren) verändert wird. (In der Informatik: Standardwert bzw. Grundeinstellung, die beim Einschalten eines Geräts eingenommen wird.)

### Grammatische Kategorien:

**Tempus** - grammatische Kategorie, welche die *äußere Zeit*, das zeitliche Verhältnis der *Handlung* zum *Redemoment* und/oder zu einem (temporalen) Bezugsmoment (Referenzmoment) ausdrückt, welcher teils mit dem Redemoment zusammenfällt, teils von ihm verschieden ist.

**Aspekt** - grammatische (teils formbildende, teils klassifizierende) Kategorie, welche die *innere Zeit*, das zeitliche Verhältnis der Handlung zum (aspektualen) Bezugsmoment (Referenzmoment, reference time, Betrachtzeit) ausdrückt.

### Orientierungspunkte (точки отсчёта) der Handlung in der Zeit:

Der **Redemoment** (момент речи, moment of speaking/speech, Sprechzeit) ist der Zeitpunkt / Zeitraum, zu dem gesprochen wird, in dem der Redeakt stattfindet, die *Gegenwart des Sprechers* - ein *primär-deiktischer* Koordinatenausgangspunkt (Orientierungspunkt) auf der *Linie des Subjekts* der Rede. Der *grammatische* Redemoment ist die Widerspiegelung, Verselbständigung und Objektivierung des realen Redemoments (Sprechzeitpunkts) im System der Sprache.

Der **Bezugsmoment** (момент референции / видового соотнесения, point/time of reference, Referenzmoment, Betrachtzeit) ist der Zeitpunkt / Zeitraum, von dem gesprochen wird, die *„Gegenwart" der Ereignisse*, der Zeitpunkt / Zeitraum, auf den die aktionale Situation (Handlung) bezogen wird - *ein sekundär-deiktischer* Koordinatenausgangspunkt (Orientierungs-

# ANHANG

punkt) auf der *Linie der Ereignisse*. Der *grammatische* (temporale bzw. aspektuale) Bezugsmoment ist die Widerspiegelung, Verselbständigung und Objektivierung des realen Bezugsmoments im System der Sprache.

**Aktionale Kategorisierung der Verben:**
**Handlung** (действие, action) - Oberbegriff, Sammelbegriff für *Zustände*, *Verläufe*, *Prozesse* und *Ereignisse*; dasselbe wie → *aktionale Situation* (von manchen Autoren auch als Ereignis - im weiteren Sinne - bezeichnet).

**Prototyp** - Muster, Urbild, ideales Objekt; typisch(st)er Vertreter einer Klasse von materiellen oder ideellen Objekten (Begriffen). Prototypische Erscheinungen (z.B. spezielle Aspektbedeutungen) lassen sich durch eindeutige Merkmale (Kriterien) voneinander abgrenzen, zwischen den verschiedenen Prototypen bestehen jedoch Übergangszonen mit fließenden Grenzen, in denen eine Zuordnung erschwert ist bzw. Mehrfachzuordnungen möglich sind.

**Zustand** (состояние, state) - Sachlage, die sich während eines bestimmten Zeitabschnitts gleich bleibt (Situationen relativer Ruhe, Beziehungen, Gefühle u.a.).

**Verlauf/Prozeß** (процесс, activity) - geht in der Zeit vor sich (zeitliche und physische bzw. mentale Dynamik), besteht aus aufeinanderfolgenden, einander ablösenden Phasen, erfordert für seine Aufrechterhaltung Energie (Aktivität) und kann sinnlich (sensomotorisch) wahrgenommen werden.

**Ereignis** (im engeren Sinne - событие, event) - beinhaltet den Übergang eines Verlaufs oder eines Zustandes in eine neue Situation, ihren Umschlag in eine neue Qualität (Verlauf bzw. Zustand + Qualitätsumschlag).

Entsprechend können alle Verben in *Zustandsverben*, *Verlaufsverben* und *Ereignisverben* eingeteilt werden. Durch die **aktionale Kategorisierung** ist die *Aspektzugehörigkeit* des Verbs weitgehend vorprogrammiert.

**Monotemporal/polytemporal** - Gegensatz von „zu einer Zeit", „einmalig", „zeitlich lokalisiert", „episodisch" vs. „verschiedenzeitlich", „nicht einmalig", „ausgedehnt", „zeitlich nicht lokalisiert", „nichtepisodisch".

**Tempusformen:**
**Präteritum** (прошедшее время) - Tempusform, welche die *Vorzeitigkeit* der Handlung (bzw. des Bezugsmoments, der Aktzeit) gegenüber dem *Redemoment* ausdrückt (H vor RM bzw. BM vor RM).

**Präsens** (настоящее время) - Tempusform, welche die *Gleichzeitigkeit* von Handlung und *Redemoment* bzw. von Bezugsmoment und Redemoment ausdrückt (H = R bzw. BM = RM)

**Futur** (будущее время) - Tempusform, welche die *Nachzeitigkeit* der Handlung bzw. des Bezugsmoments gegenüber dem *Redemoment* ausdrückt (H nach R bzw. BM nach RM).

**Aspektformen:**
Der **vollendete** bzw. **perfektive Aspekt** (совершенный вид, CB) drückt die *Vorzeitigkeit* der Handlung gegenüber dem aspektualen *Bezugsmoment* aus (H vor B).

Der unvollendete bzw. imperfektive Aspekt (несовершенный вид, HCB) drückt die *Gleichzeitigkeit* bzw. *Nichtvorzeitigkeit* von Handlung und aspektualem *Bezugsmoment* aus (H = B).

**Kategoriale Bedeutung des Aspekts:**
Der Aspekt drückt die zeitliche Beziehung von *Handlung aspektualer Situation* und aspektualem *Bezugsmoment* aus (die innere Struktur, die innere Zeit der Handlung):
a) die *Vorzeitigkeit/Nichtvorzeitigkeit* der Handlung gegenüber dem Bezugsmoment (Zusammenhang von Aspekt und Tempus);
b) das *Erreichtsein/Nichterreichtsein* der Handlungsgrenze zum Bezugsmoment (Zusammenhang von Aspekt und T/AT);
c) die *Ganzheitlichkeit/Nichtganzheitlichkeit* der Handlung zum Bezugsmoment - Anfang, „Mitte" (Verlauf) und Ende der Handlung sind durchlaufen / nicht durchlaufen (Sprecherperspektive, Zusammenhang mit der linguistischen Tradition).

**Terminativität/Aterminativität:**
**Terminativität/Aterminativität** (T/AT, предельность/непредельность, П/НП) beinhaltet das *Vorhandensein/Fehlen* eines Merkmals der *Grenze* (предел) in der Semantik eines Verbs bzw. seines Kontextes, der **Aspekt** drückt das *Erreichtsein/Nichterreichtsein* dieser Handlungsgrenze zum Bezugsmoment aus.

**Resultative Terminativität:**
Differentielle semantische Merkmale (DSM):
- Bewegung                                          (DYN)
- Richtung dieser Bewegung                          (RICHT+)
- Vorhandensein eines Endpunktes dieser             (1ENDP+)
  Bewegung, einer *inneren Grenze (Telos)*,
  mit deren Erreichung sich die Handlung
  erschöpft

**Zeitliche/quantitative/qualitative Terminativität:**
Differentielle semantische Merkmale (DSM):
- relative Ruhe, Bewegungslosigkeit, Statik        (STAT)            oder
  oder Bewegung ohne bestimmte Richtung            (DYN)(RICHT-)     oder
  oder gerichtete Bewegung ohne Grenze             (DYN)(RICHT+)(1ENDP-)
- zeitliche und/oder                               +
  quantitative oder
  qualitative (quant.-qual.) Begrenzung            (ZQQBEGR+), Kurzform (ZQQ+)

**Aterminativität:**
Differentielle semantische Merkmale (DSM):
- relative Ruhe, Bewegungslosigkeit, Statik        (STAT)            oder
  oder Bewegung ohne bestimmte Richtung            (DYN)(RICHT-)     oder
  oder gerichtete Bewegung ohne Grenze             (DYN)(RICHT+)(1ENDP-)
- *keine* zeitliche und/oder                       +
  quantitative oder
  qualitative (quant.-qual.) Begrenzung            (ZQQBEGR-), Kurzform (ZQQ-)

**Paradigmatische T/AT** - Vorhandensein/Fehlen einer Handlungsgrenze, ausgedrückt durch das Verb als *isolierte Wörterbucheinheit* (in der Vielfalt der Aktionsarten im weiteren Sinne).

**Syntagmatische T/AT** - Vorhandensein/Fehlen einer Handlungsgrenze, ausgedrückt durch die *Gesamtheit* der für ein gegebenes Verb aspektual relevanten Äußerung (d.h. *Verb · terminativer/aterminativer Kontext*).

**Situationen:**
**Aktionale Situation** - Oberbegriff, Sammelbegriff für *Zustände, Verläufe/Prozesse* und *Ereignisse* (states, activities, events); dasselbe wie → **Handlung**

**Aspektuale Situation** - Konzeptualisierung von Klassen realer Zustände, Verläufe/Prozesse und Ereignisse, abgebildet und widergespiegelt in *speziellen Aspektbedeutungen* (Situation der einmaligen Handlung, der wiederholten Handlung, der ständigen/andauernden Beziehung und der „abstrakten" Handlung) und *Aspektfunktionen* (Aufeinanderfolge oder Gleichzeitigkeit von Handlungen, Hintergrund - Ereignis, auch als „Sequenz - Parallelität - Inzidenz" bezeichnet).

**Aktualisierung** - In-Beziehung-Setzen von virtuellen sprachlichen Zeichen (Wörtern, Formen) zu Personen, Gegenständen oder Ereignissen (Referenten) der objektiven Realität.

**Situative Aktualisierung** - In-Beziehung-Setzen von sprachlichen Zeichen mit ganz *bestimmten, einzelnen, singulären* Dingen und Erscheinungen, Relationen und Prozessen oder Komplexen davon, mit *bestimmten konkreten Situationen*. Das bedeutet die Aufhebung der Allgemeinheit der sprachlichen Äußerung (referentieller Status: definit). Die situative Aktualisierung erfolgt durch implizite oder explizite Aktualisatoren, sie sind nur bei der erstmaligen Erwähnung in einem Makrokontext erforderlich. Die situative Aktualisierung bezieht sich nicht auf den Satz als Ganzes, sondern immer auf bestimmte Komponenten. Es sind mindestens eine *hervorhebende* ('ein [gewisser]',) und eine *identifizierende* ('ich', 'dieser', 'unser'), eine *quantitative* ('ein', 'fünf', 'einige') und eine *qualitative* ('schnell', 'sehr gut'), eine *räumliche* ('hier', 'im Haus') und eine *zeitliche* ('jetzt', 'vor drei Tagen', 'im Jahre 2002') Aktualisierung zu unterscheiden.

**Referentieller Status** - Bestimmtheit/Unbestimmtheit des/der Referenten einer sprachlichen Äußerung, d.h. die Bezugnahme (Referenz) auf bestimmte, konkrete Situationen (situative Aktualisierung, referentieller Status: definit) oder auf Allgemeines, Usuelles, Unbestimmtes, auf ganze Klassen von Dingen, Erscheinungen, Prozessen und Relationen (referentieller Status: indefinit).

### Funktional-semantische Kategorien und Felder
**Aspektualität** - *(funktional-)semantische Kategorie*, die sich im Bereich der Verbalhandlung um das universelle sprachliche (semantische) *Merkmal der Begrenztheit/Nichtbegrenztheit* gruppiert. Das *funktional-semantische Feld* der Aspektualität im modernen Russisch, gegliedert in Kern und Peripherie, umfaßt in Inhaltsplan und Ausdrucksplan die *Gesamtheit der sprachlichen Mittel*, die auf verschiedenen Ebenen und Abstraktionsstufen der Sprache die *semantische Funktion* haben,
- den *Verlauf* der Verbalhandlung und ihre *Verteilung* in der Zeit,
- das Vorhandensein/Fehlen einer *Handlungsgrenze*,
- die Erscheinungsformen dieser Grenze sowie

- das *Erreichtsein/Nichterreichtsein* der Grenze zum aspektualen Bezugsmoment auszudrücken.

**Aspekt** - grammatische Ebene und morphologischer Kern der Aspektualität.
**Terminativität/Aterminativität** (T/AT) - grammatisch-semantische Ebene der Aspektualität, semantische Basis und Generator des Aspekts.
**Aktionsarten (AA)** - lexikalisch-semantische Ebene der Aspektualität,
*im weiteren Sinne:* lexikalisch-semantische Gruppen von Verben, die eine ähnliche Charakteristik des Handlungsverlaufs und der Verteilung der Handlung in der Zeit aufweisen;
*im engeren Sinne:* lexikalisch-semantische Gruppen von Verben, die eine ähnliche Charakteristik des Handlungsverlaufs und der Verteilung der Handlung in der Zeit aufweisen und durch die *Modifikation unpräfigierter Verben* mit Hilfe von *Wortbildungsmorphemen* entstanden sind.
**Verbalstämme** (Verballexeme), deren aspektuale Eigenschaften durch ihre *aktionale Kategorisierung* in *Zustände, Verläufe/Prozesse* und *Ereignisse* weitgehend vorprogrammiert sind, sowie **lexikalische Indikatoren** des Aspekts (Adverbien, Adverbialbestimmungen u.v.m.) bilden zusammen die lexikalische Ebene der Aspektualität.

**Temporalität** - universelle *(funktional-)semantische Kategorie* mit dem semantischen Merkmal der *Lokalisierung / Relationierung* von aktionalen Situationen in der Zeit. Alle Sprachmittel mit dieser semantischen Funktion sind im einzelsprachlichen *funktional-semantischen Feld* der Temporalität nach Kern und Peripherie ogranisiert.
*Temporalität im engeren Sinne:* Primäre deiktische Relationierung von aktionalen Situationen hinsichtlich des Redemoments (der Sprech- bzw. Äußerungszeit), d.h. eine zeitliche Deixis im engeren Sinne;
*Temporalität im weiteren Sinne:* Relationierung von aktionalen Situationen nicht nur zum Redemoment, sondern *auch zu anderen* zeitlichen „Bezugspunkten", „Bezugszeiten" oder „Bezugsgrößen" (Referenzpunkten, Referenzzeiten, Referenzmomenten), d.h. zu einem sekundär-deiktischen Orientierungspunkt in einer zeitlichen Deixis im weiteren Sinne, dem *temporalen Bezugsmoment.*

**Modalität** - funktional-semantische Kategorie, welche das Verhältnis der Verbalhandlung (aktionalen Situation) zur Wirklichkeit aus der Sicht des Sprechers zum Inhalt hat:
- Das Verhältnis des *Äußerungsinhalts* zur *Wirklichkeit* aus der Sicht des Sprechers (seine *Realität/Irrealität* - objektive Modalität, Hauptmittel ist die morphologische Kategorie des Modus),
- das Verhältnis des *Sprechers* zum *Inhalt* der Äußerung (Grad der *Authentizität* - subjektive Modalität, Sprachmittel sind modale Schaltwörter bzw. Wortverbindungen oder Sätze),
- das Verhältnis des *Subjekts* (Agens) zu seiner *Handlung* (innersyntaktische Modalität - Sprachmittel sind Modalverben, -adverbien, -adjektive und dgl. mit der Bedeutung des Wollens, Sollens, Müssens, Könnens, Dürfens)

Diese modalen Bedeutungsschichten des Satzes werden überlagert durch die Affirmation/Negation (Bejahung/Verneinung) und durch die kommunikativ-modale Zieleinstellung des Sprechers (Aussage - Frage - Aufforderung), so daß reguläre Modifikationen entstehen

## Deixis

**Deixis** - Zeig- bzw. Hinweisfunktion sprachlicher Ausdrücke in einem bestimmten *Kontext* oder in einer bestimmten *Situation,* die *Identifizierung* und/oder *Lokalisierung* von Personen/Gegenständen, Raum und Zeit in einem Koordinatensystem der subjektiven Orientierung

# ANHANG

Zentrum dieser Person-Raum-Zeit-Koordinaten ist das *Hier - Jetzt - Ich* des Sprechers (die Hier-Jetzt-Ich-Origo).

**Zeitdeixis im engeren Sinne** - Orientierung (Lokalisierung bzw. Relationierung) von aktionalen Situationen (Handlungen) unmittelbar am *Jetzt* des Sprechers, d.h. am *Redemoment* (am Sprechzeitpunkt, an der Äußerungszeit).

**Zeitdeixis im weiteren Sinne** - Orientierung (Lokalisierung bzw. Relationierung) von aktionalen Situationen (Handlungen) am *Redemoment und oder* an einem anderen temporalen oder aspektualen *Bezugsmoment* (Bezugspunkt, Bezugszeit, Referenzpunkt, Referenzzeit).

**Primäre Deixis** - Orientierung der aktionalen Situation (Handlung) am Redemoment.

**Sekundäre Deixis** - Orientierung der aktionalen Situation (Handlung) an einem Bezugsmoment, der vom Redemoment verschieden sein, aber auch mit ihm zusammenfallen kann (temporaler oder aspektualer Bezugsmoment / Referenzmoment).

**Äußere Zeit** - Lokalisierung der gesamten aktionalen Situation (Handlung) nach außen, *absolut* auf der Linie der objektiven Zeit (auf der Zeitachse) bzw. *relativ* zum Redemoment und/oder anderen aktionalen Situationen.

**Innere Zeit** - *innere zeitliche Struktur* der aktionalen Situation (Handlung), ihre Statik/Dynamik, ihre Aktualität/Nichtaktualität, ihre Abstraktheit/Konkretheit, ihre Erstreckung (Dauer) / Nichterstreckung (Punktualität), ihre Ein- oder Mehrmaligkeit, Ein- oder Mehrphasigkeit (Homogenität oder Heterogenität), ihr Verlauf oder ihr Ergebnis, das Vorhandensein/Fehlen einer *inneren Grenze* oder *äußeren Begrenzung*, das *Erreichtsein/Nichterreichtsein* dieser inneren Grenze / äußeren Begrenzung zum aspektualen Bezugsmoment (sekundäre *innendeiktische* Darstellung für den unvo. Aspekt, sekundäre *außendeiktische* Darstellung für den vo. Aspekt).

## A2 Übersicht über den Aspektgebrauch

### 1. Grundregeln des Aspektgebrauchs

a) Präsens / Dauer / Wiederholung ——————————————— unvo.

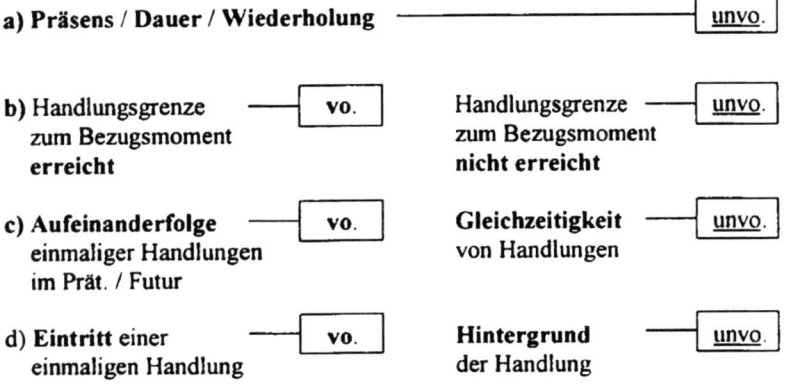

b) Handlungsgrenze — vo.  Handlungsgrenze — unvo.
zum Bezugsmoment       zum Bezugsmoment
erreicht               nicht erreicht

c) Aufeinanderfolge — vo.  Gleichzeitigkeit — unvo.
einmaliger Handlungen      von Handlungen
im Prät. / Futur

d) Eintritt einer — vo.  Hintergrund — unvo.
einmaligen Handlung       der Handlung

### 2. Sonderfälle des Aspektgebrauchs

a) Abstrakt-konstatierende ——————————————— unvo.
Handlung
(„констатация факта")

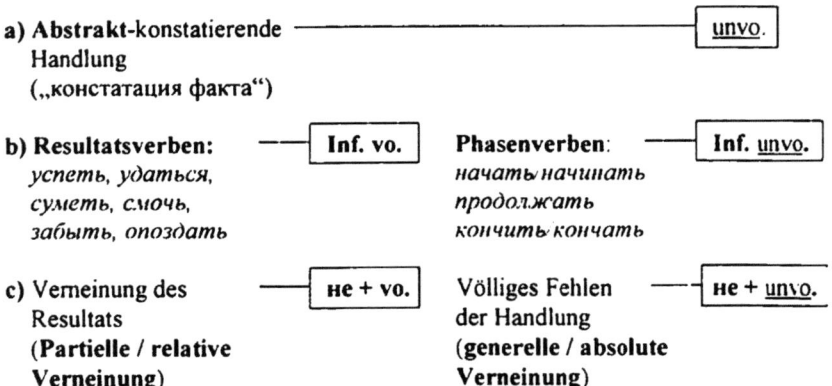

b) Resultatsverben: — Inf. vo.  Phasenverben: — Inf. unvo.
*успеть, удаться,*              *начать/начинать*
*суметь, смочь,*                *продолжать*
*забыть, опоздать*              *кончить/кончать*

c) Verneinung des — не + vo.  Völliges Fehlen — не + unvo.
Resultats                      der Handlung
(Partielle / relative          (generelle / absolute
Verneinung)                    Verneinung)

## 3. Sprachhandlungstypen (SHT) und Aspektgebrauch

a) ERZÄHLEN, ──── vo.     BESCHREIBEN ──── unvo.
   BERICHTEN                        von Prozessen
                                       und Zuständen

b) WÜNSCHEN, ──── vo.     WÜNSCHEN, ──── unvo.
   BITTEN, (ZU)RATEN,           BITTEN, (ZU)RATEN,
   FORDERN, BEFEHLEN        FORDERN, BEFEHLEN
   *etwas einmal zu tun*              *etwas nicht zu tun*

c) Vermeiden ──── vo.     Steuerung von ──── unvo.
   unerwünschter Folgen:        Prozessen:
   *behütendes* WARNEN,        ERMUNTERN,
   BEFÜRCHTEN                   DRÄNGEN

## A3 Terminologische Übersicht zum Komplex: Handlung - Redemoment - Bezugsmoment

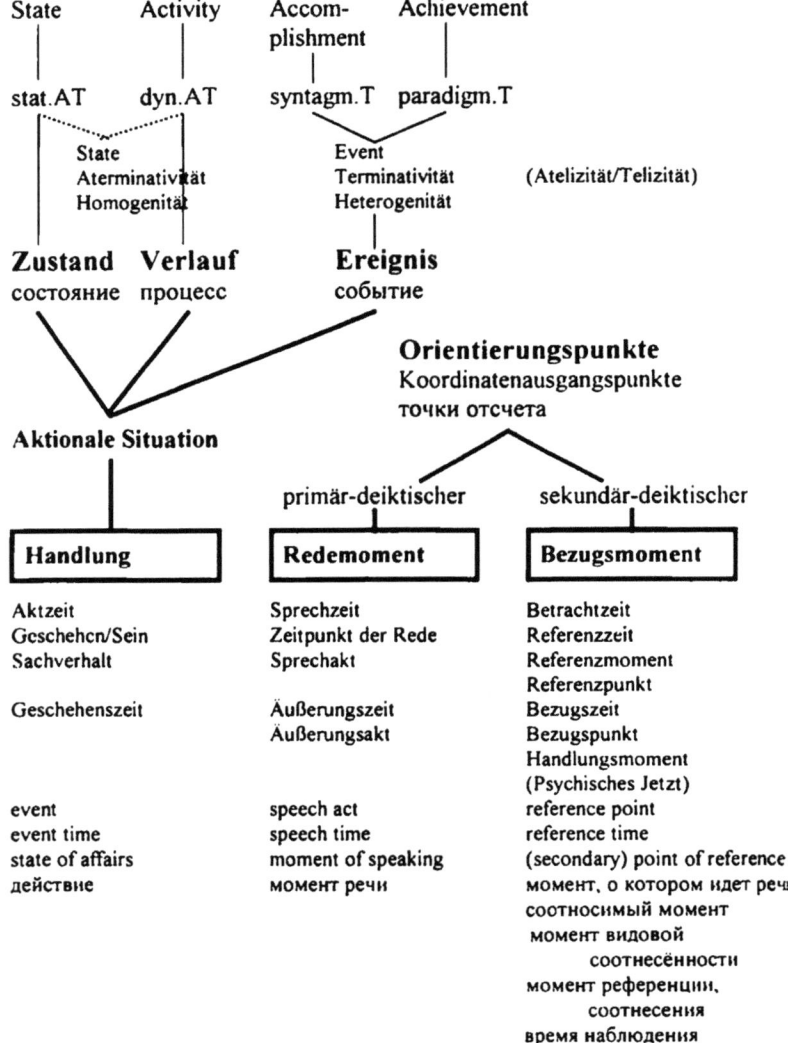

# Literaturverzeichnis

Vollständige Listen der verwendeten Literatur sind in SCHLEGEL 1999 und 2000 enthalten, auf die sich die vorliegende Publikation stützt. An dieser Stelle wird daher vor allem grundlegende sowie neu aufgenommene Literatur angeführt. Weitere didaktisch-methodische Literatur zur *Aspektvermittlung* ist im Teil 2 der vorliegenden Publikation (dem Übungsbuch) verzeichnet, der sich im Stadium der Ausarbeitung befindet.

*Allgemeine Sprachwissenschaft. Bd. 1* (1975a)
    Existenzformen, Funktionen und Geschichte der Sprache. Autorenkollektiv unter Leitung von B.A. Serebrennikow. 2., berichtigte Auflage. Berlin.
*Allgemeine Sprachwissenschaft. Bd. 2* (1975b)
    Die innere Struktur der Sprache. Autorenkollektiv unter Leitung von B.A. Serebrennikow. Berlin.
**Bühler K.** (1934/1982)
    *Sprachtheorie. Die Darstellungsfunktion der Sprache.* Jena / Stuttgart. New York.
**Bielfeldt H.-H.** (1962)
    *Russisch-deutsches Wörterbuch.* Berlin.
**Bondarko A.V.** (1995)
    *Die Semantik des Verbalaspekts im Russischen / Семантика глагольного вида в русском языке.* Frankfurt am Main
**Bussmann, H.** (1990)
    *Lexikon der Sprachwissenschaft.* Stuttgart.
**Crystal D.** (1996)
    *The Cambridge Encyclopedia of the English Language.* Cambridge.
**Daum E. / Schenk W.** (1963)
    *Die russischen Verben. Grundformen. Aspekte. Rektion. Betonung. Deutsche Bedeutung.* Leipzig.
**Daum E. / Schenk W.** (1988)
    *Wörterbuch Russisch - Deutsch. Wörterbuch Deutsch - Russisch.* (2 Bd.) Leipzig.
**Denninghaus F. / Scharf A.** (1992)
    Vorlage für ein überregionales Forschungsprojekt zur universitären sprachpraktischen Ausbildung von Slawisten (besonders Russisten) (Entwurf). In: *Fremdsprachenvermittlung an Hochschulen über ein Spektrum modularer Angebote.* Fremdsprachen und Hochschule 36, 10-36.
*Duden, Grammatik der deutschen Gegenwartssprache.* (1998)
    (Bd. 4). 6., neu bearbeitete Auflage. Mannheim; Leipzig; Wien; Zürich.
**Flämig W.** (1984)
    Verben. In: *Grundzüge einer deutschen Grammatik.* Berlin.

**Girke W.** (1995)
Zur Funktion temporaler Einheiten auf der Satzebene. In: *Temporalität und Tempus. Studien zu allgemeinen und slavistischen Fragen.* Wiesbaden. 224-244.

**Gladrow W.** (Leiter des Autorenkollektivs) (1989)
*Russisch im Spiegel des Deutschen.* Eine Einführung in den russisch-deutschen und deutsch-russischen Sprachvergleich. Leipzig.

**Greenbaum S.** (1996)
*The Oxford English Grammar.* Oxford University Press.

*Grundzüge einer deutschen Grammatik* (1984)
Autorenkollektiv unter Leitung von K.E. Heidolph, W. Flämig und W. Motsch. Berlin

*Handbuch Fremdsprachenunterricht* (1995)
Hrsg. von K.-R. Bausch, H. Christ und H.-J. Krumm. 3. Auflage. Tübingen und Basel

**Helbig G.** (1981)
*Sprachwissenschaft - Konfrontation - Fremdsprachenunterricht.* Leipzig.

**Helbig G.** (1988)
Zum Verhältnis von Grammatik und Lexikon (aus der Sicht der Sprachwissenschaft und des Fremdsprachenunterrichts). *Deutsch als Fremdsprache 3*, 160-167.

**Helbig G.** (1991a)
Sprachwissenschaft und Fremdsprachenunterricht - Einheit oder Widerspruch? In *Ein Europa - viele Sprachen.* Forum Angewandte Linguistik, Bd. 22. 23-38

**Helbig G.** (1993)
Wieviel Grammatik braucht der Mensch? *Deutsch als Fremdsprache 3.* 150-156.

**Helbig G. / Buscha J.** (1974)
*Deutsche Grammatik. Ein Handbuch für den Ausländerunterricht.* Leipzig

**Helbig G. / Buscha J.** (1986)
*Kurze deutsche Grammatik für Ausländer.* Leipzig.

**Isačenko A.V.** (1962)
*Die russische Sprache der Gegenwart. Teil I. Formenlehre.* Halle.

**Jachnow H. et al.** (Hrsg.) (1994)
*Modalität und Modus.* Wiesbaden.

**Jachnow H. / Wingender M.** (Hrsg.) (1995)
*Temporalität und Tempus. Studien zu allgem. und slavistischen Fragen.* Wiesbaden

**Jachnow H.** (1995)
Möglichkeiten der Klassifikation von Temporalitätsträgern. In: *Temporalität und Tempus.* Wiesbaden 112-128.

**Jakobson R.** (1932)
Zur Struktur des russischen Verbums. In „*Charisteria G. Mathesio ...*". Prag

**Kaznelson S.D.** (1974)
*Sprachtypologie und Sprachdenken.* Reihe „Sprache und Gesellschaft". Berlin

**Kosta P.** (1995)
Zur Forschungsgeschichte und Forschungssituation bezüglich der Temporalität in slavischen Sprachen. In: *Temporalität und Tempus.* Wiesbaden. 297-365.

**Krause W.-D.** (Hrsg.) (2000)
*Textsorten. Kommunikatonslinguistische und konfrontative Aspekte.* Frankfurt am Main / Berlin / Bern / Bruxelles /New York.

**Kretschmer A.** (1995)
Zum Wesen des Tempus in slavischen Sprachen. In: *Temporalität und Tempus.* Wiesbaden 129-156.

## LITERATURVERZEICHNIS

**Kubrjakowa J.S.** (1975)
Die Wortbildung. In: *Allgemeine Sprachwissenschaft*. Bd. 2. Berlin.

**Kubrjakowa J.S. / Melnikow G.P.** (1975)
Über die Begriffe Sprachsystem und Sprachstruktur. In: *Allgemeine Sprachwissenschaft*. Bd. 2. Berlin.

**Landa L.N.** (1969)
*Algorithmierung im Unterricht*. Berlin.

**Lehmann V.** (1980)
Kontextuelle Aspekt- und Tempussemantik im Russischen. In: *Slavistische Linguistik 1979*, 94-114. München.

**Lehmann V.** (1981)
Aspektpartner und aspektuelle Verbgruppen im Russischen. In: *Slavistische Linguistik 1980*, 74-94. München.

**Lehmann V.** (1981)
5 Grundregeln für den Verbalaspekt. In: *Zielsprache Russisch 1*, 9-18.

**Lehmann V.** (1984a)
Russischer Aspekt und sowjetische Aspektforschung. In: *Handbuch des Russisten*. Hrsg. von H. Jachnow. Wiesbaden.

**Lehmann V.** (1984b)
Affigierung und Verbbedeutung. Ein Beitrag zur aspektuellen Klassifizierung russischer Verben. In: *Slavistische Linguistik 1983*, 1-27. München.

**Lehmann V.** (1986)
Satzsemantische oder verarbeitungssemantische Aspektbeschreibung. In: *Slavistische Linguistik 1985*, 147-176. München.

**Lehmann V.** (1988)
Der russische Aspekt und die lexikalische Bedeutung des Verbs. In: *Zeitschrift für slavische Philologie*. Band XLVIII, Heft 1, 170-181.

**Lehmann V.** (1989a)
Chronologische Funktionen des Aspekts im Sprachvergleich Russisch-Deutsch. In *Linguistische Arbeitsberichte 70*, 8-65. Leipzig.

**Lehmann V.** (1992a)
Terminativität als Sonderfunktion des ipf. Aspekts. In: *Slavistische Linguistik 1991*, 227-240. München.

**Lehmann V.** (1992b)
Grammatische Zeitkonzepte und ihre Erklärung. In: *Kognitionswissenschaft 2*, 156-170.

**Lehmann V. / Rauchenecker E.** (1995)
Temporale Implikationen nichttemporaler Kategorien. In: *Temporalität und Tempus*. Wiesbaden 199-223.

**Lehmann V.** (1996b)
Die Rekonstruktion von Bedeutungsentwicklung und -motiviertheit mit Funktionalen Operationen. In: *Slavistische Linguistik 1995*, 255-289. München.

**Lehmann V.** (1999)
1.9. Aspekt. In: *Handbuch der sprachwissenschaftlichen RUSSISTIK und ihrer Grenzdisziplinen*. Hrsg. H. Jachnow. Wiesbaden.

**Lewandowski, T.** (1990)
*Linguistisches Wörterbuch 1 - 3*. Heidelberg, Wiesbaden.

**Mehlig H.R.** (1981)
Satzsemantik und Aspektsemantik im Russischen (Zur Verbalklassifikation von Zeno Vendler). In: *Slavistische Linguistik 1980*, 95-151. München.
**Mehlig H.R.** (1989)
Eine Variante der sog. allgemein-faktischen Verwendung des ipf. Aspekts im Russischen und ihre Entsprechung im Deutschen. In: *Linguistische Arbeitsberichte* 70, 48-58. Leipzig.
**Mehlig H.R.** (1994a)
Explikative Äußerungen. Überlegungen zur Informationsstruktur. In: *Slavistische Linguistik 1993*, 181-224.
**Mehlig H.R.** (1994b)
Гомогенность и гетерогенность в пространстве и времени. О категории глагольного вида в русском языке. In: *Revue des études slaves*. LXVI/3, 585-606. Paris.
**Mehlig H.R.** (1995)
Wesen und Funktion des Präsens im Slavischen. In: *Temporalität und Tempus*. 176-198. Wiesbaden.
**Mehlig H.R.** (1996)
Some Analogies between the Morphologie of Nouns and the Morphology of Aspect in Russian. *Folia Linguistica* XXX/1-2, 87-109.
**Mehlig H.R.** (1997)
Некоторые замечания по поводу описания категории вида в русском языке In *Russian Linguistics* 21, 177-193.
**Mehlig H.R.** (1998)
Aspekt, Negation und referentieller Status verbaler Prädikationen. In: *Slavistische Linguistik 1997*. München. 125-142.
**Michel G. et al.** (1985)
*Grundfragen der Kommunikationsbefähigung*. Leipzig.
**Mulisch H.** (1966)
*Einführung in die Morphologie der russischen Gegenwartssprache*. Berlin
**Mulisch H.** (1979)
Die Rolle der abstrakt-konstatierenden Bedeutung des imperfektiven Aspekts in der russischen dialogischen Rede. *Fremdsprachenunterricht* 2/3.
**Mulisch H.** (1993)
*Handbuch der russischen Gegenwartssprache*. Leipzig. Berlin München
**Plotnikov B.** (1995)
Die Organisation der temporalen Lexik in den slavischen Sprachen. In: *Temporalität und Tempus*. 157-175. Wiesbaden.
**Rauh G.** (1978)
*Linguistische Beschreibung deiktischer Komplexität in narrativen Texten*. Tübingen
**Reichenbach H.** (1966 [1947]
*Elements of Symbolic Logic*. New York.
**Růžička R.** (1952)
Der russische Verbalaspekt. *Russischunterricht* 4.
**Růžička R.** (1963)
Einführung in die Flexion und Aspektbildung des russischen Verbs. Vorwort zu E. Daum / W. Schenk: *Die russischen Verben*. Halle.

## LITERATURVERZEICHNIS

**Scheljakin M.A.** (1969)
Der Gebrauch der Aspekt- und Tempusformen des Indikativs in der russischen Sprache. Versuch einer algorithmischen Beschreibung. *Fremdsprachenunterricht* 3.

**Scheljakin M.A. / Schlegel H.** (1970)
*Der Gebrauch des russischen Verbalaspekts. Teil 1: Theoretische Grundlagen.* Lehrbrief für das Fernstudium der Lehrer. PH Potsdam.

**Schlegel H.** (1970)
Der 'Bezugsmoment' - ein Schlüssel zum Verständnis des Aspektgebrauchs im Russischen. *Fremdsprachenunterricht* 10.

**Schlegel H.** (1971)
*Der „Bezugsmoment" als linguistisch-methodische Grundlage für die systematische Vermittlung des russischen Verbalaspekts in der Russischlehrerausbildung.* Dissertation (A). Pädagogische Hochschule Potsdam.

**Schlegel H.** (1972)
*Der Gebrauch des russischen Verbalaspekts. Teil II: Studienanleitung und praktische Übungen.* Lehrbrief für das Fernstudium der Lehrer. PH Potsdam.

**Schlegel H.** (1977)
*Zur Rolle der Terminativität/Aterminativität (T/AT) im Aspekt- und Aspektbildungssystem der russischen Sprache der Gegenwart (Ein Beitrag zur Theorie der Aspektualität).* Dissertation (B) (= Habilitationsschrift). Pädagogische Hochschule Potsdam.

**Schlegel H.** (1992)
Zur Entwicklung der fremdsprachlichen Kompetenz auf dem Gebiet des russischen Verbalaspekts durch eine Strategie des mehrdimensionalen Herangehens. In: *Fremdsprachenvermittlung an Hochschulen über ein Spektrum modularer Angebote.* Fremdsprachen und Hochschule 36, 212-218.

**Schlegel H.** (1996)
Zu den Grundmechanismen des russischen Verbalaspekts - Terminativität/Aterminativität (T/AT) und Bezugsmoment beim Lehren und Lernen des Russischen als Fremdsprache. In: *Aktuelle Probleme des universitären Fremdsprachenunterrichts* Hrsg. von K. Hartenstein. ZFI Arbeitsberichte 11/96, 158-173. Universität Hamburg

**Schlegel H.** (1997)
Die Aspektstruktur russischsprachiger Texte aus linguodidaktischer Sicht. In: *Der Text in Forschung und Lehre.* Hrsg. W. Gladrow / I.Dehmel. Berliner Slawistische Arbeiten, Bd. 3, 151-161. Frankfurt am Main.

**Schlegel H.** (1999)
*Zur Rolle der Terminativität/Aterminativität (T/AT) im Aspekt- und Aspektbildungssystem der russischen Sprache der Gegenwart. Ein Beitrag zur Theorie der Aspektualität.* Specimina philologiae slavicae Band 124. München.

**Schlegel H.** (2000)
*Der aspektuale Bezugsmoment als linguistische Grundlage für die Beschreibung und Vermittlung des russischen Verbalaspekts. Ein Beitrag zu Temporalität und Aspektualität.* Specimina philologiae slavicae Band 130. München.

**Schlegel H. / Serowy R.** (1992)
Вид глагола и аспектуальность. В кн. *Компендиум лингвистических знаний для практических занятий по русскому языку.* Под редакцией Х. Шлегеля. Berlin 43-83.

**Schmidt P.** (1995)
Wesen und Funktion der semantischen Kategorie „Temporalität". In: *Temporalität und Tempus.* 27-69. Wiesbaden.

**Schmidt W. / Stock E. (Hrsg.) (1977)**
*Rede - Gespräch - Diskussion.* Leipzig.
**Schmidt W. et al. (1981)**
*Funktional-kommunikative Sprachbeschreibung. Theoretisch-methodische Grundlegung.* Leipzig.
**Serowy R. (1980)**
Grundregeln und eine „Faustregel" für den Aspektgebrauch (mit Beispielen aus dem Russischunterricht). In: *Fremdsprachenunterricht* 10, 519-524.
**Serowy R. (1988)**
Perfektive und imperfektive Verben als grammatische Sprachmittel in funktional-kommunikativen Feldern des Russischen. In: *Potsdamer Forschungen,* Reihe A, Heft 90, 143-146.
**Serowy R. (1991)**
*Kommunikationslinguistische und fremdsprachendidaktische Begründung eines innovativen Nachschlagewerks für die Arbeit mit politischen Informationen russischsprachiger Massenmedien.* Habilitationsschrift. Brandenburgische Landeshochschule Potsdam.
**Serowy R. (1994)**
Versuch eines kommunikativ-pragmatischen Neuansatzes der Erklärung des Aspektgebrauchs. In: *Modulares Lernen als Paradigma universitären Fremdsprachenunterrichts.* Reihe: Fremdsprachen in Lehre und Forschung, Bd. 15, 118-135. Bochum.
**Serowy R. (1996)**
Zur Verwendung der slavischen Aspektformen - Erklärungsansatz „aspektualer Bezugsmoment" (am Beispiel des Russischen). In: *Aktuelle Probleme des universitären Fremdsprachenunterrichts.* Hrsg. von K. Hartenstein. ZFI Arbeitsberichte. Hamburg 174-190.
**Serowy R. (2000)**
Textsorte und Erklärung des Aspektgebrauchs im Russischen. In: W.-D. Krause (Hrsg.): *Textsorten. Kommunikationslinguistische und konfrontative Aspekte,* 172-204 Frankfurt am Main.
**Spillner, B. (1995)**
4. Angewandte Linguistik. In: *Handbuch Fremdsprachenunterricht* (3., überarb. und erw. Auflage). Tübingen, Basel.
**Steube A. (1995)**
Formale Verfahren der linguistischen Temporalitätsbeschreibung. In: *Temporalität und Tempus.* Wiesbaden.
**Vater H. (1992)**
*Einführung in die Textlinguistik.* München.
**Vendler Z. (1967)**
Verbs and Times. In: Vendler Z. *Linguistics and Philosophy.* Ithaca N.Y.
**Weiss D. (1995)**
Die Rolle der Temporalität bei der Textkonstitution. In: *Temporalität und Tempus.* Wiesbaden.
**Willkommen D. (2001)**
*Esperanto-Grammatik. Eine Lerner- und Referenzgrammatik.* Hamburg.
**Wingender M. (1995)**
Zeit und Sprache. In: *Temporalität und Tempus.* Wiesbaden.

# LITERATURVERZEICHNIS

**Авилова Н.С.** (1980)
Категория вида. В кн. *Русская грамматика*. Академия Наук СССР. Москва.
**Ахманова О.С.** (1966)
*Словарь лингвистических терминов*. Москва.
**Бондарко А.В. / Буланин Л.Л.** (1967)
*Русский глагол*. Ленинград.
**Бондарко А.В.** (1969)
К функциональному анализу элементов разных уровней. Сб. *„Единицы разных уровней грамматического строя языка и их взаимодействие"*. Москва.
**Бондарко А.В.** (1971)
*Грамматическая категория и контекст*. Ленинград.
**Бондарко А.В.** (1983)
*Принципы функциональной грамматики и вопросы аспектологии*. Ленинград.
**Бондарко А.В.** (1990)
Темпоральность. В кн. *Теория функциональной грамматики. Темпоральность. Модальность*. Ленинград.
**Бондарко А.В.** (1991)
Предельность и глагольный вид. В кн. *Известия Академии наук*. Серия литературы и языка, том 50, 195-206.
**Булыгина Т.В.** (1968)
Грамматические оппозиции (К постановке вопроса). Сб. *Исследования по общей теории грамматики*. Москва.
**Виноградов В.В.** (1972)
*Русский язык (грамматическое учение о слове)*. Издание второе. Москва.
**Герман Э.** (1962)
Вид объективный и вид субъективный. Сб. *Вопросы глагольного вида*. Москва.
*Грамматика русского языка*. Том I/II (1960)
Изд. АН СССР. Москва.
*Грамматика современного русского литературного языка* (1970)
Изд. АН СССР. Москва.
**Гэрей Г.Б.** (Garey H.B.) (1962)
Глагольный вид во французском языке. Сб. *Вопросы глагольного вида*. Москва.
**Ерзнкян Е.Д.** (1988)
*Дейктическая семантика слова*. Ереван.
**Зализняк А.А. / Шмелев А.Д.** (1997)
Лекции по русской аспектологии. *Slavistische Beiträge 353*. Studienhilfen Band 7. München.
**Золотова Г.А.** (1973)
*Очерк функционального синтаксиса русского языка*. Москва.
**Иванова И.П.** (1961)
*Вид и время в современном английском языке*. Изд. Ленинградского университета.
**Ильенков Э.** (1960)
Всеобщее. В кн. *Философская энциклопедия т. 1*. Москва.
**Калинина И.К. / Аникина А.Б.** (1975)
*Современный русский язык. Морфология*. Москва.
**Кацнельсон С.Д.** (1972)
*Типология языка и речевое мышление*. Ленинград.

**Кокорина С.И. / Бабалова Л.Л. / Метс Н.А. и др.** (1985)
*Практическая грамматика русского языка для зарубежных преподавателей-русистов.* Москва.
**Кошевая И.Г.** (1972)
*Типологические структуры языка. Сфера видо-временных значений.* Изд. Киевского университета.
**Кошевая И.Г.** (1973)
*Уровни языкового абстрагирования.* Изд. Киевского университета.
**Кошмидер Э.** (1962a)
Очерки науки о видах польского глагола. Опыт синтеза. В кн. *Вопросы глагольного вида.* Москва.
**Кошмидер Э.** (1962b)
Турецкий глагол и славянский глагольный вид. В кн. *Вопросы глагольного вида.* Москва.
**Леманн Ф.** (Lehmann V.) (1995)
Альтернации акциональных функций русского глагола. В сб. *Семантика и структура славянского вида,* 1, 113-130. Kraków.
**Лопатин В.В. / Милославский И.Г. / Шелякин М.А.** (1989)
*Современный русский язык. Теоретический курс. Словообразование. Морфология.* Москва.
**Маслов Ю.С.** (1959)
Глагольный вид в современном болгарском литературном языке (Значение и употребление). В кн. *Вопросы грамматики болгарского литературного языка.* Москва.
**Маслов Ю.С.** (1959)
Категория предельности/непредельности глагольного действия в готском языке. *Вопросы языкознания* 5.
**Маслов Ю.С.** (1962)
Вопросы глагольного вида в современном зарубежном языкознании. Вступительная статья. Сб. *Вопросы глагольного вида.* Москва.
**Маслов Ю.С.** (1965)
Система основных понятий и терминов славянской аспектологии. В кн *Вопросы общего языкознания.* ЛГУ.
**Маслов Ю.С.** (1984)
*Очерки по аспектологии.* Ленинград.
**Мелиг Х.Р.** (Mehlig H.R.) (1998)
Вид, отрицание и референциальный статус глагольной предикации в тексте. В кн. *Типология вида. Проблемы, поиски, решения.* Ответств. ред. М.Ю. Черткова. Москва.
**Мучник И.П.** (1971)
*Грамматические категории глагола и имени в современном русском литературном языке.* Москва.
*Общее языкознание* (1970)
Формы существования, функции, история языка. Москва.
*Общее языкознание* (1972)
Внутренняя структура языка. Москва.
*Общее языкознание* (1973)
Методы лингвистических исследований. Москва.

**Ожегов С.И. / Шведова Н. Ю.** (1997)
*Толковый словарь русского языка.* Москва.
**Падучева Е.В.** (1991)
К семантике несовершенного вида в русском языке: общефактическое и акциональное значение. *Вопросы языкознания 6*, 34-45.
**Парменова Т.** (2000)
*Практическая функциональная грамматика русского языка.* Specimina philologiae slavicae, Band 127. München.
**Плотников Б.** (1994)
Языковая модальность и ее категоризация. В кн. Jachnow H. et al. (Hrsg.) *Modalität und Modus.* Wiesbaden.
**Поспелов Н.С.** (1968)
О соотношении грамматических значений глагольных форм времени в русском языке. В кн. *Проблемы современной лингвистики.* Изд. Московского университета.
**Пулькина И.М. / Захава-Некрасова Е.Б.** (1964)
*Учебник русского языка для студентов-иностранцев.* Издание 3-е, исправленное. Москва.
**Рассудова О.П.** (1968)
*Употребление видов глагола в русском языке.* Изд. Московского университета.
**Рассудова О.П.** (1975)
Виды глагола на начальном этапе. *Русский язык за рубежом 4.*
**Розенталь Д.Э. / Теленкова М.А.** (1985)
*Словарь-справочник лингвистических терминов.* Москва.
*Русская грамматика* (1980)
Академия наук СССР. Москва.
*Современный русский язык* (1976)
*Часть I. Лексика, фонетика, словообразование, морфология.* Под ред. Д.Э Розенталя. Москва.
*Современный русский язык* (1999)
Учебник для филол. спец. высших учебных заведений. Под ред. В.А. Белошапковой. Москва.
**Спагис А.А.** (1969)
*Парные и непарные глаголы в русском языке.* Москва.
**Степанов Ю.С.** (1975a)
*Методы и принципы современной лингвистики.* Москва.
**Степанов Ю.С.** (1975b)
*Основы общего языкознания.* Москва.
*Теория функциональной грамматики. Введение. Аспектуальность. Временная локализованность. Таксис.* (1987)
Ответств. редактор: Бондарко А.В. Академия наук СССР. Ленинград.
*Теория функциональной грамматики. Темпоральность. Модальность* (1990)
Ответств. редактор: Бондарко А.В. Академия наук СССР. Ленинград.
**Тихонов А.И.** (1985)
*Словообразовательный словарь русского языка,* тт. 1+2. Москва.
**Тураева З.Я.** (1979)
*Категория времени. Время грамматическое и время художественное.* Москва.
*Философский энциклопедический словарь* (1989)
2 издание. Москва.

**Шанский Н.М. / Иванов В.В. / Шанская Т.В.** (1961)
*Краткий этимологический словарь русского языка.* Москва.
**Шведова Л.Н. / Трофимова Т.Г.** (1983)
*Пособие по употреблению видов глагола для работы с филологами-русистами.*
Москва.
**Шведова Л.Н.** (1984)
*Трудные случаи функционирования видов русского языка (к проблеме конкуренции видов).* Издательство Московского университета.
**Шелякин М.А.** (отв. редактор) (1978)
*Семантика и функционирование категории вида русского языка. Вопросы русской аспектологии.* Ученые записки Тартуского университета.
**Шелякин М.А.** (1983)
*Категория вида и способы действия русского глагола.* Таллин.
**Шелякин М.А.** (1987)
Способы действия в поле лимитативности. В кн. *Теория функциональной грамматики. Введение. Аспектуальность. Временная локализованность. Таксис.*
Ленинград.
**Шелякин М.А.** (1989)
Глагол. В кн. Лопатин В.В. / Милославский И.Г. / Шелякин М.А.: *Современный русский язык. Теоретический курс. Словообразование. Морфология.* Москва
**Шелякин М.А.** (1993)
*Справочник по русской грамматике.* Москва.
*Языкознание. Большой энциклопедический словарь* (1998)
Гл. ред. В.Н. Ярцева. 2-е изд. Москва.
**Ярцева В.И.** (отв. редактор) (1985)
*Проблемы функциональной грамматики.* Москва.


**Quellen der illustrierenden Beispiele, soweit nicht beim Text angegeben:**

*Спутник* Дайджест российской прессы (mit Jahreszahl und Monat, z.B 1997/12).

Eine Anzahl von Beispielen wurde aus anderen Publikationen zum Aspekt übernommen, insbesondere aus SCHELJAKIN / SCHLEGEL 1970, RASSUDOVA 1967, ŠELJAKIN 1987, BONDARKO 1987; 1990 u.a., und z.T. leicht verändert.